行政事业单位
财会人员必备通识

（第2版）

许娟　韩俊仕
姚琴　许海燕　王盼芝 ｜ 编著

中国财经出版传媒集团
中国财政经济出版社
·北京·

图书在版编目(CIP)数据

行政事业单位财会人员必备通识 / 许娟等编著.
2版. -- 北京：中国财政经济出版社，2025.7.
ISBN 978-7-5223-3893-4

I. F810.6

中国国家版本馆CIP数据核字第2025DY0401号

责任编辑：李瑞荣　　　　　　　责任校对：张　凡
封面设计：卜建辰　　　　　　　责任印制：史大鹏

行政事业单位财会人员必备通识（第2版）
XINGZHENG SHIYE DANWEI CAIKUAI RENYUAN BIBEI TONGSHI（DI 2 BAN）

中国财政经济出版社 出版

URL：http://www.cfeph.cn
E-mail：cfeph@cfeph.cn

（版权所有　翻印必究）

社址：北京市海淀区阜成路甲28号　邮政编码：100142
营销中心电话：010-88191522
天猫网店：中国财政经济出版社旗舰店
网址：https://zgczjjcbs.tmall.com
北京中兴印刷有限公司印刷　各地新华书店经销
成品尺寸：170mm×240mm　16开　35.75印张　434 000字
2025年7月第2版　2025年7月北京第1次印刷
定价：98.00元
ISBN 978-7-5223-3893-4
（图书出现印装问题，本社负责调换，电话：010-88190548）
本社图书质量投诉电话：010-88190744
打击盗版举报热线：010-88191661　QQ：2242791300

第1版推荐语

（2020年9月）

千秋基业，人才为本，特别是在财务管理转型升级的新形势下，尤为重要。各级行政事业单位财会工作者是推动财政资金聚力增效的生力军，在提高公共服务供给质量方面发挥着重要的作用。加强财政财务管理，夯实风险防控基础，提高资金使用效益，需要一支强有力的会计专业人才队伍支撑。会计人员应熟知政策规定，精通业务技能，掌握工作实情，善于从书本中学习，从实践中借鉴，从管理中创新。《行政事业单位财会人员必备通识》这本书的应运而生，令人耳目一新，为广大财会工作者提供了一份"解渴充饥"的精神食粮。本书编著者中，有三名全国高端会计人才，他们是财政部从全国范围会计实务工作者中严格选拔出来的会计精英，具有深厚的理论功底和较强的管理实践能力，在培养期间，他们将理论与实践紧密结合，打造出了许多管理实务精品。这本书的出版，就是成功案例之一。本书以会计理论为基础，以政策规定为准则，采用实务素描的写法，从实践中来，到实践中去，具有很强的政策解读性、工作指导性、实践操作性和学习借鉴性，值得广大行政事业单位财务人员悉心研读。

金树林

河北省会计学会会长

政府会计制度改革是一项系统工程，不仅仅是一套会计制度，更是国家财税体制改革在行政事业单位的集中反映，执行好政府会计制度，需要熟悉近年来的行政事业单位财税改革的全貌，《行政事业单位财会人员必备通识》这本书，不只是理论，更是五位会计实务人员多年工作经验的结晶，读懂这本书，就读懂了行政事业单位财会工作的全部，也读懂了自己的未来。

张庆龙

北京国家会计学院教授、博士生导师

北京国家会计学院审计与风险管理研究所所长、企业财务共享服务中心主任我在政府会计教学实践中，许多刚入行或刚由企业转入的政府部门财会工作者，为了尽快掌握政府部门财会工作业务，经常问我"刘老师，该看什么书"，我真有点不好回答，确实不好推荐。高校传统财务会计教学以企业为重点对象，但是政府部门财会工作又与企业有着天然之别。有了这本书，以后大家再问我"该看什么书"，就推荐这一本。

刘用铨

厦门国家会计学院副教授、硕士生导师

厦门国家会计学院政府综合财务报告研究中心主任

在政府会计准则制度执行过程中，很多会计人员反映培训需要贴近财经法规、财政政策和制度。迫切需要一个工具在财政管理、财务管理和会计核算之间搭建起一个桥梁。许娟等五位一线实务工作者编撰的这本书，及时回应了这样的需求。我相信这本书能够极大地助力基层行政事业单位会计人员开展工作。

李 峻

中央国家机关会计领军人才

全国高端会计人才行政事业七期

在日常的工作过程中，经常听到财会人员反馈明明知道会计分录，但仍然无法准确核算，究其原因是现在的会计工作不只局限于会计记录，已经延展到了业务前端，财会人员在不熟悉前端管理的情况下，会影响核算的准确性，所以我想是否有一本书，能够涵盖政府会计工作的方方面面，将单一的会计核算延展到一个管理的闭环，让大家知道核算的数据从何而来，核算后的数据要用作何处，此书涵盖了行政事业单位财会人员在现阶段会计工作中必须要掌握的相关要点，是一本非常实用的工具书，诚恳向您推荐！

王忠箴

天职国际会计师事务所合伙人

中南财经政法大学政府会计研究所合作研究员、天津市会计领军人才

推荐序

一本实用的政府会计案头宝典

随着我国经济的迅速发展,政府职能转变,国家经济体制和政治体制改革进入深水区,正在逐步走向完善。政府会计也与时俱进,《政府会计准则》陆续出台,《政府会计制度》颁布实施。2020年的《政府工作报告》明确提出政府要"过紧日子"的要求,当前及今后相当长的一段时期,受疫情常态化、经济下行压力、国际关系复杂多变等全球形势影响,财政财务管理将会紧紧围绕绩效管理、集约节约、"过紧日子"的主线,驰而不息推动科学化、精细化、规范化管理。各级行政事业单位财务人员是理财管家,应当学会精打细算,勤俭持家,这对行政事业单位会计人员提出了新要求,同时也带来了新机遇、新挑战。从收付实现制基础一路走来的政府会计人员面临重大挑战,需要尽快适应,迎头赶上。如何找到一条简便易行的路径?一本好的工具参考书,就是不错的选择。

《行政事业单位财会人员必备通识》一书,从政府会计的发展历程、基本理论讲起,介绍行政事业单位部门预算、决算,并分模块着重介绍了国库集中收付、政府采购、资产管理等日常政府会计工作涉及的方方面面,书的最后一个章节还对政府会计人员的职业规划进行了阐释,内容全面,逻辑严谨,架构新颖。书中的【制度速览】堪称政府会计制度辞典,【重点解读】提纲挈领,【案例示范】典型引导,【知识拓展】开拓思维,【日常核算】很接地气。围绕怎么过好"紧日子",手把手教你练就基本功。结合相关制度体系,仔细研读,相信定会让读者收获良多。广大会计工作者特别是初入职场者,可以把这本书作为案头书、枕边书,随时查阅,使用方便。希望这本书能够帮助大家当好管家,提高财政资金使用绩效。

这本书凝聚了来自政府会计实务界五位资深人士的集体智慧,经过长期探索编撰而成。编著者中,许娟、韩俊仕、许海燕三位同志是全国高端会计人才行政事业六期班的学员。四年来,他们每年都会到厦门国家会计学院来参加集中培训,他们在繁忙的工作、学习之余,还能够抽出时间潜心钻研业务,著书立说,引领和带动政府会计实务界同仁共同进步,确实难能可贵,值得点赞。

这是一本关于政府会计入门的工具书,翻看全书,结构务实严谨,语言清爽简洁,内容方便实用,值得细读。为此,应允为这本书撰写荐语。

厦门国家会计学院原院长

2020 年 8 月

再版说明

《行政事业单位财会人员必备通识》一书自2020年出版以来，得到了广大会计工作者特别是初入职场的行政事业单位会计小白的欢迎。

财政改革的脚步从未停歇，过去四年多来，预算一体化在中央和地方广泛实施，实现了预算编制、执行、调整、决算、监督等各个环节的信息共享和数据互联，实现了全国上下"书同文，车同轨"；国有资产报告工作的深入开展和《行政事业性国有资产管理条例》的出台，对于准确核算和完整反映政府资产"家底"信息提出更高要求；面对复杂多变的国际、国内形势，"习惯'过紧日子'"的要求将成为较长时间里不变的主题，构建全方位、全过程、全覆盖的预算绩效管理体系，政府成本会计核算全面推行也箭在弦上；财会监督和人大监督、民主监督、行政监督、司法监督、审计监督、统计监督、群众监督、舆论监督相互协调、有机贯通，成为党和国家监督体系的重要组成部分。面对这样的新形势、新要求、新发展，迅速提高行政事业单位会计人员的业务素质成为当务之急。

当初写这本书的初衷就是帮助行政事业单位诸多新入职的小白快速、全面地了解单位的财务工作，尽早进入角色。随着各项新政策、新制度的陆续出台，2020年出版的《行政事业单位财会人员必备通识》已经无法完全满足当下行政事业单位财会人员的需要，催更的声音从来没有停止过。为此，本书的原创团队再次集结，结合近年来的新制度、新规范、新要求，对全书进行了修订，除了增加了预算管理一体化、资产管理、预算绩效评价、会计人员职业道德等内容之外，还新增了一章，内容涵盖了行政事业单位的内部控制、管理会计和财会监督工作。由此可见，行政事业单位的财务工作早已不是停留在"预算——核算——决算"的"三算"时代，新时代赋予了我们更多的使命！

本书修订过程中，孙成显同志对全书的内容进行整体策划并对全书进行了审阅和指导，第一、第七章由许娟负责撰写，第二、第四、第八、第九章由韩俊仕负责撰写，第三章由许海燕负责撰写，第五章由许娟、姚琴负责撰写，第六章由姚琴负责撰写，第十章由许娟、王思思负责撰写，第十一章由王盼芝负责撰写。

全面深化改革蹄疾步稳，持续学习陪伴我们行稳致远，希望这本书能够成为广大读者了解行政事业单位财务工作的一个窗口。未来的某一天，也许还会有再再版说明。

修订过程中我们参阅了近年来财政部出台的规章制度以及各类制度解读等诸多官方发布的文件，并与之前的内容进行对比分析，确保书中均为最新政策，由于个人能力水平有限，不妥之处请批评指正！

本书编著者
2025年6月

序

党的十八届三中全会要求建立权责发生制的政府综合财务报告制度，通过构建统一、科学、规范的政府会计准则体系，建立健全政府财务报告编制办法，适度分离政府财务会计与预算会计、政府财务报告与决算报告的功能，全面、清晰地反映政府财务信息和预算执行信息，为开展政府信用评级、加强资产负债管理、改进政府绩效监督考核、防范财政风险等提供支持，促进政府财务管理水平提高和财政经济可持续发展。编制政府综合财务报告也是建立现代财政制度、推进国家治理体系和治理能力现代化的一项重要基础性工作，是财政管理领域落实全面深化改革"抓铁留痕"的措施之一，具有重要而深远的意义。

习近平总书记在十九届中央纪委全会上强调，要完善党和国家监督体系，使监督体系契合党的领导体制，融入国家治理体系，推动制度优势更好转化为治理效能，同时提出财会监督要与其他监督有机贯通、相互协调，财会工作的重要性不言而喻。2020年政府工作报告提出，"各级政府必须真正'过紧日子'""要大力提质增效，各项支出务必精打细算，一定要把每一笔钱都用在刀刃上、紧要处"，对行政事业单位财会工作提出了新的要求。

在上述背景下，新准则、新制度、新规范陆续出台，会计工作中面临着新问题、新情况、新矛盾。本书力求通过制度整理、重点解读、案例示范、知识拓展等方式，围绕行政事业单位财务管理核心业务，向读者展示了行政事业单位财务工作在新的改革形势中的全貌。全书共分为十章，分别是政府会计的前世今生、部门预算、国库集中收付、政府收支分类、资产管理、政府采购、会计核算实务、部门决算、政府综合财务报告、会计人员职业规划。

本书定名为《行政事业单位财会人员必备通识》，从书名可以看出，一是本书围绕行政事业单位财会工作进行展开，适用于执行《政府会计制度》的行政事业单位会计人员学习使用，当然如果您对"推进国家治理体系和治理能力现代化"感兴趣，也可以参研本书内容。二是"必备通识"，目的是让读者全面了解行政事业单位的全貌，掌握必备的知识，如果想"精通"，还需要在本书的基础上，理论联系实际学习、研究。

本书第一、第五、第七章由许娟负责撰写，第二、第四、第八、第九章由韩俊仕负责撰写，第三章由许海燕负责撰写，第六章由姚琴负责撰写，第十章由王盼芝负责撰写。他们中有制定行业政策的参与者、有政府会计准则委员会咨询专家、有全国高端会计人才、有中央国家机关会计领军人才、有单位总会计师，他们有一个共同的特征，都是工龄超过20年的政府会计领域的"老会计"。长江后浪推前浪，本书正是他们这些"前浪"的工作心得，让"后浪"们可以乘风破浪，去创造属于你们的未来。

他们工作中有茫然，有困惑，也有酸甜苦辣，但依然乐此不疲，一往无前，努力去做一名优秀的行政事业单位会计人员。

编著者

2020年9月1日

目录

第一章　政府会计的前世今生 … 1

第一节　政府会计改革发展历程 … 1
一、政府会计初建阶段（1949—1953年） … 3
二、政府会计逐步发展阶段（1953—1978年） … 3
三、政府会计改革探索阶段（1978—1992年） … 5
四、政府会计改革全面展开阶段（1992—1999年） … 7
五、预算会计向政府会计转变阶段（1999—2013年） … 8
六、政府会计改革全面突破阶段（2014年至今） … 9

第二节　政府会计改革的重大意义 … 10

第三节　政府会计的基本理论 … 12
一、政府会计的核算基础 … 13
二、政府会计核算的基本前提 … 15
三、政府会计核算的质量要求 … 16
四、政府会计要素 … 18
五、会计科目 … 22
六、知识拓展 … 26

第二章　部门预算 … 31

第一节　制度概述 … 31
一、《预算法》的主要内容 … 32
二、其他预算方面的制度 … 37

三、知识拓展 ··· 48

第二节　部门预算管理 ··· 49
一、部门预算的编制 ·· 49
二、部门预算的批复与公开 ·· 54
三、部门预算的执行 ·· 60
四、知识拓展 ·· 65

第三节　预算管理一体化 ··· 66
一、预算管理一体化解决目前预算管理中的难题 ······························ 66
二、预算管理一体化的主要内容 ·· 68

第四节　部门预算在实务中的应用 ··· 70
一、部门预算如何在单位应用 ·· 70
二、地方预算单位预算管理实务案例 ·· 72
三、知识拓展 ·· 82

第三章　国库集中收付制度 ·· 84

第一节　国库集中收付改革背景及相关制度 ································· 84
一、财政国库管理制度改革背景 ·· 84
二、相关制度概述 ·· 86

第二节　现行的国库集中收付制度 ··· 88

第三节　国库集中收付流程 ··· 91
一、规范财政收入收缴程序 ·· 92
二、规范支出拨付程序 ·· 93

第四节　国库集中收付实务操作 ··· 94
一、责任的界定 ·· 94
二、预算指标管理 ·· 95

三、资金支付方式划分 ················ 96
　　四、用款计划管理 ·················· 96
　　五、资金支付管理 ·················· 97
　　六、年终结余资金管理 ··············· 100

第五节　公务卡管理 ·················· 101
　　一、基本情况 ····················· 101
　　二、公务卡的特征 ·················· 102

第六节　预算执行动态监控 ············· 104

第四章　政府收支分类 　　108

第一节　收入分类 ·················· 108

第二节　支出功能分类 ··············· 110
　　一、制度速览 ····················· 111
　　二、重点解读 ····················· 113
　　三、应用案例示范 ·················· 114
　　四、知识拓展 ····················· 115

第三节　政府预算支出经济分类 ········ 116
　　一、制度速览 ····················· 117
　　二、重点解读 ····················· 118
　　三、知识拓展 ····················· 121

第四节　部门预算支出经济分类 ········ 122
　　一、制度速览 ····················· 122
　　二、重点解读 ····················· 131
　　三、应用案例示范 ·················· 133

第五章　资产管理 …… 139

第一节　资产管理体制及原则 …… 139
一、行政事业性国有资产的管理体制 …… 140
二、行政事业性国有资产的管理原则 …… 142

第二节　资产管理法规制度体系 …… 145

第三节　国有资产配置、使用和处置 …… 150
一、资产配置 …… 150
二、资产使用 …… 151
三、资产处置 …… 153
四、应用案例示范 …… 156

第四节　国有资产评估、资产清查及资产报告 …… 157
一、行政事业单位国有资产评估 …… 157
二、行政事业单位国有资产清查 …… 158
三、行政事业单位资产报告 …… 162
四、行政事业单位国有资产月报 …… 166
五、知识拓展 …… 168

第六章　政府采购业务 …… 170

第一节　政府采购概念及相关制度 …… 170
一、基本概念 …… 171
二、制度速览 …… 176
三、知识拓展 …… 178

第二节　政府采购的方式及程序 …… 179
一、公开招标 …… 180
二、邀请招标 …… 181

三、竞争性谈判 ……………………………………………… 183

　　四、单一来源采购 …………………………………………… 184

　　五、询价 ……………………………………………………… 184

　　六、国务院政府采购监督管理部门认定的其他采购方式 … 185

　　七、应用案例示范 …………………………………………… 188

　　八、知识拓展 ………………………………………………… 189

第三节　政府采购计划申报 …………………………………… 191

　　一、政府采购计划申报的必要性 …………………………… 192

　　二、政府采购计划申报的重要性 …………………………… 193

　　三、做好政府采购计划申报工作的关键因素 ……………… 194

　　四、应用案例示范 …………………………………………… 195

　　五、知识拓展 ………………………………………………… 196

第四节　集中采购目录具体执行操作 ………………………… 197

　　一、协议供货 ………………………………………………… 198

　　二、定点采购 ………………………………………………… 199

　　三、批量集中采购 …………………………………………… 199

　　四、网上商城（电子卖场）………………………………… 201

第五节　分散采购具体执行操作 ……………………………… 201

　　一、履约验收 ………………………………………………… 203

　　二、内控机制建设 …………………………………………… 204

　　三、政策功能落实 …………………………………………… 209

　　四、知识拓展 ………………………………………………… 210

第七章　会计核算实务 ……………………………………… 213

第一节　资产业务核算 ………………………………………… 215

　　一、货币资金类业务 ………………………………………… 217

　　二、应收和暂付类业务 ……………………………………… 231

三、存货类业务 …………………………………………………… 243
四、投资类业务 …………………………………………………… 253
五、非流动资产业务 ……………………………………………… 262
六、经管类资产业务 ……………………………………………… 286
七、其他资产业务 ………………………………………………… 293

第二节 负债业务核算 …………………………………………………… 300
一、借款类科目 …………………………………………………… 301
二、应付及预收类科目 …………………………………………… 304
三、暂收性负债 …………………………………………………… 319
四、其他负债 ……………………………………………………… 322

第三节 收入和预算收入业务核算 ……………………………………… 324
一、重点解读 ……………………………………………………… 325
二、应用案例示范 ………………………………………………… 333
三、知识拓展 ……………………………………………………… 335

第四节 费用和预算支出业务核算 ……………………………………… 337
一、重点解读 ……………………………………………………… 338
二、应用案例示范 ………………………………………………… 350
三、知识拓展 ……………………………………………………… 352

第五节 净资产业务核算 ………………………………………………… 353
一、重点解读 ……………………………………………………… 353
二、应用案例示范 ………………………………………………… 359
三、知识拓展 ……………………………………………………… 360

第六节 预算结余业务核算 ……………………………………………… 362
一、重点解读 ……………………………………………………… 363
二、应用案例示范 ………………………………………………… 374
三、知识拓展 ……………………………………………………… 376

第七节　成本核算 ·· 379
一、事业单位开展成本核算的需求 ················· 379
二、成本核算的对象 ·· 380
三、成本核算的范围 ·· 380
四、成本的归集和分配 ···································· 381

第八章　部门决算 ·· 383

第一节　部门决算的概念 ·································· 383
一、制度速览 ··· 383
二、部门决算工作的主要内容 ·························· 385

第二节　部门决算的编制 ·································· 387
一、部门决算的组织 ·· 387
二、部门决算的编制 ·· 388
三、知识拓展 ··· 411

第三节　部门决算的分析 ·································· 412
一、相关制度 ··· 412
二、部门决算分析指标 ···································· 413
三、部门决算分析的意义 ································· 434

第九章　政府财务报告 ······································· 436

第一节　政府财务报告概述 ······························ 436
一、政府综合财务报告的发展历程 ·················· 437
二、制度速览 ··· 442

第二节　政府财务报告的主要内容 ··················· 443
一、编报范围 ··· 444
二、2023年修订的主要变化 ···························· 445

三、政府部门财务报告主要内容 …… 447
四、政府财务报告审核及报送 …… 456
五、知识拓展 …… 458

第十章 综合管理 …… 465

第一节 内部控制 …… 465
一、制度速览 …… 466
二、重点解读 …… 467
三、知识拓展 …… 500
四、案例示范 …… 507

第二节 管理会计 …… 510
一、制度速览 …… 511
二、重点解读 …… 512
三、知识拓展 …… 515

第三节 财会监督 …… 516
一、财会监督的含义 …… 517
二、如何做好财会监督工作 …… 517
三、新时代财会监督的三个重点领域 …… 523
四、加强财会监督保障措施建设 …… 524

第十一章 会计人员职业规划 …… 527

第一节 职业规划 …… 527

第二节 会计人员面临的形势 …… 529
一、政府会计改革带来新挑战 …… 529
二、预算管理改革持续推进 …… 530
三、内部控制建设全面推行 …… 532

四、财会监督体系逐步完善 …………………………… 532
　　五、审计监督力度加大 …………………………… 533
　　六、纪检监察执纪问责力度空前 …………………………… 534
　　七、大数据时代和人工智能发展带来新机遇 …………………………… 534
　　八、行政事业单位会计人员整体素质与要求不相适应 …… 535

第三节　如何突破"重围" …………………………… 536
　　一、当前政府会计领域需要什么样的会计人才 …………………………… 537
　　二、"三坚三守"行政事业单位会计人员的职业指南针 … 539
　　三、规划职业成长路径，突破"重围" …………………………… 541
　　四、职业规划的七条建议 …………………………… 548

参考文献 …………………………… 551

第一章 政府会计的前世今生

本章导读

财会监督是国家治理体系的重要组成部分，也是整个国家监督体系的重要基石之一。为适应新时期政府管理的需要，行政事业单位会计工作近年来不断改革，对广大会计人员的综合能力也提出了更高的要求。本章为全书的开篇章节，主要介绍了政府会计改革的发展历程、重大意义和基本理论等内容，也是行政事业单位会计人员应该上好的第一课。

第一节 政府会计改革发展历程

政府会计是随着国家的出现而出现的。在三千多年前商代"殷墟书契"的甲骨文中，就发现了商王朝财政收支的记录，这也是迄今为止世界上最古老的政府会计记录，也证明了我国是世界上建立政府会计最早的国家之一。西周时期，政府会计被称为"官厅会计"，设有专门的会计机构和会计官员，同时也规定了相应的会计事项的处理方法，例如，有"岁会""月要""日成"的规定，相当于现代会计中的年报、月报和日报。随着社会经济的不断发展，唐代设置有"度支部"，宋代设置有"总计司""会计司"等专门组织来"总考天下财赋收入"。

新中国成立以来，我国会计体系包括了企业会计和预算会计两个体系。在西方国家,预算会计只是政府会计的一部分内容,是对政府预算执行情况的反馈。而在我国执行的预算会计并非西方国家的"预算会计"。我国的预算会计是其在我国诞生到现在发展的结果,不仅包含西方国家所指的"预算会计",还包含政府会计其他部分的内容。行政事业单位的预算会计服务于财政预算管理,主要包括财政总预算会计、行政事业单位会计(包括行业事业单位会计)以及参与预算执行的特别事项的会计(如基本建设、土地储备金、住宅专项维修基金等)等内容。在此基础上,还有《民间非营利组织会计制度》《工会会计制度》以及党费、团费等核算办法。

政府会计改革前预算会计的构成情况如表1-1所示。

表1-1 政府会计改革前预算会计的构成

	财政总预算会计	—
预算会计	行政事业单位会计	行政单位会计
		事业单位会计
		行业事业单位会计
	参与预算执行会计	基建会计
		国库会计
		税收征解会计等

综上所述,我国的预算会计实际上近似于广义的政府会计,而不仅仅是西方国家所指的"预算会计"(又被称为"政府会计")。政府会计这一概念是国际上通用的称谓,不同的国家也会有些不同的叫法,如"公共部门会计"。本书结合近年来的改革方向,统一称为"政府会计"。

新中国成立以来,我国政府会计改革经历了一个不断实践、不断总结、不断改革和不断完善的过程。

一、政府会计初建阶段（1949—1953年）

这一阶段，我国政府会计初步建立，形成了与当时国情相适应的预算会计制度。新中国成立初期，人民政府财政工作面临的形势十分严峻，严重的经济困难、巨额的财政赤字和剧烈波动的物价都严重制约了国民经济的发展。因此，国家急需通过计划经济体制整顿全国的经济，发展国内生产力。当时的矛盾体现在：一方面，随着新政权的建立，全国百废待兴，支出需求剧增；另一方面，新中国成立初期财政收入增加非常缓慢。为了扭转这种困难局面，我国于1950年采取了统一财政经济管理的重大决策，对财政管理实行了高度集中的统收统支办法，开始编制1950年全国财政收支概算。当时的政务院发布《关于1949年财政决算及1950年财政预算编制的指示》，要求各级政府和中央直属企业部门编制1949年财政收支决算和1950年财政预算，在当时明确了政府预算实行历年制，从公历1月1日起至12月31日止为一个预算年度，同时规定了预算编制的具体方法和要求。1950年3月，政务院颁布《关于统一国家财政经济工作的决定》。1951年，政务院颁布《预算决算暂行条例》，规定了国家预算的组织体系，各级人民政府在预算编制中的责任和权利，以及预算编制、审查、核定等执行的程序，决算的编制与审定程序等，这标志着我国高度集中统收统支的预算体制初步确立。在此基础上，财政部于1950年12月颁布了《各级人民政府暂行总预算会计制度》和《各级人民政府暂行单位预算会计制度》，第一次对预算会计的名称与体系进行了界定，并对会计科目、会计报表、记账方法和会计年度等内容制定了统一标准，统一了全国的预算会计。

二、政府会计逐步发展阶段（1953—1978年）

这一阶段，我国预算会计体系得到进一步发展，同时受到国家整体政治、经济改革的影响，预算会计体系发展较为缓慢。此时期，预算会计体系的格局初步形成，即我国预算会计由总预算会计、行政事业单位会计和其他会计组成，并颁布了《地方财政机关总预算会计制度》和《行政事业单位预算会计制度》。

这一阶段实行"统一领导、分级管理"的预算管理体制，具体做法是由中央核定地方的收支指标，凡收大于支的地方上交收入，凡支大于收的地方由中央补助。此时的政府预算带有典型的计划经济特征：预算编制方法上采用基数法；预算编制原则贯彻国民经济综合平衡原则；预算编制程序上采用自下而上和自上而下，上下结合、逐级汇总的方法，而具体到不同的部门、单位以及不同类别的支出，预算管理的方法又不尽相同。

这一阶段的预算会计制度伴随着预算体制的变迁而不断改革。1953年，我国对总预算会计制度的主要内容进行了大幅修订，把会计科目由原来的五类：岁入、岁出、资产、负债、资产负债共同类合并为两大类，即资产与负债。1954年，我国对之前颁布的两部暂行预算会计制度的适用范围做了调整。《各级人民政府暂行总预算会计制度》的适用范围划分为中央、省和县（市）两部分，分别适用。《各级人民政府暂行单位预算会计制度》的应用范围明确为"各级人民政府所属机关、事业机关、企业主管机关和团体"。为简化会计事务，加快会计报表编报进度，1954年，财政部推行了《单位预算会计简易处理办法》。这些制度安排使预算会计在"一五"时期得到稳步发展。

1958年开始，政府及非营利组织会计工作遭受严重挫折，合理的规章制度被废除，财政、财务、会计工作的正常秩序被打乱。政府及非营利组织会计机构和人员被裁减，会计工作难以正常开展，预算会计制度和会计基础工作受到严重破坏。面对严峻形势,党中央、国务院适时提出了"调整、巩固、充实、提高"的八字方针,对国民经济进行调整。这一时期政府会计的具体举措包括:1963年,出台了《地方财政机关总预算会计制度》;1966年,出台了《行政事业单位预算会计制度》。相比较于前面两个暂行会计制度,这一版的会计制度有了较大的变化和完善。其中最明显的一点是:在记账方法上,根据预算会计收支的特点,改为"同收同付有收有付的收付记账法"。由此"收付记账法"替代了"借贷记账法",并迅速在全国的预算单位启动使用,这是我国预算会计制度变迁的一个重要转折点。

1966年之后,政府会计改革走过一段弯路,政府及非营利组织等许多会计机构被撤并,会计人员被精简下放。特别是财政部预算司,作为全国预算的主管部门被合并调整为一个小组,预算会计管理工作完全停滞,政府会计的发展也遭遇了一定的冲击。

三、政府会计改革探索阶段(1978—1992年)

这一阶段,政府会计改革处于起步阶段,主要是配合预算管理的改革调整,对预算会计制度进行了相应的改革调整,相对于市场经济改革,政府会计改革显得较为缓慢,仍然是计划经济体制下的单一预算会计模式。

这一阶段的基本背景是:1978年,党的十一届三中全会开启了改革开放历史新时期,我国进行了举世瞩目的经济体制改革。1980年,财政预算管理实行"划分收支,分级包干",这是预算体制的一次重大变革,使地方政府初步成为责权利相结合的预算主体。其特征是:在总额分成的基础上对超收部分加大地方留成比例,以调动地方政府增收的积极性。

事业单位也开始实行"预算包干，超支不补，结余留用"的预算管理方式。1984年，党的十二届三中全会决定实行有计划的商品经济体制，国民经济各方面包括财税、金融、行政事业单位会计管理体制等，都做了相应的调整。1988年，事业单位改革，分为全额预算管理、差额预算管理和自收自支管理三种方式，虽然近年来事业单位不断改革，但这三种分类模式目前仍在使用。

在这一阶段政府会计改革的主要举措包括：1979年初，财政部恢复会计制度司，即现在的会计司，主管全国会计工作，同期成立中国会计学会，搭建了会计改革理论研究与实践交流的平台。为适应有计划的商品经济体制和财政预算管理方式变化，1983年，财政部修订《财政机关总预算会计制度》和制定《中华人民共和国国家金库条例》《中央国库条例实施细则》，充实总预算会计制度的建设；1988年，又修订《财政机关总预算会计制度》和《行政事业单位会计制度》，并宣布新制度从1989年起开始执行，使各级事业单位走上"统一领导、分级管理"的道路，对经济社会的发展起到了良好的促进作用。对总预算会计修订的内容主要是：界定了总预算会计的职能；制定乡（镇）一级的财政总会计制度，并对其权限做出具体规定。对行政事业单位预算会计改革的修订包括：一是对单位预算会计名称予以规范；二是制定配套的会计科目和核算办法，以满足采用差额、全额和自收自支预算管理方式的行政事业单位会计核算的需要；三是围绕行政事业单位的职能特点与财务管理情况，充实了会计核算的内容。

1985年，颁布新中国首部《中华人民共和国会计法》（以下简称《会计法》），标志着我国会计工作开始步入法制化轨道，对会计工作具有里程碑的意义。

四、政府会计改革全面展开阶段（1992—1999年）

这一阶段改革成果丰硕，出台了一系列重要的制度办法，形成了"会计准则+会计制度"这一具有中国特色的预算会计体系，在宏观经济决策和财政资金的运行管理过程中发挥了重要的基础性作用。

这个时期我国政府会计改革的基本背景是：伴随着1993年党的十四届三中全会决定建立社会主义市场经济体制，财政管理体制迎来了改革的春天。我国财政体制开始实施分税制。新体制下，旧的预算会计制度限制了预算会计职能的发挥，按照新时期社会主义市场经济规则，改革政府会计刻不容缓。1993年，企业会计改革对政府会计改革也起到了拉动效应。

1993年，财政部成立预算会计改革领导小组和常务工作组以及若干专家小组；1994年，颁布新中国首部《中华人民共和国预算法》（以下简称《预算法》），强化了预算会计工作的法律规范。1995年，发布《预算会计核算制度改革要点》，明确了预算会计改革的指导思想、改革目标、会计体系、核算方法和改革步骤等。此后接连出台了《财政总预算会计制度》《事业单位会计准则（试行）》《事业单位会计制度》和《行政单位会计制度》四项会计制度，并在1998年正式开始执行，同时陆续制定行业事业单位会计制度，如高校、医院、科学事业单位等。这一时期预算改革的重要变化是：将单位预算会计明确划分为行政单位预算会计和事业单位预算会计，针对两类单位分别设置两套会计科目；并明确了财政总预算会计分为五级预算，将乡（镇）级预算会计纳入；明确了会计要素为五大类：资产、负债、净资产、收入和支出；记账方法由过去的收付记账法又改（恢复）为借贷记账法。

五、预算会计向政府会计转变阶段(1999—2013年)

这一时期是政府会计改革攻关的前期准备期。财政部明确提出政府会计改革的方向,并有规划地开展前期准备研究,为后续改革提供理论支持。

这一时期政府会计改革的主要背景是:2000年,财政部开始试行部门预算管理,陆续推出政府收支分类改革、政府采购、国库集中收付等系列改革并持续完善。同时,2006年,我国企业会计准则体系的成功建立,为政府会计改革积累了宝贵的实践经验。

这一时期的主要举措有:2003年,财政部成立政府会计改革领导小组,正式启动政府会计改革研究工作。2004年,财政部发布了《民间非营利组织会计制度》,确立了非营利组织会计部门的制度规范,该制度在制定过程中充分吸收了我国企业会计改革的成果,借鉴了国际惯例,这对于政府会计改革具有引导作用。2008年,财政部发布了《土地储备资金会计核算办法》等,这些制度的补充完善,使得当时的预算会计体系基本适应了经济转轨时期国家财政预算管理的需要,满足了行政事业单位和其他各类非营利主体日常会计核算的需要。

2007年,政府会计改革被写入《国民经济和社会发展第十一个五年规划纲要》,目标是建立规范统一的政府会计准则制度体系和政府综合财务报告制度。按照"总体规划、先易后难、重点突破、逐步推进"的原则从政府会计范围、政府会计制度体系、政府会计年度财务报告等开展深入研究。这一年我国正式加入国际公共部门会计准则委员会,为政府会计改革在国际上争取到了话语权。

随着公共财政体制的建立和完善,为了适应财政改革需要,财政部于2010年率先从医疗卫生行业入手,制定发布了《基层医疗卫生机构会计制度》，修订发布了《医院会计制度》；"十二五"时期，为配合财政改革和行政事业单位财务管理改革的需要，从2012年起财政部适时修订并陆续发布了《事业单位会计准则》《事业单位会计制度》《行政单位会计制度》《高等学校会计制度》《中小学校会计制度》以及《科学事业单位会计制度》，制定发布了《彩票机构会计制度》，上述制度的制定对于规范行政事业单位会计行为，保证会计信息质量，提高公共资金透明度，促进各项事业健康发展发挥了重要的作用。

六、政府会计改革全面突破阶段（2014年至今）

这一阶段的改革背景是2014年新修正的《中华人民共和国预算法》第九十七条明确规定，"我国'十二五'规划明确提出，进一步推进政府会计改革，逐步建立政府财务报告制度。"党的十八届三中全会更是从全面深化改革的战略高度，在《中共中央关于全面深化改革若干重大问题的决定》（以下简称《决定》）中明确提出要"建立权责发生制的政府综合财务报告制度"。加快推进政府会计改革，是提升国家治理体系和治理能力现代化的重要基础。政府会计改革和国家治理体系和治理能力现代化建设相关联，足以看出这次政府会计改革的重要意义。

2014年，国务院批转财政部发布《权责发生制政府综合财务报告制度改革方案》（以下简称《改革方案》），明确政府会计改革的目标规划和总体部署；2015年，财政部成立政府会计准则委员会，作为政府会计准则制度制定的协调机制；至此，政府会计发展步入快车道，形成了顶层设计、总体规划、明确目标和组织协调的新机制，实现了重大攻关突破。

2015年以来，财政部相继出台了《政府会计准则——基本准则》（以下简称《基本准则》）和存货、投资、固定资产、无形资产、公共基础设施、政府储备物资、负债、会计调整、财务报表编制和列报、文物资源等政府会计具体准则，以及固定资产准则、文物资源准则应用指南。同时，制定了《政府会计制度——行政事业单位会计科目和报表》，标志着我国由政府会计基本准则、政府会计具体准则及其应用指南、政府会计制度等共同组成的政府会计标准体系基本建成，构建了政府预算会计和财务会计适度分离又相互衔接的政府会计核算模式，基本建立起一套与我国现代财政制度相适应的具有中国特色的政府会计准则制度体系。

2018年，为了进一步做好政府会计改革的新旧衔接工作，除印发通用的新旧衔接规定之外，针对不同的行业，财政部颁布了包括医院、科研事业单位、中小学校等在内9个行业会计制度的新旧衔接规定，同时为了更好地做好政府会计制度在上述不同行业的事业单位的有效实施，发布了包括医院、科研事业单位、中小学校在内的7个行业会计制度的补充规定。在落地实施之后坚持问题导向，先后印发了《政府会计准则制度解释第1号》至《政府会计准则制度解释第7号》等7个解释文件，重点解答政府会计核算中的重难点问题，上述文件也是我国政府会计标准体系的重要内容，成为不可或缺的重要组成部分。对于未纳入政府会计准则制度解释的其他问题，建立咨询问题库，通过财政部网站"实施问答"栏目予以明确，为了帮助广大财务人员更准确理解、正确使用准则制度，通过财政部网站"应用案例"栏目设置具体业务场景进行宣传。

第二节　政府会计改革的重大意义

目前我们正在经历的是第六个阶段，政府会计标准体系初步建立，标志着政府会计改革进入了新纪元。特别是党的十八届三中全会从全面深化改革的战略高度出发，在全会《决定》中明确提出要"建立权责发生制的政府综合财务报告制度"，加快推进政府会计改革，是提升国家治理体系和治理能力现代化的重要基础，把政府会计改革和国家治理体系和治理能力现代化建设相关联，足以看出这次政府会计改革的重要意义。总结起来，这一阶段的政府会计改革的重要意义在于：

一是能够完整反映政府收支信息，有利于建立全面规范、公开透明的现代预算制度。会计工作是预算管理的基础，通过完善现行预算会计制度，完整记录和反映各级政府、部门和单位预算收入和支出的全过程和结果，有利于夯实预算管理的基础，确保各项预算管理政策"落地"，对于建立全面规范、公开透明的现代预算制度具有重要的基础性作用。

二是能够如实反映政府"家底"，有利于财政经济可持续发展。在完善现行政府预算会计的同时，强化政府财务会计功能，可以全面记录政府资产和负债等"存量"信息，完整反映政府财务状况以及财政能力和财政责任，有助于强化政府资产管理主体责任，有效监控政府债务，为开展政府信用评级、防范财政风险等提供信息支持，促进政府财务管理水平提高和财政经济可持续发展。

三是能够科学反映政府运行成本，有利于科学评价政府绩效和政府受托责任履行情况。在会计核算环节引入权责发生制，可以准确反映政府成本费用信息，实现对政府整体、部门单位、单个项目等资源耗费情况的合理评判，为科学开展政府绩效考评、评价政府受托责任履行情况提供扎实有效的信息基础。为促进事业单位加强成本核算工作，提升单位内部管理水平和运行效率，夯实绩效管理基础，财政部于2019年出台了《事业单位成本核算基本指引》，从2021年1月1日开始施行。

四是能够提升财政透明度，有利于国家治理体系和治理能力的现代化。通过建立政府预算会计和财务会计适度分离又相互衔接的政府会计体系，同时生成基于收付实现制的决算报告和权责发生制的政府财务报告，并按规定进行审计和公开，可以全面、清晰地反映政府预算执行信息和财务信息，显著提升财政透明度，满足权力机关、社会公众等对政府受托责任履行情况的信息需求，有助于夯实国家治理的基础，促进国家治理体系和治理能力的现代化。

总之，在新的形势下，政府会计改革涉及国家治理体系和治理能力，使政府权力受到约束，使权力机关、社会公众能够监督政府，意义非常重大。加快推进政府会计改革，建立和有效实施政府会计准则体系，是贯彻落实《预算法》、深化财税体制改革的职责所在，更是推进国家治理体系和治理能力现代化的使命所在。

第三节 政府会计的基本理论

政府会计由预算会计和财务会计构成。

《基本准则》第五十八条规定："预算会计，是指以收付实现制为基础对政府会计主体预算执行过程中发生的全部收入和全部支出进行会计核算，主要反映和监督预算收支执行情况的会计。"

《基本准则》第五十九条规定："财务会计，是指以权责发生制为基础对政府会计主体发生的各项经济业务或者事项进行会计核算，主要反映和监督政府会计主体财务状况、运行情况和现金流量等的会计。"

一、政府会计的核算基础

政府会计核算基础是指政府会计主体在确认和处理一定会计期间的收入和费用时，选择的处理原则和标准，其目的是对收入和支出进行合理配比，进而作为确认当期损益的依据。政府会计核算基础有两种：一种是权责发生制，另一种是收付实现制。过去很长一段时间内，我国政府会计一直实行的是收付实现制。现行的政府会计改革引入了权责发生制，这是重大变化之一。

（一）权责发生制会计核算基础

《基本准则》第六十一条规定："权责发生制是指以取得收取款项的权利或支付款项的义务为标志来确定本期收入和费用的会计核算基础。凡是当期已经实现的收入和已经发生的或应当负担的费用，不论款项是否收付，都应当作为当期的收入和费用；凡是不属于当期的收入和费用，即使款项已在当期收付，也不应当作为当期的收入和费用。"

《基本准则》第三条规定："财务会计实行权责发生制。"在政府会计主体日常业务活动中，交易或事项的发生时间与相关货币资金的收付时间并不一致。例如，某事业单位在2019年8月对外提供一项专业服务，款项于2019年9月收到，如果采用权责发生制，这笔款项应当作为2019年8月的收入，虽然款项在8月尚未收到，但相关的专业服务是在8月发生的，取得的收入应该在8月进行确认。

（二）收付实现制会计核算基础

《基本准则》第六十条规定："收付实现制是指以现金的实际收付为标志来确定本期收入和支出的会计核算基础。凡在当期实际收到的现金收入和支出，均应作为当期的收入和支出；凡是不属于当期的现金收入和支出，均不应当作为当期的收入和支出。"

《基本准则》第三条规定："预算会计实行收付实现制，国务院另有规定的，依照其规定。"根据收付实现制，货币资金的收支行为在其发生的期间全部记作收入和费用，而不考虑与现金收支行为相关联的经济业务活动是否发生。仍然以上述案例为例，某事业单位在2019年8月对外提供一项专业服务，款项于2019年9月收到，如果采用收付实现制，这笔款项应当作为2019年9月的收入，因为款项是在2019年9月收到的。

（三）"双体系、双基础、双目标"的核算体系

政府会计改革的目标是建立"双体系、双基础、双目标"的核算体系。其中双体系就是会计核算具备财务会计和预算会计双重功能，实现了财务会计和预算会计适度分离和相互衔接。双基础就是财务会计实行权责发生制，预算会计实行收付实现制。双目标就是全面、清晰反映单位财务信息和预算执行信息。

所有的业务都需要进行财务会计核算。纳入预算管理的现金收支业务，在进行财务核算的同时，还需要进行预算会计核算，此处三个关键点，可作为判断在财务会计核算的基础上，是否进行预算会计核算：①纳入预算管理、②现金收支、③当期（年）预算，满足上述三个条件，即需要进行预算会计核算，但是在实务中，还需要结合实际情况，在上述三个原则的基础上进行判断。

二、政府会计核算的基本前提

与企业会计相同,政府会计核算也具有基本前提,这是政府会计核算的基础。会计核算前提也称会计假设,是组织会计核算工作所必需具备的前提条件。政府会计核算的基本前提包括会计主体、持续运行、会计分期和货币计量,如表1-2所示。

表1-2 政府会计核算的基本前提

会计前提	定义	《基本准则》规定
会计主体	会计主体是指会计为之服务的特定单位或组织,其决定了会计核算和监督的空间范围。会计主体的前提条件回答了会计为谁核算的问题,明确会计主体是开展会计确认、计量和报告工作的重要前提	《基本准则》第六条规定:"政府会计主体应当对其自身发生的经济业务或者事项进行会计核算。"
持续运行	持续运行是指会计主体的经济业务活动将无限期地持续下去,是针对某些因素可能导致会计主体终止经济业务活动的非正常情况而言的。持续经营的前提条件,可以使会计核算的程序、方法以及为经济决策提供的会计信息保持一定的稳定性和可靠性	《基本准则》第七条规定:"政府会计核算应当以政府会计主体持续运行为前提。"
会计期间	会计期间是指对会计主体持续进行的运行过程,人为地划分为相等的时间阶段,以便分期结算账目和编制会计报表,确定各期间的财务状况、运行情况。会计期间基本前提是持续运行前提的必要补充。有了会计分期这一前提,才产生了本期与非本期的区别,才有期初、期末的概念。只有划清会计分期,才能按会计期间提供收入、费用、成本、财务状况和运行情况等会计信息资料,才有可能对不同会计期间的会计信息进行比较	《基本准则》第八条规定:"政府会计核算应当划分会计期间,分期结算账目,按规定编制决算报告和财务报告。会计期间至少分为年度和月度。会计年度、月度等会计期间的起讫日期采用公历日期。"《预算法》第十八条规定:"预算年度自公历1月1日起至12月31日止。"

续表

会计前提	定义	《基本准则》规定
货币计量	货币计量是指会计主体的会计核算应采用统一的货币单位作为计量标准，以便综合、全面、系统、完整地反映会计主体的经济活动。货币计量前提是建立在货币本身的价值稳定不变的基础之上的，除非发生恶性通货膨胀时才对这一前提作某些修正。根据这一前提，政府会计的核算对象只限于那些能够用货币来计量的经济活动	《基本准则》第九条规定："政府会计核算应当以人民币作为记账本位币。发生外币业务时，应当将有关外币金额折算为人民币金额计量，同时登记外币金额。"

三、政府会计核算的质量要求

政府会计信息质量要求是对政府会计所提供会计信息的基本要求，是处理具体会计业务的基本依据，是衡量会计信息质量的重要标准。政府会计信息质量要求如表1-3所示。

表1-3　　　　　　　　政府会计信息质量要求

政府会计信息质量要求	定义	《基本准则》规定
客观性要求	客观性要求，是指会计核算所提供的信息应当以实际发生的经济业务为依据，如实反映政府会计主体的财务状况、运行情况、现金流量等信息，保证会计信息的真实可靠	《基本准则》第十一条规定："政府会计主体应当以实际发生的经济业务或者事项为依据进行会计核算，如实反映各项会计要素的情况和结果，保证会计信息真实可靠。"
全面性要求	全面性要求，是指政府会计主体应当将发生的各项经济业务或者事项统一纳入会计核算，确保会计信息能够全面反映政府会计主体预算执行情况和财务状况、运行情况、现金流量等	《基本准则》第十二条规定："政府会计主体应当将发生的各项经济业务或者事项统一纳入会计核算，确保会计信息能够全面反映政府会计主体预算执行情况和财务状况、运行情况、现金流量等。"

续表

政府会计信息质量要求	定义	《基本准则》规定
相关性要求	相关性,是指会计核算所提供的会计信息应当有助于信息使用者正确做出经济决策,会计所提供的信息要同经济决策相关联	《基本准则》第十三条规定:"政府会计主体提供的会计信息,应当与反映政府会计主体公共受托责任履行情况以及报告使用者决策或者监督、管理的需要相关,有助于报告使用者对政府会计主体过去、现在或者未来的情况作出评价或者预测。"
及时性要求	及时性要求,是指政府会计主体应当及时对已经发生的经济业务或事项进行会计核算,讲求时效,以便使用者及时利用会计信息。失去时效的会计信息,便成了历史资料,对决策的有用性将大大降低	《基本准则》第十四条规定:"政府会计主体对已经发生的经济业务或者事项,应当及时进行会计核算,不得提前或者延后。"
可比性要求	可比性要求,是指会计核算应当按照规定的处理方法进行,会计指标应当口径一致,相互可比。不同的单位,尤其是同一行业的不同单位,处理同一业务问题要使用相同的程序和方法,以便相互比较,判断优劣	《基本准则》第十五条规定:"政府会计主体提供的会计信息应当具有可比性。同一政府会计主体不同时期发生的相同或者相似的经济业务或者事项,应当采用一致的会计政策,不得随意变更。确需变更的,应当将变更的内容、理由及其影响在附注中予以说明。不同政府会计主体发生的相同或者相似的经济业务或者事项,应当采用一致的会计政策,确保政府会计信息口径一致,相互可比。"
明晰性要求	明晰性要求,是指会计记录和会计报告应当清晰明了,便于理解和利用,数据记录和文字说明要能一目了然地反映经济活动的来龙去脉,对有些不易理解的问题,应在财务情况说明书中做出说明	《基本准则》第十六条规定:"政府会计主体提供的会计信息应当清晰明了,便于报告使用者理解和使用。"

续表

政府会计信息质量要求	定义	《基本准则》规定
实质重于形式要求	实质重于形式要求，是指政府会计主体应当按照业务活动或事项的经济实质进行会计核算，而不应当仅仅按照它们的法律形式作为会计核算的依据。在实际工作中，交易或事项的外在形式或人为形式并不能完全真实地反映其实质内容，因此会计信息拟反映的交易或事项，必须根据交易或事项的实质和经济现实，而非根据它们的法律形式进行核算	《基本准则》第十七条规定："政府会计主体应当按照经济业务或者事项的经济实质进行会计核算，不限于以经济业务或者事项的法律形式为依据。"

四、政府会计要素

以前历次行政事业单位会计制度中，只规定了"资产、负债、净资产、收入、支出"5个会计要素；新《政府会计制度》进行了革命性的变革，确定了"3+5"的会计要素体系（见表1-4），《基本准则》规定，政府会计由预算会计和财务会计构成。政府预算会计要素包括预算收入、预算支出与预算结余；政府财务会计要素包括资产、负债、净资产、收入和费用。同时，明确了各个会计要素的定义和确认条件，规定了核算使用的会计科目和计量方法，进一步健全了政府会计核算体系。

表1-4　　　　　　　　政府会计要素

预算会计要素	预算收入		预算支出		预算结余
财务会计要素	资产	负债	收入	费用	净资产

(一)预算会计要素

1.预算收入

预算收入是指政府会计主体在预算年度内依法取得的并纳入预算管理的现金流入。预算收入一般在实际收到时予以确认,以实际收到的金额计量。

2.预算支出

预算支出是指政府会计主体在预算年度内依法发生并纳入预算管理的现金流出。预算支出一般在实际支付时予以确认,以实际支付的金额计量。

3.预算结余

预算结余是指政府会计主体预算年度内预算收入扣除预算支出后的资金余额,以及历年滚存的资金余额。预算结余包括结余资金和结转资金。

结余资金是指年度预算执行终了,预算收入实际完成数扣除预算支出和结转资金后剩余的资金。

结转资金是指预算安排项目的支出年终尚未执行完毕或者因故未执行,且下年需要按原用途继续使用的资金。

(二)财务会计要素

1.资产

(1)资产的定义。

资产是指政府会计主体过去的经济业务或者事项形成的,由政府会计主体控制的,预期能够产生服务潜力或者带来经济利益流入的经济资源。服务潜力是指政府会计主体利用资产提供公共产品和服务以履行政府职能的潜在能力。经济利益流入表现为现金及现金等价物的流入，或者现金及现金等价物流出的减少。

政府会计主体的资产按照流动性，分为流动资产和非流动资产。流动资产是指预计在1年内（含1年）耗用或者可以变现的资产，包括货币资金、短期投资、应收及预付款项、存货等。非流动资产是指流动资产以外的资产，包括固定资产、在建工程、无形资产、长期投资、公共基础设施、政府储备物资、文物资源、保障性住房等。

（2）资产的确认与计量。

符合上述资产定义的经济资源，在同时满足以下条件时确认为资产：一是与该经济资源相关的服务潜力很可能实现或者经济利益很可能流入政府会计主体；二是该经济资源的成本或者价值能够可靠地计量。

《基本准则》第三十一条规定：政府会计主体在对资产进行计量时，一般应当采用历史成本。用重置成本、现值、公允价值计量的，应当保证所确定的资产金额能够持续、可靠计量。

资产的计量属性主要包括历史成本、重置成本、现值、公允价值和名义金额。在历史成本计量属性下，资产按照取得时支付的现金金额或者支付对价的公允价值计量。在重置成本计量属性下，资产按照现在购买相同或者相似资产所需支付的现金金额计量。在现值计量属性下，资产按照预计从其持续使用和最终处置中所产生的未来净现金流入量的折现金额计量。在公允价值计量属性下，资产按照市场参与者在计量日发生的有序交易中，出售资产所能收到的价格计量。无法采用上述计量属性的，采用名义金额（即人民币1元）计量。

2.负债

（1）负债的定义。

负债是指政府会计主体过去的经济业务或者事项形成的，预期会导致经济资源流出政府会计主体的现时义务。现时义务是指政府会计主体在现行条件下已承担的义务。未来发生的经济业务或者事项形成的义务不属于现时义务，不应当确认为负债。

政府会计主体的负债按照流动性，分为流动负债和非流动负债。流动负债是指预计在1年内（含1年）偿还的负债，包括应付及预收款项、应付职工薪酬、应缴款项等。非流动负债是指流动负债以外的负债，包括长期应付款、应付政府债券和政府依法担保形成的债务等。

（2）负债的确认与计量。

符合上述负债定义的义务，在同时满足以下条件时确认为负债：一是履行该义务很可能导致含有服务潜力或者经济利益的经济资源流出政府会计主体；二是该义务的金额能够可靠地计量。

政府会计主体在对负债进行计量时，一般应当采用历史成本。采用现值、公允价值计量的，应当保证所确定的负债金额能够持续、可靠计量。

负债的计量属性主要包括历史成本、现值和公允价值。在历史成本计量属性下，负债按照因承担现时义务而实际收到的款项或者资产的金额，或者承担现时义务的合同金额，或者按照为偿还负债预期需要支付的现金计量。在现值计量属性下，负债按照预计期限内需要偿还的未来净现金流出量的折现金额计量。在公允价值计量属性下，负债按照市场参与者在计量日发生的有序交易中，转移负债所需支付的价格计量。

3.净资产

净资产是指政府会计主体资产扣除负债后的净额。

净资产的金额取决于对资产和负债的计量。

4.收入

收入是指报告期内导致政府会计主体净资产增加的、含有服务潜力或者经济利益的经济资源的流入。

收入的确认应当同时满足以下条件：一是与收入相关的含有服务潜力或者经济利益的经济资源很可能流入政府会计主体；二是含有服务潜力或者经济利益的经济资源流入会导致政府会计主体资产增加或者负债减少；三是流入金额能够可靠地计量。

5.费用

费用是指报告期内导致政府会计主体净资产减少的、含有服务潜力或者经济利益的经济资源的流出。

费用的确认应当同时满足以下条件：一是与费用相关的含有服务潜力或者经济利益的经济资源很可能流出政府会计主体；二是含有服务潜力或者经济利益的经济资源流出会导致政府会计主体资产减少或者负债增加；三是流出金额能够可靠地计量。

五、会计科目

政府会计制度规定了8类会计要素，共103个一级会计科目，其中资产类科目35个，负债类科目16个，净资产类科目7个，收入类科目11

个，费用类科目8个，预算收入类科目9个，预算支出类科目8个，预算结余类科目9个。除了"应付政府补贴款""行政支出"两个为行政单位专用的科目外，其他101个科目事业单位均可能使用。行政单位使用的会计科目比事业单位少，大约60个一级科目。

（一）资产类科目

资产类一级科目35个，在保留了原来的一级科目基础上，新设了部分因为权责发生制核算需要的一级科目，同时吸收了很多原来行业会计制度中采用的一级科目。具体科目如表1-5所示。

表1-5　　　　　　　　　资产类科目一览表

分类	具体科目名称
货币资金类科目	库存现金、银行存款、其他货币资金、零余额账户用款额度、财政应返还额度
应收款项类科目	应收票据、应收账款、预付账款、应收股利、应收利息、其他应收款
存货类科目	在途物品、库存物品、自制物品
非流动资产科目	在建工程、固定资产、无形资产
投资类科目	短期投资、长期债权投资、长期股权投资
经管类资产科目	公共基础设施、政府储备物资、保障性住房、文物资源
备抵类科目	坏账准备、固定资产累计折旧、无形资产累计摊销、公共基础设施累计折旧（摊销）、保障性住房累计折旧
其他类科目	待摊费用、长期待摊费用、工程物资、研发支出、待处理财产损溢、受托代理资产

备注：预算一体化改革后，国库集中支付的方式发生了改变，大多数预算单位不再使用"零余额用款账户额度"这个科目。详细变化请参考《中央财政预算管理一体化资金支付管理办法（试行）》（财库〔2022〕5号）；《政府会计准则第11号——文物资源》实施后，"文物文化资产"改为"文物资源"。

(二)负债类科目

负债类一级科目16个,在保留原科目的基础上,合并或者分解了部分一级科目。具体科目如表1-6所示。

表1-6 负债类科目一览表

分类	具体科目名称
借款类科目	短期借款、长期借款
应付及预收类科目	应付票据、应付账款、应付利息、应交增值税、其他应交税费、应付职工薪酬、预收账款、应付政府补贴款、长期应付款
暂收类科目	其他应付款、应缴财政款
预计负债类科目	预计负债
其他负债科目	受托代理负债、预提费用

(三)净资产类科目

净资产类一级科目7个,是政府会计制度中新设的科目。具体包括两大类,如表1-7所示。

表1-7 净资产类科目一览表

分类	具体科目名称
期末余额为零,不在资产负债表内反映的科目	本年盈余、本年盈余分配、无偿调拨净资产、以前年度盈余调整
期末余额不为零,在资产负债表内反映的科目	累计盈余、专用基金、权益法调整

(四)收入类科目

收入类一级科目11个,在原来收入科目的基础上进一步细化分解,按照收入来源分为财政拨款收入、事业收入、上级补助收入、附属单位上缴收入、经营收入、非同级财政拨款收入、投资收益、利息收入、租金收入、捐赠收入、其他收入。

（五）费用类科目

费用类一级科目8个，是政府会计制度中新设的科目。按照费用的功能分为业务活动费用、单位管理费用、经营费用、资产处置费用、上缴上级费用、对附属单位补助费用、所得税费用、其他费用。

（六）预算收入类科目

预算收入类一级科目9个，基本和财务会计体系的收入类科目相对应，每个科目增加了"预算"两字。包括财政拨款预算收入、事业预算收入、上级补助预算收入、附属单位上缴预算收入、经营预算收入、非同级财政拨款预算收入、投资预算收益、债务预算收入、其他预算收入。其中，债务预算收入是新增的一级科目。

（七）预算支出类科目

预算支出类一级科目8个，与财务会计体系的费用类科目相对应，按照功能分类，主要分为行政支出、事业支出、经营支出、上缴上级支出、对附属单位补助支出、投资支出、债务还本支出、其他支出。其中投资支出、债务还本支出是新增的一级科目。

（八）预算结余类科目

预算结余类一级科目9个，与改革之前的净资产科目较为类似，主要分为财政拨款结转、财政拨款结余、非财政拨款结转、非财政拨款结余、其他结余、经营结余、专用结余、非财政拨款结余分配、资金结存。

各行政事业单位可以在一级科目的基础上结合《政府会计制度》明细科目设置的要求和本单位核算实际情况，设置适合本单位的明细科目和辅助核算项。

（九）使用会计科目的注意事项

行政事业单位应当执行《政府会计制度》统一规定的会计科目编号，以便于填制会计凭证、登记账簿、查阅账目，实行会计信息化管理。这就要求单位在使用会计科目时，一级科目的编号是统一的，不能随意改变。

第一，行政事业单位应当按照规定设置和使用会计科目，在不影响会计处理和编制报表的前提下，可以根据实际情况自行增设或减少某些会计科目。对于某些会计科目，因为该单位没有相关业务，无须使用则可以选择不设置该科目。此外，单位可以根据需要设置明细科目，除遵循《政府会计制度》规定外，还应当满足权责发生制政府部门财务报告和政府综合财务报告编制的需要。

第二，在填制会计凭证、登记会计账簿时，应当填列会计科目的名称，或者同时填列会计科目的名称和编号，不得只填列会计科目编号，不填列会计科目名称。

六、知识拓展

作为一名会计人员，其核心和基础的工作就是账务处理。如何做好行政事业单位的账务处理，准确反映单位的财务状况和预算执行情况，需要在理解制度的基础上，熟悉本单位的会计科目，熟练编制会计凭证、登记会计账簿、编制会计报表等，这是一名会计人员的基本素养。

(一)何为会计凭证?

会计凭证是指记录经济业务、明确经济责任、按一定格式编制的据以登记会计账簿的书面证明。

按编制程序和用途分类,会计凭证按其编制程序和用途的不同,分为原始凭证和记账凭证。原始凭证又称单据,是在经济业务最初发生之时即行填制的原始书面证明,如发票、款项收据等。记账凭证又称记账凭单,是以审核无误的原始凭证为依据,按照经济业务事项的内容确定会计分录后所填制的会计凭证。它是登记账簿的直接依据,常用的记账凭证有收款凭证、付款凭证、转账凭证等。实务中,也可以不对记账凭证进行分类。

(二)何为会计账簿?

会计账簿是指以会计凭证为依据,对全部经济业务进行全面、系统、连续、分类记录和核算的簿籍,是由专门格式并以一定形式联结在一起的账页所组成的。用来序时、分类地全面记录一个单位经济业务事项。设置和登记会计账簿,是重要的会计核算基础工作,是连接会计凭证和会计报表的中间环节,做好这项工作,对于加强经济管理具有十分重要的意义。

会计账簿主要有以下几种:

(1)序时账簿。又称日记账,是按照经济业务发生或完成时间的先后顺序逐日逐笔进行登记的账簿。序时账簿是会计部门按照收到会计凭证号码的先后顺序进行登记的。在会计工作发展的早期,就要求必须将每天发生的经济业务逐日登记,以便记录当天业务发生的金额。因而习惯地称序时账簿为日记账。如现金日记账、银行存款日记账。

（2）分类账簿。对全部经济业务事项按照会计要素的具体类别而设置的分类账户进行登记的账簿。分类账簿按其提供核算指标的详细程度不同，又分为总分类账和明细分类账。

总分类账，简称总账，是根据总分类科目开设账户，用来登记全部经济业务，进行总分类核算，提供总括核算资料的分类账簿。

明细分类账，简称明细账，是根据明细分类科目开设账户，用来登记某一类经济业务，进行明细分类核算，提供明细核算资料的分类账簿。

（3）备查账簿。又称辅助账簿，是对某些在序时账簿和分类账簿等主要账簿中都不予登记或登记不够详细的经济业务事项进行补充登记时使用的账簿。它可以对某些经济业务的内容提供必要的参考资料。备查账簿的设置应视实际需要而定，并非一定要设置，而且没有固定格式。如设置租入固定资产登记簿、项目辅助账等。

当前的实务工作中，大多数单位采用信息化手段进行会计核算，会计账簿的登记工作较手工条件下的工作量大大简化。会计人员在完成记账凭证的录入、审核工作后，只要点击"记账"，即可自动生成上述会计账簿。

（三）会计报表

会计报表是综合反映一个单位资产、负债和所有者权益的情况及一定时期的经营成果和财务状况变动的书面文件。会计报表是会计人员根据日常会计核算资料归集、加工、汇总而形成的结果，是会计核算的最终产品。现在的会计报表是会计人员根据一定时期（如月、季、年）的会计记录，按照既定的格式和种类编制的系统的报告文件。随着经济活动的发展和单位日常管理的精细化程度的提高，会计报表的使用者对会计信息的需求不断增加，仅仅依靠几张会计报表提供的信息已经不能满足或不能直接满足他们的需求，因此需要通过报表以外的附注和说明提供更多的信息。将这些附有详细附注和财务状况说明书的会计报表称为财务会计报告。在实际工作中，需要报告的表外信息越来越多，附注的篇幅就越来越大，导致会计报表仅仅成为财务会计报告中的一小部分，但仍然是最重要、最核心的组成部分。

目前的政府会计报表通常采用7张报表，如表1-8所示。

表1-8　　　　　　　　政府会计报表一览表

编号	会计报表名称	编制期
会政预01表	预算收入支出表	年度
会政预02表	预算结转结余变动表	年度
会政预03表	财政拨款预算收入支出表	年度
会政财01表	资产负债表	月度、年度
会政财02表	收入费用表	月度、年度
会政财03表	净资产变动表	年度
会政财04表	现金流量表	年度

（四）其他必备的技能

长期以来，行政事业单位没有形成统一的会计准则标准体系，多行业制度并存，导致政府会计信息标准不统一，从业人员执行不同的会计制度，不同行业之间存在制度的壁垒，使得会计人员在学习时无从下手。这次的政府会计改革从顶层设计开始解决了这一难题。

对于很多会计人员而言，在经历了系统的会计专业教育之后，对会计学原理、基本业务事项的会计核算、会计做账基本功等有了初步掌握。但是高校的会计专业在课程设置中很少专门讲述政府会计相关内容，导致政府会计从业人员知识储备和专业素养存在严重的不足，特别是近年来不断深化的财税体制改革，政府会计的从业人员，除了需要掌握最新的政府会计相关准则和制度之外，还需要掌握国库集中收付制度、政府收支科目分类、部门预算、政府采购、资产管理等相关知识，且上述知识与政府会计制度相互交叉，政策性强，变化较快，特别是近年来推进的成本核算、预算绩效等方面的政策，也是行政事业单位会计人员的必备技能。

本书从政府会计改革历程出发，遵循预算、核算、决算这一主线，辅以其他必备的技能，以政府会计人员如何突出职业发展这一"重围"来收尾。本书在后面的章节中，会对上述内容逐一进行阐述。

本章小结

本章阐述了新中国成立以来政府会计改革的发展历程以及有关政府会计的基本理论，依次介绍了政府会计核算的基础、信息质量要求、会计要素和会计科目。同时对基本的会计基础概念进行了说明。读者了解掌握这部分基本理论知识，将有助于政府会计的入门学习。

第二章 部门预算

本章导读

"凡事预则立,不预则废",这句话不仅是人生的信条,更是部门预算的哲理,对广大行政事业单位财会人员来讲,随着预算管理一体化的推进,预算管理工作已成为财务工作的重心,甚至成为单位治理体系和治理能力现代化的基础。

第一节 制度概述

党的十八届三中全会通过的《中共中央关于全面深化改革若干重大问题的决定》提出:"改进预算管理制度。实施全面规范、公开透明的预算制度。审核预算的重点由平衡状态、赤字规模向支出预算和政策拓展。清理规范重点支出同财政收支增幅或生产总值挂钩事项,一般不采取挂钩方式。建立跨年度预算平衡机制,建立权责发生制的政府综合财务报告制度,建立规范合理的中央和地方政府债务管理及风险预警机制。"

党的十九届四中全会通过的《中共中央关于坚持和完善中国特色社会主义制度、推进国家治理体系和治理能力现代化若干重大问题的决定》提出:"完善标准科学、规范透明、约束有力的预算制度。"

党的二十届三中全会通过的《中共中央关于进一步全面深化改革 推进中国式现代化的决定》提出:"健全预算制度,加强财政资源和预算统筹,把依托行政权力、政府信用、国有资源资产获取的收入全部纳入政府预算管理完善国有资本经营预算和绩效评价制度,强化国家重大战略任务和基本民生财力保障。强化对预算编制和财政政策的宏观指导。加强公共服务绩效管理,强化事前功能评估。深化零基预算改革。统一预算分配权,提高预算管理统一性、规范性,完善预算公开和监督制度。完善权责发生制政府综合财务报告制度。"

一、《预算法》的主要内容

(一)《预算法》的修订历程

《预算法》被称为"经济宪法"。我国现行《预算法》于1994年在八届全国人大二次会议上通过,1995年1月1日正式实施,往前追溯,其前身为1992年1月1日起施行的《国家预算管理条例》;《国家预算管理条例》则是在1951年8月中央人民政府政务院公布的《预算决算暂行条例》基础上制定的。

2004年,《预算法》开始启动艰难的修订历程,历经三届人大,四易其稿,终于在2014年通过。2004年,十届全国人大把预算法修改列入立法规划。2011年11月,预算法修正案草案正式提交十一届全国人大常委会第二十四次会议审议。2012年6月,十一届全国人大常委会第二十七次会议对预算法修正案草案二次审议稿进行审议。2014年4月,十二届全国人大常委会第八次会议启动对预算法修正案草案第三次审议程序。2014年8月,十二届全国人大常委会第十次会议启动对预算法修正案草案第四次审议程序。8月31日,《关于修改〈中华人民共和国预算法〉的决定》

获全国人大常委会通过。新预算法于2015年1月1日起实施。

2018年12月29日，十三届全国人民代表大会常务委员会第七次会议再次对《预算法》进行了修订。经过两次修订，2004年版的《预算法》除为数不多的保留下来的条款外，新《预算法》修改或调整了56条，其他相对细小的修改之处更多，新《预算法》"脱胎换骨"，名副其实。

（二）《预算法》的主要内容

新《预算法》全文14 000多字，共计十一章101条内容，主要内容包括如下方面：

1.第一章"总则"

国家实行一级政府一级预算，设立中央、省、市、县、乡镇五级预算。全国预算由中央预算和地方预算（本级预算和下一级预算汇总）组成。预算包括一般公共预算、政府性基金预算、国有资本经营预算、社会保险基金预算，即通常意义上说的政府"四本账"。

一般公共预算是对以税收为主体的财政收入安排的收支预算，即通常意义上的财政拨款。政府性基金预算是对依照法律、行政法规的规定在一定期限内向特定对象征收、收取或者以其他方式筹集的资金，专项用于特定公共事业发展的收支预算，如彩票、教育费附加安排的收支预算，预算的原则是以收定支。国有资本经营预算是对国有资本收益做出支出安排的收支预算，按照收支平衡的原则编制，不列赤字，并安排资金调入一般公共预算。社会保险基金预算是对社会保险缴款、一般公共预算安排和其他方式筹集的资金，专项用于社会保险的收支预算。

各级预算应当遵循统筹兼顾、勤俭节约、量力而行、讲求绩效和收支平衡的原则。各级政府应当建立跨年度预算平衡机制。经人民代表大会批准的预算，非经法定程序，不得调整。经本级人民代表大会或者本级人民代表大会常务委员会批准的预算、预算调整、决算、预算执行情况的报告及报表，应当在批准后二十日内由本级政府财政部门向社会公开，并对本级政府财政转移支付安排、执行的情况以及举借债务的情况等重要事项做出说明。

经本级政府财政部门批复的部门预算、决算及报表，应当在批复后二十日内由各部门向社会公开，并对部门预算、决算中机关运行经费的安排、使用情况等重要事项做出说明。

2. 第二章"预算管理职权"

（1）预算的审查及审批。全国人民代表大会审查中央和地方预算草案及中央和地方预算执行情况的报告；批准中央预算和中央预算执行情况的报告；改变或者撤销全国人民代表大会常务委员会关于预算、决算的不适当的决议。全国人民代表大会常务委员会监督中央和地方预算的执行；审查和批准中央预算的调整方案；审查和批准中央决算；撤销国务院制定的同宪法、法律相抵触的关于预算、决算的行政法规、决定和命令；撤销省、自治区、直辖市人民代表大会及其常务委员会制定的同宪法、法律和行政法规相抵触的关于预算、决算的地方性法规和决议。

县级以上地方各级人民代表大会审查本级总预算草案及本级总预算执行情况的报告；批准本级预算和本级预算执行情况的报告；改变或者撤销本级人民代表大会常务委员会关于预算、决算的不适当的决议；撤销本级政府关于预算、决算的不适当的决定和命令。县级以上地方各级人民代表大会常务委员会监督本级总预算的执行；审查和批准本级预算的调整方案；审查和批准本级决算；撤销本级政府和下一级人民代表大会及其常务委员会关于预算、决算的不适当的决定、命令和决议。

（2）预算的编制。国务院财政部门具体编制中央预算、决算草案；具体组织中央和地方预算的执行；提出中央预算预备费动用方案；具体编制中央预算的调整方案；定期向国务院报告中央和地方预算的执行情况。地方各级政府财政部门具体编制本级预算、决算草案；具体组织本级总预算的执行；提出本级预算预备费动用方案；具体编制本级预算的调整方案；定期向本级政府和上一级政府财政部门报告本级总预算的执行情况。

各部门编制本部门预算、决算草案；组织和监督本部门预算的执行；定期向本级政府财政部门报告预算的执行情况。

各单位编制本单位预算、决算草案；按照国家规定上缴预算收入，安排预算支出，并接受国家有关部门的监督。

3. 第三章"预算收支范围"

预算收支范围主要包括一般公共预算收入、一般公共预算支出（按功能分类和按经济性质分类）。政府性基金预算、国有资本经营预算和社会保险基金预算的收支范围，按照法律、行政法规和国务院的规定执行。

4. 第四章"预算编制"

各级政府、各部门、各单位应当按照国务院规定的时间编制预算草案，并按规定时间上报、审核、汇总。

中央一般公共预算中必需的部分资金，可以通过举借国内和国外债务等方式筹措，举借债务应当控制适当的规模，保持合理的结构。经国务院批准的省、自治区、直辖市的预算中必需的建设投资的部分资金，可以在国务院确定的限额内，通过发行地方政府债券举借债务的方式筹措。除上述规定外，地方政府及其所属部门不得以任何方式举借债务。除法律另有规定外，地方政府及其所属部门不得为任何单位和个人的债务以任何方式提供担保。

5. 第五章"预算审查和批准"

国务院在全国人民代表大会举行会议时，向大会做关于中央和地方预算草案以及中央和地方预算执行情况的报告。地方各级政府在本级人民代表大会举行会议时，向大会做关于总预算草案和总预算执行情况的报告。

各级预算经本级人民代表大会批准后，本级政府财政部门应当在二十日内向本级各部门批复预算。各部门应当在接到本级政府财政部门批复的本部门预算后十五日内向所属各单位批复预算。

6. 第六章"预算执行"

各部门、各单位是本部门、本单位的预算执行主体，负责本部门、本单位的预算执行，并对执行结果负责。各级预算的收入和支出实行收付实现制。

国家实行国库集中收缴和集中支付制度，对政府全部收入和支出实行国库集中收付管理。

7. 第七章"预算调整"

预算的调整方案应当提请本级人民代表大会常务委员会审查和批准。

8. 第八章"决算"

决算草案由各级政府、各部门、各单位，在每一预算年度终了后按照国务院规定的时间编制。各级决算经批准后，财政部门应当在二十日内向本级各部门批复决算。各部门应当在接到本级政府财政部门批复的本部门决算后十五日内向所属单位批复决算。

9. 第九章"监督"

预算、决算由本级人民代表大会及其常务委员会进行监督。政府审计部门依法对预算执行、决算实行审计监督。

10. 第十章"法律责任"

这里的法律责任主要指对违反《预算法》的处理条款方面的内容。

11. 第十一章"附则"

各级政府财政部门应当按年度编制以权责发生制为基础的政府综合财务报告等方面内容。

党的十八届三中全会确定的全面深化改革的总目标，就是完善和发展中国特色社会主义制度，推进国家治理体系和治理能力现代化。而以《预算法》修正为重要内容的"预算管理制度改革"，就是推进国家治理体系和治理能力现代化的关键环节。随着预算的法治化，标志着国家的治理现代化。

二、其他预算方面的制度

在《预算法》修订的基础上，近年来财政部还出台了一系列关于部门管理的文件或制度，相对重要和常用的包括如下方面（见表2-1）。

表2-1 近年来财政部出台的部分部门预算文件或制度

序号	文件名称	文号
1	关于进一步做好预算执行工作的指导意见	财预〔2010〕11号
2	财政部关于进一步做好预算信息公开工作的指导意见	财预〔2010〕31号
3	关于将按预算外资金管理的收入纳入预算管理的通知	财预〔2010〕88号
4	关于加强地方财政结余结转资金管理的通知	财预〔2010〕383号
5	关于推进预算绩效管理的指导意见	财预〔2011〕416号
6	关于印发《预算绩效评价共性指标体系框架》的通知	财预〔2013〕53号
7	关于加强地方预算执行管理、激活财政存量资金的通知	财预〔2013〕285号
8	关于推进省以下预决算公开工作的通知	财预〔2013〕309号
9	关于进一步加强地方财政结余结转资金管理的通知	财预〔2013〕372号
10	关于深入推进地方预决算公开工作的通知	财预〔2014〕36号
11	关于完善政府预算体系有关问题的通知	财预〔2014〕368号
12	国务院关于深化预算管理制度改革的决定	国发〔2014〕45号
13	关于进一步加强财政支出预算执行管理的通知	财预〔2014〕85号
14	关于加强和改进中央部门项目支出预算管理的通知	财预〔2015〕82号
15	关于印发《中央部门预算绩效目标管理办法》的通知	财预〔2015〕88号
16	关于加强中央部门预算评审工作的通知	财预〔2015〕90号
17	关于印发《中央国有资本经营预算管理暂行办法》的通知	财预〔2016〕6号
18	中央部门财政拨款结转和结余资金管理办法	财预〔2016〕18号
19	关于切实做好地方预决算公开工作的通知	财预〔2016〕123号
20	关于印发《地方预决算公开操作规程》的通知	财预〔2016〕143号
21	关于印发《地方政府专项债务预算管理办法》的通知	财预〔2016〕155号
22	关于印发《地方政府一般债务预算管理办法》的通知	财预〔2016〕154号
23	关于印发《中央国有资本经营预算支出管理暂行办法》的通知	财预〔2017〕32号
24	关于进一步完善中央部门项目支出预算管理的通知	财预〔2017〕96号
25	关于印发《中央国有资本经营预算编报办法》的通知	财预〔2017〕133号
26	关于加强地方预算执行管理、加快支出进度的通知	财预〔2018〕65号
27	关于印发《地方财政预算执行支出进度考核办法》的通知	财预〔2018〕69号

续表

序号	文件名称	文号
28	关于贯彻落实《中共中央 国务院关于全面实施预算绩效管理的意见》的通知	财预〔2018〕167号
29	《中共中央 国务院关于全面实施预算绩效管理的意见》	
30	《中央部门预算绩效运行监控管理暂行办法》	财预〔2019〕136号
31	《中华人民共和国预算法实施条例》	国务院令第729号
32	《项目支出绩效评价管理办法》	财预〔2020〕10号
33	关于印发《预算管理一体化规范(试行)》的通知	财办〔2020〕13号
34	关于委托第三方机构参与预算绩效管理的指导意见	财预〔2021〕6号
35	国务院关于进一步深化预算管理制度改革的意见	国发〔2021〕5号
36	关于推进部门所属单位预算公开工作的指导意见	财预〔2021〕29号
37	关于印发《中央部门项目支出核心绩效目标和指标设置及取值指引(试行)》的通知	财预〔2021〕101号
38	《关于加强"三公"经费管理严控一般性及支出的通知》	财预〔2022〕126号
39	关于印发《预算管理一体化规范(2.0版)》的通知	财办〔2023〕12号
40	关于印发《预算评审管理暂行办法》的通知	财预〔2023〕95号

以上文件只是国家出台的部分部门预算管理文件，在此基础上还出台了关于津补贴、差旅费、会议费、培训费、"三公"经费、"过紧日子"等系列文件，各地方省份也出台了本地区的相关制度，共同组成了部门预算管理的系列制度文件。在实务中，由于预算管理体系的不同，除了国家出台的办法外，部门预算管理还应该结合本级财政部门出台的实施细则实施。如结转结余资金的管理、预算绩效、"过紧日子"等方面，地方财政部门一般均会出台相应的实施细则。

部门预算是单位财务工作中政策性最强的工作之一，在《预算法》基础上的上述制度体系，内容较多，但对实务工作影响最大或者说最重要的应该是结转结余资金的管理、预算执行进度、全面预算绩效管理、"过紧日子"等四个方面。

(一) 关于结转结余资金的管理

《中央部门财政拨款结余资金管理办法》，分别于2006年的"财预〔2006〕489号"、2010年的"财预〔2010〕7号"、2016年的"财预〔2016〕18号"，三次修订，反映了结转结余资金管理在部门预算管理的重要性。最新修订的办法主要内容包括如下方面：

一是结转结余资金的定义：结转结余资金是指按照财政部批复的部门预算，在年度预算执行结束时，未列支出的一般公共预算和政府性基金预算资金。

结转资金是指预算安排项目的支出年度终了时尚未执行完毕，或者因故未执行但下一年度需要按原用途继续使用的资金。

结余资金是指项目实施周期已结束、项目目标完成或项目提前终止，尚未列支的项目支出预算资金；因项目实施计划调整，不需要继续支出的预算资金；预算批复后连续两年未用完的预算资金。已支付的预付账款和已用于购买存货但未领用的应予以扣除。

2020年出台的《预算法实施条例》中规定：结余资金是指年度预算执行终了时，预算收入实际完成数扣除预算支出实际完成数和结转资金后剩余的资金。与以前概念有所不同，结合了政府会计制度的有关内容重新进行了定义。

2022年出台的《事业单位财务规则》中规定：结转资金是指当年预算已执行但未完成，或者因故未执行，下一年度需要按照原用途继续使用的资金。结余资金是指当年预算工作目标已完成，或者因故终止，当年剩余的资金。

二是结转资金的管理，包括基本支出结转资金和项目支出结转资金。基本支出结转资金管理，包括人员经费结转资金和日常公用经费结转资金，原则上结转下年继续用于基本支出。项目支出结转资金管理，项目实施周期内，项目支出结转资金结转下年按原用途继续使用。

三是结余资金管理，包括项目目标完成或项目提前终止，尚未列支的项目支出预算资金；实施周期内，因实施计划调整，不需要继续支出的项目支出预算资金；实施周期内，连续两年未用完的项目支出预算资金；实施周期结束，尚未列支的项目支出预算资金。年度预算执行结束后，在一定时间内完成对结余资金的清理，根据财政部门文件要求及时收回结余资金。

年度预算执行中，因项目目标完成、项目提前终止或实施计划调整，不需要继续支出的预算资金，应及时清理为结余资金并报财政部门，由财政部门发文收回。

四是控制结转资金的规模。主要包括加快预算执行进度；当年批复的部门预算预计年底将形成结转资金的，可调减当年的预算；结转资金较大的，财政部门可收回部门结转资金等方面。

（二）关于预算执行进度方面

与结转结余资金最相关的，就是预算执行进度，也是近年来预算管理改革最重要的内容之一。财政重视上述工作的背景主要包括两个方面，一是国内外经济形势仍然错综复杂，经济增长下行压力长期存在，预算执行进度作为财政政策的重要组成部分,需要重点予以关注;二是预算执行中还存在部分支出进度较慢、预算资金大量结转、国库存款沉淀较多等问题。加快预算执行进度是为了更好地促进经济结构调整,保障和改善民生,发挥财政对经济增长的拉动作用。

根据《关于加强地方预算执行管理、加快支出进度的通知》(财预〔2018〕65号),主要内容包括如下方面:

一是加快下达转移支付预算,抓紧细化落实年初未分配到部门和下级财政的预算。

二是推进财政存量资金的统筹使用。对结余资金和连续两年未用完的结转资金,一律收回补充预算稳定调节基金;对不足两年的结转资金,要加快预算执行,也可按规定用于其他急需领域,无须按原用途使用的,应按规定统筹用于经济社会发展急需资金支持的领域。加大财政存量资金与预算安排挂钩的力度,对上年末财政存量资金规模较大的地区或部门,相应压缩下年财政预算安排规模。

三是加强地方政府债券发行,提前做好各项工作准备,自收到经国务院批准后下达的分地区地方政府债务限额起,尽快提请完成本地区政府债务安排的法定审批程序,加快地方政府债务限额下达进度。

四是加快资金拨付进度,同时切实加强财政暂付款项管理。督促各部门、各单位根据工作和事业发展计划,认真做好项目预算执行的各项前期准备,根据年度预算安排和项目实施进度等认真编制分月用款计划,及时提出支付申请。

全面清理已发生的财政暂付款项，对符合制度规定的临时性暂付款项，应及时收回，经核实确实无法收回的按规定程序报批后核销；对符合制度规定应当在支出预算中安排的款项，按规定列入预算支出；对不符合制度规定的财政暂付款项要限期收回。

五是加强预算执行分析和考核，严肃财经纪律。建立健全考核机制，对地方财政收支按月开展考核，考核情况予以通报，并纳入财政管理工作绩效考核与激励。地方各级财政部门要加强预算执行分析，及时掌握预算执行动态，特别是要加强对预算收支执行、国库库款、结转结余的分析，研究采取切实可行的操作管理办法，并要结合各地区、各部门预算执行和排名情况，提出具体工作目标和改进措施。对有关地区和部门存在的预算执行不力等问题，要采取通报、约谈、与今后年度预算安排挂钩等方式，督促及时整改。将加快预算执行进度、提高财政资金使用效益和保障资金安全等有机结合起来，牢固树立依法理财意识，坚决杜绝违规"以拨作支"、虚列支出、挤占挪用资金等行为。

根据《地方财政管理工作考核与激励办法》（财预〔2020〕3号），财政部针对地方财政管理工作完成情况，结合预算管理工作目标，设定如下考核指标：财政预算执行管理、盘活财政存量资金管理、国库库款管理、推进财政资金统筹使用管理、预算公开管理、其他财政管理工作6个指标，对"保工资、保运转、保基本民生"方面出现问题、债务风险未能有效控制、财政管理工作出现重大失误等省，酌情扣分或取消获奖资格。综合评分排名靠前的10个省作为拟奖励省，10个拟奖励省中，东、中、西部地区原则上各不少于2个，直辖市、计划单列市原则上各不超过1个；由拟获奖省份每个省原则上推荐1个市和1个县，财政部将拟奖励省推荐的先进典型市、县名单报送国务院办公厅。

在2024年审计署发布的《中央部门单位2023年预算执行等情况审计结果》中，多次指出部分单位预算结转结余太大，开始成为审计关注的新问题。

（三）关于全面预算绩效管理方面

部门预算绩效管理工作在2014年新修订的《预算法》出台后，成为部门预算管理的重点工作内容。财政部2015年出台了《中央部门预算绩效目标管理办法》（财预〔2015〕88号），办法主要内容包括如下方面：

一是绩效目标按照预算支出的范围和内容划分包括基本支出绩效目标、项目支出绩效目标和部门（单位）整体支出绩效目标。按照时效性划分，包括中长期绩效目标和年度绩效目标。

二是绩效目标是部门预算安排的重要依据。未按要求设定绩效目标的项目支出，不得纳入项目库管理，也不得申请部门预算资金。绩效指标是绩效目标的细化和量化描述，主要包括产出指标、效益指标和满意度指标等。

三是绩效目标的审核由财政部门审核，是部门预算审核的重要组成部分；部门负责对所属单位报送的项目支出绩效目标和单位整体支出绩效目标进行审核。审核结果分为"优""良""中""差"四个等级，作为项目预算安排的重要参考因素。

四是绩效目标的批复、调整与应用。财政部门在批复年初部门预算或调整预算时，一并批复绩效目标。部门所属单位整体支出绩效目标和二级项目绩效目标，由部门或所属单位按预算管理级次批复。部门及所属单位应按照批复的绩效目标组织预算执行，并根据设定的绩效目标开展绩效监控、绩效自评和绩效评价，并逐步将有关绩效目标随同部门预算予以公开。

2018年，《中共中央 国务院关于全面实施预算绩效管理的意见》印发，这是继《预算法》后有关部门预算管理的最重要的文件之一。意见聚焦解决当前预算绩效管理存在的突出问题，提高财政资源配置效率和使用效益，推动政府效能提升，加快实现国家治理体系和治理能力现代化。其主要特点：①全方位，中央和地方各级政府全面实施预算绩效管理；②全过程，将绩效理念和方法深度融入预算编制、执行和监督各环节；③全覆盖，将绩效管理覆盖一般公共预算、政府性基金预算、国有资本经营预算和社会保险基金预算，并延伸至政府投融资活动。

通过完善预算绩效管理流程，制定预算绩效管理制度和实施细则，引导和规范第三方机构参与预算绩效管理，提出权责对等原则，赋予部门和资金使用单位更多的管理自主权。

在此基础上，财政部还分别印发了《中央部门预算绩效运行监控管理暂行办法》（财预〔2019〕136号）、《项目支出绩效评价管理办法》（财预〔2020〕10号）、《中央部门项目支出核心绩效目标和指标设置及取值指引（试行）》（财预〔2021〕101号）等部门预算管理改革系列文件，标志着历经十几年探索和推动，全面实施以结果为导向的预算绩效管理模式正式确立。

（四）关于"过紧日子"方面

行政事业单位在2009年左右开始提出"过紧日子"的工作思路，随着持续深化落实中央八项规定精神和2013年《党政机关厉行节约反对浪费条例》的发布，成为行政事业单位财务管理关注的话题。

2019年，习近平总书记指出"党和政府带头'过紧日子'，目的是为老百姓过好日子"，生动诠释了"过紧日子"的根本初衷和重大意义。2020年，政府工作报告中强调，"各级政府必须真正'过紧日子'，各项支出务必精打细算"。行政事业单位如何贯彻落实党中央国务院重要决策部署，"坚持勤俭办一切事业"的工作思路，将"过紧日子"的要求贯穿至预算管理全过程，成为广大财会人员面临的新常态。

2022年，财政部印发《关于加强"三公"经费管理严控一般性支出的通知》（财预〔2022〕126号）从加强预算编制源头管理、硬化预算执行刚性约束、强化"三公"经费执行监控、加大"三公"经费公开力度、做深做细"过紧日子"情况评估、加快支出标准体系建设、做实全过程预算绩效管理、强化监督检查和问责机制九个方面进行了严格的要求。

中央部门要继续按季度评估本部门落实"过紧日子"情况，从制度建设情况、一般性支出情况、"三公"经费情况、支出标准建设及执行情况等方面进行全面评估，财政部门要将评估结果与相关单位预算安排挂钩。地方财政部门要加强"过紧日子"评估制度建设，强化本地区部门和单位"过紧日子"情况评估和结果运用，及时发现问题、堵塞漏洞、改进管理。

在2023年中央经济工作会议上，提出"党政机关要习惯'过紧日子'"，2024年《政府工作报告》中再次强调："各级政府要习惯'过紧日子'，真正精打细算，切实把财政资金用在刀刃上、用出实效来。"

政府机关"过紧日子"，这是党中央的明确要求，各级政府都要带头落实，勤俭办一切事业。俗话说，精打细算才能油盐不断，党政机关少花一分钱，民生事业就可以多安排一分钱。当然，党政机关"过紧日子"，不是捂紧钱包不花钱，而是该花的花，该省的省，做到"大钱大方、小钱小气"，集中财力办大事。

为进一步落实"过紧日子"的要求，2024年财政部印发最新通知，从强化预算约束角度，对中央部门和地方财政落实党政机关习惯"过紧日子"提出明确要求，主要包括如下方面：

一是严格加强"三公"经费管理。对"三公"经费实施更加严格的限额管理。行政和参公事业单位不得使用非财政拨款安排因公出国（境）费；对公务用车严禁超标准租赁高档豪华车辆，降低车辆运行维护费用；公务接待中严禁以虚报人数、违规增加陪同人数等方式多开支公务接待费。

二是严格控制一般性支出。强调中央部门带头大幅压缩论坛、节庆、展会等活动。举办活动不得讲求排场，尽量节约支出。会议、培训等公务活动要优先使用单位内部会议室、礼堂等场所，鼓励采取视频、电话、网络等线上方式开展公务活动。

三是强化预算约束和执行监督。进一步开展预算评审，遏制项目申报高估冒算、掺杂无关内容等问题；对违规、异常列支费用和突击花钱的行为加大线上监控的力度，对发现的疑点进行日常核查；坚持常态化开展财政资金清理，将闲置资金用于保民生、促发展。

四是严格支出管理，兜牢"三保"底线。强调对基层"三保"健全分级责任体系，要求各地坚持优先使用稳定财力用于"三保"，硬化执行约束，严禁挤占挪用"三保"资金，对"三保"存在风险的地区财政支出及库款拨付实施严格监管。

五是强化预算绩效管理。强调要对重大政策、项目继续开展事前评估,从源头上严格立项管理;加强绩效目标管理,进一步发挥绩效目标对财政资金使用的引导约束作用;通过绩效监控发现预算执行中的偏差和漏洞,及时采取措施予以纠正;高质量开展绩效评价,健全绩效评价结果运行机制。

六是严肃财经纪律。强调严肃查处违反财经纪律的行为,明确要求各单位贯彻落实"三重一大"决策制度,将预算管理的各个环节责任明确到人;持续保持财会监督高压态势,防范和查处违规记账、擅自截留、非法挪用等问题,加大通报和处理力度,充分发挥警示震慑作用。

三、知识拓展

第一,财政是国家治理的基础和重要支柱。预算是连接政治体系、经济体系和社会体系的关键环节,三大体系以财政为媒介构成了社会。预算改革不仅是经济体制改革,事关我国的基本经济制度,事关权力运行制约和监督体系,事关党和政府的作风建设,事关国家社会事业和社会保障制度,是深化经济、政治、社会体制改革的极为重要的领域,是与各大体制改革相连接的关键环节。

第二,部门预算工作政策性强,对单位的影响深远,如全面预算绩效管理、预算的公开、"过紧日子"等,涉及单位的全面工作,需要在工作中提高站位,一方面要熟悉相关的政策,准确理解政策对本单位的影响,如结转结余资金、加快预算执行进度等方面,提高工作的效能;另一方面要通过政策为单位争取更多的资金,特别是随着绩效管理理念的全面推进,通过预算执行进度和目标实现程度的双监控,为单位高质量发展奠定坚实的基础。

第三，预算执行是行政事业单位财务工作的核心，特别是预算管理一体化规范2.0的推进，其他工作都是围绕预算执行开展，如项目库管理、资产管理、债务管理、政府采购、国库集中收付、日常会计核算、部门决算、部门财务报告等。在预算执行过程中，除按照国家预算管理有关制度外，还应按照中央八项规定精神、《党政机关厉行节约反对浪费条例》"过紧日子""三公"经费、差旅费、会议费、培训费等相关要求，执行好财经政策和财经纪律。

第四，特别需要关注的是，2025年5月2日党中央、国务院发布新修订的《厉行节约反对浪费条例》，坚持目标导向和问题导向相结合，要求与时俱进完善党政机关经费管理、国内差旅、因公临时出国（境）、公务接待、公务用车、会议活动、办公用房、资源节约等规定，强化厉行勤俭节约、反对铺张浪费责任落实，进一步拧紧党政机关带头过紧日子的制度螺栓，需要广大会计人员在预算执行过程中关注新一轮的政策修订情况。

第二节 部门预算管理

一、部门预算的编制

（一）部门预算编制工作

1.编制时间

中央部门预算的编制一般从6月开始启动，省级财政部门预算编制一般从8—9月开始启动，其他部门一般在10月开始启动。

2020年新出台的预算法实施条例，明确规定财政部6月15日前部署编制下一年度预算草案的具体事项。省级财政部门预算草案应于下一年度1月10日前报财政部。

2. 编制方式

部门预算近年来随着预算体制的改革，特别是预算管理一体化规范2.0出台后，对预算编制工作提出了更高的要求。一般基层单位的编制方式主要包括如下步骤：

（1）根据财政部门和上级主管部门的要求，编制部门预算"一上"。在实务中，主管部门一般在"一上"时会下达部门预算的控制数，即单位的财政拨款数据。由于涉及省级、市级、区县级层层召开部门预算布置会，一般部门预算的"一上"时间在9—10月。

编制部门预算"一上"时应注意以下方面：

一是核对单位的基础数据，包括人员和资产情况，因为上述数字将直接影响单位基本运行经费的测算。如果发现数据有误，应尽快与财政部门联系修改上述数据。同时，还要熟悉财政部门出台的支出标准、绩效指标、最新的政府收支分类科目改革等方面，确保各项基础信息在统一口径基础上完整、准确填报。基础信息的填报要确保标准化、规范化、一致性、全面性，将预算管理相关信息全部纳入一体化系统管理，减少线下手工操作，提升自动化水平。

二是根据财政编制部门预算的时间安排，基层单位应在上级财政部门和主管部门预算编制通知下达前，提前在单位内部准备预算编制的相关基础资料，包括数据的测算、专项资金的论证、资产配置计划、政府采购计划、项目的事前评估、绩效目标的设定等方面。特别是政府采购预算的编制，应提前科学编制货物、工程、服务明细预算。同时还需要筹备财政部门预算评审的准备工作。

三是根据预算管理不同，部门预算"一上"时一般要申报专项资金的绩效目标，为争取更多的财政拨款，应提前准备专项资金的立项申请材料，条件具备或者专项资金量较大的，应在单位内部参照财政部门预算管理的要求，建立单位内部专项资金项目库，在编制部门预算时直接从内部专项资金库中选择项目列入财政一体化系统的项目库。

四是对主管部门而言，因涉及所属单位的预算编制，除了提前启动专项资金的论证外，还应该结合财政部门的安排部署，尽快将相关通知和要求下达至预算单位，确保预算单位有充足的时间编制预算。如所属预算单位较多或预算资金规模较大，应成立部门预算专项工作组，集中力量审核、汇总上报部门预算。

（2）部门预算"二上"。部门预算"二上"相对于"一上"而言，主要是根据政策细微调整，在部分地区，部门（单位）整体绩效目标如果在"一上"时没有上报，在"二上"时应按规定上报。"二上"时注意事项主要包括如下方面：

第一，"二上"一般时间紧，与年终部门决算时间可能重叠，单位应提前准备整体绩效目标，特别是已接近年终，可参照单位年度工作完成情况，充分利用单位的各项工作总结，在本年绩效指标的基础上，完成单位的整体绩效目标的设定。

第二，根据当年预算执行情况，调整"一上"时部分项目的经费安排，特别是近年来预算编制越来越细化，预算编制已细化到经济分类科目，预算编制的好坏将直接影响年度的预算执行。如"三公"经费等预算编制，应结合本年度预算执行情况，充分发挥决算的反馈作用，合理编制下一年度各类经济科目的预算。

（3）部门预算后续的调整。实务中，即使单位和部门完成了预算的上报，由于近年来预算体制的改革，预算编制越来越细化，在预算最终通过人大审查前，财政部门可能随时进行预算的调整，日常工作注意事项主要包括如下方面：

第一，对主管部门而言，应随时和财政部门沟通，如涉及部门预算的调整，应及时协调财政部门和所属单位第一时间完成预算的调整。

第二，对预算编制单位而言，应指定专人负责部门预算编制和调整工作，结合单位本年度预算执行过程中问题，随时调整部门预算相关数据。

（二）部门预算编制时的注意事项

一是提高部门预算管理意识，完善预算管理制度建设。要提高单位主要负责人的意识，强化单位负责人及单位内部各部门负责人的预算管理理念，增强对预算管理重要性的认识，在单位内部从上至下贯彻到底，为后续工作奠定良好基础。明确预算管理在单位整个财务工作中的关键地位，梳理预算管理各个工作环节的工作流程，明确工作环节，提前谋划、制定相关的制度规范。

二是规范预算编制流程，提高编制方法科学性。针对预算编制这一环节的情况，可从规范预算编制工作流程、明确部门及预算编制人员职责、提高预算编制方法科学性等多个方面加强行政事业单位部门预算编制工作的有效性，提升工作效率、提高工作质量。制定部门预算编制相关制度，包括预算编制的时间、工作流程、各部门相关人员职责等进行统筹规划，严格按照制度规范和计划进行并完成预算编制工作。

在时间安排上，预算编制要根据当年的工作量提前进行，对上年度预算执行情况进行充分讨论研究，发现问题，有效避免；对当年的收支状况进行全面评估与预测，对重大的预算支出项目进行充分调研和论证，从而确保预算编制精细化，切实提高资金的使用效率。规范预算编制的流程，明确各个环节和时间点，确定归口管理部门并明晰各部门预算编制人员的职责，确保预算编制细化且符合实际支出需求。提高编制方法的科学性、合理性、有效性。

三是高度重视项目库管理。在预算管理一体化规范2.0中，项目库管理是预算管理的基础，预算支出全部以项目形式纳入预算项目库，预算管理各环节均以项目为基本单元，实施项目全生命周期管理，主要为前期谋划、项目储备、预算编制、项目实施、项目结束和终止等阶段。预算项目主要包括人员类项目、运转类项目和特定目标类项目三个项目类别。项目库常态化开放项目申报与储备，提高储备项目质量，纳入预算项目库的项目应当按规定完成可行性研究论证、制订具体实施计划等各项前期工作，做到预算一经批准即可实施，并按照轻重缓急等排序。预算编制坚持"先有项目再安排预算""资金跟着项目走"，预算申报前应完成项目储备并细化项目信息，预算编报应从项目库中选择项目生成预算报表，未纳入项目库的项目一律不得安排预算。项目实施阶段，按项目进行预算指标控制和会计核算，实时记录和动态反映项目预算下达，一体化系统按规则自动计算项目预算结余，及时清理盘活结余资金。

四是部门预算编制时还应结合财政部门的支出标准体系，进一步完善基本支出定额标准体系，加快推进项目支出定额标准体系建设，充分发挥支出标准在预算编制和管理中的基础支撑作用。严格机关运行经费管理，加快制定机关运行经费实物定额和服务标准。加强人员编制管理和资产管理，完善人员编制、资产管理与预算管理相结合的机制，根据资产配置标准，结合存量资产情况编制相关支出预算。进一步完善政府收支分类体系，按经济分类编制部门预算。

五是在预算编制时应高度重视绩效目标管理，目前绩效目标管理已经覆盖一般公共预算、政府性基金预算中所有中央部门本级项目和中央对地方专项转移支付，以及部分中央国有资本经营预算项目，初步建立了比较全面规范的绩效指标体系。同时，将绩效目标随同预算批复和下达，强化资金使用单位的主体责任和效率意识。目前绩效目标管理基本实现全部覆盖，绩效目标已成为项目入库的前置条件，通过建立预算安排与绩效目标、资金使用效果挂钩的激励约束机制，提升公共服务质量和水平，增强政府公信力和执行力，提高人民满意度。

六是部门预算的编制与部门决算息息相关，编制部门预算时应考虑上年度部门决算情况，合理编制相关预算，特别是涉及"三公"经费、会议费、培训费的预算编制，决算时将会和预算进行比较，并且相关数据将会在预算、决算公开时重点披露，超预算问题也是近年来各类审计的重点，需要在预算编制环节予以重点关注。

二、部门预算的批复与公开

（一）部门预算的批复

各级预算经本级人民代表大会批准后，本级政府财政部门应当在20

日内向本级各部门批复预算。各部门应当在接到本级政府财政部门批复的本部门预算后十五日内向所属各单位批复预算。

在实务中,基层预算单位部门预算的批复根据收到的上级主管部门的通知为准。需要注意的是,由于近年来各级财政部门在财政一体化系统中部门预算编制、审核、汇总、批复的全过程,在实际工作中,批复数据往往通过电子数据进行传输或者线上批复,单位收到批复数据时,应按照会计档案管理的要求,打印部门预算批复报表并按规定存档。在基层会计工作中,容易出现批复的部门预算档案缺失的情况,甚至部分单位电子版、纸质版数据均缺失的情况,需要会计人员高度予以关注。

(二)部门预算的公开

经本级人民代表大会或者本级人民代表大会常务委员会批准的预算、预算调整、决算、预算执行情况的报告及报表,应当在批准后20日内由本级政府财政部门向社会公开。经本级政府财政部门批复的部门预算、决算及报表,应当在批复后20日内由各部门向社会公开,并对部门预算、决算中机关运行经费的安排、使用情况等重要事项作出说明。各部门所属单位的预算,应当在部门批复后20日内由单位向社会公开,单位预算应当公开基本支出和项目支出,预算支出应当公开到项级科目,按其经济性质分类,基本支出应公开到款级科目。

1. 部门预算公开的历史

中央预算公开方面。一是中央政府预算公开。2009年,首次公开中央政府预算,包括中央财政收入预算表、中央财政支出预算表、中央本级支出预算表以及中央对地方税收返还和转移支付预算表等4张表。2010年,中央政府预算公开范围拓展至一般公共预算、政府性基金预算和国有资本经营预算等12张表。2018年，进一步将中央社会保险基金预算纳入公开范围。2019年，新增公开42个中央对地方转移支付项目分地区情况表。2022年，进一步扩大公开范围，公开46个中央对地方转移支付项目分地区情况表。二是中央部门预算公开。2008年，选择科技部等11个部门进行部门预算内部公开试点，将部门预算通过张贴、查阅等形式在单位内部公开。2010年，印发《财政部进一步做好预算信息公开工作的指导意见》，要求中央部门落实预算公开主体责任，及时主动公开预算。当年共有78个中央部门公开部门预算。2011年，公开部门预算的中央部门增加到96个，并首次向社会公开中央部门"三公"经费预算。2013年，中央部门预算首次做到各部门集中在1天内公开。从2017年开始，将各部门在本部门网站上公开的部门预算，在财政部门户网站设立的"中央预决算公开平台"上进行集中展示。

地方预算公开方面。一是省级政府预算公开。2008年5月1日，《中华人民共和国政府信息公开条例》正式施行。自此，各省级政府开始按照条例规定主动公开政府预算信息。目前，各省级政府预算都已主动公开。财政部在门户网站设立"省级预决算公开专栏"，将各省级预算公开平台或专栏汇集在一起，以地图链接的形式集中展示。二是省级部门预算公开。2008年，财政部出台《关于进一步推进财政预算信息公开的指导意见》，积极推进省级部门预算公开，各省级财政部门也加大组织指导。目前，各省均已向社会集中公开经省级财政部门批复的部门预算。三是省以下预算公开。2013年，财政部印发《关于推进省以下预决算公开工作的通知》，指导地方推动省以下预决算公开。目前，地方各级政府均已经形成较为完善的预算公开机制，每年组织向社会主动公开政府预算和各部门预算。四是财政部加强对地方的督促指导。从2015年起，连续多年在全国范围开展地方预决算公开检查。完善统计上报和考核机制。

每年定期统计地方各级政府、各部门公开情况,并将统计结果纳入对地方财政的有关考核评价。目前,地方各级政府和各部门基本实现"应公开尽公开"。

2.部门预算公开最新要求

根据《关于推进部门所属单位预算公开工作的指导意见》(财预〔2021〕29号)要求,部门所属单位预决算公开的主体为负责编制单位预算、决算的预算单位。各部门所属预算单位要主动向社会公开部门批复的单位预决算,涉及国家秘密的除外;中央垂直管理部门所属单位的预决算按照中央部门预算管理要求公开,不作为地方的部门公开预决算。部门所属单位预决算公开的内容为部门批复的单位预算、决算及报表,涉及国家秘密的除外。具体可参照部门预决算公开内容和报表格式,并与部门预决算公开的相关内容做好衔接。单位预算、决算应当公开基本支出和项目支出;单位预算、决算支出按其功能分类应当公开到项,按其经济性质分类,基本支出应当公开到款。单位在公开预决算时,要对本单位职责及机构设置情况、预决算收支增减变化、机关运行经费安排、"三公"经费、政府采购等重点事项作出说明,结合工作进展情况逐步公开国有资产占用、预算绩效管理等情况。公开的时间为部门批复后20日内。鼓励适当提前公开时间,同一部门所属同一级次的单位可以在同一天集中公开。部门所属单位预决算在本单位门户网站公开,并保持长期公开状态,其中当年预决算公开在网站醒目位置。没有门户网站的单位,可以在本级政府或部门门户网站等平台公开,或通过政府公报、新闻发布会、报刊、广播、电视等方式公开。

据统计,地方各级政府2023年预算和2022年决算公开率均为100%,省、市、县级部门2023年预算和2022年决算公开率均达到99%以上。

3.部门预算公开的内容

2025年,在中央部门预算公开方面,内容涵盖部门总体收支预算情况、财政拨款收支预算情况以及重点事项说明等。具体包括:一是部门收支总表、部门收入总表、部门支出总表、财政拨款收支总表、一般公共预算支出表、一般公共预算基本支出表、政府性基金预算支出表、国有资本经营预算支出表、财政拨款预算"三公"经费支出表等9张报表。二是对预算收支增减变化、机关运行经费安排、"三公"经费、政府采购、国有资产占用、预算绩效管理、提交全国人大审议的项目等情况予以说明,并对专业性较强的名词进行解释。

此外,为使公众找得到、看得懂、能监督,各部门的部门预算除在本部门网站公开外,继续在财政部门户网站设立的"中央预决算公开平台"集中公开,方便人民群众监督政府财政工作。省级财政部门也设立了类似的集中公开的平台。

近年来,财政部高度重视绩效目标管理工作,指导督促中央部门科学合理设定绩效目标,严格绩效目标审核,做好绩效目标公开。

一是完善绩效目标管理制度。制定印发《中央部门预算绩效目标管理办法》《中央部门项目支出核心绩效目标和指标设置及取值指引(试行)》等制度办法,明确绩效目标设定思路和原则,规范指标类型、设定要求、设定方法等。

二是指导中央部门科学设定绩效目标。通过培训等多种方式,指导督促中央部门落实绩效目标管理要求,提高绩效目标设定质量,使绩效目标能够涵盖政策与支出的主体内容,体现项目主要产出和核心效果,与预算金额相匹配。

三是加大绩效目标审核力度。将绩效目标审核嵌入中央部门预算编制流程，在审核绩效目标形式完整性的同时，强化对内容相关性、适当性、可行性的审核，组织专家开展绩效目标重点审核，将审核结果作为预算安排的重要参考。

四是做好绩效目标公开工作。持续推进绩效目标公开工作。要求公开部门预算的中央部门，原则上应将一般公共预算一级项目、政府性基金预算项目、国有资本经营预算项目绩效目标表按照不低于项目数量60%的比例向社会公开。

4.部门预算公开时注意事项

做好部门预算公开工作，进一步提高财政管理透明度，对于改进财政管理，强化社会监督，推动国家治理体系和治理能力现代化，促进透明政府、廉洁政府建设具有重要意义。在公开部门预算时应重点关注如下事项：

一是公开的时点和方式。实务中，各级财政部门一般要求部门的预算在政府统一规定的网站上进行公开，同时也要在本部门的网站上进行公开。对基层预算单位而言，一般要求在主管部门的网站上进行公开，具备条件的，也可同时在本单位网站上进行公开。公开的时间一般为统一、集中的时点。

二是公开的格式。财政部门一般会根据上级财政部门的要求，制定本级财政部门的公开的格式，基层预算单位在执行时应严格按照财政部门和主管部门的要求的格式进行公开。为积极回应群众关切，还应在部门预算公开说明中重点说明社会公众较为关注的支出事项。

三是公开的内容。部门预算公开时应注意核实社会关注度较高的内容，如"三公"经费、会议费、培训费等方面，"三公"经费的公开，每年都会成为社会关注的焦点，需要在公开时高度重视。公开时还应注意按照国家保密有关规定执行。

近年来，财政进一步加大项目预算的公开力度，对部分项目支出的情况进行了公开，如国务院扶贫开发领导小组办公室脱贫攻坚宣传动员项目、政协全国委员会办公厅参政议政活动经费项目、中国红十字会总会贫困大病儿童救助项目、中国福利彩票发行管理中心开奖费项目。公开的项目内容包含项目概述、立项依据、实施主体、实施方案、实施周期、年度预算安排、绩效目标和指标等。

在实务中，当单位面临舆情高度关注时，部门预算的公开内容将会成为关注的焦点，也往往成为"事故"高发地，需要会计人员提前予以积极应对，做好相关解释，对其中可能引起误解的地方予以提前说明，特别是绩效目标管理和公开方面的情况，更需要经得起社会公众的推敲，避免成为舆情关注的负面典型，影响单位整体工作。

三、部门预算的执行

部门预算的执行不再是传统意义上的把钱花出去，现在的部门预算执行成为单位财务工作的重心，几乎所有的财务工作都在围绕预算的执行展开。在实务中，部门预算的执行需要注意以下方面：

(一)时刻关注预算绩效管理

预算绩效管理贯穿部门预算执行的始终，在编制时按照要求设定了绩效目标，在预算公开时也进行了公开，在部门决算公开时还将公开绩效管理的情况。在部门预算执行时应时刻关注预算绩效的情况，在工作中注意搜集相关的数据，按照要求在预算执行过程中，对预算执行情况和绩效目标实现程度开展绩效运行监控。对照年初设定的绩效目标表，填报绩效运行监控信息，包括项目预算执行情况、全年预计执行情况和绩效指标完成情况、全年预计完成情况、偏差原因分析、完成目标可能性等。对绩效运行监控中发现的绩效目标执行偏差和管理漏洞，及时采取措施予以纠正。特别是近年来，绩效评价结果应用于预算安排和政策调整，将会影响单位获得财政拨款支持的力度，同时绩效信息公开后，将会对单位的运行起到重要的影响。

特别是部门整体支出绩效评价结果，将直接与预算安排挂钩，在预算编制和执行过程更需要高度关注。

（二）落实好"过紧日子"的要求

习近平总书记强调，"党和政府带头'过紧日子'，目的是为老百姓过好日子"。要把"过紧日子"的财政方针落实到工作谋划、实施、考核之中。勤俭节约办事。做决策、办事情要精打细算、厉行节约，把钱用到刀刃上，要严控一般性支出，指导各地加强财政预算管理，政府要坚持"过紧日子"。

在预算执行过程中，各级政府"过紧日子"已成为常态，财政带头压减一般性支出，除刚性和重点项目外，其他项目支出均按一定幅度进行压减。未来，在部门预算执行中，压减一般性支出力度可能更大。在预算执行过程中，基层预算单位应将资金优先用于落实保工资、保运转、保基本民生支出事项，多渠道筹集资金，并优化支出结构。

在实务中，作为财务部门，还要对主管部门和财政部门随时可能压减经费做好心理准备和应对之策，防范经费不足相关风险，确保本单位部门预算执行平稳、安全。

（三）时刻关注结转结余资金

随着财政部门清理存量资金力度的加大，部门预算执行过程中要重点关注结转结余资金的预算执行情况。根据结余资金的不同情况进行分类，将结余资金管理与预算编制相结合，完善预算拨款结余资金管理方式，加快结转结余资金的预算执行进度。

在预算执行过程中，一是尽快启动结转项目，特别是结转时间较长和金额较大的项目；二是在资金支付过程中，优先使用上年结转结余资金，为保证资金不被收回，实务工作中建议应在6月30日前完成上年度结转结余资金的支付。

（四）时刻关注预算执行进度

根据《地方财政预算执行支出进度考核办法》（财预〔2018〕69号），财政预算执行支出进度考核为月度考核，考核月份为每年4月至12月，考核的内容包括一般公共预算支出进度、政府性基金预算支出进度、盘活一般公共预算结转结余、盘活政府性基金预算结转结余、盘活部门预算结转结余等方面。各级财政部门均制定了加快预算执行进度的要求。

实务中，预算执行进度一般与基层预算单位的预算绩效考核挂钩，一般要求预算支出进度9月底前要达到80%（部分地方财政部门甚至要求比例更高），11月底前要达到95%，也即常说的序时进度，低于绩效考核最低要求的，可能会相应扣减下年度部门预算。在实务中要重点关注6月

30日、9月30日、11月30日等时间节点，确保在上述时间节点按序时进度完成部门预算执行进度，不影响单位年度预算绩效考核工作。

（五）时刻关注专项资金的管理

随着各级政府"过紧日子"已成为常态，财政压缩一般性支出也成为常态化工作，但一般性支出的压缩有一定的限制和空间，下一步压缩的目标将会主要针对专项资金，专项资金占据了单位部门预算财政拨款的较大比例，如果专项资金被压缩，将会影响单位事业的发展。实务中关于专项资金的管理需要关注如下方面：

一是优化项目库管理，树立"先谋事再谋钱"理念，提前研究谋划项目，确保部门预算批复后，尽快启动专项项目的建设，财政部门压缩或者扣减的依据主要是项目尚未启动，一旦项目启动，财政部门将无法扣除相应的预算。

二是编制预算时，对专项资金绩效目标要合理设定，对于新出台重大政策项目，应开展事前绩效评估，评估结果作为申请入库的必要条件。确保专项资金在立项评审、预算批复时得到财政部门的支持。主管部门和预算单位应在绩效目标上下功夫，为本部门或单位争取财政更大的支持。

（六）时刻关注财经纪律的执行

近年来，随着《关于进一步加强财会监督工作的意见》的出台，各级人大、审计、财政监督和巡视等结果的应用力度不断加大，财政部门对人大、审计、财政监督和巡视等发现的各种违法、违规问题，将可能相应压缩部门预算。在预算执行时应贯彻中央、省、市厉行勤俭节约的有关规定，规范公用经费开支标准，树立勤俭办事节约用财理念。既是深入落实财会监督的要求，也是加强预算执行管理过程中贯彻党风廉政建设的要求。

实务中，还要重点关注津贴补贴、"三公"经费、差旅费、培训费、会议费、绩效工资总量等支出，确保上述支出不超预算，还应该符合财政部和省市出台的相关的规定，结合中央八项规定精神要求，加强对公款购买名贵特产、公款旅游等违规行为的监管，避免审计风险。

（七）时刻关注与预算执行的配套工作

预算的执行是一项系统工程，特别是财政信息化建设的推进，预算的执行需要关注整体工作的开展情况，主要包括如下方面：

一是关注政府采购情况。政府采购是预算执行的重要组成部分，部门预算编制时按照要求编制政府采购预算，但是在实际执行过程中，普遍存在项目储备不充分等原因导致的进度缓慢的情况，这也是财政资金结转结余的主要原因之一。在实务中要重点关注政府采购情况，特别是政府采购预算的调整等方面。

二是关注非税收入情况。目前非税收入已全部纳入预算管理，在实务中要关注非税收入的征缴、返还情况，要及时办理返还手续。在实务中还需要注意非税收入收缴时是否符合国家的政策，特别是"放管服"改革背景下，确保非税收入应收尽收、能返尽返。

三是关注预算管理一体化系统中的国库集中支付情况。部门预算的执行全部在预算管理一体化系统中实现，在实际执行过程中要及时关注预算指标的下达及执行情况，按照部门预算的经济分类执行。如涉及经济分类科目的调整，应按规定程序办理相关手续。

四是关注人员变动情况。目前，各级财政、人事部门已建立了人员数据库，目前正在逐步推进一体化系统与组织、编制、人社等部门相关系统衔接，单位在预算执行过程中应及时办理人员增减手续，确保人员待遇的落实。特别是养老保险、职业年金、医疗保险、住房公积金等社保支出，应在预算执行时重点关注。

四、知识拓展

部门预算的编制、执行是财务工作的重心工作，也是一项系统性工作。需要注意以下方面：

一是重视预算绩效管理工作，全面预算绩效管理将成为未来部门预算的工作重点，绩效评价的好坏将直接影响单位预算的安排，绩效结果的公开，将对单位带来深远的影响。

二是部门预算编制时应把握时间节点和主管部门、财政部门的要求，实务中每年均会有一定的变化，编制时应准确把握政策，确保按时、高质量地完成部门预算编制工作。

三是部门预算公开的范围越来越大，社会的关注度越来越高，特别是绩效目标的公开，需要在工作中形成系统工作的思维，做好部门预算公开的工作。

四是部门预算执行过程中要关注结转结余资金和存量资金的清理，做到既符合国家政策，又符合单位实际情况。

五是预算执行进度考核时,应重点关注关键节点与序时进度,确保按时完成支付进度,不仅可降低单位预算压缩的风险,还可为单位争取更大的财政支持。

六是部门预算在编制和执行过程中还应结合上年度部门决算情况,对部门决算工作过程中发现的问题和不足,在新的预算年度予以完善。

第三节 预算管理一体化

推进预算管理一体化是进一步深化预算制度改革、加快建立现代预算制度的一项重要改革措施,将预算管理全流程作为一个整体进行统一谋划部署,把基础信息管理、项目库管理、预算编制、预算批复、预算调整与调剂、预算执行、会计核算、决算和报告等纳入系统中集中统一规范。

一、预算管理一体化解决目前预算管理中的难题

近年来,财政部推进的部门预算改革、国库集中收付制度改革、政府采购制度改革等分头推进,进度不一,中央和地方的做法也不尽相同,没有形成全国统一的贯穿预算管理全流程的预算管理规范,特别是各类信息化系统分别开发,分头使用,数据之间没有相互衔接,更没有达到共享共用,呈现"数据孤岛""九龙治水"的局面。预算管理一体化的出现解决了目前预算管理中的一些难题。

一是解决预算管理不够全面的问题。全面性是预算管理的要求之一,

要求政府所有收支必须全部纳入预算。部分预算单位将财政拨款之外的资金视为自有资金，尽量少编，导致在当前财政收支压力越来越大的情况下，部分预算单位的沉淀资金仍然保持高位，产生了大量闲置的游离在预算之外的资金。2014年修订的《预算法》删除了原来预算外资金的说法，明确规定政府的全部收入和支出都应当纳入预算。

二是解决支出标准建设滞后的问题。2014年修订的《预算法》明确规定，各部门、各单位按照财政部门制定的预算支出标准编制预算。目前各预算单位通常的做法是，人员经费支出按照工资和津补贴政策标准制定，公用经费标准按照人员定额标准制定，适用范围逐步扩大，在部分项目支出探索建立不同类别的项目支出标准，但是这些支出标准尚未达到科学编制预算的要求。

三是解决预算约束力度不够的问题。现代预算管理要实现财政中长期可持续发展的目标，就越来越重视收支总额控制，坚持量入为出的原则，做到"以收定支"，但是实际执行中因为预算约束不够有力，地方违规举债仍有发生，加剧了财政风险；一些中长期项目由于没有全面纳入预算项目库，没有明确的分年度预算安排计划，也无法实现对年度预算的约束，造成项目管理上的难度。对一些预算单位还存在项目之间、预算科目之间随意调剂使用的现象，影响了预算执行的严肃性。

四是解决预算在不同层级、不同环节的衔接不畅的问题。虽然《预算法》是全国统一的，但是在预算编制、预算执行等具体管理过程中，各级财政部门都有自己的做法，没有形成全国统一的预算管理规范，导致中央和地方在预算管理的具体程序、时间要求、数据编报口径等很多方面都存在差异。由于这些问题，想动态掌握全国预算编制和执行情况就比较困难，目前根据工作需要要求报送的一些统计报表，数据的真实性、时效性都难以保障。

五是解决预算管理和资产管理、政府采购业务无法衔接的问题。预算安排与资产配置、政府采购业务密切相关，现有管理模式下，三者之间没有建立对应关系，造成资产管理和预算安排脱节，政府采购和预算安排脱节。

二、预算管理一体化的主要内容

预算管理一体化的内容可以概括为五个方面的一体化：一是全国政府预算管理的一体化，二是各部门预算管理的一体化，三是预算全过程管理的一体化，四是项目全生命周期管理的一体化，五是全国预算数据管理的一体化。围绕上述五个一体化，主要体现在以下几个方面：

一是建立预算项目全生命周期管理。预算管理一体化系统中完善了项目管理，将预算项目作为预算管理的基本单元，将过去的基本支出变为人员类项目、运转类项目，按照项目进行管理，建立了项目前期谋划、项目库储备、预算编制、项目实施和项目结束、终止等项目管理各阶段的管理规范，并在系统中实时记录和动态反映。

二是实现上下衔接的预算管理制度。预算管理一体化系统中要求上级财政通过系统进行转移支付预算指标的下达，下级财政通过系统进行预算指标的接收，并且对转移支付预算进行资金去向的追踪，系统实时记录和动态监控转移支付资金在下级财政的分配、拨付和使用情况。

三是建立政府预算、部门预算和单位预算的衔接。预算管理一体化系统首先明确了先测算政府收入预算，然后确定政府预算安排本级部门支出预算规模和转移支付预算安排规模，再确定各具体部门预算支出规模，最后由各部门确定单位预算的支出规模。三者之间的相互关系和编制流程得到了明晰，也体现了预算自上而下的管理规则。

四是优化了国库集中支付管理。预算管理一体化系统优化了资金支付流程，由各单位在系统中提出支付申请，系统可以按照财政部门和主管部门设定的校验规则对预算指标进行审核，通过后自动发送代理银行办理资金支付，取消了财政直接支付和财政授权支付，取消了人工审核。全新的支付流程对每一笔财政资金都进行了校验控制，加强了预算执行的严肃性。

五是加强结转结余资金管理。预算管理一体化系统可以自动计算结转结余资金，系统自动冻结剩余指标，经财政部门审核批复后，系统自动收回剩余财政拨款指标。年度终了，系统还可以自动判断连续两年未用完的财政拨款预算指标为结余资金，经财政部门审批后自动收回资金，实现了对结转结余资金的动态管理，控制结转结余资金规模，提高财政资金使用效益，是实现政府"过紧日子"要求的有力工具。

六是实现单位预算的全面性管理。明确了单位预算除了财政资金之外的自有资金也要编入年度预算进行汇总，执行中和财政资金一样纳入预算指标控制，并通过预算管理一体化系统与单位自有资金的开户行进行联网办理资金支付，这样可以杜绝超预算甚至无预算使用单位自有资金，减少了各单位预算执行中的随意性，保证了预算执行的刚性。

七是建立了预算管理和资产管理、政府采购业务的衔接。在预算管理一体化系统中增加了资产基础信息，将资产配置管理嵌入预算管理全流程，并实时反映本单位存量资产信息。同时，增加政府采购管理，将政府采购预算、政府采购实施、合同备案，与预算编制、预算执行全面衔接，建立相应的勾稽关系。

第四节　部门预算在实务中的应用

部门预算是所有行政事业单位财务工作的重心和核心。特别是在经济发展新常态下，各种减收和增支因素不断增多，财政收支矛盾异常突出，在国家加强财会监督作用、提出"过紧日子"要求等背景下，需要加强预算执行管理，促进增收节支。本节在结合部门预算编制、执行的基础上，重点介绍部门预算在实务中的应用情况。

一、部门预算如何在单位应用

（一）单位只需要编制部门预算吗？

部门预算是《预算法》法定的工作，所有行政事业单位均应按照同级财政部门的要求编制部门预算。但是在实务中还存在如下问题：

一是在部分基层预算单位，其部门预算和部门决算由主管部门或财政部门代管，如实务中常见的县级预算单位中的中小学，其部门预算和决算由教育局或财政局代管；在部分地区，乡镇一级预算单位也存在类似情况，由于存在"村财乡管"等集中核算机制，预算单位不直接编制部门预算和决算，由核算机构代为编制。

二是在部分单位，由于内部管理机制和层级复杂，财政部门要求编制的部门预算无法完全满足其内部管理的需要，往往会在部门预算的基础上，进一步细化编制单位内部预算执行方案，以便于部门预算的更好执行。

三是部门预算在单位执行过程中，没有考虑单位内部管理情况，特别是许多行政事业单位，内部设置了较多的部门。在管理中，除了部门预算外，还需要控制单位内部部门预算的执行情况，现阶段由财政部门牵头编制的部门预算无法满足其管理需要。

四是在高校、医院等经费规模较大的单位，涉及全面预算管理，其内部预算更加复杂，需要在部门预算基础上进一步优化、细化。

针对上述问题，实务中部分单位还应结合单位实际情况，在部门预算基础上，对其进一步细化、深化，确保预算执行到位。

（二）单位内部预算的定位

行政事业单位在实务中编制的内部预算执行方案，不是对编制的部门预算的否定和违背，也不是两套预算，而是对部门预算的深化和细化，是针对部门预算的执行制订的工作方案，是为了进一步方便预算的执行，对合理调配各种资源、提高资金使用效益起着至关重要的作用。编制单位内部预算，在实务中可有效解决预算执行过程中的支出与预算不符、超预算支出等实际情况。单位内部预算的编制、执行等方面应严格遵守《预算法》的有关规定。

下面结合案例予以详细说明。

某中学按照财政部门预算编制要求，编制完成了2024年部门预算，并得到了财政部门的批复。在预算中安排了教师培训差旅费20万元，在预算执行过程中可能存在如下情况：

第一种情况：截至9月底，负责安排教师培训的校领导不熟悉、不了解部门预算情况，上述预算尚未执行，将导致部门预算执行进度没有按要求开展。

第二种情况：也是实务中常见的情况，截至9月底，教师培训发生的差旅费已发生18万元，但是根据单位内部决策或者上级部门要求，还需要安排支付5万元，导致差旅费预算缺口3万元无法得到落实。

上述两种情况在实务中均不同程度存在，特别是近年来财政预算的科学化和精细化、单位管理层级越复杂、政策要求越来越高，单位在预算执行过程中存在的问题越来越多，财务工作面临的挑战也越来越大。

二、地方预算单位预算管理实务案例

为了进一步熟悉、掌握部门预算管理工作在实务中的运用，本部分内容总结梳理了A事业单位部门预算管理实务，本案例的总结没有直接引用相关的理论，按照预算工作时间进度梳理，也可能存在不太规范或者说不尽合理的地方，仅供广大基层会计人员参考。

（一）预算的编制

第一步：布置单位内部部门预算工作。

（1）时间节点：2023年7月中旬。

（2）工作内容：下发编制2024年部门预算的通知，要求9月底完成部门预算"一上"工作。

（3）注意事项：

一是时间安排。按照以前年度工作经验，A事业单位主管部门一般于9月中旬左右下发编制部门预算的通知，10月中旬完成部门预算"一上"工作。建议A单位7月下发单位内部部门预算编制工作通知，9月底完成单位内部部门预算"一上"工作，可在主管部门要求上报前完成单位内部预算编制基础性工作；同时在单位内部有3个月左右时间测算支出定额、专项资金的论证、绩效目标的设定、政府采购计划、人员信息变动等方面的工作内容。

二是内容安排。内部预算"一上"上报的内容主要包括：收入预算、支出预算和基础信息、资产配置计划和政府采购计划情况。其中重点在支出预算，支出预算按照基本支出预算和专项资金预算分别上报，基本支出预算一般按照上年度执行情况和定额测算两种方式进行编制，包括水电暖费、办公费、差旅费等公用支出和人员支出；专项资金按照财政部门要求，在单位内部进行论证，设置绩效目标，按照财政部门的格式编制专项资金绩效目标表。

三是内部管理方面。"一上"预算按照"归口管理"的原则，由"归口管理"部门编制预算，确保在预算执行过程中实行"归口管理"。如人员支出由人事部门负责测算和编制，执行过程中仍由人事部门全权负责；水电暖费用由后勤保障部门负责编制和预算的执行；政府采购预算由相应的归口管理部门编制。

四是编制要求方面。由于单位内部预算较财政部门和主管部门的要求提前，在编制时应充分参考上年度财政部门预算编制的要求，尽量做到全面和符合相关规定，避免重复劳动。

五是在技术手段方面。近年来各级财政部门开始启动财政一体化工作，其中就包括预算编制等方面，如单位资金规模较大，建议建设符合内部管理要求的预算编制系统，并做好与财政系统的对接，提高预算准确性和降低工作量。

第二步：完成主管部门预算"一上"工作。

（1）时间节点：2023年10月中旬。

（2）工作内容：汇总单位内部预算、完成主管部门部门预算"一上"工作。

（3）注意事项：

一是根据单位内部各部门上报的收入和支出预算，汇总后形成单位2024年度部门预算草案，确保内部各项数据的测算科学、准确，为主管部门预算上报做好准备工作。

二是根据上级主管部门布置和安排，在汇总内部预算草案基础上，编制完成部门预算"一上"工作。由于已经提前完成基础工作，可有效解决部门预算编制时准备时间不足、预算资料不充分的情况，也可解决由财务部门拼凑专项资金绩效目标的现实难题，确保上报的部门预算准确、科学、细化。

三是无论主管部门还是基层预算单位，此环节可有相对宽裕的时间对专项资金进行论证，特别是近年来的全面预算绩效管理，需要提前对专项资金的绩效目标进行论证。如果单位整体财务管理水平较高，项目库的储备可不受时间约束，动态论证，常态化上报；也可以根据实际情况自行开展内部预算评审工作。

四是近年来政府采购预算执行越来越严格，应结合上年度的政府采购情况和本年度的政府采购计划，合理编制政府采购预算。如政府采购预算编制不准确，将会陷入无法执行政府采购的困境，严重影响单位各项事业的发展。

第三步：编制单位内部预算和主管部门预算调整工作。

（1）时间节点：2023年10—12月。

（2）工作内容：编制完成内部预算，根据主管部门要求随时调整部门预算，完成"二上"的工作。

（3）注意事项：

一是完成财政部门预算"一上"后，单位基本上可明确2024年度部门预算一般公共预算财政拨款数据，在科学确定事业收入和其他各类收入基础上，基本可确定单位2024年度收入预算情况。

二是根据收入预算情况，按照"收支平衡"的原则，再详细测算内部支出预算。主要工作包括如下方面：通过与内部"归口管理"部门协调，科学测算各项支出的科学性、合理性；对专项资金的绩效目标进行细化；对超出单位预算规模的不合理支出，通过与"归口管理"部门协调后予以调减。

三是在编制内部预算的过程中，对部门预算"一上"中存在的不合理支出，在主管部门要求调整预算时可根据实际予以调整，确保部门预算更合理。

四是在单位内部预算编制过程中，结合财政拨款情况，一般按照先确保人员经费，再确保基本运转，最后安排专项项目的原则编制预算，即先保证人员类项目，再保证运转类项目，最后安排特定目标类项目。

五是单位内部预算一定要实现"归口管理"，确保所有事项由专门的部门或人员负责，所有的事项均有经费安排，减少预算执行过程中调整事项。

六是在实务中，可参照财政部门的做法，在单位安排一定额度的预算准备金或者机动经费，以备单位内部临时预算调整时按程序进行，预算准备金或者机动经费的使用应严格按照内部预算程序，经审批后执行。除此之外，如无特殊事项，原则上不再调整内部预算，以提高预算的严肃性。

七是在编制预算过程中，一般临近12月，2024年预算的编制还应参考2023年的预算执行情况，结合结转结余资金，对预算进行合理调整。

八是"二上"的时间根据各地编制工作进度不同，但一般在12月，实务中还可能存在多次反复修改，需要随时根据财政部门的要求进行调整，如果已提前准备好相关材料，"二上"调整一般工作量不大。需要关注的是，部门预算"二上"应按程序提交相关会议审定后上报。

第四步：内部预算执行方案（简称"内部预算"）的确定、编制2023年度部门决算。

（1）时间节点：2024年1月。

（2）工作内容：编制完成内部预算，等待主管部门批复部门预算。

（3）注意事项：

一是内部预算完成后，应按程序报单位内部审定；财政部门和主管尚未批复部门预算之前，从时间节点上看，应按照工作进度开始编制2023年部门决算。

二是根据时间节点，完成内部预算的时间一般为当年12月或者下年1月，还可以根据2023年度的部门决算情况对预算进行调整。

三是部门预算属于"三重一大"事项，应按照单位决策程序进行审议、审定。

（二）预算的批复及公开

第一步：部门决算的上报、部门预算的批复。

（1）时间节点：2024年1—3月。

（2）工作内容：完成2023年部门决算上报工作、接受部门预算批复数据。

（3）注意事项：

一是根据时间节点，2024年1月开始编制2023年度部门决算工作，一般于1月底完成部门决算编制、审核及上报工作，主管部门完成部门决算的时间可能稍微有所延后，具体完成时间根据预算级次略有不同。

二是根据时间节点，2024年部门预算一般在2—3月完成批复。部门预算的批复一般通过预算管理一体化系统完成，基层单位收到部门预算批复通知后，应及时打印2024年度部门预算报表并按规定存档。

三是根据批复的部门预算，调整单位内部预算，按照单位决策程序确定单位内部预算方案。一方面，确保单位内部预算只是部门预算的补充和细化；另一方面，确保单位内部预算的准确性、科学性。

四是实务中还应考虑在部门预算编制时没有纳入的各类追加财政专项资金，在内部预算编制时应结合上年度实际情况充分考虑，建议提前纳入单位内部预算，但须明确财政追加专项资金后方可实施。一方面，确保单位内部预算是全面预算；另一方面，也可在专项资金到位后立即执行项目，提高预算执行进度。

第二步：对上年度内部预算执行情况的分析。

（1）时间节点：2024年1—3月。

（2）工作内容：分析2023年预算执行情况。

（3）注意事项：

一是部门决算属于工作量较大的工作任务，且一般上报时限紧张，实务中，通过加班能按时间节点完成部门决算上报工作，实属不易。

二是部门决算上报完成后，在部门预算尚未批复时，有相对充裕的时间结合决算编制工作，对上年度预算执行情况进行分析，特别是预算绩效管理方面。

三是通过对内部预算执行情况的分析，可发现2023年度预算执行过程中存在的问题，在2024年预算编制、执行过程予以改进或提高。

四是由于时间相对充裕，可结合单位实际情况进行预算执行分析和财务状况分析，对发挥财务的决策支持作用、提高单位治理水平和治理能力现代化具有重要意义。

第三步：部门预算的公开。

（1）时间节点：2024年3—4月。

（2）工作内容：部门预算的公开。

（3）注意事项：

一是按照财政部门和主管部门的要求，在预算批复后，按照规定时间公开2024年部门预算。

二是根据单位管理实际情况，在一定范围内公开2023年内部预算执行情况结果，接受单位全体职工的监督。

三是在公开部门预算时，应提前做好研判工作。近年来发生的多起舆情，很多与公开单位的部门预算有关。如单位编制的结转结余预算不科学、部分收入预算不准确、专项资金没有纳入部分预算等，导致部分指标偏低；单位"三公"经费预算编制不合理；单位人员经费人均指标较高或较低等情况，需要结合实际情况提前应对，在预算公开时提前做好预案。

（三）预算的执行

第一步：部门预算的执行。

（1）时间节点：2024年1—12月。

（2）工作内容：部门预算的执行。

（3）注意事项：

一是根据批复的部门预算和单位内部审定的预算，按照相关规定执行预算。

二是从2024年4月开始，在单位内部开展加快预算执行进度工作，建立月度预算执行进度通报制度，按项目通报预算执行情况，对预算执行进度落后序时进度的，进行督导或通报，对多次低于序时进度的，建立内部约谈制度，由单位负责人约谈项目负责人。对6月30日、9月30日、10月31日、11月30日等重要时间节点，提前分析预算执行情况。

三是对重要或重大项目，由财务部门指定专人负责，由专人跟踪项目执行进度和绩效目标完成情况。

四是在6月30日前，围绕2023年财政结转结余资金情况，重点予以督导，确保结转结余资金支付按时完成，避免被财政收回的风险。

五是指定专人负责国库集中支付系统，在财务部门内部定期通报财政拨款下达和预算执行情况，在财务部门内部建立财政拨款支付进度周报制度，对专项资金的支付合规性定期核查，确保专项资金用途合规。

六是指定专人与政府采购归口管理部门协调，确保政府采购预算支付按照进度执行。

第二步：部门决算的公开。

（1）时间节点：2024年8月左右。

（2）工作内容：部门决算的公开。

（3）注意事项：

一是根据批复的部门决算，按照财政部门和主管部门的要求，按时予以公开。

二是在部门决算公开时，应注意与2023年部门预算进行核对，对预算执行过程中的偏差进行分析，提前做好部门决算公开的解释和应对工作。

三是在部门决算公开时，重点对"三公"经费、政府采购、预算绩效考核情况进行关注，确保高质量的部门决算公开。

四是部门决算的公开不同于预算的公开，预算公开时如出现舆情或其他问题时，还可以以预算调整、预算编报不完整等理由进行解释。而决算的公开是预算执行结果的公开，是一年来预算执行情况的总结，公开后无法调整相关数据，需要在公开时予以高度重视。

第三步：部门预算执行的专项督导。

（1）时间节点：2024年9月。

（2）工作内容：加快预算执行进度，确保预算执行有序进行。

（3）注意事项：

一是上述时间节点财政部门各类追加的专项资金已全部到位，专项资金的前期论证已完成，也是预算执行的关键时期。

二是上述时间节点也是编制下年度预算的节点，通过预算执行情况的督导，可发现预算执行过程存在问题和不足，还有一定的时间去纠正。

三是如果在督导过程中存在专项资金尚未启动或进度缓慢，还可以按程序调整内部预算。

四是在督导过程中还可以对单位内部上报的上年度预算绩效目标情况进行核实、评价。

三、知识拓展

在实务中，单位内部预算处于重要地位，是单位日常运营管理或治理的重要手段之一，在工作中应注意以下方面：

一是在时间、精力允许的条件下，建议单位在部门预算的基础上，编制单位内部预算执行方案，一方面能充分保障单位资金的运转；另一方面也可以深化、细化部门预算的执行。

二是单位应结合实际情况，建立适合本单位的预算管理体制，如建立项目库、设定绩效指标等。特别是全面实施绩效管理以来，财务部门承担的工作任务很重，如何通过单位内部预算体制的改革，来实现预算绩效管理的功能，是财务部门面临的重要任务之一。

三是为充分发挥预算在单位治理体系和治理能力方面的作用，在实务中应在财政部门要求的基础上，深化开展预算执行情况分析，通过预算编制、决算分析等分析报告，为单位决策提供财务支持，提升财务的定位。

四是近年来财政部门加强了财政信息化建设，预算工作进一步细化，预算编制、预算执行一体化，需要在预算编制环节充分考虑预算执行的实际情况，发挥预算的约束、导向作用。

本章小结

部门预算与行政体制改革、政府职能转变、深化"放管服"改革等有效衔接，与中期财政规划、政府收支分类、国库集中收付、政府采购、权责发生制政府综合财务报告制度等财政领域相关改革有关，决定了部门预算是一项系统的工程。特别是2018年开始的全面实施预算绩效管理，实现预算和绩效管理一体化，将绩效管理深度融入预算编制执行监督全过程，能有效提高财政资源配置效率和使用效益，将有力地推进国家治理体系和治理能力现代化。

根据财政部关于印发《预算管理一体化规范（2.0版）》的通知（财办〔2023〕12号），将政府债务管理、资产管理、绩效管理等纳入一体化，涵盖了预算管理全流程各环节，在实务工作中应密切关注财政部门预算管理一体化建设和预算制度改革。

第三章 国库集中收付制度

本章导读

国库集中收付制度改革是对我国预算执行管理制度进行的根本性变革，财政国库管理理念得到了根本性转变，国家宏观调控能力得到显著提升，财政资金运行效率和使用效益得到明显提高。2001年，国库集中收付制度改革正式启动，按照横向到边、纵向到底的改革目标，目前中央和地方基层预算单位基本已纳入改革范围，国库集中收付制度已经成为我国财政财务管理的核心基础性制度。新修订的《预算法》明确规定："国家实行国库集中收缴和集中支付制度，对政府全部收入和支出实行国库集中收付管理，"确立了国库集中收付制度的法律地位。

第一节 国库集中收付改革背景及相关制度

一、财政国库管理制度改革背景

建立国库集中收付制度，是财政管理制度的一项重要改革，其背景是为了适应社会主义市场经济体制，需要建立公共财政框架体系，财政收支政策要突出公共特征，要求建立相应科学的预算执行管理制度，保障公共政策有效实现。

(一)传统国库管理制度

在实行国库集中收付制度之前,我国国库管理制度是以征收机关和预算单位设立多重账户为基础,财政收入层层上缴、财政支出逐级拨付。资金收付效率低,安全性差,透明度不高,财政收支信息反馈迟缓。

在财政资金账户管理方面,采用了多重和分散设立账户的方式,财政收入执收部门层层开设收入过渡性存款账户,各级预算单位按照财政资金的不同性质逐级分散开设账户,各单位账户与财政国库账户无任何关联。

在财政收入收缴方面,采用的是逐级上缴的方式,即税收收入先由纳税人缴入基层税务机关收入过渡性账户,再由税务机关定期缴入到国库经收处,最后由国库经收处划入国库;非税收入先由缴款人缴到基层执收单位的收入过渡性账户,然后由执收单位定期缴到上级单位,再逐级上缴到主管部门收入过渡性账户,最后由主管部门集中缴到国库或财政专户。

在财政支出拨付方面,采用的是层层转拨的方式,即财政支出先由财政部门拨付到主管部门,然后由主管部门拨付到所属下级单位,再逐级拨付,最终支付到收款人或用款单位。

(二)现代财政国库管理制度

2001年2月28日,经国务院批准,开始进行预算执行管理方式改革,即建立以国库单一账户为基础,资金缴拨以国库集中收付为主要形式的现代财政国库管理制度。

国库管理制度改革首先在中央部门试点，目前已建立起较为完备的预算执行管理体制和运行机制，各项制度和实务操作已相对规范。现代国库管理制度主要包括三方面内容：一是建立国库单一账户体系；二是规范收入收缴程序；三是规范支出拨付程序。将在本章第二节中进行详细解释。

二、相关制度概述

自2001年启动改革以来，随着改革的深入，国库集中收付制度日益完善，建立了统一的财政信息化平台。近年来，推行的预算管理一体化建设，将国库集中收付、预算管理、账务处理、政府采购、资产管理等一系列业务进行了整合。单就国库集中收付而言，也出台了一系列重要制度，本部分内容将其重点罗列（见表3-1），由于篇幅的原因，不再赘述制度的详细内容，在实务中如涉及相关方面的，可通过各种渠道查询、学习。

表3-1　　　　近年来出台有关国库管理制度与法规文件

序号	制度名称	文号
1	关于印发《财政国库管理制度改革试点方案》的通知	财库〔2001〕24号
2	关于深化收支两条线改革进一步加强财政管理意见的通知	国办发〔2001〕93号
3	关于印发《中央单位财政国库管理制度改革试点资金支付管理办法》的通知	财库〔2002〕28号
4	关于印发《预算外资金收入收缴管理制度改革方案》的通知	财库〔2002〕37号
5	关于印发《中央预算单位银行账户管理暂行办法》的通知	财库〔2002〕48号
6	关于深化地方财政国库管理制度改革有关问题的意见	财库〔2003〕68号
7	关于印发《财政国库管理制度改革试点年终预算结余资金管理暂行规定》的通知	财库〔2003〕125号
8	关于执行《中央预算单位银行账户管理暂行办法》的补充通知	财库〔2004〕1号

续表

序号	制度名称	文号
9	关于加强政府非税收入管理的通知	财综〔2004〕53号
10	关于切实加强地方财政资金安全管理的通知	财库〔2006〕71号
11	关于印发《财税库银税收收入电子缴库横向联网实施方案》的通知	财库〔2007〕49号
12	关于深化地方国库集中收付制度改革的指导意见	财库〔2007〕51号
13	关于印发《中央预算单位公务卡管理暂行办法》的通知	财库〔2007〕63号
14	关于进一步加强和规范地方财政国库资金安全管理的通知	财库〔2007〕115号
15	关于进一步加强预算执行管理的通知	财库〔2008〕1号
16	关于切实抓好预算执行进度有关工作的通知	财办〔2008〕32号
17	关于全面加强地方财政资金安全管理的通知	财库〔2009〕128号
18	关于实施中央预算单位公务卡强制结算目录的通知	财库〔2011〕160号
19	关于进一步推进地方国库集中收付制度改革的指导意见	财库〔2011〕167号
20	关于加快推进公务卡制度改革的通知	财库〔2012〕132号
21	关于印发《财政专户管理办法》的通知	财库〔2013〕46号
22	关于进一步推进地方预算执行动态监控工作的指导意见	财库〔2015〕73号
23	关于中央财政科研项目使用公务卡结算有关事项的通知	财库〔2015〕245号
24	关于印发《单位公务卡管理办法（试行）》的通知	财库〔2016〕8号
25	关于印发《政府非税收入管理办法》的通知	财税〔2016〕33号
26	关于加快推进地方政府非税收入收缴电子化管理工作的通知	财库〔2017〕7号
27	关于进一步加强财政部门和预算单位资金存放管理的指导意见	财库〔2017〕76号
28	关于中央预算单位预算执行管理有关事宜的通知	财库〔2020〕5号
29	国务院关于进一步深化预算管理制度改革的意见	国发〔2021〕5号
30	财政部关于印发《预算管理一体化规范（2.0版）的通知》	财办〔2023〕12号

上述制度是关于国库集中收付制度改革方面的制度，在实务中，应重点关注《中央财政预算管理一体化资金支付管理办法（试行）》（财库〔2022〕5号）文件的学习。除了学习上述制度外，还需要学习单位所在省、市、县等财政部门、人民银行等出台的关于国库集中收付相关方面的制

度。同时，由于国库集中收付是预算执行的一个环节，还应结合有关预算管理等方面的制度进行学习、使用。

第二节　现行的国库集中收付制度

国库单一账户体系，由国库单一账户、财政零余额账户、预算单位零余额账户、财政专户等组成，用于核算所有财政性资金收支的账户体系。"国库集中收付"与"国库集中支付"不是同一概念，但是在实务中，预算单位一般使用零余额账户进行支付，在工作中更常见的是支付环节，为便于理解，在本书部分章节内容中将其称为"国库集中支付"。

国库单一账户体系组成

1.国库单一账户

财政部门在中国人民银行开设国库单一账户，用于记录、核算、反映纳入预算管理的财政收入和支出活动，并用于与财政部门在商业银行开设的零余额账户进行清算，实现支付。国库单一账户仅限财政部门使用，不涉及预算单位。

2.零余额账户

零余额账户是指财政部门和预算单位在国库集中支付代理银行开设的银行结算账户，用于办理财政资金支付业务并与国库单一账户清算，包括财政零余额账户和预算单位零余额账户。财政部门按照有关规定选择确定国库集中支付代理银行，并与代理银行签订委托代理协议，根据年度国库集中支付业务量和代理银行服务情况向代理银行支付代理服务费，预算单位不再支付代理服务费。

财政部门在国库集中支付代理银行范围内选择开户银行，开立财政零余额账户，原则上在同一家代理银行只能开立一个财政零余额账户，用于国库单一账户清算，日终余额为零。可以办理转账等支付结算业务，但不能提取现金。

纳入国库集中支付改革范围的预算单位在国库集中支付代理银行范围内选择开户银行，通过主管部门报经财政部门批准后，开立预算单位零余额账户。每个预算单位原则上只能申请开立一个零余额账户，用于与国库单一账户进行清算，日终余额为零。单位零余额账户可办理转账、汇兑、委托收款和提取现金等支付结算业务。

预算单位变更、撤销零余额账户，应当经主管部门报财政部门批准后办理变更、撤销手续。变更零余额账户的情况主要有：预算单位级次调整、隶属关系变化、变更统一社会信用代码、名称变更、零余额账户开户行变更等。撤销零余额账户的情况主要有：预算单位被撤销或者合并，变更开户银行，不再使用零余额账户等。

3.预算单位银行账户管理

预算单位按照财政部门规定开设的除零余额账户以外，还有用于办理支付结算和资金存放业务的各类银行账户。规范银行账户管理，是推进财政国库管理制度改革的基础性工作，也是强化资金监管、从源头上预防和治理腐败的重要措施。

财政部门应当按照财政部有关规定制定完善本级单位银行账户管理

制度，明确适用的单位范围、纳入审批和备案管理的账户类型和设置规则、账户审批备案管理流程、资金存放管理等。预算单位应当按照财政部关于资金存放管理有关规定，采取竞争性方式或集体决策方式选择实有资金账户开户银行。

预算单位开立审批类账户，应当经财政部门审批同意后，按规定程序选择开户银行办理开户手续。预算单位开立备案类账户，按规定程序选择开户银行办理开户手续，账户开立后，应当按时将账户相关信息提交财政部门备案。在实务中，行政事业银行账户管理越来越严格，单位应结合所在地区的银行账户管理办法，加强银行账户的管理。

预算单位变更审批类账户开户银行，应当经财政部门审批同意后，按规定程序选择新开户银行，办理新账户开立和原账户撤销手续。变更备案类账户开户银行，按规定程序选择新开户银行办理新账户开立和原账户撤销手续。除变更开户银行以外的涉及变更银行账户信息以及撤销银行账户的，应按规定办理变更、撤销事项。账户变更、撤销后，按时将账户相关信息提交财政部门备案。

财政部门根据加强单位资金管理工作推进情况，研究推进通过信息系统与单位实有资金账户开户银行联网，掌握收入、支出、余额情况。近年来，财政部以及中央部门也在探索对单位实有资金账户进行管理监控。

4.财政专户

财政专户是指财政部门为履行财政管理职能，按照规定的设立程序开设用于管理核算特定专用资金的银行结算账户。对于法律有明确规定或者经国务院批准的特定专用资金，可以依照国务院的规定设立财政专户。财政专户仅限财政部门使用，不涉及预算单位。

财政专户满足社会保险基金核算管理需要，满足外国政府和国际金融组织贷款赠款资金管理需要，满足其他外币资金核算管理需要，满足非税收入收缴管理需要，满足代管资金管理需要，满足教育收费管理需要，满足偿债资金管理需要，满足具有专项用途资金特殊管理需要，是健全国库单一账户体系的重要环节、加强财政资金安全管理的重要内容，防范财政资金存放廉政风险的重要方面。

财政部制定财政专户管理办法，明确财政专户账户类别和各级财政部门可以开立的财政专户范围和数量，应当变更、撤销财政专户的情形，以及核准、备案流程。地方财政部门开立财政专户，应按照财政部关于资金存放管理的规定由省级财政部门报财政部核准，按规定程序选择开户银行。撤销财政专户，应按规定将财政专户中的资金缴入国库或转入其他同类型财政专户，经省级财政部门报财政部备案。

第三节 国库集中收付流程

现代财政国库管理制度，通过制度设计，简化资金收付流程，减少资金收付中间环节，提高财政资金入库效率和支付效率，增强财政资金运行调控能力，发挥财政政策执行与宏观调控功能。国库集中收付管理制度改革前，财政资金分散缴拨，财政收入长时间滞留在各级执收单位的过渡性存款账户，财政支出以拨做支，资金大量沉淀在各级预算单位银行账户，运行效率低，使用效益差；改革后，通过建立国库单一账户体系，财政资金由过去各单位分散管理转变为财政部门统一管理，财政资金运行由"层层转"变为"直通车",各类财政收入通过国库集中收缴方式直接缴入国库或财政专户,各类财政支出通过国库集中支付,支付到最终收款人或用款单位,大幅提高了财政资金的运行效率。改革前,财政资金一旦从财政部门拨到预算单位,就脱离了财政视野,财政部门需要的有关信息只能采取基层单位人工编制、层层上报的方式获取,很难保证真实性、准确性、及时性;改革后,建立新型预算执行信息生成机制,依托国库单一账户体系和现代化管理信息系统,自动生成并实时传输到财政部门,财政收支运行信息的真实性、准确性和及时性有了机制保障。

国库集中收付制度改革,确定了财政部门、预算单位、中国人民银行国库和代理银行管理职责,不改变预算单位的资金使用权限,使所有财政性收支都按规范程序在国库单一账户体系内运作。减少资金申请和拨付环节,预算单位用款更加及时便利。收入缴库和支出拨付整个过程处在有效的监督管理之下,财政收支活动透明度增强。

一、规范财政收入收缴程序

国库集中收缴制度是国库集中收付制度的重要组成部分,集中收缴的财政资金包括税收收入和非税收入。

推进国库集中收缴制度改革,取消收入过渡户,由财政部门为执收单位开立财政汇缴专户,取消按财务隶属关系层层上缴收入,规范收入收缴程序,使用统一、规范化的执收票据。财政资金由传统的层层上缴改为直接缴入国库。

税收收入主要由税务和海关部门按照税收政策和税务征管制度规定

征收，通过财税库银电子缴库横向联网系统等征收和缴入国库。政府非税收入是除税收以外，由各级政府、国家机关、事业单位、代行政府职能的社会团体及其他组织依法利用政府权力、政府信誉、国有资产或提供特定公共服务、准公共服务取得并用于满足社会公共需要或者准公共需要的资金，是政府财政收入的重要组成部分，是政府参与国民收入分配和再分配的一种形式。

目前，中央部门和全国地方执收单位实行了非税收入收缴制度改革，改革基本实现全覆盖。改革的资金范围也从原来的预算外资金逐步扩大到包括行政事业性收费、政府性基金、国有资源（资产）有偿使用收入、国有资本经营收益、彩票公益金、罚没收入、以政府名义接受的捐赠收入、主管部门集中收入以及政府财政资金产生的利息收入等。

利用现代信息技术，非税收入管理引入电子版缴款书，积极推进非税收入收缴电子化管理。非税收入的收缴方式主要有直接缴库、集中汇缴和就地缴库。非税收入退库按照法律、法规和财政国库管理制度有关规定办理。

二、规范支出拨付程序

国家实行国库集中支付制度，对政府全部支出实行国库集中支付管理。国库集中支付以国库单一账户体系为基础，依托财政支付信息系统和银行间实时清算，单位提出支付款项申请，通过系统校验审核后，资金通过国库单一账户体系支付给最终收款人或者用款单位（见图3-1）。

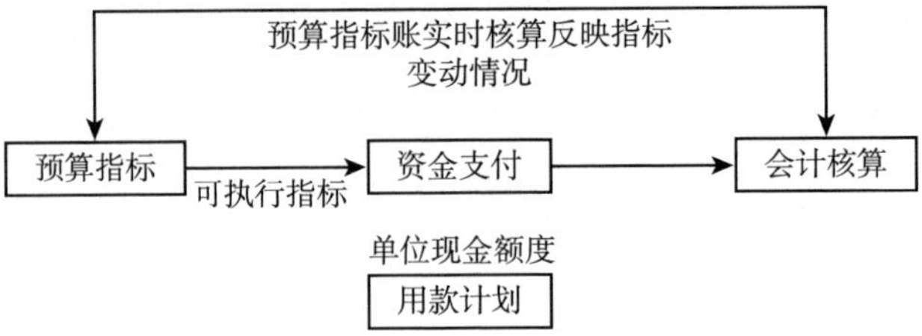

```
        预算指标账实时核算反映指标
              变动情况
┌─────────┐          ┌─────────┐         ┌─────────┐
│ 预算指标 │─可执行指标→│ 资金支付 │────────→│ 会计核算 │
└─────────┘          └─────────┘         └─────────┘
                      单位现金额度
                      ┌─────────┐
                      │ 用款计划 │
                      └─────────┘
```

图 3-1　支出拨付程序

一般公共预算资金、政府性基金、国有资本经营预算资金等应按照国库管理制度有关规定办理资金支付。需要说明的是，目前中央部门预算执行有用款计划环节，各省财政部门根据自身管理需要和信息系统建设情况，可选择取消用款计划，由预算指标控制资金支付。

第四节　国库集中收付实务操作

实行国库集中收付制度，对政府全部支出实行国库集中支付管理。预算执行控制总的原则，是预算指标控制用款计划，用款计划控制资金支付。取消用款计划的，则由预算指标直接控制资金支付。

国库集中支付以国库单一账户体系为基础，预算单位提出支付款项申请，依托财政支付信息系统和银行间实时清算系统，将资金支付给最终收款人或用款单位。国库集中支付的特点，是资金通过零余额账户支付，直达最终收款人，资金使用实现"扁平化"管理，并对资金支付过程动态监控。

一、责任的界定

各部门、各预算单位是本部门、本单位的预算执行主体，负责本部门、本单位的预算执行，并对执行结果负责。支出必须按照预算执行，并加强对预算支出的管理，未经批准不得擅自改变预算支出的用途。

二、预算指标管理

经批准的预算指标，是办理财政资金支付的前提和依据。预算指标按照不同的管理要素，分为年初预算控制数指标、部门预算指标和调整预算指标，按照资金性质分为一般公共预算、政府性基金预算、国有资本经营预算、社保基金预算等。

预算指标下达后，单位应根据预算指标和实际资金使用方案对资金支出做出合理预计，用款计划应尽量报送准确。财政部门根据批复的预算，合理调度、拨付预算资金，对各部门、各单位预算资金使用管理情况进行监督，对预算管理情况进行监督，对预算执行情况和绩效目标实现程度进行监控、评价、考核。

以中央预算单位为例，预算指标的构成要素包括：文号、资金性质、收支管理、预算来源、部门、单位、科目、一级项目、二级项目、金额、密级、支付方式、基建标识、经济分类等。用款计划及资金支付按照基层预算单位预算进行控制，年初预算中暂时不能细化的预算，在执行时需要细化到具体基层预算单位。项目是预算管理的基本单元，支出执行到项目。

中央部门当年预算与以前年度结转结余分开执行。当年预算部门预算批复前，以"二上"预算作为控制依据；部门预算批复后，以部门预算和执行中的调整预算作为控制依据。结转结余的执行以国库集中支付结余指标作为控制依据。财政部门有相关管理规定的，按照有关规定执行。

单位接收财政部门发送的预算指标，作为预算执行的依据，并按照有关保密要求，做好涉密项目的管理工作。一级预算单位定期与财政部门对账并负责下属单位对账工作，保证指标数正确，还需控制基层单位各科目及项目指标，及时联系细化未到基层预算单位的指标，保证支出不超各基层单位各科目各项目的指标。

三、资金支付方式划分

财政预算一体化改革后，资金支付方式不再区分财政直接支付和财政授权支付，取消代理银行支付额度控制，资金支付申请由单位通过预算管理一体化系统发起，系统按照设定的校验规则进行校验，通过后无须经过部门和财政人工审核，发送代理银行进行资金支付。校验不通过或者没有开设零余额账户的单位，支付申请转部门和财政人工审核。

四、用款计划管理

用款计划是预算单位依据预算和年度事业发展规划按年分月编制的用款计划，并将预算指标依据资金支付情况等进行细化。预算指标下达后，单位根据预算和实际资金使用计划，对资金使用情况进行预计，并报送用款计划。财政部门根据本地区实际情况和管理需求，自主选择是否保留用款计划，实务中应根据所在地区的财政管理规定执行。

用款计划编制适用于一般公共预算资金预算、政府性基金预算、国有资本经营预算和其他财政性资金等，按照项目实施进度和政府采购计划等编制。当年预算与上年结余分开编报用款计划。

财政部门可结合实际确定用款计划口径和管理内容，以中央单位为例，目前用款计划的口径为"单位+科目+金额"，相较于预算管理一体化改革前，用款计划口径变粗，主要发挥现金流控制作用。

年度预算执行中发生追加、追减预算时，预算单位在收到预算调整文件后，应随时上报调整用款计划。紧急、突发、重大事项导致用款计划不足以保证资金支付时，可随时上报调整用款计划。财政下达的部门预算与预算控制数差额较大的，需根据预算及时调整已核批的用款计划。

预算单位如发生用款计划报送有误、调减预算、需要将资金缴回财政等情况，需报送负数用款计划。收回国库集中支付结余资金时，拟调减的金额不得超过相应预算科目或预算项目上年结余的年初金额。

单位依据预算指标编报用款计划，政府性基金预算、财政专户管理资金等，还需要进行"以收定支"控制，单位根据实际收入情况和用款需要等编报用款计划，不一定全部编报。

预算单位要尽量及时准确编报用款计划，同时对预算支出进行研究分析，加强单位内部各部门的沟通，建立财务部门和业务部门的协作机制，避免用款计划和资金支付"两张皮"情况的出现。

五、资金支付管理

单位在系统中依据预算指标填报资金支付申请，财政资金支付申请包括单位信息、指标类型、资金性质、科目、项目、结算方式、支付方式、用途、申请金额、付款人信息、收款人信息等。保留用款计划的，资金支付由"预算指标+用款计划"双重控制。财政部门在系统中预先设置校验规则，支付申请校验通过后，发送代理银行进行支付。支付申请校验通过后，预算管理一体化系统相应进行预算指标核算，同时将《国库集中支付凭证》(批量业务同时附《国库集中支付明细表》)发送代理银行。开设零余额账户的单位，原则上通过单位零余额账户支付资金；未开设零余额账户的单位以及财政部门规定的其他情形，通过财政零余额账户支付资金。

涉及政府采购预算的支付申请，单位申请资金支付时，必须关联在预算管理一体化系统已经备案的政府采购合同，一体化系统自动校验合同金额、收款人等政府采购信息。单位在政府采购活动开始时，通过政府采购模块向预算管理一体化系统发送。

涉及工资支付的支付申请，预算管理一体化系统同时校验人员信息、收款账户等。预算管理一体化系统中的人员信息，在基础信息模块进行维护。

预算管理一体化系统支持批量支付、委托收款等功能，单位可根据工作需要进行资金支付。

除本级财政部门另外规定的，预算单位不得将资金支付到本单位及下属单位实有资金账户。从严控制向实有资金账户划转资金，根据〔2022〕5号）规定，以下资金可以从单位零余额账户向本单位或本部门其他预算单位实有资金账户划转资金：根据政府购买服务相关政策，按合同约定向本部门所属事业单位支付的政府购买服务支出；确需划转的工会经费、住房改革支出、应缴或代扣代缴的税款，以及符合相关制度规定的工资代扣事项；暂不能通过零余额账户委托收款的社会保险缴费、职业年金缴费、水费、电费、取暖费等；按规定允许划转的科研项目和教育资金；财政部（国库司）规定的其他情形。目前从零余额账户向实有账户划转资金，已成为财政国库动态监控和审计关注的重点，在实务工作中应严格按照有关规定执行。

在实际工作中，资金已经支付，但因技术性差错等合理原因误用预算指标或支出经济分类，在不改变资金流向的前提下，可对支付凭证中相关信息进行支付更正。单位办理支付更正时，不得对原支付凭证中的收付款账户信息以及金额进行更正。

预算管理一体化系统中，单位选择需进行更正的支付申请，填写更正信息，生成支付更正申请书，可以更正的信息包括指标类型，资金性质，支出功能分类科目，政府预算支出经济分类科目，部门预算支出经济分类科目、项目等。预算管理一体化系统根据财政部门预设的校验规则对更正申请进行校验后更正，或按照资金支付管理流程转部门和财政人工审核。

资金退回，是支付资金后，由于原支付凭证收款人账户信息有误资金被收款行退回，或单位、收款人主动将资金退回的情况。

预算管理一体化系统中，因收款人账户名称或账号填写错误等原因发生资金退回的，代理银行匹配原支付凭证信息，在预算管理一体化系统中生成《国库集中支付资金退回通知书》发送财政部门和单位，并将资金退至国库或财政专户，财政部门和单位根据退回通知书进行会计核算，并恢复单位预算指标额度。

支付完成后收款人主动退回资金的，代理银行向财政部门发送《零余额账户到账通知书》，通知单位核实原支付信息。退回资金包括当年资金退回、跨年度资金退回。对于项目未结束的跨年资金退回，可允许单位继续按原用途使用，财政部门追加相应可执行指标；对于项目已经结束或收回财政存量资金的跨年度资金退回，作为结余资金管理，按照结余资金管理有关规定办理。

六、年终结余资金管理

财政结转结余资金，是指按照财政部门批复的预算，在年度预算执行结束时，未列支出的预算资金。其中，结转资金是指预算未全部执行或未执行、下年需按原用途继续使用的预算资金。结余资金包括项目实施周期已结束、项目目标完成或项目提前终止，尚未列支的项目支出预算资金；因项目实施计划调整，不需要继续支出的预算资金；预算批复后连续两年未用完的预算资金。

预算年度结束后，各部门、各单位对财政资金结转结余资金进行清理，对形成结转和结余的原因进行分析说明，并报财政部门。财政部门对财政资金结转结余进行审核。

预算管理一体化系统中，预算年度结束后，自动计算财政资金结转结余，生成财政资金结转结余核批表。单位进行核对并按照财政部发布的新旧科目转换表进行新年度科目调整。财政部门审核发文后，生成财政资金结转指标和财政资金结余指标。

收回上年结余财政存量资金。近年来，按照国务院部署和要求，财政部门进一步加强对结转结余资金的管理，加大清理结余资金、盘活存量资金力度。要求部门和预算单位对沉淀结余资金进行清理，交回财政或者调剂到其他科目、项目使用。财政部门收回、调整的存量资金，包括预算单位国库集中支付结余和实有资金账户结余。

财政部门收回国库集中支付结余时，以系统中现存科目、项目等信息为基础，据此发文及批复预算指标。预算单位确定交回结余资金时，应控制支出限额，确保支出不超，保证后续预算执行。

按照有关规定，目前科研项目结余资金中符合相关条件的，报财政部门确认后，在一定期限内由项目单位统筹安排用于科研活动的直接支出。

第五节　公务卡管理

一、基本情况

公务卡是指财政预算单位工作人员持有的，主要用于日常公务支出和财务报销业务的信用卡，主要用于公务支出的支付结算。公务卡同时具有一般信用卡的授信消费和财政财务管理的双重属性。

公务卡制度是国库集中支付制度改革的重要组成部分，是国际公认的解决现金支付问题的最佳方案，公务卡刷卡留痕，有利于加强财政支出监督管理，提高财政财务透明度，实现"阳光政务"。

全面实行公务卡制度是党中央国务院的要求，国务院廉政工作会议上明确提出，要加快国库集中收付和公务卡改革，尽快扫除改革"死角"

和"盲区"。《党政机关厉行节约反对浪费条例》指出：全面实行公务卡制度。健全公务卡强制结算目录，党政机关国内发生的公务差旅费、公务接待费、公务用车运行维护费、会议费、培训费等经费支出，除按照规定实行银行转账外，应当使用公务卡结算。《国务院关于改进加强中央财政科研项目和资金管理的若干意见》也提出：改进科研项目资金结算方式。科研院所、高等学校等事业单位承担项目发生的会议费、差旅费、小额材料费和测试化验加工费等，要按规定实行"公务卡"结算。

2007年正式启动公务卡制度改革。2008年1月30日，中央纪委、财政部、中国人民银行联合召开全国公务卡改革试点电视电话会议，对中央和地方公务卡制度改革工作做了总体部署。公务卡制度的实施，使预算单位现金提取和使用大幅减少，财务人员和个人办理公务支出手续等更加方便便捷；以国库单一账户为基础，财政资金最终支付到收款人前保留在国库；财政部门通过掌握公务卡支付报销的详细信息，实现动态监控管理。公务支出透明度显著提高，有利于惩防腐败，提高预算单位财务管理水平，同时促进银行卡产业发展。

二、公务卡的特征

个人公务卡由个人承债，既可用于个人消费，也可用于公务消费，原则上额度一般为2万—5万元；单位公务卡由单位承债，仅可用于公务消费，由单位指定少数持卡人持有，额度较大。公务卡强制结算目录主要包括：办公费、印刷费、咨询费、手续费、水电费、邮电费、物业管理费、差旅费、维修（护）费、租赁费、会议费、培训费、公务接待费、专用材料费、公务用车运行维护费、其他交通费用等。

预算单位在财政部门确定的代理银行范围内选择公务卡发卡银行，

与发卡银行签订委托代理协议，并报财政部门备案，银行按规定推送公务卡刷卡消费记录。单位统一组织本单位符合办卡条件的人员向银行申请办理公务卡。公务卡原则上一人一卡，单位将新开公务卡信息维护在预算管理一体化系统中。公务卡更换或者注销的，单位可在预算管理一体化系统中相应修改或注销公务卡信息。一人需在多个单位报销时，可使用同一张公务卡刷卡、报销，即多个单位可以同时维护同一张公务卡信息。

财政部门通过与代理银行、银联等金融机构联网获取公务卡刷卡消费记录。

公务卡持卡人在规定的信用额度和免息还款期内，先支付，再向所在单位财务部门申请办理报销手续，预算单位审核公务卡报销事项，区分报销资金的不同来源，通过零余额账户或实有资金账户以转账方式办理公务卡还款手续。单位在预算管理一体化系统中选择公务卡消费记录，在消费记录上填写报销金额以及相关信息，生成国库集中支付申请，支付申请中支付业务类型选择"公务卡业务"。

预算单位应建立健全内部管理规范，可以使用公务卡支付的，必须使用公务卡；暂无法使用公务卡支付的，应积极创造条件避免现金结算；确实必须使用现金结算的，要明确范围，超出范围的，应提前向财务部门说明原因，获得批准后使用现金结算。

持卡人使用公务卡消费结算的各项公务支出，必须在发卡行规定的免息还款期内，到所在单位财务部门报销。因个人报销不及时造成的罚息、滞纳金等相关费用，由持卡人承担。确因工作需要，持卡人不能在规定的免息还款期内返回单位办理报销手续的，可由持卡人或其所在单位相关人员向单位财务部门提供持卡人姓名、交易日期和每笔交易金额的明细信息,办理相关借款手续,经财务部门审核批准,于免息还款期之前,先将资金转入公务卡,持卡人返回单位后按财务部门规定时间补办报销手续。

第六节 预算执行动态监控

现代国库以国库单一账户为基础,通过对财政资金的支付过程进行动态监控,及时核查处理违规和不规范操作,强化预算执行,保证财政资金支付使用的安全性、规范性和有效性。财政国库管理制度改革后,建立预算执行动态监控机制,实现了财政部门对预算执行全过程的实时、明细、智能监控,资金支付时间、金额、收款人账号、用途等多项信息,全部纳入实时动态监控范围。动态监控平台对疑点信息实时智能化预警,确保违规问题能够得到及时纠正。预算执行动态监控,对于增强基层单位规范用款的意识,对从源头预防腐败也发挥了重要作用。

建立财政国库动态监控,是实现现代国库管理制度目标的重要保障,防范和控制财政资金支付使用风险的重要手段,财政监督与管理服务有机融合的重要体现。财政部及其所属驻地监管局对中央预算单位进行实时在线全过程监控。地方省、市和县级也建立了预算执行动态监控机制。

预算执行动态监控通过监控预警、核实疑点、问题处理等,及时反映、纠正预算单位在预算执行中的违规问题,确保财政资金使用安全、规范、高效,发挥规范、纠偏、警示、威慑的作用。

单位应配合动态监控部门做好疑点核查、违规行为纠正等工作。在资金支付过程中，要按预算指标、支出范围、支付标准支付资金；严格执行政府采购、公务卡、现金管理规定，禁止违规发放补贴、报销费用等。对于违规行为要及时核查处理，并建立内部规范，严肃财经纪律，提升本单位财务管理和监督水平。

目前财政部对中央部门本级开展动态监控工作，2017年起，全国各财政监管局（原专员办）开展属地二级及以下中央预算单位资金监控工作。推动地方预算执行动态监控体系建设，省、市、县财政建立健全财政国库动态监控运作机制。2018年1月通过《中央预算单位实有资金动态监控试点方案》，开展试点监控，将预算单位实有资金与零余额账户资金动态监控有机结合起来，有利于增强预算执行刚性约束，有利于提高财政资金使用效益。

特别是近几年来审计部门推行大数据审计，其中重要的数据来源就是国库集中支付系统，单位在使用时应高度重视，合法、合规进行支付。

知识拓展

（一）预算执行进度管理

近年来，预算执行进度问题越来越得到重视，财政部门定期对预算进度进行排名并报领导参考，对执行进度慢的预算单位进行督导，并采取压减第二年预算支出等方式，要求各单位采取措施加快预算执行。这就要求预算单位一方面在申报预算时做到尽量准确，同时提前做好项目前期准备工作，及时办理资金支付手续；另一方面单位领导应高度重视预算执行进度工作，做到责任到人、措施得力。

(二)单位资金和实有账户资金管理

单位资金是单位借助政府权力、政府信誉或利用政府资源等所取得的。按照《预算法》规定,政府的全部收入和支出应当纳入预算。如单位资金游离于财政管理之外,存在资金违规支付、使用效益不高等问题。一方面,存在预算单位实有资金账户沉淀大量资金;另一方面,财政资金安排紧张,目前正在推进将财政资金全部纳入管理,所有收入和支出归在一本预算中进行管理。预算管理一体化系统中,也对单位资金进行了管理,后续将进一步将单位资金纳入全流程管理。

(三)国库集中支付与预算、政府采购、资产的衔接

国库集中支付与预算、政府采购、资产管理等密不可分。尤其是预算一体化系统中,将预算管理全流程作为一个完整的系统进行整合,实现了预算全过程管理的一体化,整合预算编制、预算执行、决算和报告、政府采购、资产管理等预算管理环节,形成了顺向环环相扣的控制机制和逆向动态可溯的反馈机制。预算执行中涉及财政管理业务的多个方面,也关系到单位资金执行是否顺畅,这就要求单位做好各个环节基础工作,同时单位内部各部门加强沟通协同。

(四)会计人员管理

财政国库管理制度的实施,会计人员承担了大量基础性工作,同时也能第一时间发现预算执行过程中的问题,促使预算执行更加合理,政策执行达到预期目标。现行的信息反馈机制,使会计人员可以掌握大量的一手资料,深入了解和把握财政预算执行的客观规律,有针对性地加强管理。在财政数据信息的真实性、准确性和及时性有了保障的前提下,会计人员可以利用大数据进行分析研究,为科学决策提供参考。

本章小结

国库集中收付制度的改革是对我国预算执行管理制度进行的根本性变革,财政国库管理理念得到了根本性转变,国家宏观调控能力得到显著提升,财政资金运行效率和使用效益得到明显提高。

国库集中支付涉及预算编制、政府采购、绩效评价、监督检查等内容,是一项综合性系统工程,对于会计人员来说也是对个人全方位能力的培养与锻炼,在支付管理岗位上培养综合素质强的会计人才,也是加强单位财务管理工作的重要内容。

第四章 政府收支分类

 本章导读

为了适合社会主义市场经济条件下的公共财政管理要求,2007年开始了新的政府收支分类体系改革,这是新中国成立以来我国财政收支分类统计体系最为重大的一次改革。政府收支分类改革,是对政府收入和支出进行类别和层次划分,以便全面、准确、清晰地反映政府收支活动。新体系主要包括:收入分类、支出功能分类和支出经济分类三部分,是编制预决算、组织预算执行以及进行会计核算的重要依据,也是政府会计制度实施过程中的重要配套制度,其中和基层会计人员密切相关的主要是支出功能分类和支出经济分类。

第一节 收入分类

预算收入分类与预算管理体制改革以及国家重大经济政策调整相适应,我国预算收入分类在不同时期也有较大的变化和调整,其主要演变情况如下:

新中国成立初期,我国预算收支科目表现出较强的统收统治色彩;1956年,收入分类适当简化;1979年,由于合并税种,简化税制,收入科目划分更趋简单。1984—1986年,经过国营企业利改税,税收已成为我国预算收入的主要形式。同时,为体现新税制和加强财务管理的需要,

国家预算收入分类体系有了较大的调整。1994年及以后年度，由于国家进行分税制改革，并将政府性基金逐步纳入预算管理，收入分设了一般预算收入科目和基金预算收入科目。

为完整、准确地反映政府收支活动，2006年财政部制定了《政府收支分类改革方案》，收入分类主要反映政府收入的来源和性质。根据目前我国政府收入构成情况，结合国际通行分类方法，按经济性质将政府收入分为类、款、项、目四级。根据《2025年政府收支科目》，类级科目分为：税收收入、非税收入、债务收入、转移性收入。

1.税收收入

税收收入下设增值税、消费税、企业所得税、企业所得税退税、个人所得税、资源税、城市维护建设税、房产税、印花税、城镇土地使用税、土地增值税、车船税、船舶吨税、车辆购置税、关税、耕地占用税、契税、烟叶税、环境保护税、其他税收收入共20个款级科目。

2.非税收入

非税收入下设专项收入、行政事业性收费收入、罚没收入、国有资本经营收入、国有资源（资产）有偿使用收入、捐赠收入、政府住房基金收入、其他收入共8个款级科目。

3.债务收入

债务收入下设中央政府债务收入、地方政府债务收入共2个款级科目。本科目下的债务收入是指政府通过发行债券取得的收入，属于财政收入的一部分，不包括预算单位日常运转过程中的银行贷款等债务收入。

4.转移性收入

转移性收入下设返还性收入、一般性转移支付收入、专项转移支付收入、上解收入、上年结余收入、调入资金、债务转贷收入、动用预算稳定调节基金、区域间转移性收入共9个款级科目。

收入分类对所有政府收入按性质进行统一分类,使政府收入分类形式更趋规范。政府收入分类科目,不仅可以分别编制一般收入预算、政府基金收入预算、预算外资金收入预算等,而且可以进行全部政府收入预算的汇总统计。

自2007年政府收支分类改革以来,收入分类根据国家财政管理体制改革进行了多次调整,上述类、款科目分类名称是财政部印发的2025年收入分类科目,在实务中,每年的科目可能随着财政管理改革进行调整,需要时应及时查询财政部发布的当年的收入分类科目。项、目级科目的详细情况请参考《政府收支科目》有关内容,由于在实务中,收入分类更多地用于财政部门,基层预算单位使用频率不高,在此不再一一赘述。

第二节 支出功能分类

支出功能分类主要反映政府活动的不同功能和政策目标。根据社会主义市场经济条件下政府职能活动情况及国际通行做法,将政府支出分为类、款、项三级,其中前三位为类,第四、五位为款,第六、七位为项。如我们在部门预算时使用的"2050205","205"为教育类,"02"为普通教育款、"05"为高等教育项。在日常核算时,每一笔资金均应按相应的支出功能分类进行核算。

一、制度速览

根据预算管理的需要,财政部每年会根据预算执行情况,修订政府收支分类科目,一般均在当年年中编制下一年度部门预算前,发布下一年度最新的收支分类科目。

根据新的政府收支分类科目,一般公共预算支出功能分类科目包括如下方面(见表4-1)。

表4-1　　　　　　　一般公共预算支出功能分类科目

科目代码（类）	科目名称	主要内容
201	一般公共服务支出	反映政府提供一般公共服务的支出
202	外交支出	反映政府外交事务支出
203	国防支出	反映政府用于国防方面的支出
204	公共安全支出	反映政府维护社会公共安全方面的支出
205	教育支出	反映政府教育事务支出
206	科学技术支出	反映科学技术方面的支出
207	文化旅游体育与传媒支出	反映政府在文化、旅游、文物、体育、广播电视、电影、新闻出版等方面的支出
208	社会保障和就业支出	反映政府在社会保障与就业方面的支出
210	卫生健康支出	反映政府卫生健康方面的支出
211	节能环保支出	反映政府节能环保支出
212	城乡社区支出	反映政府城乡社区事务支出
213	农林水支出	反映政府农林水事务支出
214	交通运输支出	反映交通运输和邮政业方面的支出
215	资源勘探信息等支出	反映用于资源勘探、制造业、建筑业、工业信息等方面支出
216	商业服务业等支出	反映商业服务业等方面的支出
217	金融支出	反映金融方面的支出

续表

科目代码（类）	科目名称	主要内容
219	援助其他地区支出	反映援助方政府安排并管理的对其他地区各类援助、捐赠等资金支出
220	自然资源海洋气象等支出	反映政府用于自然资源、海洋、测绘、气象等公益服务事业方面的支出
221	住房保障支出	集中反映政府用于住房方面的支出
222	粮油物资储备支出	反映政府用于粮油物资储备方面的支出
224	灾害防治及应急管理支出	反映政府用于自然灾害防治、安全生产监督及应急管理等方面的支出
227	预备费	反映预算中安排的预备费
229	其他支出	反映不能划分到上述功能科目的其他政府支出
230	转移性支出	反映政府的转移支付以及不同性质资金之间的调拨支出
231	债务还本支出	反映用于归还债务本金发生的支出
232	债务付息支出	反映用于归还债务利息所发生的支出
233	债务发行费用支出	反映用于债务发行兑付费用的支出

在上述"类"下，还根据不同的政府职能分类，分不同的"款"和"项"级科目，并对每个功能分类科目的使用范围进行了详细规定，详细情况请参阅每年度发布的最新科目。由于基层预算单位一般使用的功能分类数量有限，在实务中应根据单位经常使用的功能分类学习、使用。

在一般公共预算支出功能科目的基础上，还有政府性基金预算收支科目、国有资本经营预算收支科目和社会保险基金预算收支科目。上述功能分类基本与一般公共预算支出功能科目相似，但也有不同，其还存在部分特殊功能分类科目，如2024年在政府性基金预算科目中新增了"超长期特别国债安排的支出"项级科目。在实务中应根据财政部下达的部门预算相关文件，参考财政部年度发布的《政府收支分类科目》使用。

二、重点解读

根据政府管理和部门预算的要求，统一按支出功能设置类、款、项三级科目。类级科目综合反映政府职能活动，如国防、外交、教育、科学技术、社会保障和就业、环境保护等；款级科目反映为履行某项政府职能所进行的某一方面的工作，如"教育支出"类的"普通教育"；项级科目反映为完成某一方面的工作所发生的具体支出事项，如"农林水支出""水利"款下的"抗旱""水土保持"等款级科目。新的支出功能科目能够清楚地反映政府支出的内容和方向。

政府收支分类改革后，包括项目支出在内的政府每一笔支出，都可以通过功能分类和经济分类同时进行反映。实务中，先在支出功能分类中找到对应的科目，然后根据项目支出的具体内容将项目支出细化分解到各个相应的支出经济分类科目来填制项目支出授权支付指令，如公安部门用于治安管理的某个项目支出，首先填列功能分类"公共安全支出"类、"公安"款、"执法办案"项级科目，然后再根据该项目支出中有关开支的具体用途在经济分类中进行分解。以各级人大机关由一般公共服务支出的人大经费开支为例：凡属于基本支出范围的，对应到人大事务下的行政运行项，属于人大会议、人大立法、人大代表履职能力提升的专项经费，对应到人大事务下的人大会议、人大立法和人大代表履职能力提升。

新的政府收支分类能够有效克服原政府收支分类的弊端，基本上实现了政府收支分类改革的目标。该体系与部门分类科目和基本支出预算、项目支出预算等部门预算相配合，在信息系统的有力支持下，可对任意政府收支进行多角度的追踪，并清晰地记录了政府资金来自哪里，最终用到了什么地方，这样就能发挥数据中心的作用，为预算管理、会计核算、统计分析、宏观政策和财政监督等提供了全面、真实、准确的经济信息。

三、应用案例示范

例如，B高校为中央级事业单位，2024年部门预算中收到如下预算资金：生均拨款9 000万元、住房公积金补助3 000万元、医疗补助1 000万元、科学研究专项经费4 000万元等资金，在单位会计核算时，应根据上述资金下达时指定的功能分类，设置功能分类科目辅助信息进行核算。如生均拨款专项经费功能分类科目的功能分类为2050205、住房公积金补助为2210201、医疗补助为2101102、科学研究专项为2060206，会计核算时应根据上述辅助信息进行核算。

2024年8月1日，B高校发生如下业务：

（1）在生均拨款中列支印刷费1万元；

（2）使用住房公积金专项补助缴纳住房公积金20万元。

以上款项通过零余额账户授权支付，账务处理如表4-2所示。

表4-2　　　　零余额账户授权支付账务处理

	使用生均拨款列支印刷费	备注
财务会计	借：业务活动费用——商品与服务支出——印刷费 　　　　　　　　　　　　　　　　　　　　10 000 　贷：财政拨款收入　　　　　　　　　　　10 000	财务会计无须进行功能分类核算
预算会计	借：事业支出——商品与服务支出——印刷费——2050205 　　　　　　　　　　　　　　　　　　　　10 000 　贷：财政拨款预算收入　　　　　　　　　10 000	根据设置不同，有的单位在支出科目进行功能分类核算；有的单位在一体化支付时予以标注

续表

	缴纳住房公积金	备注
财务会计	借：业务活动费用——工资福利支出——住房公积金 　　　　　　　　　　　　　　　　　　200 000 　　贷：财政拨款收入　　　　　　　　　200 000	此处省略计提应付职工薪酬的账务处理
预算会计	借：事业支出——工资福利支出——住房公积金——2210201 　　　　　　　　　　　　　　　　　　200 000 　　贷：财政拨款预算收入　　　　　　　200 000	个人负担的住房公积金和单位负担的住房公积金按资金来源可能使用不同的功能分类

实务中，功能分类应严格按照部门预算下达时的功能分类进行核算，在部门决算时应严格按照部门预算文件进行填报。功能分类较多的单位，会计日常核算时应严格设置相关的功能分类，才能确保会计信息的准确，特别是涉及专项资金的使用时，更应该严格按照功能分类科目和合适的经济分类科目核算。实务中如果单位使用的功能分类单一，可结合预算一体化系统有关科目使用，降低核算工作量。

四、知识拓展

政府收支功能分类是财政预算管理的重要组成部分，在实务中应主要注意以下几个方面：

一是预算下达时，单位应严格按照预算文件中的功能分类进行核算，在会计核算时结合使用的一体化系统中下达的预算指标的功能分类录入会计辅助核算数据；在实务中，如单位涉及自有资金时，应根据本单位的主要功能分类进行简单核算，一般全部在主要功能科目中列支，如高校的2050205"高等教育"科目，但是涉及特殊科目的，如"住房公积金"，虽然使用的是自有资金，但一般应在2210201科目中使用；如"退休费"应在208相关科目中列支。

二是功能分类属于预算会计的核算范围，新的政府会计准则制度下，财务会计部分可不进行政府收支功能分类会计核算，能降低日常核算工作量。

三是在实务中，如果单位经费规模较小，使用的功能分类较为单一，可仅在编制部门预算和部门决算时根据文件和一体化系统支付情况合理使用功能分类填报预算和决算，在日常会计核算不使用功能分类进行会计核算，可降低工作量；如单位涉及的功能分类较多，应配合单位的预算管理、项目管理，严格按照功能分类进行核算。

四是功能分类的代码和名称一般均内置于财务信息化系统或预算一体化系统中，单位不得自行修改和变动，也无法自行修改、增加有关内容。一般而言，对行政单位的支出，设置了"行政运行""一般行政管理事务"及专为特殊专项活动设置的项目支出科目；设置了"机关服务"反映行政单位所属为机关工作服务的事业单位的支出；对部分事业单位的支出，严格设置项级科目，特殊专项业务活动的项目支出。对事业单位的支出，应根据预算文件要求，严格设置该级科目，其中，特殊专项业务活动项目支出，在核算和编制决算时应重点关注。

在实务使用中，应区分行政单位和事业单位功能分类的区别，按照预算和决算的要求使用功能分类科目。

第三节 政府预算支出经济分类

为进一步贯彻落实新修订的《预算法》，不断细化预算编制，增强预算透明度，财政部提交全国人民代表大会和向社会公众公开的预算报告、预算草案内容越来越多、信息量越来越大。为了使政府预算进一步清晰明了，便于人大代表审议预算和社会公众读懂预算，持续推进支出经济分类科目改革，在继续保留部门预算支出经济分类科目的同时，增加设置一套政府预算支出经济分类科目。

一、制度速览

2007年，我国政府收支分类改革后，已初步建立了与当时预算管理要求相适应的较为完善的经济分类科目。2015年，新预算法实施前，各级政府和部门（单位）主要按功能分类编制预算，没有系统地按照经济分类科目编制预算。支出经济分类科目主要用于部门（单位）的决算编制和会计核算，在支出经济分类科目的设置上更多地体现了部门（单位）会计核算特点和决算管理要求。

2015年，实施新修订的《预算法》后，要求各级政府和各部门（单位）在按功能分类编制预算的基础上，还要按支出经济分类编制预算，现行的支出经济分类科目的局限性也逐渐显现出来，主要是政府预算和部门（单位）预算共享一套支出经济分类科目，没有完整体现政府预算管理特点和核算要求。

根据财政部关于印发《支出经济分类科目改革方案》的通知（财预〔2017〕98号），按照实施全面规范、公开透明预算制度的总体要求，充分考虑政府预算管理和部门预算管理的不同特点和需要，形成既适合我国国情，又符合国际通行做法的支出经济分类体系，以使进一步深化预算管理制度改革，提高预算透明度，加强人大审计监督创造有利条件。根据政府预算管理和部门预算管理的不同特点，完善现有支出经济分类科目,继续作为部门预算支出经济分类科目,满足部门预算管理需要;同时,新增一套政府预算支出经济分类科目,进一步提高预算透明度,满足政府预算管理和人大审查预算需要。

二、重点解读

改革后的支出经济分类包括"政府预算支出经济分类"和"部门预算支出经济分类",两套科目之间保持对应关系,以便政府预算和部门预算相衔接。本节内容主要介绍政府预算支出经济分类的主要内容。由于政府预算支出经济分类主要用于财政部门的部门预算和部门决算,日常会计核算时暂未涉及,本节便不再列示详细的科目核算及具体内容,工作需要时可参考财政部发布的科目使用明细。

政府预算支出经济分类体现政府预算的管理要求,主要用于政府预算的编制、执行、决算、公开和总预算会计核算。政府预算支出经济分类按照预算法的要求设置类、款两级,类级科目15个,款级科目66个。具体科目设置情况如下:

(1)机关工资福利支出(501科目),反映机关和参照《公务员法》管理的事业单位(以下简称"参公事业单位")在职职工和编制外长期聘用人员的各类劳动报酬,以及为上述人员缴纳的各项社会保险费等。下设4个:工资奖金津补贴、社会保障缴费、住房公积金、其他工资福利支出款级科目。

(2)机关商品和服务支出(502科目),反映机关和参公事业单位购买商品和服务的各类支出,不包括用于购置固定资产、战略性和应急性物资储备等资本性支出。下设10个:办公经费、会议费、培训费、专用材料购置费、委托业务费、公务接待费、因公出国(境)费用、公务用车运行维护费、维修（护）费、其他商品和服务支出款级科目。

（3）机关资本性支出（503科目），反映机关和参公事业单位资本性支出，切块由发展改革部门安排的基本建设支出中机关和参公事业单位资本性支出不在此科目反映。下设7个：房屋建筑物购建、基础设施建设、公务用车购置、土地征迁补偿和安置支出、设备购置、大型修缮、其他资本性支出款级科目。

（4）机关资本性支出（基本建设）（504科目），反映切块由发展改革部门安排的基本建设支出中机关和参公事业单位资本性支出。下设6个：房屋建筑物购建、基础设施建设、公务用车购置、设备购置、大型修缮、其他资本性支出款级科目。

（5）对事业单位经常性补助（505科目），反映对事业单位（不含参公事业单位）的经常性补助支出。下设3个：工资福利支出、商品和服务支出、其他对事业单位补助款级科目。

（6）对事业单位资本性补助（506科目），反映对事业单位（不含参公事业单位）的资本性补助支出。下设2个：资本性支出、资本性支出（基本建设）款级科目。

（7）对企业补助（507科目），反映政府对各类企业的补助支出，对企业资本性支出不在此科目反映。下设3个：费用补贴、利息补贴、其他对企业补助款级科目。

（8）对企业资本性支出（508科目），反映政府对各类企业的资本性支出。下设4个：资本金注入、资本性注入（基本建设）、政府投资基金股权投资、对他对企业资本性支出款级科目。

（9）对个人和家庭的补助（509科目），反映政府用于对个人和家庭的补助支出。下设5个：社会福利和救助、助学金、个人农业生产补贴、离退休费、其他对个人和家庭补助款级科目。

（10）对社会保障基金补助（510科目），反映政府对社会保险基金的补助以及补充全国社会保障基金的支出。下设3个：对社会保险基金补助、补充全国社会保障基金、对机关事业单位职业年金的补助款级科目。

（11）债务利息及费用支出（511科目），反映政府债务利息及费用支出。下设4个：国内债务付息、国外债务付息、国内债务发行费用、国外债务发行费用款级科目。

（12）债务还本支出（512科目），反映政府债务还本支出。下设2个：国内债务还本、国外债务还本款级科目。

（13）转移性支出（513科目），反映政府间和不同性质预算间的转移性支出。下设6个：上下级政府间转移性支出、债务转贷、调出资金、安排预算稳定调节基金、补充预算周转金、区域间转移性支出款级科目。

（14）预备费及预留（514科目），反映预备费及预留。下设2个：预备费、预留款级科目。

（15）其他支出（515科目），反映不能划分到上述经济科目的其他支出。下设5个：国家赔偿费用支出、对民间非营利组织和群众性自治组织补贴、经常性赠与、资本性赠与、其他支出款级科目。

三、知识拓展

（1）政府预算经济分类与部门预算经济分类采用不同的编码，部门预算经济分类从301开始编码（如301类为工资福利支出、302类为商品和服务支出），政府预算经济分类从501开始编码（如501类为机关工资福利支出，502类为机关商品和服务支出）。

（2）根据《预算法》的有关要求，两套科目均设置"类""款"两个层级。两套经济分类之间保持一定的对应关系，有利于部门预算与政府预算相衔接。在使用时应区分"资本性支出""资本性支出（基本建设）"的区别，前者是一般意义上的资本性支出，后者是发展改革部门安排的资本性支出，即常见的"基本建设支出"。需要关注的是，"款"级科目会按年度动态调整。

（3）对于财政部门，在预算编制环节，各级政府财政部门按照政府预算经济分类科目编制政府预算报全国人民代表大会批准后，将政府预算经济分类作为部门经费来源和申请款项的控制科目一并批复；在预算执行环节，支付指令按照政府预算经济分类填写，这也是部门（单位）在国库集中支付系统中看到的代码与部门预算经济分类不一样的原因。在决算编制环节，政府决算编制使用政府预算经济分类，以财政总预算会计数据为基础生成。

（4）设立政府预算经济分类，是适应政府预算管理和部门预算管理的需要，有利于增加财政透明度，提高国家治理能力，也有利于社会更全面地了解政府支出，提高对政府的监督力度，能起到如下主要作用：

第一，政府账本更细。不仅能反映出谁在花钱，花到哪个领域，是教育，还是医疗卫生；还能反映出钱是怎么花的，人员工资花了多少、办公经费花了多少、购买设备花了多少，有利于清晰明了、全面完整地反映预算支出。

第二，政府账本更透明。根据政府预算支出经济分类科目编制的预算报告和草案结构将更加合理、内容将更加丰富，有利于更好地发挥人大监督、审计监督和社会监督效能，规范各级政府和各部门支出行为。

第三，可以从支出经济属性的维度清晰、完整、细化反映政府用于工资、机构运转、对事业单位补助、对企业投入以及对个人和家庭补助支出等方面的情况。

第四节　部门预算支出经济分类

部门预算支出经济分类是按支出的经济性质和具体用途所做的一种分类。在支出功能分类明确反映政府职能活动的基础上，支出经济分类明细反映政府的钱究竟是怎么花出去的，是付了人员工资、会议费还是买了办公设备等。支出经济分类与支出功能分类从不同侧面、以不同方式反映政府支出活动。它们既是两个相对独立的体系，又相互联系，可结合使用。

一、制度速览

为了使政府收支分类体系更加完整，依照国际通行做法，政府收入分类、支出功能分类以及支出经济分类共同构成一个全面、明晰反映政府收支活动的分类体系。如果只设支出功能分类而不设支出经济分类，政府每项支出的具体用途便无法反映。支出经济分类既是细化部门预算的重要条件，同时也是预算单位执行预算和进行会计核算的基础。因此，单设支出经济分类对进步规范和强化预算管理具有十分重要的意义。

根据财政部关于印发《2025年政府收支分类科目》的通知（财预〔2024〕67号），2025年政府收支分类科目正式印发，其中部门预算支出经济分类科目主要包括以下方面（见表4-3）。

表4-3　　　　　　　　2025年部门预算支出经济分类科目

科目编码		科目名称	科目说明
类	款		
301		工资福利支出	反映单位开支的在职职工和编制外长期聘用人员的各类劳动报酬，以及为上述人员缴纳的各项社会保险费等
	01	基本工资	反映按规定发放的基本工资，包括公务员的职务工资、级别工资；机关工人的岗位工资、技术等级工资；事业单位工作人员的岗位工资、薪级工资；各类学校毕业生试用期（见习期）工资，新参加工作工人学徒期、熟练期工资；军队（含武警）军官、文职干部的职务（专业技术等级）工资，军衔（级别）工资和军龄工资；军队士官的军衔等级工资和军龄工资等
	02	津贴补贴	反映按规定发放的津贴、补贴，包括机关工作人员工作性津贴、生活性补贴、地区附加津贴、岗位津贴，机关事业单位艰苦边远地区津贴，事业单位工作人员特殊岗位津贴补贴，机关事业单位提租补贴、购房补贴、采暖补贴、物业服务补贴等
	03	奖金	反映按规定发放的奖金，包括机关工作人员年终一次性奖金、绩效奖金（基础绩效奖、年度绩效奖）等
	06	伙食补助费	反映单位发给职工的伙食补助费，因公负伤等住院治疗、住疗养院期间的伙食补助费，军队（含武警）人员的伙食费等
	07	绩效工资	反映事业单位工作人员的绩效工资
	08	机关事业单位基本养老保险缴费	反映单位为职工缴纳的基本养老保险费。由单位代扣的工作人员基本养老保险缴费，不在此科目反映

续表

科目编码		科目名称	科目说明
类	款		
	09	职业年金缴费	反映单位为职工实际缴纳的职业年金（含职业年金补记支出）。由单位代扣的工作人员职业年金缴费，不在此科目反映
	10	职工基本医疗保险缴费	反映单位为职工缴纳的基本医疗保险（含生育保险）费
	11	公务员医疗补助缴费	反映按规定可享受公务员医疗补助单位为职工缴纳的公务员医疗补助费
	12	其他社会保障缴费	反映单位为职工缴纳的失业、工伤等社会保险费，军队（含武警）为军人缴纳的退役养老、医疗等社会保险费
	13	住房公积金	反映单位按规定为职工缴纳的住房公积金
	14	医疗费	反映未参加医疗保险单位的医疗经费和单位按规定为职工支出的其他医疗费用
	99	其他工资福利支出	反映上述科目未包括的工资福利支出，如各种加班工资、病假两个月以上期间的人员工资，职工探亲旅费，困难职工生活补助，编制外长期聘用人员（不包括劳务派遣人员）劳务报酬及社保缴费，公务员及参照公务员法管理的事业单位工作人员转入企业工作并按规定参加企业职工基本养老保险后给予的一次性补贴等
302		商品和服务支出	反映单位购买商品和服务的支出，不包括用于购置固定资产、战略性和应急性物资储备等资本性支出
	01	办公费	反映单位购买日常办公用品、书报杂志等支出
	02	印刷费	反映单位的印刷费支出
	04	手续费	反映单位的各类手续费支出
	05	水费	反映单位的水费、污水处理费等支出
	06	电费	反映单位的电费支出
	07	邮电费	反映单位开支的信函、包裹、货物等物品的邮寄费及电话费、电报费、传真费、网络通讯费等
	08	取暖费	反映单位取暖用燃料费、热力费、炉具购置费、锅炉临时工的工资、节煤奖以及由单位支付的未实行职工住房采暖补贴改革的在职职工和离退休人员宿舍取暖费

续表

科目编码 类	科目编码 款	科目名称	科目说明
	09	物业管理费	反映单位开支的办公用房以及未实行职工住宅物业服务改革的在职职工和离退休人员宿舍等的物业管理费,包括综合治理、绿化、卫生等方面的支出
	11	差旅费	反映单位工作人员国(境)内出差发生的城市间交通费、住宿费、伙食补助费和市内交通费
	12	因公出国(境)费用	反映单位公务出国(境)的国际旅费、国外城市间交通费、住宿费、伙食费、培训费、公杂费等支出
	13	维修(护)费	反映单位日常开支的固定资产(不包括车船等交通工具)修理和维护费用,网络信息系统运行与维护费用
	14	租赁费	反映租赁办公用房、宿舍、专用通讯网以及其他设备等方面的费用
	15	会议费	反映单位在会议期间按规定开支的住宿费、伙食费、会议场地租金、交通费、文件印刷费、医药费等
	16	培训费	反映除因公出国(境)培训费以外的,在培训期间发生的师资费、住宿费、伙食费、培训场地费、培训资料费、交通费等各类培训费用
	17	公务接待费	反映单位按规定开支的各类公务接待(含外宾接待)费用
	18	专用材料费	反映单位购买日常专用材料的支出。具体包括药品及医疗耗材,农用材料,兽医用品,实验室用品,专用服装,消耗性体育用品,专用工具和仪器,艺术部门专用材料和用品,广播电视台发射台发射机的电力、材料等方面的支出
	24	被装购置费	反映法院、检察院、公安、税务、海关等单位的被装购置支出
	25	专用燃料费	反映用作业务工作设备的车(不含公务用车)、船设施等的油料支出
	26	劳务费	反映支付给个人的劳务费用,如临时聘用人员、钟点工工资、稿费、翻译费、咨询费、评审费等
	27	委托业务费	反映因委托外单位办理业务而支付的委托业务费
	28	工会经费	反映单位按规定提取或安排的工会经费

续表

科目编码 类	科目编码 款	科目名称	科目说明
	29	福利费	反映单位按规定提取的职工福利费
	31	公务用车运行维护费	反映单位按规定保留的公务用车燃料费、新能源汽车充电费、维修费、过桥过路费、保险费、安全奖励费用等支出
	39	其他交通费用	反映单位除公务用车运行维护费以外的其他交通费用。如公务交通补贴，租车费用、出租车费用，飞机、船舶等的燃料费、维修费、保险费等
	40	税金及附加费用	反映单位书立合同、提供劳务或销售产品应负担的税金及附加费用，包括印花税、消费税、城市维护建设税、资源税和教育费附加等
	99	其他商品和服务支出	反映上述科目未包括的日常公用支出。如诉讼费、国内组织的会员费、来访费、广告宣传费、离休人员特需费、残疾人保证金等
303		对个人和家庭的补助	反映政府用于对个人和家庭的补助支出
	01	离休费	反映机关事业单位和军队移交政府安置的离休人员的离休费、护理费以及提租补贴、购房补贴、采暖补贴、物业服务补贴等补贴
	02	退休费	反映机关事业单位和军队移交政府安置的退休人员的退休费以及提租补贴、购房补贴、采暖补贴、物业服务补贴等补贴
	03	退职（役）费	反映机关事业单位退职人员的生活补贴，一次性支付给职工或军官、军队无军籍退职职工、运动员的退职补助，一次性支付给军官、文职干部、士官、义务兵的退役费，按月支付给自主择业的军队转业干部的退役金
	04	抚恤金	反映按规定开支的烈士遗属、牺牲病故人员遗属的一次性和定期抚恤金，烈士褒扬金、牺牲病故和伤残人员的抚恤金，以及按规定开支的机关事业单位职工和离退休人员丧葬费和抚恤金
	05	生活补助	反映按规定开支的优抚对象定期定量生活补助费，退役军人生活补助费，退役军人及其他优抚对象慰问金、机关事业单位职工遗属生活补助，长期赡养人员补助费，由于国家实行退耕还林禁牧舍饲政策补偿给农牧民的现金、粮食支出，对农村党员、复员军人以及村干部的补助支出，罪犯、戒毒人员的伙食费、被服费、医疗卫生费等

续表

科目编码		科目名称	科目说明
类	款		
	06	救济费	反映按规定开支的城乡困难群众、灾民、归侨、外侨及其他人员的生活救济费,包括城乡居民的最低生活保障金,随同资源枯竭矿山破产但未参加养老保险统筹的矿山所属集体企业退休人员按最低生活保障标准发放的生活费,特困救助供养对象、临时救助对象、贫困户、麻风病人的生活救济费,精简退职老弱残职工救济费,福利、救助机构发生的收养费以及救助支出等。实物形式的救济也在此科目反映
	07	医疗费补助	反映机关事业单位和军队移交政府安置的离退休人员的医疗费,学生医疗费,优抚对象医疗补助,以及按国家规定资助居民参加城乡居民医疗保险的支出、对城乡贫困家庭的医疗救助支出
303	08	助学金	反映学校学生助学金、奖学金、学生贷款、出国留学(实习)人员生活费,青少年业余体校学员伙食补助费和生活费补贴,按照协议由我方负担或享受我方奖学金的来华留学生、进修生生活费等
	09	奖励金	反映对个体私营经济的奖励、计划生育目标责任奖励、独生子女父母奖励等
	10	个人农业生产补贴	反映对个人及新型农业经营主体(包括种粮大户、家庭农场、农民专业合作社等)发放的生产补贴支出,如国家对农民发放的农业生产发展资金以及发放给残疾人的各种生产经营补贴等
	99	其他对个人和家庭的补助	反映未包括在上述科目的对个人和家庭的补助支出,如婴幼儿补贴、退职人员及随行家属路费、符合条件的退役回乡义务兵一次性建房补助、符合安置条件的城镇退役士兵自谋职业的一次性经济补助费、保障性住房租金补贴等
307		债务利息及费用支出	反映单位的债务利息及费用支出
	01	国内债务付息	反映用于偿还国内债务利息的支出
	02	国外债务付息	反映用于偿还国外债务利息的支出
	03	国内债务发行费用	反映用于国内债务发行、兑付、登记等费用的支出
	04	国外债务发行费用	反映用于国外债务发行、兑付、登记等费用的支出

续表

科目编码		科目名称	科目说明
类	款		
309		资本性支出（基本建设）	反映切块由发展改革部门安排的基本建设支出，对企业补助支出不在此科目反映
	01	房屋建筑物购建	反映用于购买、自行建造办公用房、仓库、职工生活用房、教学科研用房、学生宿舍、食堂等建筑物（含附属设施，如电梯、通讯线路、水气管道等）的支出
	02	办公设备购置	反映用于购置并按财务会计制度规定纳入固定资产核算范围的办公家具和办公设备的支出
	03	专用设备购置	反映用于购置具有专门用途，并按财务会计制度及资产管理规定纳入固定资产核算范围的各类专用设备的支出。如通信设备、发电设备、交通监控设备、卫星转发器、气象设备、进出口监管设备等
	05	基础设施建设	反映用于农田设施、道路、铁路、桥梁、水坝、机场、车站、码头等公共基础设施建设方面的支出
	06	大型修缮	反映按财务会计制度规定允许资本化的各类设备、建筑物、公共基础设施等大型修缮的支出
	07	信息网络及软件购置更新	反映用于信息网络和软件方面的支出。如服务器购置、软件购置、开发、应用支出等，如果购置的相关硬件、软件等不符合财务会计制度规定的固定资产确认标准的，不在此科目反映
	08	物资储备	反映为应付战争、自然灾害或意料不到的突发事件而提前购置的具有特殊重要性的军事用品、石油、医药、粮食等战略性和应急性物资储备支出
	13	公务用车购置	反映公务用车购置支出（含车辆购置税、牌照费）
	19	其他交通工具购置	反映除公务用车外的其他各类交通工具（如船舶、飞机等）购置支出（含车辆购置税、牌照费）
	21	文物和陈列品购置	反映文物和陈列品购置支出
	22	无形资产购置	反映著作权、商标权、专利权、土地使用权等无形资产购置支出。软件购置、开发、应用支出不在此科目反映
	99	其他基本建设支出	反映上述科目中未包括的资本性支出（不含对企业补助）
310		资本性支出	反映各单位安排的资本性支出。切块由发展改革部门安排的基本建设支出不在此科目反映

续表

科目编码 类	科目编码 款	科目名称	科目说明
	01	房屋建筑物购建	反映用于购买、自行建造办公用房、仓库、职工生活用房、教学科研用房、学生宿舍、食堂等建筑物（含附属设施，如电梯、通讯线路、水气管道等）的支出
	02	办公设备购置	反映用于购置并按财务会计制度规定纳入固定资产核算范围的办公家具和办公设备的支出
	03	专用设备购置	反映用于购置具有专门用途、并按财务会计制度及资产管理规定纳入固定资产核算范围的各类专用设备的支出。如通信设备、发电设备、交通监控设备、卫星转发器、气象设备、进出口监管设备等
	05	基础设施建设	反映用于农田设施、道路、铁路、桥梁、水坝和机场、车站、码头等公共基础设施建设方面的支出
	06	大型修缮	反映按财务会计制度规定允许资本化的各类设备、建筑物、公共基础设施等大型修缮的支出
	07	信息网络及软件购置更新	反映用于信息网络和软件方面的支出。如服务器购置、软件购置、开发、应用支出等，如果购置的相关硬件、软件等不符合财务会计制度规定的固定资产确认标准的，不在此科目反映
	08	物资储备	反映为应付战争、自然灾害或意料不到的突发事件而提前购置的具有特殊重要性的军事用品、石油、医药、粮食等战略性和应急性物资储备支出
	09	土地补偿	反映按规定征地和收购土地过程中支付的土地补偿费
	10	安置补助	反映按规定征地和收购土地过程中支付的安置补助费
	11	地上附着物和青苗补偿	反映按规定征地和收购土地过程中支付的地上附着物和青苗补偿费
	12	拆迁补偿	反映按规定征地和收购土地过程中支付的拆迁补偿费
	13	公务用车购置	反映公务用车购置支出（含车辆购置税、牌照费）
	19	其他交通工具购置	反映除公务用车外的其他各类交通工具（如船舶、飞机等）购置支出（含车辆购置税、牌照费）
	21	文物和陈列品购置	反映文物和陈列品购置支出
	22	无形资产购置	反映著作权、商标权、专利权、土地使用权等无形资产购置支出。软件购置、开发、应用支出不在此科目反映
	99	其他资本性支出	反映上述科目中未包括的资本性支出

续表

科目编码		科目名称	科目说明
类	款		
311		对企业补助（基本建设）	反映切块由发展改革部门安排的基本建设支出中对企业补助支出
	01	资本金注入	反映对企业注入资本金（实收资本和股本）的支出，不包括政府投资基金股权投资
	99	其他对企业补助	反映对企业的其他补助支出
312		对企业补助	反映政府对各类企业的补助支出。切块由发展改革部门安排的基本建设支出中对企业补助支出不在此科目反映
	01	资本金注入	反映对企业注入资本金（实收资本和股本）的支出，不包括政府投资基金股权投资
	03	政府投资基金股权投资	反映设立或者参与政府投资基金的股权投资支出
	04	费用补贴	反映对企业的费用性补贴
	05	利息补贴	反映对企业的利息补贴
	06	其他资本性补助	反映对企业的其他资本性补助支出，不包括对企业的资金注入和政府投资基金股权投资
	99	其他对企业补助	反映上述科目以外对企业的其他补助支出
313		对社会保障基金补助	反映政府对社会保险基金的补助以及补充全国社会保障基金的支出
	02	对社会保险基金补助	反映政府对社会保险基金的补助支出
	03	补充全国社会保障基金	反映中央政府补充全国社会保障基金的支出
	04	对机关事业单位职业年金的补助	反映政府对机关事业单位职业年金记账利息的补助支出
399		其他支出	反映不能划分到上述经济科目的其他支出
	07	国家赔偿费用支出	反映用于国家赔偿方面的支出
	08	对民间非营利组织和群众性自治组织补贴	反映对民间非营利组织和群众性自治组织补贴支出

续表

科目编码		科目名称	科目说明
类	款		
	09	经常性赠与	反映对外国政府、国内外组织等提供的援助、捐赠以及交纳国际组织会费等方面的支出
	10	资本性赠与	反映向国际金融组织缴纳的股金或基金支出
	99	其他支出	反映除上述科目以外的其他支出

二、重点解读

(一)政府预算支出经济分类和部门预算支出经济分类的区别和联系

2017年前,支出经济分类只有部门预算支出经济分类,2018年1月1日开始,分为政府预算支出经济分类和部门预算支出经济分类,主要解决政府预算和部门(单位)预算共有一套支出经济分类科目。两者相互区别又相互联系,政府预算经济分类突出政府预算管理重点,主要用于政府预算的编制、执行、决算、公开和总预算会计核算;部门预算经济分类着重体现部门预算管理要求,主要用于部门预算编制、执行、决算、公开和部门(单位)会计核算。政府预算支出经济分类主要在财政部门使用,部门预算支出经济分类主要在部门和单位使用。

(二)部门预算支出经济分类是单位会计核算的基础

支出经济分类科目是各级政府、各部门(单位)编制预决算的重要工具,按经济分类科目编制预算是细化预算编制、规范预算执行、保障预算监督、提升政府效能的重要举措,也是世界主要发达国家的通行做法。

2007年，我国政府收支分类科目改革后，已初步建立了与当时预算管理要求相适应的较为完善的支出经济分类科目。支出经济分类科目主要用于部门（单位）的决算编制和会计核算。因此，在支出经济分类科目的设置上更多体现了部门（单位）会计核算特点和决算管理要求。

（三）部门预算支出经济分类是预算执行的基础

部门预算支出经济分类科目，与当前预算管理改革与发展的实际紧密结合，坚持问题导向，力求做到政府管到哪里，科目的设置就延伸到哪里。根据预算管理的要求和单位管理的要求，如2025年将对部门预算支出经济分类相关科目进行了调整，主要包括如下方面：

一是删除"咨询费"科目，相关支出调整至"劳务费"等科目；删除"其他社会保障费"科目说明中"残疾人就业保障金"的内容，相关支出转列"其他商品和服务支出"科目；删除"其他商品和服务支出"的科目说明中"离退休人员公用经费"的表述，相关支出转列相关商品和服务支出款级科目。

二是修改"劳务费"的科目说明，限定为支付给个人的劳务费用，核算内容增加"咨询费"，不再包括支付给单位的劳务费用，同时相应修改"委托业务费"的科目说明；修改"公务用车运行维护费"的科目说明，增加"新能源汽车充电费"的核算内容；修改"税金及附加费用"的科目说明，增加因书立合同需缴纳的印花税；修改"维修（护）费""办公设备购置""专用设备购置的科目说明，删除其中"以及按规定提取的修购基金"的表述（根据修订的财务规则修改）；在"专用设备购置"的科目说明中增加了"资产管理规定"的表述。

在实务中"部门预算支出经济分类"科目,每年均会进行微调,在学习和工作时应参考财政部发布的当年度最新的科目。

(四)部门预算支出经济分类是政府会计制度执行的基础

2019年1月1日开始执行的政府会计制度改革,在预算会计支出科目设置时提出:"应当按照《政府收支分类科目》中'部门预算支出经济分类科目'的款级科目进行明细核算";为了满足成本核算需要,财务会计费用的核算科目下还可按照"工资福利费用""商品和服务费用""对个人和家庭的补助费用"设置明细科目。实务中,财务会计费用的设置均是按部门预算支出经济分类科目设置明细费用科目。

(五)部门预算支出经济分类是基层会计人员账务处理最重要的参考

部门预算支出经济分类反映政府的钱究竟是怎么花出去的。其中,"工资福利支出"主要核算在职职工和长期聘用人员的各类劳动报酬,以及为上述人员缴纳的各类社会保险费等;"商品和服务支出"主要核算购买商品和服务的各项支出;"对个人和家庭补助支出"反映用于对个人和家庭补助方面的支出。在单位进行账务处理时,各种支出纷繁复杂,但是都应全部归类至部门预算支出经济分类科目中,在账务处理时,会计人员应准确把握科目的使用说明,将支出准确地在科目中核算。

三、应用案例示范

(一)专项业务支出的核算

在实务中,一般存在部门专项业务支出,如政府的招商引资经费、学校的学生活动和招生支出、纪检监察部门的办案食宿支出，几乎在每一个行业，都会存在一定的专项业务。但是在日常核算时，最常见的误区存在两个方面：一是部分单位将专项业务支出自行增设明细经济分类科目进行核算；二是将专项业务支出在"其他类"核算，都属于不规范的会计核算。

在专项业务支出核算时，各类专项业务费都能够细化分解到具体的支出经济分类中。如招商活动经费，可分别列入"商品和服务支出"类下的"差旅费""会议费""交通费"等科目；学校开展学生活动过程中发生的支出可分别列入"办公费""材料费"等科目；招生工作中的支出可分别列入"印刷费""差旅费""办公费"等科目；纪检监察部门办案过程中的经费可分别列入"差旅费"等科目；根据2025年部门预算经济分类科目，"离退休人员公用经费"调整后，其支出需要分别计入商品和服务支出类下相应的款级科目，也就是说，离退休人员的支出在预算时要更加明细地划分在公用经费的明细科目中。如将离退休人员书报费预算在"办公费"中核算，离退休人员的座谈会支出预算在"会议费"中核算。在实务中，应根据该专项业务活动过程中发生的费用的种类，归入经济分类科目中核算。

（二）明细科目的设置

在部门经济分类科目支出中，每个"类""款"的代码均严格按照财政部颁发的统一代码执行，单位不得自行增加"款"级科目。实际工作中如果有需要，可自行在"款"下设置明细科目，满足单位精细化核算要求。

如在"津贴补贴"科目下按照规范后的津补贴名称设置二级明细科

目；在绩效工资中根据单位部门考核需求设立二级明细科目；在"税金及附加费用"科目下按税种设置明细科目；特别是涉及"其他工资福利支出""其他商品和服务支出""其他对个人和家庭补助支出""其他资本性支出"科目，应根据单位实际需要和行业特点，设置不同的明细经济分类科目进行核算。

（三）容易混淆的科目

近年来，随着"中央八项规定精神"落实的深化和细化，对行政事业单位会计核算带来一定的挑战，其中与"中央八项规定精神"以及《党政机关厉行节约反对浪费条例》相关的会计核算内容，如"公务接待费"和"误餐补助"的区别；"会议费""差旅费""培训费"的区别；"其他交通费用"和"公务用车运行维护费"以及"因公出国（境）费用"和"差旅费"的区别；"津贴补贴"和"劳务费"的区别，"专用燃料费"和"公务用车运行维护费"在报销油料费时的区别；"维修费"和"大型修缮"的区别；"长期聘用人员"和"临时聘用人员"在核算时的区别，需要在实务中结合科目使用说明认真甄别，单位在实务中如无法判断时，一定要参考经济分类科目中的明细说明。

（四）"基本建设"的概念

部门经济分类科目中分别设置了"资本性支出（基本建设）""对企业补助（基本建设）"科目，上述科目与"资本性支出""对企业补助"科目的区别主要是，"基本建设"是由发展改革部门安排的支出，虽然名字中带有"基本建设"，但不一定就是我们传统意义上修建房屋之类的基本建设项目，行政事业单位会计核算中的基本建设项目的概念，包括的内容和"资本性支出""对企业补助"科目一样，主要区别在于是否是由发展改革部门安排的预算。

如某单位2024年预算中,省财政厅安排A高校生年均经费拨款5 000万元,A高校将上述资金用于建设教学楼;省发展和改革委员会安排A高校西部高校能力提升工程项目资金10 000万元,A高校将上述资金的5 000万元用于建设宿舍楼、5 000万元用于购置专用设备。

在上述案例中,A高校用于建设教学楼的由省财政厅预算安排的生均经费项目资金在"资本性支出"下01款"房屋建筑物构建"科目核算;由发展改革委安排的项目用于建设宿舍楼的在"资本性支出(基本建设)"下01款"房屋建筑物构建"科目核算;用于购置设备的在"资本性支出(基本建设)"下03款"专用设备购置"科目核算。

同样,单位自筹资金用于基本建设项目的,在"资本性支出"科目下核算,不在"资本性支出(基本建设)"科目下核算。

(五)使用过程中的重要关注点

部门预算经济分类科目是单位预算执行情况的反映和决算的数据基础,在使用时需要注意以下方面:"基本工资"是单位在编人员的工资,是否存在核算非在编人员工资的情况;"绩效工资"是否超过单位核定的绩效工作总量;"津贴补贴"是否存在违规发放或尚未规范的津补贴;"三公"经费、"培训费"、"会议费"科目是否按国家出台的制度执行、是否按预算执行,预算公开后是否能够合理解释;"劳务费"是否包括本单位在职人员的津补贴;"伙食补助费""奖金"科目的使用是否合规;"公务用车购置"是否有合规手续;"福利费"支出是否合规、"大型修缮"

和"维修（护）费"的区别等。

（六）实务中的应用技巧

部门预算支出经济分类针对的是全国所有部门和单位使用的科目，实务中本单位可能仅仅使用一部分科目或者存在现有科目不够细化等实际情况，建议采取如下应对方式：

一是将本单位不适用的科目进行删除，如"对企业补助"科目。在很多基层预算单位使用较少的科目，如"物资储备""被装购置费"等科目。在核算系统中直接删除不使用的科目（或者暂时封存上述科目），减轻核算时选择科目的工作量。

二是在"款"级科目下根据单位实际情况设置下一级明细科目，使核算更精细化，更贴近本单位管理需要；新会计人员应首先从部门预算支出经济分类科目开始学习。

三是在财政部既有使用说明的基础上，建议梳理本单位所有的业务，将每一类业务应归集的科目在说明中予以明确，删繁就简，减轻会计人员工作量，也可以在网上报销、人工智能等信息化手段时提供基础的判断依据。

四是在政府会计制度下，可将财务会计下的费用明细科目与预算会计下的支出明细科目统一起来，减轻核算工作量。

五是建议定期对重点经济分类科目如"绩效工资""三公经费""会议费""培训费"等进行核查，确保科目使用规范、附件齐全。

本章小结

政府收支分类科目体系包括收入分类、支出功能分类和支出经济分类三部分。政府收支分类改革是预算管理的重要组成部分，也是政府会计准则制度的延伸，在会计核算时应严格按照相关科目的规定和范围进行核算，特别是部门预算支出经济分类科目，在财务会计和预算会计中均有涉及，应确保会计信息的准确性、可比性。

构建规范的政府收支分类体系，有利于全面、准确、清晰地反映市场经济条件下政府的收支活动，合理把握财政调控力度，进一步优化支出结构，有利于公共财政体系的建立；通过建立集约型的预算管理模式，提高政府提供公共产品和服务的效率；有利于继续深化部门预算、国库集中收付、政府采购等各项改革，增加预算透明度，强化财政监督，从源头上防止腐败；围绕以人为本、以结果为导向、以市场为基础等原则，转变政府职能，对推进政府治理理念和模式，都具有重大意义。

第五章 资产管理

 本章导读

国有资产是全体人民共同的宝贵财富,是保障党和国家事业发展、保障人民利益的重要物质基础。根据国有资产管理情况报告和监督工作有关要求,目前,我国国有资产划分为企业国有资产(不含金融企业)、金融企业国有资产、行政事业性国有资产和国有自然资源资产四大类。作为国有资产的重要组成,行政事业性国有资产是保障国家机关和事业单位节约高效履职、增强基本公共服务可及性和公平性的重要物质基础。资产分类多样、内容丰富,除了财务部门核算的流动资产外,还存在大量的固定资产、无形资产等非流动资产,具有实物属性。每一项资产均在账面上进行了反映,作为行政事业单位的会计人员,对资产管理也需要有一定程度的了解。本章从行政事业性国有资产管理的体制和原则、资产管理法规制度体系、资产配置使用处置和资产清查等方面对资产管理的主要工作进行阐述。

第一节 资产管理体制及原则

行政事业性国有资产,是指行政单位、事业单位通过使用财政资金,接受调拨、划转、置换等方式取得或者形成的资产,也包括接受捐赠并确认为国有的资产。具体表现形式有固定资产、在建工程、无形资产和货币资金、短期投资、应收及预付账款、存货、长期股权投资、长期债权投资等。新的政府会计制度出台后，资产的内涵进一步扩大，在上述基础上增加了公共基础设施、政府储备物资、文物资源、保障性住房等。

目前，行政事业性国有资产管理遵循的基本法规是《行政事业性国有资产管理条例》（国务院令第738号）（本章简称《条例》），2021年2月1日签署，自2021年4月1日起施行。作为我国行政事业性国有资产领域的第一部行政法规，《条例》是长期以来行政事业性国有资产管理实践的科学总结，是我国行政事业性国有资产法治体系建设的重要立法成果。《条例》的出台和实施，对于加强行政事业性国有资产监管，促进国有资产管理的法治化、规范化、程序化，构建安全规范、节约高效、公开透明、权责一致的国有资产管理机制，提高国有资产治理水平和治理能力，具有重要的历史意义和现实意义。

一、行政事业性国有资产的管理体制

行政事业性国有资产属于国家所有，实行政府分级监管、各部门及其所属单位直接支配的管理体制。

（一）国家所有

《宪法》对国有资产的定义是"国家以法律形式独立所有、由国家机关代表全体人民行使所有权的财产"。这一定义明确了国家对国有资产的所有权以及代表全体人民行使所有权的职能。《民法典》明确"法律规定属于国家所有的财产，属于国家所有即全民所有"。规定了国有资产归国家所有，归全民所有。行政事业性国有资产作为国有资产的重要组成部分，属于国家所有。

（二）政府分级监管

各级人民政府负责建立健全行政事业性国有资产管理机制，加强对本级行政事业性国有资产的管理，审查、批准重大行政事业性国有资产管理事项。《条例》未对管理体制做"一刀切"规定，即没有指定某个部门统一履行管理职能，而是把具体的职责分工交由各级人民政府结合本地实际确定。实践中，各级人民政府会根据工作需要，授权有关部门负责本级行政事业性国有资产的具体管理工作，有的地方是财政部门，有的地方是机关事务管理部门。

（三）各部门及其所属单位直接支配

行政事业单位对本单位占有、使用的国有资产实施具体管理，包括资产配置、资产使用、资产处置、台账管理、清查盘点、维护保养、统计报告和监督检查等工作，这也体现了与《民法典》的衔接。《民法典》第二百五十五条规定，"国家机关对其直接支配的不动产和动产，享有占有、使用以及依照法律和国务院的有关规定处分的权利"。第二百五十六条规定，"国家举办的事业单位对其直接支配的不动产和动产，享有占有、使用以及依照法律和国务院的有关规定收益、处分的权利"。实务中，多数行政事业单位有专门的资产管理部门，规模较小、业务单一的行政事业单位没有设立专门的资产管理部门，甚至没有专门的资产管理人员。

（四）相关部门职责规定

在这一管理体制设计中，需要特别关注《条例》对有关中央部门的职责分工,这对各级政府管好用好行政事业性国有资产具有重要借鉴意义。《条例》第五条明确规定,"国务院财政部门负责制定行政事业单位国有资产管理规章制度并负责组织实施和监督检查,牵头编制行政事业性国有资产管理情况报告。国务院机关事务管理部门和有关机关事务管理部门会同有关部门依法依规履行相关中央行政事业单位国有资产管理职责,制定中央行政事业单位国有资产管理具体制度和办法并组织实施,接受国务院财政部门的指导和监督检查。相关部门根据职责规定,按照集中统一、分类分级原则,加强中央行政事业单位国有资产管理,优化管理手段,提高管理效率"。

这就意味着,在行政事业性国有资产管理领域,财政部负责制定全国性的规章制度,负责组织实施和监督检查,牵头编制全国的行政事业性国有资产管理情况报告。在中央行政事业单位国有资产管理领域,由国家机关事务管理局和中共中央直属机关事务管理局、全国人大常委会办公厅机关事务管理局、全国政协办公厅机关事务管理局会同发展改革、审计等有关部门,履行归口管理范围的中央行政事业单位国有资产管理职责,制定中央行政事业单位国有资产管理具体制度和办法并组织实施。实务中,资产管理体制请结合本单位所在地区和预算隶属关系的实际情况确定。

二、行政事业性国有资产的管理原则

《条例》用八章六十一条,明确了资产的定义,明晰了管理体制和有关职责分工,规范了资产配置、使用和处置全生命周期管理,对基础管理、资产报告、监督等提出具体要求,并从多个角度明确管理原则。

(一)对于相关主管部门

《条例》第五条第三款明确,"相关部门根据职责规定,按照集中统

一、分类分级原则,加强中央行政事业单位国有资产管理,优化管理手段,提高管理效率"。

实践中,中央单位层面,国家机关事务管理局等机关事务管理部门根据《条例》和部门"三定"规定赋予的法定职责,按照集中统一、分类分级原则,依法依规履行中央行政事业单位国有资产管理职责。例如,在国务院系统内,落实"集中"原则,将土地、办公用房等重点资产的权属,集中统一登记在国家机关事务管理局名下,由其具体行使资产所有权人职责,推动建立所有权与使用权分离、统筹规划、统一建设、规范管理、合理调配、专业化服务的管理体制;落实"统一"原则,就是统一制度标准、统一管理服务平台、统一资产报告、统一绩效评价、统一公开要求等,推进办公用房统一规划、统一权属、统一配置、统一处置,落实公务用车统一编制、统一标准、统一购置经费、统一采购配备,促进资产管理规范化、标准化;落实"分类"原则,侧重资产类别,对房屋、土地、车辆、设备、家具、软件等不同资产,采取不同的管理方式;落实"分级"原则,侧重单位层级,对各部门机关及垂直管理机构、派出机构、事业单位,根据不同层级、不同性质,采取不同的管理方式,如审批管理、备案管理、年度报告、绩效评价、信息公开等,与各部门协同联动,提升资产管理效能。

(二)对于资产占有使用单位

行政事业性国有资产,具有形成渠道多样、资产类型多、非营利性等显著特性。管好用好这部分资产,就是要保障国家机关和事业单位节约高效履职,增强基本公共服务可及性和公平性。因此,必须遵循安全规范、节约高效、公开透明、权责一致的原则。安全规范是管理前提,节约高效是必然要求,公开透明是重要保障,权责一致是基本要求。《条例》第七条明确,"各部门及其所属单位管理行政事业性国有资产应当遵循安全规范、节约高效、公开透明、权责一致的原则,实现实物管理与价值管理相统一,资产管理与预算管理、财务管理相结合"。

同时,资产管理包括实物管理与价值管理两个方面,实物管理方面主要是指维护资产的安全完整,提高资产使用效能、发挥资产保障功能等,价值管理主要是指基于资产账务处理的财务管理、预算管理等,促进资产保值增值。财务管理是资产管理的一部分,为实物管理提供财务根据。其中,预算管理又是财务管理的一个环节,对与资产管理相关的收入、支出计划进行管理。要坚持把"管钱"和"管物"分开,不能以预算管理、财务管理代替资产管理,完善优化部门机构间分工负责的工作机制。按照内控管理要求,资产账与财务账互为印证,资产管理与财务管理互相制约,实现责任划分、岗位分离,从资产管理的源头出发,推动实现账账相符(即资产账与财务账相符)、账实相符(即资产账与资产实物相符)。同时,不同部门间加强协调配合,实现实物管理与价值管理相统一,资产管理与预算管理、财务管理相结合。

(三)对于资产的基本特性

货币形式的行政事业性国有资产管理,按照预算管理有关规定执行。

扣除货币形式的行政事业性国有资产,主要为实物资产,其管理实质上是实物资产管理。

一是从资产定义看,根据《民法典》和《条例》对行政事业性国有资产的定义,行政事业性国有资产主要表现为实物资产。《民法典》规定国家机关和事业单位占有使用的国家所有财产包括不动产和动产两类，基于物权变动方式进行分类，不动产即实物资产，动产也包括大量实物资产。《条例》第二条规定，行政事业性国有资产是指"使用财政资金形成的，接受调剂或者划转、置换形成的，接受捐赠并确认国有的资产"，这些方式形成的主要是实物资产。

二是从资产构成看，资产负债表中，资产主要体现为固定资产（主要是房屋、土地、车辆、设备等）、在建工程、文物等实物资产。

三是从目标定位看，企业国有资产是指国家对企业各种形式出资形成的权益，管理目标是保值增值，侧重于投资性管理。国有自然资源资产、行政事业性国有资产，具有明显的实物特性，管理目标是安全完整，侧重于实物性管理。实践中，国有自然资源资产按照土地、矿藏、森林、水流等资源进行分类管理，行政事业性国有资产具体分为办公用房、职工住房、机关用地、在建工程、公务用车、设备家具等各类实物资产，这些资产类型差异较大，需要在一般资产管理基础上，实行分类专业化管理。

第二节 资产管理法规制度体系

法治是国家治理体系和治理能力的重要依托。习近平总书记强调，"推进国家治理体系和治理能力现代化，就是要适应时代变化，既改革不适应实践发展要求的体制机制、法律法规，又不断构建新的体制机制、法律法规，使各方面制度更加科学、更加完善，实现党、国家、社会各项事务治理制度化、规范化、程序化"。他在中央全面依法治国工作会议上的讲话指出："坚持中国特色社会主义法治道路。我们既要立足当前，运用法治思维和法治方式解决经济社会发展面临的深层次问题；又要着眼长远，筑法治之基、行法治之力、积法治之势，促进各方面制度更加成熟更加定型，为党和国家事业发展提供长期性的制度保障。"这些都为建立国有资产法律体系、健全行政事业性国有资产管理法规制度指明了方向。

从现行宪法、法律和行政法规看，《宪法》和《民法典》对国有资产的范围、所有权及所有权代表等做了总体性规定，《民法典》从民事权利行使与保护角度，对国有资产的占有、使用、收益、处分等作出一般性规定。《刑法》对构成犯罪的涉及国有资产的违法行为及应当承担的刑事责任进行了规定。多年来，在行政事业性国有资产管理领域，出台了一些党内法规、行政法规和文件制度（见表5-1），建立健全了以法规和党中央国务院文件为引领、以全国行政事业性国有资产管理政策制度为指导（见表5-2）、以中央和地方行政事业单位国有资产管理制度为主体的法规制度体系（见表5-3），为规范和加强行政事业性国有资产管理工作提供了遵循和依据。本节整理了部分重要法规制度，限于篇幅，不再对法规制度全文进行解读，供实务工作中学习、落实及参照。实践中，具体单位还应根据资产管理关系和权限，执行本单位所在省份、地区或所属主管部门的具体资产管理制度。

表5-1　　　　　有关党内法规、行政法规和文件

序号	制度名称	文号
1	党政机关厉行节约反对浪费条例	2025年5月2日修订印发
2	机关事务管理条例	国务院令第621号
3	行政事业性国有资产管理条例	国务院令第738号
4	关于创新政府配置资源方式的指导意见	中办发〔2016〕75号

续表

序号	制度名称	文号
5	中共中央关于建立国务院向全国人大常委会报告国有资产管理情况制度的意见	中发〔2017〕33号
6	全国人民代表大会常务委员会关于加强国有资产管理情况监督的决定	2020年12月26日第十三届全国人民代表大会常务委员会第二十四次会议通过
7	党政机关办公用房管理办法	中办发〔2017〕70号
8	党政机关公务用车管理办法	中办发〔2017〕71号
9	关于进一步加强和改进中央单位用地管理工作的意见	国办发〔2006〕84号
10	关于改进和加强中央国家机关办公用房管理意见及其实施细则	国办发〔2001〕58号

表5-2　　全国行政事业性国有资产管理有关政策制度

序号	制度名称	文号
1	固定资产等资产基础分类与代码	国家标准（GB/T 14885-2022）
2	行政单位国有资产管理暂行办法	财政部令35号
3	事业单位国有资产管理暂行办法	财政部令36号
4	事业单位国有资产管理暂行办法（2019年修订）	财政部令100号
5	行政事业单位资产清查暂行办法	财办〔2006〕52号
6	行政事业单位资产核实暂行办法	财办〔2007〕19号
7	关于进一步规范和加强行政事业单位国有资产管理的指导意见	财资〔2015〕90号
8	行政事业单位资产清查核实管理办法	财资〔2016〕1号
9	行政事业单位国有资产年度报告管理办法	财资〔2017〕3号
10	关于做好党和国家机构改革有关国有资产管理工作的通知	财资〔2018〕31号
11	关于进一步加强和改进行政事业单位国有资产管理工作的通知	财资〔2018〕108号
12	关于进一步加大授权力度 促进科技成果转化的通知	财资〔2019〕57号
13	党政机关公务用车统计报告管理办法（试行）	国管办〔2019〕373号

续表

序号	制度名称	文号
14	关于党政机关办公用房权属统一登记有关事项的通知	国管房地〔2020〕267号
15	关于党政机关办公用房权属统一登记有关税收政策的通知	财税〔2020〕40号
16	关于加强行政事业单位固定资产管理的通知	财资〔2020〕97号
17	国有资产报告编报工作暂行办法	财资〔2021〕123号
18	关于盘活行政事业单位国有资产的指导意见	财资〔2022〕124号
19	脱钩后行业协会商会资产管理暂行办法	财资〔2017〕86号
20	公共租赁住房资产管理暂行办法	财资〔2018〕106号
21	公路资产管理暂行办法	财资〔2021〕83号
22	国有文物资源资产管理暂行办法	财资〔2021〕84号
23	气象观测站仪器设备配置标准（试行）	财资〔2021〕135号
24	市政基础设施资产管理办法（试行）	财资〔2024〕108号
25	关于加强数据资产管理的指导意见	财资〔2023〕141号
26	关于加强行政事业单位数据资产管理的通知	财资〔2024〕1号

表5-3　　　　中央行政事业单位国有资产管理有关政策制度

序号	制度名称	文号
1	中央行政事业单位国有资产管理暂行办法	国管资〔2009〕167号
2	关于《中央行政事业单位国有资产管理暂行办法》的补充通知	国管资〔2023〕266号
3	中央国家机关通用资产配置管理暂行办法	国管办〔2007〕293号
4	中央行政事业单位资产配置计划管理暂行办法	国管资〔2018〕73号
5	中央行政事业单位国有资产处置管理办法	国管资〔2009〕168号
6	中央行政事业单位资产管理绩效考评办法（试行）	国管资〔2012〕204号
7	关于中央行政事业单位国有资产处置有关问题的通知	国管资〔2009〕246号
8	关于进一步规范中央行政事业单位国有资产处置工作的通知	国管资〔2010〕165号

续表

序号	制度名称	文号
9	关于开展中央行政事业单位国有资产处置事项公开工作的通知	国管办发〔2021〕15号
10	关于开展中央行政事业单位废旧家具类资产环保回收工作的通知	国管资〔2018〕231号
11	关于开展中央行政事业单位公物仓试点工作的通知	国管资〔2020〕104号
12	中央行政事业单位固定资产清查盘点工作指南(试行)	国管资〔2020〕41号
13	关于提高中央行政事业单位国有资产管理效能 坚持勤俭办一切事业的实施意见	国管资〔2022〕438号
14	中央国家机关在京单位用地管理暂行办法	国管房地〔2007〕201号
15	中央国家机关在京单位土地处置管理暂行规定	国管房地〔2008〕8号
16	关于严格中央国家机关在京单位用地管理有关问题的通知	国管房地〔2011〕391号
17	中央国家机关所属垂直管理机构、派出机构办公用房管理办法(试行)	国管房地〔2019〕315号
18	中央和国家机关所属事业单位办公用房管理办法	国管房地〔2024〕50号
19	关于中央国家机关办公用房产权登记有关问题的通知	国管办房地〔2002〕8号
20	关于进一步规范中央国家机关办公用房房屋登记有关问题的通知	国管办发〔2010〕8号
21	中央国家机关办公用房维修标准	国管房地〔2016〕332号
22	关于规范和加强中央行政事业单位房屋资产入账工作的通知	国管资〔2021〕317号
23	中央行政事业单位房屋资产入账工作案例(一)	国管办发〔2023〕4号
24	在京中央和国家机关公务用车指标管理办法	国管资〔2011〕167号
25	中央国家机关所属垂直管理机构 派出机构公务用车管理办法(试行)	国管资〔2019〕372号
26	中央和国家机关所属事业单位公务用车管理办法	国管资〔2024〕51号
27	中央行政事业单位软件资产管理暂行办法	国管资〔2011〕280号
28	中央国家机关通用办公软件配置标准	国管资〔2013〕42号
29	中央行政单位通用办公设备家具配置标准	财资〔2016〕27号
30	中央行政事业单位通用办公家具规格和性能指南	国管资〔2023〕197号

第三节 国有资产配置、使用和处置

《条例》作为专门规范行政事业性国有资产管理的行政法规，对国有资产全生命周期管理做了专章规定。遵从资产特性和管理特点，整体上基于共性，明确有关具体要求，推动实现行政事业性国有资产的科学配置、高效使用和规范处置。不再对行政单位和事业单位资产管理做专门区分，仅在功能定位和对外投资方面作区别性规定。

一、资产配置

资产配置是资产全生命周期管理的起点，必须把好"入口关"，才能实现科学配置。这意味着，资产配置必须合法合规，理由充分，方式得当，审批规范，必须符合相关配置原则、依据和标准。

（一）配置原则及要求

根据依法履行职能和事业发展的需要，结合资产存量、资产配置标准、绩效目标和财政承受能力配置资产。强调与履行职能和事业发展需要相适应，科学合理，优化结构，勤俭节约，从严控制。

（二）配置方式及优先级

配置方式包括调剂、购置、建设、租用、接受捐赠等。各单位要合理选择资产配置方式，优先通过调剂方式配置资产。实务中，各单位应关注新增的各类资产配置需求。首先，通过单位内部调剂存量资产予以保障；内部无法调剂的，可通过主管部门搭建的公物仓进行跨部门、跨地区、跨层级的调剂。调剂无法解决的，综合分析租用、购置、建设等方式后，在符合法律法规的前提下，选择最优方式配置。选择购置方式配置资产，要严格执行政府采购规定，充分发挥集中采购规模效应，规范采购行为，提升议价能力，强化采购竞争性，提高采购性价比。

（三）配置标准

县级以上人民政府组织建立、完善资产配置标准体系，明确配置的数量、价值、等级、最低使用年限等标准。资产配置标准应当按照勤俭节约、讲求绩效和绿色环保的要求，根据国家有关政策、经济社会发展水平、市场价格变化、科学技术进步等因素适时调整。实操中，各单位应强化标准的刚性约束，特别对重点实物资产，要严格执行办公用房建设标准、公务用车配备标准、办公家具和办公设备的价格和数量等标准，参考有关规格和性能标准，从源头上促进资产节约配置。

（四）配置程序

按照各部门、各单位资产配置要求履行具体配置程序。特别强调，资产配置的重大事项必须经可行性研究和集体决策，资产价值较高的，必须按照国家有关规定进行资产评估，并履行审批程序。

二、资产使用

资产使用是资产全生命周期管理的关键点，必须把握好功能定位，明确管理责任和岗位责任，才能实现高效使用。这就要求各部门、各单位应当立足自身职能定位，着眼国有资产安全有效使用，加强盘活利用，推动共享共用。

（一）功能定位

对于行政单位，国有资产应当用于单位履职需要。《中共中央 国务院关于深化行政管理体制改革的意见》明确要求，"深化行政管理体制改革要以政府职能转变为核心。要加快推进政企分开、政资分开、政事分开、政府与市场中介组织分开，把不该由政府管理的事项转移出去，把该由政府管理的事项切实管好"。资产作为保障行政单位节约高效运转的重要物质基础，资产的使用要服务于履行法定职能的需要，不能随意、非法挪作他用。对于事业单位，国有资产应当用于保障事业发展、提供公共服务。全国事业单位广泛分布于教育、科技、文化、卫生、体育、基础设施等基本公共服务领域，事业单位要日常运转，事业发展和高质量的公共服务均需要资产提供重要的物质保障。

（二）使用规范

资产自用应先于他用。自用时，应当明确管理职责和岗位，除了资产管理人，还要将责任落实到资产使用人，树立"人人都是资产管理员"的意识；应当明确内部控制规范和流程，加强资产使用中的产权保护，对涉及资产维修、保养、调剂、更新、报废的，资产使用人、管理人应当及时提出；当人员发生变化时，应当及时办理资产交接手续。他用时，必须合法合规，根据资产类别、事项、单位性质等，履行相应审批手续，即对资产出租、出借、担保、对外投资等，要通过一定限制方式，规范有关他用流程和行为。

（三）对外投资

考虑到行政单位和事业单位的不同特点，除法律另有规定外，行政单位不得以任何形式将国有资产用于对外投资或者设立营利性组织。这是行政单位国有资产使用管理的禁止性规定。事业单位利用国有资产对外投资，应当有利于事业发展和实现国有资产保值增值，符合国家有关规定（事业单位财务规则），经可行性研究和集体决策，按照规定权限和程序进行。

（四）共享共用

党的二十大提出在全社会弘扬"勤俭节约精神""实施全面节约战略，推进各类资源节约集约利用"等要求。为确保政府"过紧日子"，老百姓"过好日子"，行政事业性国有资产管理应当打破部门、单位占有使用的"小格局"，建立健全共享共用机制，统筹规划，统一组织，挖掘现有资产使用潜能，调剂利用好并有效节约财政资金，牢固树立"坚持勤俭办一切事业"的理念。实践中，为提高资产使用效率，推动资产共享共用，各级资产管理部门创新开展公物仓工作。例如，国管局组织开展中央行政事业单位公物仓试点，为各部门搭建统一的资产调剂共享信息平台，将各部门、各单位低效运转、长期闲置，以及超标准和临时配置的家具设备纳入公物仓管理，推进共享共用，盘活存量资产。同时，建设全国公物仓应用服务平台，围绕资产调剂利用、共享共用、周转使用、租赁配置、罚没资产管理五大业务功能，促进行政事业单位存量资产在更大范围内有序流动和合理配置，推动跨部门、跨层级、跨地区的资产调剂共享工作。

三、资产处置

资产处置是资产全生命周期管理的出口，必须把好"出口关"，才能实现规范处置，确保资产的安全与完整。

（一）处置范围

资产处置范围主要包括：（1）闲置资产；（2）因技术原因并经过科学

论证，确需报废、淘汰的资产；(3)因单位分立、撤销、合并、改制、隶属关系改变等原因发生的产权或者使用权转移的资产；(4)盘亏、呆账及非正常损失的资产；(5)已超过使用年限无法使用的资产；(6)依照国家有关规定需要进行资产处置的其他情形。

(二)处置方式

资产处置方式主要有：无偿划转、对外捐赠、转让、置换、报废和报损等。

在处置方式的选择上，原则上未达报废期限的资产不得处置，已达报废期限但尚能使用的资产要继续使用，切实做到物尽其用，避免形成浪费。充分挖掘资产功能潜力，对因技术等原因需要更新，但仍具有使用价值的资产，及时转变用途、修旧利旧，最大程度激发资产效能。

(三)处置程序

各部门及其所属单位应当根据履行职能、事业发展需要和资产使用状况，经集体决策和履行审批程序，依据处置事项批复等相关文件及时处置行政事业性国有资产。国有资产未经批准不得处置。除国家另有规定外，各部门及其所属单位将行政事业性国有资产进行转让、拍卖、置换、对外投资等，应当按照国家有关规定进行资产评估。行政事业性国有资产以市场化方式出售、出租的，依照有关规定可以通过相应公共资源交易平台进行。

(四)处置收入

行政单位国有资产处置收入，应当按照政府非税收入和国库集中收缴制度的有关规定管理。除国家另有规定外，事业单位国有资产的处置收入也应当按照政府非税收入和国库集中收缴制度的有关规定管理。这里的国家另有规定，主要涉及有关高校、科研院所等科技成果转化所形成的收入等，实务处置收入的管理中应根据单位所在地财政部门相关规定执行。

对于中央行政事业单位而言，国有资产处置收入、收支管理等方面有一些特殊的规定。例如：

（1）国有资产处置收入上缴中央国库，纳入预算；出租出借收入上缴中央财政专户，支出从中央财政专户中拨付。国家另有规定的除外。

（2）中央行政单位处置和出租、出借国有资产应缴纳的税款和所发生的相关费用（资产评估费、技术鉴定费、交易手续费等），在收入中抵扣，抵扣后的余额按照政府非税收入收缴管理有关规定上缴中央财政。

（3）国有资产收入有关收支，应统一纳入部门预算统筹安排。国有资产收入原来用于发放津贴补贴的部分，上缴中央财政后，由财政部统筹安排，作为规范后中央行政单位统一发放津贴补贴的资金来源。除此之外，国有资产收入不得再用于人员经费支出。其余国有资产收入原则上由财政部统筹安排用于中央行政单位固定资产更新改造和新增资产配置，可优先安排用于收入上缴单位。

（4）对外投资形成的股权（权益）的出售、出让、转让收入的处理。

①利用现金对外投资形成的股权（权益）的出售、出让、转让，属于中央级事业单位收回对外投资，股权（权益）出售、出让、转让收入纳入单位预算，统一核算，统一管理。

②利用实物资产、无形资产对外投资形成的股权（权益）的出售、出让、转让收入，按以下情形分别处理：收入形式为现金的，现金部分扣除投资收益，以及税金、评估费等相关费用后，上缴中央国库，实行"收支两条线"管理，投资收益纳入单位预算，统一核算，统一管理；收入形式为资产和现金的，现金部分扣除投资收益，以及税金、评估费等相关费用后，上缴中央国库实行"收支两条线"管理。

此外，随着行政事业性国有资产管理体制机制的不断完善深化，关于资产配置、使用、处置等方面，各级人民政府及相关资产主管部门均不断完善、细化有关管理规定、制度标准，应在实务中结合实际情况学习使用。

四、应用案例示范

某市卫生局召开相关工作会议，就资产管理管理事项进行了讨论。有关情况及形成的决议如下：

第一，该局前期已按规定履行资产出租审批程序，将某企业捐赠的2台大型精密测试仪器对外出租，每年收取100万元租金。会议研究决定，将该租金拨付给下属A事业单位，弥补其项目资金缺口。

第二，下属B事业单位因申请银行借款请求该局提供担保。会议经充分讨论，决定上报本局局长办公会同意后，以本局的一栋办公楼为该事业单位提供借款担保。

根据行政事业性国有资产管理等相关规定，判断该市卫生局上述会议决议是否正确；如不正确，分别说明理由。

答：（1）该局拟将收取的租金拨付给下属A事业单位决议不正确。理由是行政单位出租国有资产形成的收入实行"收支两条线"管理。

（2）该局以旧办公楼对下属B事业单位提供借款担保的决议不正确。理由是除法律另有规定外，行政单位不得用国有资产对外担保。

第四节　国有资产评估、资产清查及资产报告

一、行政事业单位国有资产评估

（一）国有资产评估的情形（见表5-4）

表5-4　　　　　　行政事业单位进行国有资产评估的情形

方式	行政单位	事业单位
资产评估情形	行政单位取得的没有原始价格凭证的资产	整体或者部分改制为企业
		以非货币性资产对外投资
		合并、分立、清算
	拍卖、有偿转让、置换国有资产	资产拍卖、转让、置换
		整体或者部分资产租赁给非国有单位
		确定涉讼资产价值
	依照国家有关规定需要进行资产评估的其他情形	法律、行政法规规定的其他需要进行评估的事项

除此之外，事业单位有下列情形之一的，可以不进行资产评估：

（1）经批准事业单位整体或者部分资产无偿划转；

（2）行政、事业单位下属的事业单位之间的合并、资产划转、置换和转让；

（3）发生其他不影响国有资产权益的特殊产权变动行为，报经同级财政部门确认可以不进行资产评估。

（二）行政事业单位国有资产评估的要求

行政事业单位国有资产评估项目实行核准制和备案制。行政事业单位国有资产评估工作应当委托具有资产评估资质的资产评估机构进行。国家设立的研究开发机构、高等院校将其持有的科技成果转让、许可或者作价投资给非国有全资企业的，由单位自主决定是否进行资产评估。

二、行政事业单位国有资产清查

（一）国有资产清查的情形

行政事业单位有下列情形之一的，应当进行资产清查：

（1）根据各级政府及其财政部门专项工作要求，纳入统一组织的资产清查范围的；

（2）进行重大改革或者改制的；

（3）遭受重大自然灾害等不可抗力造成资产严重损失的；

（4）会计信息严重失真或者国有资产出现重大流失的；

（5）会计政策发生重大变更，涉及资产核算方法发生重要变化的；

（6）财政部门认为应当进行资产清查的其他情形。

（二）国有资产清查的程序

行政事业单位资产清查工作除国家另有规定外，按照下列程序进行：

（1）行政事业单位在主管部门、同级财政部门的监督指导下设立或明确资产清查工作机构，制定本单位资产清查工作实施方案；

（2）行政事业单位按照资产清查工作实施方案，实施自查；

（3）除涉及国家安全的特殊单位和特殊事项外，行政事业单位的自查结果须委托社会中介机构进行专项审计及相关工作；

（4）行政事业单位向主管部门报送资产清查工作结果报告，经主管部门审核后报同级财政部门；

（5）同级财政部门对有关资产损益进行认定，对资产清查结果进行核实；

（6）根据同级财政部门资产核实批复文件及时进行账务处理，并办理相关资产管理手续；

（7）根据资产清查工作情况，建立完善各项规章制度。

财政部门组织开展的资产清查工作，由财政部门统一委托社会中介机构进行专项审计及相关工作。主管部门组织或行政事业单位因特定经济行为需要开展的资产清查工作,由主管部门或行政事业单位自行委托社会中介机构进行专项审计及相关工作;财政部门认为必要时,也可直接委托。

(三)行政事业单位资产清查

资产清查工作内容包括:单位基本情况清理、账务清理、财产清查、损益认定、资产核实和完善制度等。

第一,单位基本情况清理是指根据资产清查工作的需要,对应当纳入资产清查工作范围的所属单位户数、编制和人员状况等基本情况的全面清理。

第二,账务清理是指对行政事业单位的各种银行账户、会计核算科目、各类库存现金、有价证券以及各项资金往来等基本账务情况进行全面核对和清理。

第三,财产清查是指对行政事业单位的各项资产进行全面的清理、核对和查实。行政事业单位对清查出的各种资产盘盈和盘亏、报废及坏账等损失按照资产清查要求进行分类,提出相关处理建议。

第四,损益认定是指财政部门在行政事业单位进行基本情况清理、账务清理、财产清查的基础上,依据有关规定,对清理出来的有关资产盘盈、资产损失和资金挂账进行认证。

第五,资产核实是指财政部门在损益认定的基础上,依据有关规定,对行政事业单位资产清查工作中的资产盘盈、资产损失和资金挂账进行认定批复,并对资产总额进行确认的工作。

（1）资产盘盈：资产盘盈是指单位在资产清查基准日无账面记载，但单位实际占有使用的能以货币计量的经济资源。包括货币资金盘盈、存货盘盈、有价证券盘盈、对外投资盘盈、固定资产盘盈、无形资产盘盈、往来款项盘盈等。

已投入使用但尚未办理竣工决算手续的，按照基本建设财务管理规定及时办理竣工决算有关手续，不作为资产盘盈。

（2）资产损失：资产损失是指单位在资产清查基准日有账面记载，但不归本单位占有、使用或丧失使用价值的，能以货币计量的经济资源。包括货币资金损失、坏账损失、存货损失、有价证券损失、对外投资损失、固定资产损失、无形资产损失等。单位清查出的资产损失应逐项清理，取得合法证据后，对损失项目及金额按规定进行核实认定。对已取得具有法律效力的外部证据，而无法确定损失金额的，根据中介机构的经济鉴证证明进行认定。

（3）资金挂账：资金挂账是指单位在资产清查基准日应按损益、收支进行确认处理，但挂账未确认的资金（资产）数额。

第六，完善制度是指针对资产清查工作中发现的问题，进行全面总结、认真分析，提出相应整改措施和实施计划，建立健全资产管理制度。

（四）资产清查报告

完成上述资产清查工作之后，会形成资产清查报告。资产清查报告应该包括下列内容：

（1）工作报告。主要是反映本单位开展资产清查工作的基本情况、主要清查内容及清查结果。

（2）清查报表。需要在财政部的资产清查信息系统中填写资产清查报表。

（3）专项审计报告。必要时需要聘请社会中介机构对行政单位资产清查结果出具审计报告。

（4）证明材料。清查出的资产盘盈、资产损失和资金挂账等相关凭证资料和证明材料。

（5）其他材料。

三、行政事业单位资产报告

行政事业单位资产报告是指行政事业单位年度终了，根据资产管理、预算管理等工作需要，在日常管理基础上编制报送的反映行政事业单位年度资产占有、使用、变动等情况的文件，包括行政事业单位资产报表、填报说明和分析报告。

（一）资产报告的内容

资产报告由行政事业单位资产报表、填报说明和分析报告三部分构成。

1. 资产报表

行政事业单位资产报表分为单户报表和汇总报表两类。

（1）单户报表是指行政事业单位在会计核算、资产盘点基础上对账簿记录进行加工编制而成的资产报表，反映行政事业单位资产占有、使用、变动等总体情况以及房屋、土地、车辆、大型设备等重要资产信息。

（2）汇总报表是按照财务隶属关系汇总本地区、本部门行政事业单位资产数据形成的资产报表，主要反映本地区、本部门行政事业单位资产总量、分布、构成、变动等总体情况。

涉密单位按照国家保密管理有关规定开展资产报告工作，由主管部门报送汇总报表和汇总数据。

2.资产报表填报说明

行政事业单位资产报表填报说明是对资产报表编报相关情况的说明，主要内容包括：

（1）对数据填报口径等情况的说明；

（2）对数据审核情况的说明；

（3）对账面数与实有数、账面数与财务会计报表数据差异情况的说明；

（4）其他需要说明的情况。

3.资产报表分析报告

分析报告应当以资产和财务状况为主要依据，对资产占有、使用、变动情况，以及资产管理情况等进行分析说明，主要内容包括：

（1）部门（单位）的基本情况；

（2）资产情况分析，包括资产总量、分布、构成、变动情况及原因分析，与部门（单位）履行职能和促进事业发展相关的主要资产的配置、使用、处置等情况，国有资产收益规模及其管理情况；

（3）资产管理工作的成效及经验；

（4）资产管理工作存在的问题及原因分析；

（5）加强行政事业单位国有资产管理工作的建议；

（6）其他需要报告的事项。

（二）资产报告编报程序

1. 资产报告编制

行政事业单位应当在做好财务管理、会计核算的基础上，全面盘点资产情况，完善资产卡片数据，编制资产报告，并按照财务隶属关系逐级上报。资产报表数据应当真实、准确、完整，表内数据、表间数据、本期与上期数据、资产与财务数据应当相互衔接。填报说明和分析报告内容应当全面翔实。

2. 资产报告签字

资产报告编制完毕后，须经编制人员、资产管理部门负责人和单位负责人审查、签字并加盖单位公章后，于规定时间内上报。单位负责人对本单位编制的资产报告的真实性、准确性和完整性负责。

3.资产报告审核

资产报告审核方式可以根据实际情况采取自行审核、集中会审、委托审核等多种形式。资产报告审核的主要内容包括:

(1)编制范围是否全面完整,是否存在漏报和重复编报现象;

(2)编制方法是否符合国家财务、会计制度和资产管理制度规定,是否符合资产报告的编制要求;

(3)编制内容是否真实、准确、完整,表内、表间数据勾稽关系是否正确,单户数据与汇总数据、报表数据与资产管理信息系统数据、纸介质数据与电子介质数据是否一致;

(4)本期资产报告期初数与上期资产报告期末数、本期资产报告与同期财务报告同口径数据是否一致,数据差异是否合理合规,是否做出合理说明;

(5)资产报表填报说明和分析报告是否符合资产报告管理办法规定;

(6)其他需要审核的事项。

(三)资产报告的使用和管理

充分有效利用行政事业单位资产管理信息系统和资产报告数据资料,全面、动态地掌握行政事业单位国有资产占有、使用、变动等情况。建立和完善资产与预算有效结合的激励和约束机制,将资产报告数据作为建立和完善资产配置标准体系的重要基础。

各级主管部门、行政事业单位应当根据资产报告反映的情况，结合其依法履行职能和事业发展的需要，合理提出新增资产配置需求，严格控制资产增量。各级财政部门应当将资产报告反映的情况作为预算安排和绩效管理的重要依据。

资产报告数据是行政事业单位利用国有资产对外投资、出租出借，以及处置国有资产的重要依据。

四、行政事业单位国有资产月报

为了落实国务院向全国人大常委会报告国有资产管理情况制度的要求，进一步加强行政事业单位国有资产管理，从2019年1月1日起，在全国范围内开展行政事业单位国有资产月报。

（一）填报内容

资产月报包括报表封面、资产情况单户表、资产情况汇总表和地方资产分布情况表。上述报表根据政府会计制度的要求进行了设置。以资产情况单户表为例（见表5-5）。

表5-5　　　　　　　　　资产情况单户表

行政事业单位	行次	上月期末数	期末数
栏次		1	2
一、资产合计	1		
流动资产	2		
其中：货币资金	3		
非流动资产	4		
长期股权投资	5		
长期债券投资	6		

续表

行政事业单位	行次	上月期末数	期末数
固定资产原值	7		
减：固定资产累计折旧	8		
固定资产净值	9		
在建工程	10		
无形资产原值	11		
减：无形资产累计摊销	12		
无形资产净值	13		
研发支出	14		
公共基础设施原值	15		
减：公共基础设施累计折旧（摊销）	16		
公共基础设施净值	17		
政府储备物资	18		
文物资源	19		
保障性住房原值	20		
减：保障性住房累计折旧	21		
保障性住房净值	22		
其他非流动资产	23		
受托代理资产	24		
二、负债合计	25		
三、净资产合计	26		
其中：累计盈余	27		
专用基金	28		
本期盈余	29		

（二）填报要求

1.各单位每个月15日前向财政部报送资产月报。各单位要逐级汇总下级单位资产月报数据，不能代为填报资产月报数据。

2. 资产月报应按照政府会计制度如实填报，不得虚报、瞒报和擅自更改财务数据。

五、知识拓展

在知识拓展的模块中，对中央级行政事业单位资产清查的特殊规定进行了梳理，具体情况如下：

1. 中央级行政事业单位资产损失处理的权限标准

中央级单位的固定资产损失，按照以下权限处理：①单项固定资产损失低于50万元的，根据中介机构的审计意见，经本单位负责人批准后核销，并报主管部门、财政部备案；②单项固定资产损失超过50万元（含50万元），低于200万元的，由单位提出处理意见，报经主管部门批准后核销，并报财政部备案；③单项固定资产损失超过200万元（含200万元）的，逐级上报，经财政部批准后核销。

中央级单位的货币资金损失、坏账损失、存货损失、有价证券损失、对外投资损失、无形资产损失等其他类资产损失，分类损失额低于50万元的，由单位提出处理意见，报经主管部门批准后核销，并报财政部备案；分类损失额50万元（含50万元）以上的，逐级上报，经财政部批准后核销。

2. 中央级行政事业单位资产清查后的账务处理工作

（1）财政部门批复、备案前的资产盘盈（含账外资产）可以按照财务、会计制度的有关规定暂行入账。待财政部门批复、备案后，进行账务调整和处理。

（2）财政部门批复、备案前的资产损失和资金挂账，单位不得自行进行账务处理。待财政部门批复、备案后，进行账务处理。

本章小结

行政事业性国有资产管理的重点，是对实物资产的规划布局、配置、使用、处置环节管理，以及产权等基础管理。资产的实物管理与价值管理，又好比一枚硬币的两面，需要协调统一，相辅相成。为了更好地做好实物资产管理工作，财务部门发挥着举足轻重的作用。因此，作为行政事业单位的会计人员，也应掌握基本的资产管理要求，配合资产管理部门做好与资产管理相关的部门预算报送、资产账务处理、会计核算等工作。

近年来审计署公开的审计报告中，资产管理问题数量正在快速上升，其中资产超标准配置、出租出借程序及收入管理、事业单位对外投资管理、向下属企业转嫁费用等方面成为易发问题，需要重点予以关注。

在新政府会计制度下，资产管理方面增加了固定资产折旧、无形资产摊销等方面内容，需要在日常管理中按照政府会计制度的要求，与资产管理部门紧密配合，按月计提折旧和摊销，这也是当前行政事业单位资产管理的重要工作内容之一。

第六章 政府采购业务

 **本章导读**

政府采购不仅是政府买东西的行为,它的内涵应该包括从预算管理、供应商管理、专家管理、合同管理、供应商质疑投诉、采购方式的管理等一系列制度。它是政府管理的一种有效制度安排,是一种对公共采购进行规范管理的制度,具有采购主体的特定性、资金来源的公共性、采购活动的非商业性、政府采购的政策性、政府采购的规范性等重要特征。政府采购也是工作的难点、社会的热点、媒体的炒点。本章重点梳理了政府采购领域的重要政策要求和执行要点。

第一节 政府采购概念及相关制度

在生活中,采购无所不在,小到柴米油盐酱醋茶,大到买房买车,其中,有货物,有工程,也有服务。当然,本书所讲的政府采购,不是生活中的采购,而是与政府会计从业人员工作紧密相关的政府采购。

政府采购作为公共财政支出管理改革的"三驾马车"(部门预算制度、国库集中收付制度、政府采购制度)之一,属于较为新兴的制度,是在推进社会主义市场经济体制和公共财政体制建设的历史背景下应运而生的,主要有以下方面特征:

一是政策性强，涉及的法律法规广而杂，不仅有政府采购法及其实施条例，还涉及招投标法、合同法（现《中华人民共和国民法典》合同编）、预算法、党政机关厉行节约反对浪费条例、机关事务管理条例等。相关法条的适用性、禁止性等，都需要准确了解和把握。

二是专业性强，货物、服务、工程，每一类采购项目中，都涉及很多国家或行业资质、标准，整个采购的组织实施工作，需要既重程序又重结果，要求经办人员具有很强的专业性。

三是风险度高，政府采购相关方很多，采购人、供应商、评审专家、集中采购机构、社会代理机构，每一个主体都有各自的职责定位、目标导向，如何确保政府采购公开、公平、公正，不仅考验定力和智慧，还考验工作的制度化、规范化程度。

四是受关注度也很高，政府采购制度创立初期，媒体频频曝光政府采购"黑心棉""天价内存条""问题新华字典""残次课桌"等事件，2013年，社科院发表的《法治蓝皮书》中"政府采购八成商品高于市场均价"的结论，一度让政府采购走上舆论的风口浪尖。政府采购的内容、方式、程序、结果，往往会受到公众的关注和热议。

因此，要想了解政府采购，走近政府采购，做好政府采购，必须要清晰掌握其基本概念和政策要求。

一、基本概念

（一）政府采购

《中华人民共和国政府采购法》（以下简称《政府采购法》）第二条明

确:"政府采购是指各级国家机关、事业单位和团体组织,使用财政性资金采购依法制定的集中采购目录以内或采购限额标准以上的货物、工程和服务的行为"。从《政府采购法》的规定可以看出,界定政府采购的范围有四个重要因素:采购主体、资金来源、采购标的和采购项目。

采购主体: 明确规定为三类——国家机关、事业单位和团体组织。

资金来源:《政府采购法》将其界定为"财政性资金","财政性资金"的概念在确定是否纳入政府采购管理范围时至关重要。但由于《政府采购法》及相关规定并未明确什么是"财政性资金",在实践中对这一概念的把握存在争议,各地各部门的掌握有所不同。《政府采购法实施条例》对此进行了解释,即"指纳入预算管理的资金",将采购管理与预算管理相衔接。对于预算管理,有预算内收入、预算外收入的说法。从2011年1月1日起,中央单位的预算外收入全部纳入预算管理,全面取消了预算外资金,也即纳入预算的资金全部属于"财政性资金"。

《政府采购法实施条例》还补充,以财政性资金作为还款来源的借贷资金,视同财政性资金。国家机关、事业单位和团体组织的采购项目既使用财政性资金又使用非财政性资金的,使用财政性资金采购的部分,适用《政府采购法》及其实施条例;财政性资金与非财政性资金无法分割采购的,统一适用《政府采购法》及其实施条例。

采购标的:《政府采购法》明确为货物、工程和服务。工程以及与工程建设有关的货物和服务,实践中与《招标投标法》存在重叠,服务外延标准,认识尚不统一。为此,《政府采购法实施条例》对工程、与工程建设有关的货物和服务与《招标投标法》及其实施条例做了对应性规定。即《政府采购法实施条例》第七条:"政府采购工程以及与工程建设有关的货物、服务，采用招标方式采购的，适用《招标投标法》及其实施条例；采用其他方式采购的，适用《政府采购法》及本条例。前款所称工程，是指建设工程，包括建筑物和构筑物的新建、改建、扩建及其相关的装修、拆除、修缮等；所称与工程建设有关的货物，是指构成工程不可分割的组成部分，且为实现工程基本功能所必需的设备、材料等；所称与工程建设有关的服务，是指为完成工程所需的勘察、设计、监理等服务。政府采购工程以及与工程建设有关的货物、服务，应当执行政府采购政策。"

什么是服务项目？根据《关于政府向社会力量购买服务的指导意见》（国办发〔2013〕96号）、财政部《关于推进和完善服务项目政府采购有关问题的通知》（财库〔2014〕37号），按照受益对象将服务项目分为三类：

第一类为保障政府部门自身正常运转需要向社会购买的服务。如公文印刷、物业管理、公车租赁、系统维护等。

第二类为政府部门为履行宏观调控、市场监管等职能需要向社会购买的服务。如法规政策、发展规划、标准制定的前期研究和后期宣传、法律咨询等。

第三类为增加国民福利、受益对象特定，政府向社会公众提供的公共服务。包括以物为对象的公共服务，如公共设施管理服务、环境服务、专业技术服务等；以人为对象的公共服务，如教育、医疗卫生和社会服务等。

这就进一步明确了服务包括政府自身需要的服务和政府向社会公众提供的公共服务。其中，第一类、第二类是政府自身需要的服务，第三类是政府向社会公众提供的公共服务。

采购项目：主要体现在集中采购目录中。根据《政府采购法》第七条第二款规定："属于中央预算的政府采购项目，其集中采购目录由国务院确定并公布；属于地方预算的政府采购项目，其集中采购目录由省、自治区、直辖市人民政府或者其授权的机构确定并公布。"目前，中央、全国31个省、自治区、直辖市，5个计划单列市及新疆生产建设兵团均制定了各自的集中采购目录及限额标准。从集中采购目录品目来看，中央及大部分省市的集中采购目录主要包括技术、服务等标准统一，采购人普遍使用的项目，品目重合度较高。集中采购目录不是一成不变的，会根据实际情况定期调整，目前，调整周期一般为1—2年。

2019年国务院办公厅印发的《中央预算单位政府集中采购目录及标准（2020年版）》，不再固化目录执行的有效期，意味着目录保持相对稳定，根据需要不定期调整。

（二）集中采购和分散采购

《政府采购法》第七条第一款：政府采购实行集中采购和分散采购相结合。《政府采购法实施条例》第四条进一步明确：政府采购法所称集中采购，是指采购人将列入集中采购目录的项目委托集中采购机构代理采购或者进行部门集中采购的行为；所称分散采购，是指采购人将采购限额标准以上的未列入集中采购目录的项目自行采购或者委托采购代理机构代理采购的行为。

集中采购和分散采购都是政府采购，只是组织实施的主体不同。政府采购中设立集中采购制度的一个重要目的，就是充分发挥集中采购的批量优势和规模效应，以加强财政支出管理、提高财政资金使用效益。政府采购项目分两类：一类是集中采购目录以内的项目，属于集中采购；另一类是集中采购目录以外、采购限额标准以上的项目，属于分散采购。

（三）集中采购机构采购和部门集中采购

我国的集中采购，又分为集中采购机构采购和部门集中采购。

集中采购机构是设区的市、自治州以上人民政府根据本级政府采购项目组织集中采购的需要，设立的非营利事业法人机构。集中采购机构根据采购人的委托办理采购事宜。采购人采购纳入集中采购目录（集中采购机构采购部分）的政府采购项目，必须委托集中采购机构代理采购，不能自行组织或委托社会代理机构。

部门集中采购是考虑到一些部门在本部门、本系统内因业务需要，采购品目上有特殊需求，可以自行组织统一采购。其本意是给予这些部门一定自主权，减轻单一集中采购压力，发挥本部门、本系统的规模效应、专业效应。具体的品目也不是一成不变、固定的，而是根据本部门、本系统的业务需求、采购需求和市场供给等情况进行调整。在实务中，部门集中采购请参考单位所在地区相关政策。

（四）分散采购限额标准和公开招标数额标准

在中央和各省的集中采购目录中，都会明确分散采购限额标准、公开招标数额标准。目前，中央及各省省级分散采购限额标准和公开招标限额标准相对较为集中，中央和各省省级的货物和服务分散采购限额标准集中在50万—100万元，工程分散采购限额标准集中在100万—150万元。区市级以及县级的货物和服务分散采购限额标准差异较大，分布在

20万—50万元；工程分散采购限额标准集中在60万元。货物和服务公开招标数额标准集中在200万元或400万元；工程公开招标数额标准参照《必须招标的工程项目规定》(发改委16号令)和《必须招标的基础设施和公用事业项目范围规定》(发改发规〔2018〕843号。这就意味着，各单位自行采购货物、服务、工程单项或批量金额达到分散采购限额标准以上的，属于分散采购，执行分散采购政策。单项采购金额达到公开招标数额标准以上的，必须采用公开招标方式。

二、制度速览

作为一项制度安排，我国现代意义的政府采购始于1996年，从上海、深圳等部分地区的试点，到2002年《政府采购法》颁布、2014年《政府采购法实施条例》出台，近20年来，国务院办公厅、财政部等部门出台了很多政策文件，制定了一系列制度规范，政府采购工作在实践探索、改进提高中不断发展。

政府采购工作政策性强，在织得越来越密的制度笼子里，花公款、办公事，上有领导的要求，下有同事的诉求、工作的需求，政府采购要物有所值，甚至物超所值，这就仿佛是"戴着镣铐跳舞"，要想做好工作，首先需要我们熟悉制度，本节总结了近年来国家出台的有关政府采购方面的法律、规范，方便在实务中学习和使用（见表6-1）。

表6-1 近年来国家出台的有关政府采购方面的法律、规范

序号	文件名称	文号或年份
1	中华人民共和国政府采购法	2002年
2	中华人民共和国招标投标法	1999年
3	中华人民共和国民法典（合同编）	2020年

续表

序号	文件名称	文号或年份
4	中华人民共和国政府采购法实施条例	国务院令第658号
5	中华人民共和国招标投标法实施条例	国务院令第613号
6	机关事务管理条例	国务院令第621号
7	党政机关厉行节约反对浪费条例	2013年出台、2025年修订
8	中央预算单位政府集中采购目录及标准（2020年版）	国办发〔2019〕55号
9	关于印发《政府采购品目分类目录》的通知	财库〔2022〕31号
10	政府采购货物和服务招标投标管理办法	财政部令第87号
11	政府采购非招标采购方式管理办法	财政部令第74号
12	政府采购竞争性磋商采购方式管理暂行办法	财库〔2014〕214号
13	关于政府采购竞争性磋商采购方式管理暂行办法有关问题的补充通知	财库〔2015〕124号
14	政府采购评审专家管理办法	财库〔2016〕198号
15	政府采购信息发布管理办法	财政部令第101号
16	政府采购质疑和投诉办法	财政部令第94号
17	关于开展政府采购意向公开工作的通知	财库〔2020〕10号
18	中华人民共和国进出口货物原产地条例	国务院令第416号
19	关于政府采购进口产品管理有关问题的通知	财办库〔2008〕248号
20	政府采购进口产品管理办法	财库〔2007〕119号
21	政府机关使用正版软件管理办法	国办发〔2013〕88号
22	关于建立政府强制采购节能产品制度的通知	国办发〔2007〕51号
23	关于调整优化节能产品、环境标志产品政府采购执行机制的通知	财库〔2019〕9号
24	关于调整网络安全专用产品安全管理有关事项的公告	国家互联网信息办公室、工业和信息化部、公安部、财政部、国家认证认可监督管理委员会公告2023年第1号
25	关于扶持小型微型企业健康发展的意见	国发〔2014〕52号
26	关于印发政府采购促进中小企业发展管理办法的通知	财库〔2020〕46号

续表

序号	文件名称	文号或年份
27	关于政府向社会力量购买服务的指导意见	国办发〔2013〕96号
28	政府购买服务管理办法	财政部令第102号
29	关于运用政府采购政策支持脱贫攻坚的通知	财库〔2019〕27号
30	关于印发《政府采购贫困地区农副产品实施方案》的通知	财库〔2019〕41号
31	关于促进政府采购公平竞争优化营商环境的通知	财库〔2019〕38号
32	政府采购需求管理办法	财库〔2021〕22号
33	国务院关于印发扎实稳住经济一揽子政策措施的通知	国发〔2022〕12号
34	关于进一步加大政府采购支持中小企业力度的通知	财库〔2022〕19号
35	政府采购框架协议采购方式管理暂行办法	财政部令第110号令
36	关于印发政府采购合作创新采购方式管理暂行办法的通知	财库〔2024〕13号
37	公平竞争审查条例	国务院令第783号

三、知识拓展

1.某事业单位拟组织实施采购的B项目中，既有财政性资金，又有非财政性资金，怎么办？

首先，看该项目能否按照资金来源不同进行分割。如果能分割，也就是说采购项目可以分成不同的独立的子项目，则使用财政性资金采购的部分，适用《政府采购法》及其实施条例；使用非财政性资金的部分，可以不适用。

如果不能分割，无论财政性资金和非财政性资金的比例如何，只要使用了财政性资金，整个采购项目都必须统一适用《政府采购法》及其实施条例。

实务中我们应根据是否纳入预算来准确界定财政性资金的范围。

2.政府采购的历史

从政府采购的发展历程看，政府采购制度最早形成于18世纪末和19世纪初的西方国家。较早开展政府采购活动的国家有英国、法国和美国等。1782年，英国政府设立了国家文具公用局，负责政府部门办公用品的采购。目的就是满足政府日常管理职能的需要，提高政府资金使用效率。从政府采购的国际发展来看，1976年开始成立专门组织，到1979年东京多边贸易谈判，在日内瓦签订了《政府采购协议》，标志着政府采购发展为国际化，成为国际惯例。

在我国，政府采购古而有之。白居易的诗《卖炭翁》，很多人耳熟能详，"黄衣使者白衫儿，手把文书口称敕，回车叱牛牵向北。一车炭，千余斤，宫使驱将惜不得。半匹红绡一丈绫，系向牛头充炭直"。其中的黄衣使者白衫儿，奉旨办货，用半匹红绡一丈绫，就换了老翁的千余斤炭，这实际上，就是唐朝官府向民间采购日用品的真实写照。当然，这是朝廷盘剥民众财物的一种方式。

第二节 政府采购的方式及程序

理解了政府采购的概念，解决了"是什么"的问题。该如何具体实施呢？这就涉及采购的方式和程序，需要解决"怎么样"的问题。政府采购的方式和程序是法定的，是不能随意调整变化的，更不能自由发挥和创造。

政府采购方式是指政府使用财政性资金采购货物、工程和服务时，根据不同需求和情况应当采用的法定形式。国际通用的政府采购方式主要有招标采购、谈判采购、询价采购和单一来源采购等。我国《政府采购法》第二十六条，对我国各级国家机关、事业单位和团体组织的政府采购方式做出明确规定，即"政府采购采用以下方式：公开招标；邀请招标；竞争性谈判；单一来源采购；询价；国务院政府采购监督管理部门认定的其他采购方式"。同时明确提出，"公开招标应作为政府采购的主要采购方式"。

政府采购程序，即是组织政府采购的全流程、各环节，主要包括采购计划、采购预算、采购需求确定、采购文件编制、采购公告发布、投标（响应）、开标、评审组织及中标（成交）结果公告等。目前，我国政府采购程序与政府采购方式紧密相关，也就是说，不同的采购方式，在采购程序上的要求也是有所区别的。

因此，政府采购的方式具有法定性、功能性，政府采购的程序具有规范性、严肃性，需要每一位从业者精准把握、认真执行。

一、公开招标

我国的公开招标起源于1980年国务院发布的《国务院关于开展和保护社会主义竞争的暂行规定》，首次提出"对一些适宜于承包的生产建设项目和经营项目，可以试行招标、投标的办法"。2003年，《政府采购法》颁布实施。从政府采购制度设立之初的市场环境和从立法本意来看，为了达到"充分竞争、预防腐败"的目标，将公开招标方式确定为政府采购的主要方式，但并未规定其具体适用情形。因此，公开招标方式的选择，是按照政府采购法律法规及相关制度规范确定的公开招标数额标准来执行。《政府采购法》第二十七条规定："采购人采购货物或者服务应当采用公开招标方式的，其具体数额标准属于中央预算的政府采购项目，由国务院规定；属于地方预算的政府采购项目，由省、自治区、直辖市人民政府规定；因特殊情况需要采用公开招标以外的采购方式的，应当在采购活动开始前获得设区的市、自治州以上人民政府采购监督管理部门的批准。"第二十八条明确要求："采购人不得将应当以公开招标方式采购的货物或者服务化整为零或者以其他任何方式规避公开招标采购。"

实践中，公开招标方式是指采购人依法以招标公告的方式，邀请非特定的供应商参加投标的一种采购方式，适用于采购需求能够详细描述的项目采购。近年来，从中央预算单位和各省区市情况看，货物和服务公开招标的采购数额标准相对比较集中，一般都在200万元。也就是说，采购货物和服务，单项采购金额达到200万元（含）以上的，应当采用公开招标方式。此种方式的优势显而易见，公开采购信息，广泛邀请供应商，利于体现政府采购公开、公平、公正的原则，形成充分的市场竞争，也能降低采购单位的廉政风险。但同时也存在周期长、效率低、成本高、不够灵活等缺点。

二、邀请招标

邀请招标是指采购人依法从符合相应资格条件的供应商中随机抽取3家以上供应商，并以投标邀请书的方式邀请其参加投标的采购方式。考虑到通过招标能提供货物或服务的供应商数量有限，或者存在采购不够经济的情况，可以选择邀请招标方式。邀请招标有法定的适用条件：一是具有特殊性，只能从有限范围的供应商处采购的。实践中，主要是货物和服务类的品目，因为技术复杂或者性质特殊，只能从有限供应商处获得。二是采用公开招标方式的费用占政府采购项目总价值的比例过大的。如果采购的货物或服务本身价值较低，采用公开招标方式的费用占政府采购项目总价值的比例过大，那么，控制投标人数、缩短招标周期，便可以达到经济和效益的目的。这种采购方式无须发布招标公告，采购人只要向特定的潜在投标人发出投标邀请即可，招标时间大大缩短，费用也能相应降低，一定程度上弥补了公开招标方式的缺陷。但是，这种方式也存在着竞争范围有限、采购人选择余地较小等局限。

通常，我们提到使用"招标"方式，其含义就是指上述两种采购方式：公开招标或邀请招标。用招标方式采购的具体程序，《政府采购法》和《政府采购法实施条例》都有专章作出规定。2004年，为了规范政府采购当事人的采购行为，加强对政府采购货物和服务招标投标活动的监督管理，维护社会公共利益和政府采购招标投标活动当事人的合法权益，财政部依据《政府采购法》及其实施条例，制定发布了《政府采购货物和服务招标投标管理办法》（财政部令第18号），对于货物和服务招标投标的具体内容、程序、方法等作出细化规范和要求。2017年，财政部根据新情况和新问题，对财政部令第18号进行了修订，制定出台了全新的《政府采购货物和服务招标投标管理办法》（财政部令第87号），内容条款涉及货物、服务招投标的全流程、各环节，是对使用招标方式采购货物和服务的具体指引。

从采购程序上看，公开招标和邀请招标的程序大致趋同，都包括了采购计划编报、采购预算申请及批复、采购需求确定、采购文件编制、采购公告发布、投标、开标、评标及中标结果确认、中标结果公告等。区别在于：一是供应商的征集范围，公开招标邀请不限制数量的潜在供应商前来投标，事先并不掌握和了解这些供应商的情况；邀请招标向有限数量的供应商发出邀请，事先掌握供应商信息。二是发布信息的方式，公开招标发布公开招标公告，邀请招标发出投标邀请书。

三、竞争性谈判

竞争性谈判是指谈判小组与符合资格条件的供应商就采购货物、工程和服务事宜进行谈判，供应商按照谈判文件的要求提交响应文件和最后报价，采购人从谈判小组提出的成交候选人中确定成交供应商的采购方式。

竞争性谈判方式的法定适用条件有：（1）招标后没有供应商投标或者没有合格标的，或者重新招标未能成立的。这是指公开招标或者邀请招标失败后，可以考虑变为竞争性谈判方式。（2）技术复杂或者性质特殊，不能确定详细规格或者具体要求的。这是由于采购对象的技术或性质具有复杂性、特殊性，采购人无法在采购前确定货物的详细规格，或者服务的具体要求。（3）非采购人所能预见的原因或者非采购人拖延造成采用招标所需时间不能满足用户紧急需要的。这主要从采购效率和时间成本等方面考虑，由于采购人有不可预见的紧急采购事项，公开招标或者邀请招标周期过长，无法满足需要。（4）因艺术品采购、专利、专有技术或者服务的时间、数量事先不能确定等原因不能事先计算出价格总额的。由于上述情形中涉及的复杂性和独特性，抑或由于为收购且没有相应成本信息，不能实现计算出价格总额的。当出现上述任何一种情形时，可以依法采用竞争性谈判方式。这种方式，优势在于采购人可以有一定的主观性，但也因此，需要体现竞争的要求，比如采购人应与不少于3家的供应商进行谈判，保证有效竞争；体现公平的要求，比如采购人不得对任何供应商有歧视，谈判文件有实质性变动时，必须以书面形式通知所有参与谈判的供应商；体现公正的要求，比如必须实现公布评审标准和评审程序，严格规范评审组织管理，最大限度营造阳光采购氛围。

四、单一来源采购

单一来源采购是指采购人从某一特定供应商处采购货物、工程和服务的采购方式。单一来源采购的法定情形有：(1)只能从唯一供应商处采购的。由于工艺、技术或者专利权保护等原因，且没有其他可以选择或者替代的。(2)发生了不可预见的紧急情况不能从其他供应商处采购的。由于时间紧急，且此种紧急情况是属于不可抗力、无法预见的。(3)必须保证原有采购项目一致性或者服务配套的要求，需要继续从原供应商处添购，且添购资金总额不超过原合同采购金额10%的。从采购实践看，一些项目会存在更换供应商将导致与原有不兼容、不一致的情况，无法满足采购项目一致性或者服务配套要求，因此，政策明确可以继续与原供应商签订采购合同。但不是所有的情况都可以，此时，还需要考虑采购金额，不能超过原合同金额的10%。单一来源采购方式，是一种没有竞争的直接采购。看起来采购的组织比较省时省事，不用考虑多方竞争的因素，但实质上，这种方式的价格不好谈，因为只能从唯一供应商处供货，采购人的采购成本会增加。此外，对于各采购单位内部控制来说，也是一种风险和考验。

五、询价

询价是指询价小组向符合资格条件的供应商发出询价通知书，要求供应商一次报出不得更改的价格，采购人从询价小组提出的成交候选人中确定成交供应商的采购方式。

询价方式适用于采购的货物规格、标准统一，现货货源充足且价格变化幅度小的政府采购项目。询价方式的优势在于简单快速，但其对采购需求中的技术、服务等要求较高，必须完整、明确，对拟询价供应商的资格审查及询价的评审组织都有规范要求。做不好，就容易滋生舞弊行为，影响政府采购的公平和效能。

目前，在采购实践中，竞争性谈判、单一来源采购、询价采购等方式，被称为政府采购的"非标方式"。财政部于2014年2月发布了《政府采购非招标采购方式管理办法》（财政部令第74号），用七章四十二条规定了竞争性谈判、单一来源采购、询价采购方式的适用情形和程序要求。总体上，政府采购非标方式与招标方式相比，采购时间更短，采购针对性更强，更有利于提高采购效率，实现物有所值的采购目标。

六、国务院政府采购监督管理部门认定的其他采购方式

近年来，为了进一步提升政府采购效益，鼓励采购人根据项目特点合理恰当选用采购方式，财政部制定并施行了多个新型采购方式，在实践中得到了广泛运用。

（一）竞争性磋商

竞争性磋商是指采购人、采购代理机构通过组建磋商小组与符合条件的供应商就采购事宜进行磋商，供应商按照磋商文件的要求提交响应文件和报价，采购人从磋商小组评审后提出的候选供应商名单中确定成交供应商的采购方式。

竞争性磋商方式适用于以下情形：（1）政府购买服务项目；（2）技术复杂或者性质特殊，不能确定详细规格或者具体要求的；（3）因艺术品采购、专利、专有技术或者服务的时间、数量事先不能确定等原因不能事

先计算出价格总额的；(4)市场竞争不充分的科研项目，以及需要扶持的科技成果转化项目；(5)按照招标投标法及其实施条例必须进行招标的工程建设项目以外的工程建设项目。

与竞争性谈判相比，竞争性磋商使用综合评分法，而竞争性谈判采用最低价成交(类似《招标投标法》中的"经评审的最低评标价法")。显而易见，通过竞争性磋商方式，对采购的货物或服务性价比要求更高。

(二)框架协议采购

框架协议采购，是指集中采购机构或者主管预算单位对技术、服务等标准明确、统一，需要多次重复采购的货物和服务，通过公开征集程序，确定第一阶段入围供应商并订立框架协议，采购人或者服务对象按照框架协议约定规则，在入围供应商范围内确定第二阶段成交供应商并订立采购合同的采购方式。

框架协议采购适用于以下情形：(1)集中采购目录以内品目，以及与之配套的必要耗材、配件等，属于小额零星采购的；(2)集中采购目录以外，采购限额标准以上，本部门、本系统行政管理所需的法律、评估、会计、审计等鉴证咨询服务，属于小额零星采购的；(3)集中采购目录以外，采购限额标准以上，为本部门、本系统以外的服务对象提供服务的政府购买服务项目，需要确定2家以上供应商由服务对象自主选择的；(4)国务院财政部门规定的其他情形。

框架协议采购方式便于规范多频次、小额度采购活动，能够提高政府采购项目绩效。但同时需要注意的是，框架协议采购方式竞争性较弱，其适用情形受到严格限制。当前，财政部门对框架协议采购方式实行审核备案管理：集中采购机构采用框架协议采购的，应当拟订采购方案，报本级财政部门审核后实施；主管预算单位采用框架协议采购的，应当在采购活动开始前将采购方案报本级财政部门备案。

（三）合作创新采购

合作创新采购是指采购人邀请供应商合作研发，共担研发风险，并按研发合同约定的数量或者金额购买研发成功的创新产品的采购方式。合作创新采购方式分为订购和首购两个阶段。订购是指采购人提出研发目标，与供应商合作研发创新产品并共担研发风险的活动。首购是指采购人对于研发成功的创新产品，按照研发合同约定采购一定数量或者一定金额相应产品的活动。

采购项目符合国家科技和相关产业发展规划，有利于落实国家重大战略目标任务，并且具有下列情形之一的，可以采用合作创新采购方式采购：一是市场现有产品或者技术不能满足要求，需要进行技术突破的；二是以研发创新产品为基础，形成新范式或者新的解决方案，能够显著改善功能性能，明显提高绩效的；三是国务院财政部门规定的其他情形。

作为一种全新的政府采购方式，合作创新采购的标的是市场上尚不存在的创新产品。合作创新采购中，产品研发由采购人与供应商合作完成、共担风险，在有效降低研发风险和市场风险的同时，能够充分发挥需求牵引和供给推动作用，有效激发各类研发主体参与科技创新的积极性，合力攻克"卡脖子"技术难题，推动产品创新升级，助力新质生产力发展。

七、应用案例示范

（一）如何认识化整为零问题

《政府采购法实施条例》第二十八条规定："在一个财政年度内，采购人将一个预算项目下的同一品目或者类别的货物、服务采用公开招标以外的方式多次采购，累计资金数额超过公开招标数额标准的，属于以化整为零方式规避公开招标，但项目预算调整或者经批准采用公开招标以外方式采购除外。"

公开招标，竞争性强，透明度高。《政府采购法实施条例》第二十八条规定：采购人不得将应当以公开招标方式采购的货物或者服务化整为零，或者以其他任何方式规避公开招标采购。所谓化整为零，就是采购人把一个项目人为分割为几个小项目，使得每个项目的预算金额都低于法定的公开招标数额标准，以此来逃避公开招标。具体表现为，既有采购人多次直接向某一特定供应商采购，也有采购人多次通过协议供货、定点采购或网上竞价进行采购。

（二）预算调整除外如何理解

某中央预算单位，年初预算中有一个预算金额180万元的办公家具项目，因未达到200万元公开招标数额标准，该单位采用竞争性谈判方式进行了采购。后因招录新工作人员办公家具需求增加，该单位年中时调整预算，追加120万元用于采购同类的办公家具。同样，因未达到200万元公开招标数额标准，该单位仍用竞争性谈判方式进行采购。

本案例中，该单位在一个财政年度内，先后两次采用非招标方式采购同类办公家具，虽然累计资金数额超过了200万元，但由于是预算调整导致,不属于化整为零规避公开招标。

八、知识拓展

对采购单位来说,采购需求的重要性不言而喻。什么样的需求是好的需求?就是既合法合规又符合实际。实践中,近年来各地区各部门豪华采购、天价采购的情况变少了,但超标准采购的问题仍时有发生。有的可能是出于工作的特殊需要,有的是由于具体工作人员对制度标准的把握不准、把关不严。需求编制,总体上要把握三个原则:合规、完整、明确。

(一)合规

合规是指编制的采购需求符合国家法律法规规定的技术、服务、安全等要求,符合行业标准要求,符合部门规章要求,不能有限制性、倾向性。各单位在确定采购需求时,必须按照国家有关部门制定的技术、安全标准进行确定,同时要求供应商提供有关证明材料。如果不了解这些政策要求,制定的采购文件没有将有关规定作为供应商必须响应的实质性要求,就会导致采购的产品不符合国家规定。如下列物品的采购:

1.医疗器械

《医疗器械监督管理条例》(国务院令第650号)规定,国家对医疗器械分为三类管理。第一类是风险程度低,实行常规管理可以保证其安全、有效的医疗器械;第二类是具有中度风险,需要严格控制管理以保证其安全、有效的医疗器械;第三类是具有较高风险,需要采取特别措施严格控制管理以保证其安全、有效的医疗器械。针对医疗器械的生产经营,主要涉及医疗器械生产许可证和医疗器械经营许可证两个证书。

（1）医疗器械生产许可证。国家对第一类医疗器械生产企业实行备案管理，对第二类、第三类医疗器械生产企业实行许可管理。

（2）医疗器械经营许可证。国家对经营第二类医疗器械的企业实行备案管理，对经营第三类医疗器械的企业实行许可管理。经营第一类医疗器械不需要许可和备案。

2.电器、信息设备、机动车辆

这些产品在采购时，采购需求应符合国家有关部门颁布的生产安全标准并通过中国强制性产品认证（CCC认证，亦称3C认证）。

3.通用办公设备家具

通用办公设备家具必须严格执行资产主管部门印发的配置标准。以中央预算单位为例，2016年，财政部会同国家机关事务管理局等四部门，印发《中央行政单位通用办公设备家具配置标准》（财资〔2016〕27号），明确了通用办公设备、家具的价格、数量、最低使用年限标准。因此，各单位在采购通用办公设备和家具时，要严格执行标准，不能超标准采购。实务中请关注单位所在地区财政部门出台的资产配置标准，确保不超标准配置办公设备家具，也符合《厉行节约反对浪费条例》政策要求，资产配置标准一般会动态调整。

（二）完整

完整是指采购需求应当包括性能、规格、材质及服务等要求，要全面。

(三)明确

采购需求应当准确明了、规范,不能模棱两可,似是而非。采购需求不明确,供应商不知如何编制投标和响应文件,评审专家也不知如何准确评审,更别说能采购到物有所值的产品或服务了。

例如,系统集成的采购。信息类产品的单独委托项目,大多是系统集成项目。这一类项目中不仅有货物,还包括服务,这便要求采购人在确定需求时,就应当明确服务包括什么具体内容。有案例显示,采购单位与中标方的采购合同已经签订,开始履约时,中标单位提出在服务时还需要单独采购一批信息类产品,需要追加费用。采购人想追究该企业的履约责任,又缺少法律政策依据。追根溯源,是采购人的需求不清晰,招标文件中表述很笼统,没有考虑到服务中包含的具体事项,让企业钻了文件的空子。如果添购服务并且这部分产品不超过采购金额的10%,可以采用单一来源采购方式予以追加;但如果超过了10%,就需要重新组织采购。原本可以一次性组织实施的采购项目,因为在采购需求编制阶段没有做足功课,耽误了周期,影响了项目执行。

第三节 政府采购计划申报

广义的政府采购计划申报包括政府采购预算编制和政府采购计划备案。政府采购预算是指各级国家机关、事业单位和团体组织根据事业发展计划和行政任务编制的、经过本级财政部门批准的年度政府采购计划。政府采购计划是指各级国家机关、事业单位和团体组织按采购目录或采购品目编制的,反映各采购单位一定时间内政府采购需求情况及实施要求的计划。按照现行规定，政府采购预算实行审批制，政府采购计划实行备案制。

政府采购预算是单位部门预算的一个组成部分，通常包括采购项目、采购资金来源、项目实施时间等要素。反映了预算年度内单位用于政府采购的支出计划，是单位开展政府采购工作、编制政府采购计划的基础。

政府采购计划备案是指各采购单位将政府采购计划上报备案至本级财政部门的行为。政府采购计划依据财政部门批复的政府采购预算制订，在预算的基础上细化而成，通常包括具体采购品目、数量、采购预算及拟采用的采购方式或组织实施方式等内容。

编报政府采购计划是实现科学采购的重要基础，不仅可以规范采购行为，而且可以提高单位政府采购精细化管理工作水平，节约国家资金，充分体现国家政策目标，为分析决策提供依据。

一、政府采购计划申报的必要性

《政府采购法》和《政府采购法实施条例》对政府采购计划申报工作提出了相应要求，明确了计划申报的必要性，同时规定了未按照计划实施采购和未及时备案的相应处罚。具体法律法规如下：

1.《政府采购法》第三十三条规定：负有编制部门预算职责的部门在编制下一财政年度部门预算时，应当将该财政年度政府采购的项目及资金预算列出，报本级财政部门汇总。部门预算的审批，按预算管理权限和程序进行。

2.《政府采购法实施条例》第二十九条规定：采购人应当根据集中采购目录、采购限额标准和已批复的部门预算编制政府采购实施计划，报本级人民政府财政部门备案。第六十七条规定：采购人有下列情形之一的，由财政部门责令限期改正，给予警告，对直接负责的主管人员和其他直接责任人员依法给予处分，并予以通报：未按照规定编制政府采购实施计划或者未按照规定将政府采购实施计划报本级人民政府财政部门备案。

二、政府采购计划申报的重要性

政府采购计划申报能够有效监督政府采购工作、协调政府采购工作秩序，也是政府采购全流程控制、监管中不可或缺的一个重要环节。其中，政府采购预算是年度政府采购工作开展的"天花板"，对项目预算金额等关键因素做出了明确要求；政府采购计划备案是开展政府采购工作的"线路图"，能够有序协调年度内的政府采购计划，规定采购项目应采取的采购方式和完成的相应时间节点，有效维护采购活动的秩序。

1.政府采购计划是对预算的细化，同时也是采购执行的重要依据

政府采购预算核定采购人在预算年度内可以使用的资金总量以及主要采购项目，是对采购人的总体约束。同时，政府采购计划则是对年度采购预算进一步细化后形成一个具体的、操作性强的采购计划。通过制订计划确定采购支出的具体时间安排、采购品目和数量等因素，指导采购人的年度采购行为。

2.政府采购计划是政府采购监督检查的重要依据

政府采购预算只确定了拟采购项目的预算和大致情况，对实际执行

的约束力较弱，而采购计划则明确了采购项目的品目、种类、数量、采购方式，可以作为政府采购监督检查的依据和有效抓手。

3.有效归集采购需求，提高集中采购机构采购效率

依据集中采购目录，各单位年度采购计划中有相当一部分是需要通过集中采购机构实施采购的。集中采购机构设立的目的之一是通过归集零散采购需求，形成批量优势，降低采购成本。通过政府采购计划申报，特别是采购计划备案，集中采购机构可以提前整合采购需求，为接下来采购工作的开展提早做出准备，有利于提高采购效益。

三、做好政府采购计划申报工作的关键因素

做好政府采购计划申报工作不仅是法律法规所做出的明确要求，同时也是提高政府采购工作效率、保障采购工作有序开展的重要抓手。在日常的政府采购计划申报工作中，应当重点做好以下工作。

1.协同细化政府采购预算与政府采购计划

在编制政府采购预算时，应当对本单位的年度采购需求进行充分的调研论证，对拟采购项目的市场情况进行相应了解，在充分的市场调研和需求调研的基础上，合理地制定政府采购预算，尽量细化预算金额及拟购买品目。预算批复后，政府采购计划编制则应充分听取采购需求部门的采购需求，结合市场调研情况，对采购品目、数量、重要技术参数做出规定，便于今后采购计划的实际执行。

2.兼顾规范性与计划性

政府采购工作是按照采购预算，有组织、有计划、有序开展的。在

采购工作中，采购预算是采购项目的"天花板"，因此采购计划的编制，必须要以采购预算为基础，不得擅自扩大采购规模、超出采购标准、提高采购档次。同时，采购计划又具有一定的计划性，是在预估本单位年度内的政府采购需求的基础上制定的。因此，采购计划申报要兼顾规范性与计划性，在法律、预算的约束下，合理规划年度政府采购支出，尽量提高资金使用效益。

3.兼顾时间性与规模效益性，合理选择采购方式和采购实施方式

政府采购计划应合理考虑时间性。一方面，采购任务是否紧迫，是否有明确要求完成的时间节点；另一方面，采购标的的市场价格是波动的，受时间、购买数量等多个因素的影响。因此，要针对采购项目自身的特点合理选择采购方式和组织实施方式，对于时间紧迫的采购项目，在制订计划时，可以考虑采用单一来源采购、竞争性谈判等方式，对于批量规模效益明显的采购项目，尽量进行一次性采购或者依照集采目录的规定委托集采机构批量采购。综上所述，在制订采购计划时，应充分考虑项目自身特点，统筹协调时间性与规模效益性，兼顾提高效率与节约财政资金。

四、应用案例示范

政府采购预算编制相关内容请参照本书预算编制相关内容，本节重点分析政府采购计划备案的相关实务操作。

政府采购计划备案各地所采用的方式各不相同，中央预算单位采用的是电子系统备案方式。中央预算单位登录预算管理一体化系统，在政府采购模块填写"中央预算单位政府采购计划录入表（按品目录入）"，逐一添加采购项目后，生成"中央预算单位政府采购计划生成表"，经主管预算单位汇总后报送至财政部。

就目前中央预算单位及地方单位所填报的政府采购计划而言，所需填写的信息主要包括：项目名称、项目预算、资金来源、采购品目、采购数量、组织形式、采购方式、委托代理机构。中央预算单位层面要求申报计划时明确应在政府采购中落实的相关政策功能，如扶持中小企业、残疾人福利性单位、监狱企业，优先采购节能环保产品等。因此，对于从事政府采购计划申报工作的行政事业单位会计人员而言，不仅要充分了解需求部门的实际采购需求，也要充分了解政府采购的相关专业知识及现行政策法规，在制订政府采购计划时统筹考虑，充分发挥政府采购节约财政资金、促进经济社会均衡发展等积极作用。

五、知识拓展

由于政府采购涵盖货物、工程、服务三种分类，涉及公开招标、竞争性谈判等多种政府采购方式，又有较多法律法规文件，因此在实际的执行过程中，有许多环节容易出现问题。本部分将政府采购计划申报操作中的易发问题及注意事项做了相关梳理，详细内容如下。

1. 计划编制范围及基本要求

全部使用或部分使用财政性资金（指纳入预算管理的资金）开展的采购活动，都应当编制政府采购计划。涉密采购项目暂不编制采购计划，但预算涉密、采购标的不涉密的项目仍应编制采购计划。单位在编制采购计划时，应结合实际采购需求将预算项目细化为可执行的采购项目，但不得将同一品目或类别的采购项目拆分为多个采购限额或公开招标数额标准以下的项目，规避政府采购和公开招标。

2.依法依规明确采购计划详细信息

申报人在填写采购计划时，应当对需求部门所提供的基本信息进行相关审核。特别针对采购方式及采购代理机构的选择问题，应当严格依照国务院或当地财政部门发布的公开招标数额标准、分散采购限额标准，结合采购项目的特点选择采购方式；严格依据发布的集中采购目录决定项目的委托代理机构。

3.进口产品采购及变更采购方式的采购项目

采购项目中需要采购进口产品以及需要变更采购方式的，采购单位应当在编制采购计划时一并提出，财政部门通过并予以批复后方可实施采购。同时，对于本部门本系统需求普遍、采购频次高的进口产品需求，以及多个预算单位采购同一品目或类别的货物或服务且需变更为同一采购方式的需求，主管预算单位可集中组织专业人员论证和内部会商，统一向财政部门提出申请，财政部门予以统一批复。经财政部门统一批复的进口产品或变更方式项目，单位编制采购计划时，无须提交审批审核材料。

第四节 集中采购目录具体执行操作

《政府采购法》第十八条规定："采购人采购纳入集中采购目录的政府采购项目，必须委托集中采购机构代理采购"。作为非营利事业法人，集中采购机构应当按照这项法定授权，义不容辞承担起集中采购目录内品目采购的任务。从集中采购目录的确定，到集中采购机构的法定赋能，集中采购的重要意义和作用不言而喻。从政治意义看，利于防范风险，预防腐败。集中采购机构是相对独立的第三方，更有利于走专业化道路，也更加熟悉和掌握政府采购规则，有利于规范政府采购程序和行为，防范廉政风险。尤其是加入GPA后，政府采购将实行国际国内两套规则，对专业性、法律性要求更高。从经济意义看，利于产生规模效应，节约资金。集中采购实际上就是一种"团购"，能够更好地发挥规模效益，降低价格，节约财政资金。比如，近几年中央国家机关空调协议供货规模每年约为2亿元，价格一直保持比社会化电商平均低30%的优惠幅度。从政策意义看，利于利用集中采购形成合力，发挥政策功能作用。比如，支持国货、扶持中小微企业和民族企业、支持绿色产品、节能环保产业发展等，这是世界各国政府采购的通行做法。

集中采购目录内的采购，从采购限额标准和组织形式上，大致可分为单独委托项目（招标项目、非标项目）和小额零星采购。对于单独委托项目来说，集中采购机构会严格依照政府采购相关法律制度规定，按照法定的流程来组织。采购人需要进行项目委托，提出并确定采购需求，确认采购文件，派采购人代表参与项目评审，确认采购结果，签订采购合同。除此之外，各地集中采购机构都会在小额零星采购方面，探索出适合本地区采购单位的政府集中采购组织实施方式，方便采购人根据采购品目、采购预算、时间要求等灵活选用。以下对这些较为常用的政府集中采购组织实施方式做重点介绍：

一、协议供货

协议供货，是指通过公开招标方式确定协议供货的协议产品和供应商，在协议有效期内，采购人直接或通过谈判、询价等方式与协议供应商签订供货合同的一种采购形式。协议供货的产品范围一般是根据同级财政部门制定的集中采购目录产生出来，其细分品目由集中采购机构来具体划分。

二、定点采购

定点采购是指通过公开招标方式，综合考虑产品质量、价格和服务等因素，择优确定一家或多家定点供应商，同定点供应商签署定点采购协议，由定点供应商根据协议在定点期限内提供有关产品和服务的一种采购形式。在通用设备采购和服务品目采购上，定点采购的方式应用广泛。比如，家具、汽车加油、汽车维修等品目。

协议供货和定点采购长期以来在集中采购目录内货物和服务总体采购规模中占有举足轻重的位置，价格透明、方便高效的特点使其一直成为最受广大采购人欢迎的采购形式；但也存在部分品目协议价格较高、采购人任意选择高配机型、化整为零规避公开招标等问题。

三、批量集中采购

为进一步规范政府采购行为，提高财政资金使用效益，根据党中央、国务院厉行节约、反对浪费要求，从2011年7月起，中央国家机关政府采购中心率先在中央预算单位试点实施台式计算机、打印机批量集中采购。2013年8月，财政部关于印发《中央预算单位批量集中采购管理暂行办法》的通知（财库〔2013〕109号）发布，要求"列入国务院公布的《中央预算单位政府集中采购目录及标准》中的集中采购机构采购品目应当逐步实施批量集中采购"。2013年9月，《关于中央预算单位实施批量集中采购工作的通知（财办库〔2013〕334号）发布，确定"中央预算单位采购满足办公需求的台式计算机、打印机、便携式计算机、复印机、传真机、扫描仪、复印纸、空调机和碎纸机原则上全部纳入批量集中采购范围"。2014年9月，财政部《关于加强中央预算单位批量集中采购管理有关事项的通知》(财库〔2014〕120号)发布,"自2014年12月1日起，传真机、扫描仪、碎纸机不再纳入批量集中采购范围"。随着四川、河北、内蒙古等省(自治区)在2015年相继试点批量集中采购，全国实行批量集中采购的阵营进一步扩大。目前，全国大部分省(自治区、直辖市)，从信息类产品入手，试点批量集中采购，并出台了相应规定，如安徽省《2016年省级预算单位通用办公设备实行批量集中采购的通知》、广东省《关于做好2016年度省直预算单位批量集中采购工作的通知》等。

在采购程序上，纳入批量集中采购的品目，采购人应当按月填报计划，当月填报下月计划，经集中采购机构归集后，统一组织实施采购。确定每月中标产品后，由中标方按照采购人计划和需求供货。应该说，批量集中采购在提高财政资金使用效益、降低采购成本方面确实体现了规模效应、集约效应和节约效应，利于政策功能的落实；但也会存在采购周期较长、不够便捷的问题。为了更好地发挥集中采购的规模和价格优势，提高采购效率和效果，按照《关于进一步做好中央预算单位批量集中采购有关工作的通知》(财办库〔2016〕425号)规定，自2017年1月1日起，中央国家机关政府采购中心在中央预算单位批量集中采购工作中开始建立批量集中采购与协议供货价格联动机制。即已纳入批量集中采购范围的品目，原则上不再单独组织协议供货入围采购，随批量集中采购一并确定协议供货产品，相应产品协议供货价格与批量集中采购中标、成交价格或报价实行联动。实行联动后，各主管预算单位要加强本部门协议供货采购管理，完善内部审核机制，将协议供货采购数量严格控制在同类品目上年购买总数的30%以内。

四、网上商城（电子卖场）

随着"互联网+政府采购"战略的实施，互联网与政府采购的深度融合也越来越迸发出活力。各地集中采购机构纷纷上线政府采购网上商城（电子卖场），为各采购单位目录内货物、服务的小额零星采购提供了高效便捷的电子化平台，有些网上商城，还把服务视域拓展到目录外、限额下的采购品目，打造政府采购的综合服务平台。比如浙江省依托"互联网+"技术，推出"政采云"平台，统一了业务规则与技术标准，建立了代理机构、评审专家、供应商及商品等数据资源。通过政采云平台专家管理系统，实现专家注册、管理、抽取、考核等功能；取消采购代理机构资格审批，实行代理机构网上注册、网上审核、网上公示等。依托政府采购电子卖场建立网上超市、在线询价、反向竞价、协议+批量、定点服务等线上采购服务，逐步推进政府采购公开招标、邀请招标、竞争性谈判、竞争性磋商、单一来源采购、询价等电子化采购。值得一提的是，浙江政采云平台打造了医疗器械馆等多个特色场馆，实现对特殊货物采购的过程、运输、验收等各环节全流程监管。

综上集中采购目录的具体执行方式，每种方式都由集中采购机构根据专业化能力和水平，划定具体的执行品目和执行的限额标准。对采购人来说，只要准确把握三要素：划定的品目、对应的限额标准和对应的组织实施方式，就能实现本单位小额零星货物或服务采购的快捷、高效、集约。

第五节 分散采购具体执行操作

我国的政府采购实行集中采购和分散采购相结合。采购人采购未纳入集中采购目录的政府采购项目,可以自行采购,也可以委托集中采购机构在委托的范围内代理采购。值得注意的是,这里的分散采购,是指集中采购目录外、采购限额标准以上的品目采购。虽然分散采购在执行主体上可以自选,但其实质也是政府采购,需要遵循政府采购法律制度规定,即采购方式的选用、采购程序的组织、采购的时限要求等,都要严格依照政府采购相关法律规定。

那么,对于集中采购目录外,又在采购限额标准以下的项目怎么办?例如,对于中央预算单位来说,目前,集中采购目录以外,货物或服务单项或批量采购100万元(不含)以下,工程120万元(不含)以下的采购项目,已不属于政府采购范畴,各单位就可以自行采购。虽然不用严格执行政府采购各项政策规定,但仍要按照本部门、本单位内控管理制度执行。

近年来,特别是2018年11月中央全面深化改革委员会第五次会议审议通过《深化政府采购制度改革方案》以后,采购人的主体责任得到了进一步凸显和强化。会议明确指出,"深化政府采购制度改革要坚持问题导向,强化采购人主体责任";同时《政府采购法实施条例》第十一条也明确要求,"采购人在政府采购活动中应当维护国家利益和社会公共利益,公正廉洁,诚实守信,执行政府采购政策,建立政府采购内部管理制度,厉行节约,科学合理确定采购需求。采购人不得向供应商索要或者接受其给予的赠品、回扣或者与采购无关的其他商品、服务",这明确了采购人在政府采购活动中应承担的责任和义务,以及禁止行为。那么,在分散采购的执行操作中,采购人要承担哪些主体责任,要注意什么呢?除了上节说到的"采购需求确定",履约验收、内控机制建设、政策功能落实这三项也十分重要。

一、履约验收

尽管《政府采购法》对验收有规定，但实践中依然存在重采购立项和采购过程、轻合同验收以及重预算申请和资金支付、轻采购结果评价的现象，造成采购达不到预期效果，甚至出现假货和盗版。比如，2013年，先后在云南和湖北出现的政府采购盗版《新华字典》事件，都是由于中标、成交产品没有履行验收环节造成的。多年的实践提醒我们，履约验收必须成为采购人高度重视的工作。对此，《政府采购法实施条例》第四十五条有详细规定。无论是简单的货物项目还是复杂的服务和工程项目，都要把验收作为政府采购的重要和必经环节，认真组织验收，出具验收书。实务中需要关注以下两点：

一是验收不只是清点数量和目测的形式，应该是对供应商履约情况的实质性验收。就是说我们要以契约精神，按《政府采购法实施条例》规定，具体验收要按照合同、供应商的投标和响应文件来组织，对合同中规定的每一项技术、服务和安全标准进行核验；一些复杂的设备可能还要包括出厂检验、到货检验、安装和调试、最终验收、培训等伴随服务的验收。履约验收，可以邀请国家认可的质量检测机构参加，也可以邀请其他未中标的供应商提供参考意见，让采购结果经得起各方检验。向社会公众提供的公共服务项目，验收应当邀请服务对象参与，并向社会公告验收结果。验收时要充分考虑安全标准的因素。这里的安全是广义的，不仅包括项目本身及项目运行期间的安全指标，还要考虑国家安全、公共安全等因素。

二是验收的结果评价很重要。实践中，许多采购人抱着"多一事不如少一事"的想法，或者基于经济和行政成本考虑，对合同数额较小的项目不依据合同追究供应商的违约责任。这是不对的，我们一旦发现供应商在履约中存在问题,就应当按照合同的约定追究供应商责任,情节严重或者拒不整改的,报财政部门依法处理。

二、内控机制建设

内控应该控什么,怎么控?我们说政府采购领域的内控机制,是流程的梳理,是责任的梳理,是规范和加强采购工作的助推剂。2016年6月,财政部印发了《关于加强政府采购活动内部控制管理的指导意见》(财库〔2016〕99号),目的就是规范政府采购活动中的权力运行,促进政府采购提质增效。采购人需把握几个重点内容:

1. 基本原则

一是全面管控与突出重点并举。将政府采购内部控制管理贯穿于政府采购执行与监管的全流程、各环节,全面控制,重在预防。抓住关键环节、岗位和重大风险事项,从严管理,重点防控。

二是分工制衡与提升效能并重。发挥内部机构之间,相关业务、环节和岗位之间的相互监督和制约作用,合理安排分工,优化流程衔接,提高采购绩效和行政效能。

三是权责对等与依法惩处并行。在政府采购执行与监管过程中贯彻权责一致原则,因权定责、权责对应。严格执行法律法规的问责条款,有错必究、失责必惩。

2. 主要任务

(1)落实主体责任。采购人应当做好政府采购业务的内部归口管理和所属单位管理,明确内部工作机制,重点加强对采购需求、政策落实、信息公开、履约验收、结果评价等管理。

（2）明确重点任务。

一是严防廉政风险。牢固树立廉洁是政府采购生命线的根本理念，把纪律和规矩挺在前面。针对政府采购岗位设置、流程设计、主体责任、与市场主体交往等重点问题，细化廉政规范、明确纪律规矩，形成严密、有效的约束机制。

二是控制法律风险。提升法治观念，依法依规组织开展政府采购活动，提高监管水平，切实防控政府采购执行与监管中的法律风险。

三是落实政策功能。准确把握政府采购领域政策功能落实要求，严格执行政策规定，切实发挥政府采购在实现国家经济和社会发展政策目标中的作用。

四是提升履职效能。落实精简、统一、效能的要求，科学确定事权归属、岗位责任、流程控制和授权关系，推进政府采购流程优化、执行顺畅，提升政府采购整体效率、效果和效益。

3.主要措施

（1）明晰事权，依法履职尽责。法无授权不可为，既不能失职不作为，也不得越权乱作为。

一是实施归口管理。采购人应当明确内部归口管理部门，具体负责本单位、本系统的政府采购执行管理。归口管理部门应当牵头建立本单位政府采购内部控制制度，明确本单位相关部门在政府采购工作中的职责与分工，建立政府采购与预算、财务（资金）、资产、使用等业务机构或岗位之间沟通协调的工作机制，共同做好编制政府采购预算和实施计划、确定采购需求、组织采购活动、履约验收、答复询问质疑、配合投诉处理及监督检查等工作。

二是明确委托代理权利义务。采购人应当和采购代理机构依法签订政府采购委托代理协议，明确代理采购的范围、权限和期限等具体事项。采购代理机构应当严格按照委托代理协议开展采购活动，不得超越代理权限。采购代理机构的遴选也应结合实际情况以符合规定的方式进行。

三是强化内部监督。采购人应当发挥内部审计、纪检监察等机构的监督作用，加强对采购执行和监管工作的常规审计和专项审计。畅通问题反馈和受理渠道，通过检查、考核、设置监督电话或信箱等多种途径查找和发现问题，有效分析、预判、管理、处置风险事项。

（2）合理设岗，强化权责对应。

一是界定岗位职责。对照政府采购法律、法规、规章及制度规定，认真梳理不同业务、环节、岗位需要重点控制的风险事项，划分风险等级，建立制度规则、风险事项等台账，合理确定岗位职责，业务风险点及防控措施，责任落实到人。

二是不兼容岗位分离。采购需求制定与内部审核、采购文件编制与复核、合同签订与验收等岗位原则上应当分开设置。

三是相关业务多人参与。采购人、集中采购机构对于评审现场组织、单一来源采购项目议价、合同签订、履约验收等相关业务，原则上应当由两人以上共同办理,并明确主要负责人员。

四是实施定期轮岗。按照政府采购岗位风险等级设定轮岗周期,风险等级高的岗位原则上应当缩短轮岗年限。不具备轮岗条件的应当定期采取专项审计等控制措施。建立健全政府采购在岗监督、离岗审查和项目责任追溯制度。

(3)分级授权,推动科学决策。明确不同级别的决策权限和责任归属,建立内部授权管理体系。

一是加强所属单位管理。主管预算单位应当明确与所属预算单位在政府采购管理、执行等方面的职责范围和权限划分,细化业务流程和工作要求,加强对所属预算单位的采购执行管理,强化对政府采购政策落实的指导。

二是完善决策机制。政府采购事项集体研究、合法性审查和内部会签相结合的议事决策机制。对于涉及民生、社会影响较大的项目,采购人在制定采购需求时,还应当进行法律、技术咨询或者公开征求意见。决策过程要形成完整记录,任何个人不得单独决策或者擅自改变集体决策。

三是完善内部审核制度。采购人、集中采购机构确定采购方式、组织采购活动应当依据法律制度和有关政策要求细化内部审核的各项要素、审核标准、审核权限和工作要求,实行办理、复核、审定的内部审核机制,对照要求逐层把关。

(4)优化流程,实现重点管控。加强对采购活动的流程控制,突出重点环节,确保政府采购项目规范运行。

一是增强采购计划性。采购人应当提高编报与执行政府采购预算、实施计划的系统性、准确性、及时性和严肃性，制定政府采购实施计划执行时间表和项目进度表，有序安排采购活动。

二是加强关键环节控制。未编制采购预算和实施计划的不得组织采购，无委托代理协议不得开展采购代理活动，对属于政府采购范围未执行政府采购规定、采购方式或程序不符合规定的及时予以纠正。

三是明确时限要求。提高政府采购效率，对信息公告、合同签订、变更采购方式、采购进口产品、答复询问质疑、投诉处理以及其他有时间要求的事项，要细化各个节点的工作时限，确保在规定时间内完成。

四是强化利益冲突管理。厘清利益冲突的主要对象、具体内容和表现形式，明确与供应商等政府采购市场主体、评审专家交往的基本原则和界限，细化处理原则、处理方式和解决方案。采购人员及相关人员与供应商有利害关系的，应当严格执行回避制度。

五是健全档案管理。加强政府采购记录控制，按照规定妥善保管与政府采购管理、执行相关的各类文件。

（5）保障措施。

一是加强组织领导。要严格执行岗位分离、轮岗交流等制度，暂不具备条件的要创造条件逐步落实，确不具备条件的基层单位可适当放宽要求。

二是加快建章立制。抓紧梳理和评估本部门、本单位政府采购执行和监管中存在的风险，明确标准化工作要求和防控措施，完善内部管理制度，形成较为完备的内部控制体系。

三是完善技术保障。政府采购管理交易系统及采购人内部业务系统应当重点强化人员身份验证、岗位业务授权、系统操作记录、电子档案管理等系统功能建设。探索大数据分析在政府采购内部控制管理中的应用，将信息数据科学运用于项目管理、风险控制、监督预警等方面。

（6）强化运行监督。建立内部控制管理的激励约束机制，将内部控制制度的建设和执行情况纳入绩效考评体系，定期评估总结，不断改进内部控制管理体系。

三、政策功能落实

《政府采购法》及其实施条例中，对政府采购落实政策功能有明确规定。比如《政府采购法》第九条："政府采购应当有助于实现国家的经济和社会发展政策目标，包括保护环境，扶持不发达地区和少数民族地区，促进中小企业发展等。"第十条："政府采购应当采购本国货物、工程和服务。"

什么是政府采购的政策功能？即服务于国家中长期的发展目标，具体来说，就是支持国货、节能环保、促进中小企业发展、扶持不发达地区和少数民族地区等。

实际上，这是世界各国政府采购的通行做法。在美国，政府采购被看作是解决贫困、种族歧视、资源浪费、环境破坏、经济危机等问题的重要手段，与财税政策、金融政策并列为重要的宏观调控工具。发展中国家也非常重视发挥政府采购的政策功能。在印度，政府采购是促进本国信息技术等产业发展的重要手段，不仅要求政府采购的大部分产品是"印度制造"，还强制所有政府部门采购印度企业生产的电信、IT硬件等电子产品。

在我国，政府采购制度实施初期，规范财政支出、节约资金是主要的工作目标和标准判断，实践中往往将价格作为企业中标的关键因素甚至唯一因素，虽然这在某一阶段具有一定的合理性，但也存在着企业进行非理性价格竞争，甚至陷入"低价低质"恶性循环等问题。在这样的导向下，政府采购更多关注"经济效益"，无法涵盖更深层次的"管理效益""社会效益""发展效益"等。随着深化政府采购制度改革的不断深入，改进政府采购代理和评审机制，健全科学高效的采购交易机制，强化政府采购政策功能措施，健全政府采购监督管理机制，加快形成采购主体职责清晰、交易规则科学高效、监管机制健全、政策功能完备、法律制度完善、技术支撑先进的现代政府采购制度成为我国政府采购制度进一步发展完善的新导向、新要求。在此背景下，充分发挥政府采购的政策功能，构建"经得起更长寿命周期检验、经得起更广政策领域考量"的价值追求取向，既是发展新阶段的大趋势，也是实践的新要求、新目标。

政府采购的政策功能，主要体现在两个方面：一个是助力产业发展，另一个是承担社会责任。近年来，财政部陆续出台了关于进口产品管理、促进中小企业发展、促进节能环保绿色采购、促进创新产品和服务、助力扶贫、优化营商环境等方面的政策文件，从制度层面推动政府采购相关政策功能落实。但在实际工作中，一些单位片面强调单位特殊性、追求高价洋品牌、对民族品牌排斥不信任等现象还存在。落实政府采购政策功能，依然任重道远。

四、知识拓展

第一，政府采购服务合同签订有哪些种类？

在合同方面，政府采购服务合同的类型也更加灵活多样。根据政府采购服务项目的需求特点，可以采取购买、委托、租赁、雇用等多种合同方式，也可以签订金额不固定、数量不固定、期限不固定、特许经营服务等新型合同。

第二，采购人如何助力中小企业发展？

一是专门面向中小企业采购。《政府采购促进中小企业发展暂行办法》（财库〔2020〕46号）第七条规定："采购限额标准以上，200万元以下的货物和服务采购项目、400万元以下的工程采购项目，适宜由中小企业提供的，采购人应当专门面向中小企业采购。"

二是预留采购份额。超过200万元的货物和服务采购项目、超过400万元的工程采购项目中适宜由中小企业提供的，预留该部分采购项目预算总额的30%以上专门面向中小企业采购，其中预留给小微企业的比例不低于60%。预留份额通过下列措施进行：①将采购项目整体或者设置采购包专门面向中小企业采购；②要求供应商以联合体形式参加采购活动，且联合体中中小企业承担的部分达到一定比例；③要求获得采购合同的供应商将采购项目中的一定比例分包给一家或者多家中小企业。组成联合体或者接受分包合同的中小企业与联合体内其他企业、分包企业之间不得存在直接控股、管理关系。

三是价格评审优惠。按照《关于进一步加大政府采购支持中小企业力度的通知》（财库〔2022〕19号）的规定，货物服务采购项目小微企业价格评审优惠幅度为10%—20%；政府采购工程项目为3%—5%；使用优惠后的评标价参加评标。此举使小微企业报价在与其他供应商报价相比时获得评审优势，进而提高成交概率。2014年财政部、司法部联合下发文件，明确规定监狱企业在政府采购活动中，视同小微企业，享受各种优惠政策。特别要提醒的是，有制服采购项目的部门，如公检法系统的单位，应预留本部门制服采购项目预算总额的30%以上，专门面向监狱企业采购。

四是构建"亲清"政商关系。习近平总书记提出构建"亲清"新型政商关系。这对于政府采购工作来说，既划出了底线，又拓展了空间。在全面从严治党的大背景下，要加大采购信息公开力度，坚持群众路线，坦荡真诚、亲和友善地同参与政府采购的供应商接触交往，关心企业的发展，了解企业的困难，这方面，要公开透明，没必要遮遮掩掩，更不能不理不睬，所谓"既不可权钱交易，也不能互不往来"。

本章小结

近年来，政府采购建章立制取得新进展，扩面增量实现新突破，采购效益不断提升，政策功能不断显现，政府采购的制度优势不断显现，有力推动了法治、责任、廉洁和服务型政府机关建设，助力经济社会发展，营造了公平竞争、规范有序的政府采购市场环境。

在实务中，政府采购工作与预算编制、资产配置、国库集中支付等方面紧密联系，特别是随着信息化的推进，上述工作环环相扣，需要会计人员掌握上述环节的相互联系和制约因素，才能做好相关工作。近年来审计署公开的审计报告中，招投标程序等问题数量正在快速上升，需要高度予以关注。

第七章 会计核算实务

本章导读

会计核算是会计人员必须掌握的最基本技能之一。本章按照最新《政府会计制度》，根据八大类会计要素的顺序，阐述行政事业单位经济业务的会计处理方式。为了加强对"双体系、双基础、双目标"的理解应用，把财务会计和预算会计的会计处理通过平行记账的方式同时展示出来，供读者学习。

政府会计制度自2014年改革以来，陆续出台一系列的准则、制度、指南、解释、通知等文件（见表7-1），在会计核算实务中，应将相关制度与会计业务相结合。

表7-1　　　　2014年以来出台的有关会计政策、制度文件

序号	文件名称	文号
1	国务院关于批转财政部权责发生制政府综合财务报告制度改革方案的通知	国发〔2014〕63号
2	政府会计准则——基本准则	财政部令第78号
3	政府会计准则第1号——存货	财会〔2016〕12号
4	政府会计准则第2号——投资	财会〔2016〕12号
5	政府会计准则第3号——固定资产	财会〔2016〕12号
6	政府会计准则第4号——无形资产	财会〔2016〕12号
7	《政府会计准则第3号——固定资产》应用指南	财会〔2017〕4号
8	政府会计准则第5号——公共基础设施	财会〔2017〕11号

续表

序号	文件名称	文号
9	政府会计准则第6号——政府储备物资	财会〔2017〕23号
10	政府会计准则第7号——会计调整	财会〔2018〕28号
11	政府会计准则第8号——负债	财会〔2018〕31号
12	政府会计准则第9号——财务报表编制和列报	财会〔2018〕37号
13	政府会计准则第10号——政府和社会资本合作项目合同	财会〔2019〕23号
14	关于印发《政府会计准则第10号——政府和社会资本合作项目合同应用指南》的通知	财会〔2020〕19号
15	政府会计准则第11号——文物资源	财会〔2023〕19号
16	《政府会计准则第11号——文物资源》应用指南	财会〔2023〕19号
17	政府会计制度——行政事业单位会计科目和报表	财会〔2017〕25号
18	关于印发《政府会计制度——行政事业单位会计科目和报表》与《行政单位会计制度》和《事业单位会计制度》有关衔接问题处理规定的通知	财会〔2018〕3号
19	关于印发国有林场和苗圃执行《政府会计制度——行政事业单位会计科目和报表》的补充规定和衔接规定的通知	财会〔2018〕11号
20	关于印发测绘事业单位执行《政府会计制度——行政事业单位会计科目和报表》的衔接规定的通知	财会〔2018〕16号
21	关于印发地质勘查事业单位执行《政府会计制度——行政事业单位会计科目和报表》的衔接规定的通知	财会〔2018〕17号
22	关于印发高等学校执行《政府会计制度——行政事业单位会计科目和报表》的补充规定和衔接规定的通知	财会〔2018〕19号
23	关于印发中小学校执行《政府会计制度——行政事业单位会计科目和报表》的补充规定和衔接规定的通知	财会〔2018〕20号
24	关于印发科学事业单位执行《政府会计制度——行政事业单位会计科目和报表》的补充规定和衔接规定的通知	财会〔2018〕23号
25	关于印发医院执行《政府会计制度——行政事业单位会计科目和报表》的补充规定和衔接规定的通知	财会〔2018〕24号
26	关于印发基层医疗机构执行《政府会计制度——行政事业单位会计科目和报表》的补充规定和衔接规定的通知	财会〔2018〕25号
27	关于印发彩票机构执行《政府会计制度——行政事业单位会计科目和报表》的补充规定和衔接规定的通知	财会〔2018〕26号
28	关于印发《行政事业单位划转撤并相关会计处理规定》的通知	财会〔2022〕29号
29	关于贯彻实施政府会计准则制度的通知	财会〔2018〕21号

续表

序号	文件名称	文号
30	关于进一步做好政府会计准则制度新旧衔接和加强行政事业单位资产核算的通知	财会〔2018〕34号
31	关于印发《事业单位成本核算基本指引》的通知	财会〔2019〕25号
32	关于进一步加强公路水路公共基础设施政府会计核算的通知	财会〔2020〕23号
33	关于印发《事业单位成本核算具体指引——公立医院》的通知	财会〔2021〕26号
34	关于进一步加强水利基础设施政府会计核算的通知	财会〔2021〕29号
35	关于印发《事业单位成本核算具体指引——高等学校》的通知	财会〔2022〕26号
36	关于印发《事业单位成本核算具体指引——科学事业单位》的通知	财会〔2022〕27号
37	关于进一步加强市政基础设施政府会计核算的通知	财会〔2022〕38号
38	关于印发《政府会计准则制度解释第1号》的通知	财会〔2019〕13号
39	关于印发《政府会计准则制度解释第2号》的通知	财会〔2019〕24号
40	关于印发《政府会计准则制度解释第3号》的通知	财会〔2020〕15号
41	关于印发《政府会计准则制度解释第4号》的通知	财会〔2021〕33号
42	关于印发《政府会计准则制度解释第5号》的通知	财会〔2022〕25号
43	关于印发《政府会计准则制度解释第6号》的通知	财会〔2023〕18号
44	关于印发《政府会计准则制度解释第7号》的通知	财会〔2023〕32号

其中,《政府会计准则第10号——政府和社会资本合作项目合同》及其应用指南,已经被《财政部关于公布废止和失效的财政规章和规范性文件目录(第十四批)的决定》(财政部令第114号)列入废止目录。

财政部会计司还出台了一批"应用案例""实施问答",详细情况请参考会计司官方网站。

第一节 资产业务核算

资产是指政府会计主体过去的经济业务或者事项形成的,由政府会计主体控制的，预期能够产生服务潜力或者带来经济利益流入的经济资源。其中，服务潜力是指政府会计主体利用资产提供公共产品和服务以履行政府职能的潜在能力。经济利益流入表现为现金及现金等价物的流入，或者现金及现金等价物流出的减少。

政府会计主体的资产按照流动性，分为流动资产和非流动资产。其中，流动资产是指预计在1年内（含1年）耗用或者可以变现的资产，包括货币资金、短期投资、应收及预付款项、存货等。非流动资产是指流动资产以外的资产，包括固定资产、在建工程、无形资产、长期投资、公共基础设施、政府储备物资、文物资源、保障性住房等。

资产的计量属性主要包括历史成本、重置成本、现值、公允价值和名义金额（见表7-2）。

表7-2　　　　　　　　　　资产的计量属性

计量属性	定义
历史成本	在历史成本计量下，资产按照取得时支付的现金金额或者支付对价的公允价值计量
重置成本	在重置成本计量下，资产按照现在购买相同或者相似资产所需支付的现金金额计量
现值	在现值计量下，资产按照预计从其持续使用和最终处置中所产生的未来净现金流入量的折现金额计量
公允价值	在公允价值计量下，资产按照市场参与者在计量日发生的有序交易中，出售资产所能收到的价格计量
名义金额	无法采用上述计量属性的，采用名义金额（即人民币1元）计量

政府会计主体在对资产进行计量时，一般应当采用历史成本。采用重置成本、现值、公允价值计量的，应当保证所确定的资产金额能够持续、可靠计量。

资产类会计科目共35个，为便于阅读和理解，本节按照科目内容将其归纳为七个部分（见表7-3）。

表7-3　　　　　　　　　　　本节科目分类概括

序号	名称	包括的科目
1	货币资金类业务	库存现金、银行存款、其他货币资金、零余额账户用款额度、财政应返还额度
2	应收及暂付类业务	应收票据、应收账款、预付账款、应收股利、应收利息、其他应收款、坏账准备
3	存货类业务	在途物品、库存物品、加工物品
4	投资类业务	短期投资、长期股权投资、长期债券投资
5	非流动资产类业务	固定资产、固定资产累计折旧、工程物资、在建工程、无形资产、无形资产累计摊销、研发支出
6	经管类资产业务	公共基础设施、公共基础设施累计折旧（摊销）、政府储备物资、文物资源、保障性住房、保障性住房累计折旧
7	其他资产类业务	受托代理资产、待摊费用、长期待摊费用、待处理财产损溢

《政府会计准则第11号——文物资源》实施后，"文物文化资产"改为"文物资源"。

一、货币资金类业务

（一）重点解读

行政事业单位的货币资金包括"库存现金""银行存款""零余额账户用款额度""其他货币资金""财政应返还额度"五个会计科目。政府会计制度规定："纳入部门预算管理的现金收支业务，在采用财务会计核算的同时应当进行预算会计核算，"货币资金业务即制度中规定的"现金"收支业务，是判断是否同时进行编制预算会计分录的重要依据之一。"零余额账户用款额度"和"财政应返还额度"的账务处理还要结合国库集中收付制度进行学习掌握。预算一体化系统实施后，国库集中支付方式发生改变，大多数预算单位"零余额账户用款额度"科目不再使用。

具体的账务处理如表7-4至表7-8所示。

表7-4　　　　　　　　"库存现金"主要账务处理

序号	业务和事项内容	《政府会计制度》账务处理	
		财务会计	预算会计
1	提现	借：库存现金 贷：银行存款等	不做账务处理
2	存现	借：银行存款等 贷：库存现金	不做账务处理
3	职工出差等借出现金	借：其他应收款 贷：库存现金	不做账务处理
4	出差人员报销差旅费	借：业务活动费用/单位管理费用等 　　库存现金（或贷方） 贷：其他应收款	借：事业支出/行政支出等 贷：资金结存——货币资金
5	因开展业务等其他事项收到现金	借：库存现金 贷：事业收入/应收账款等	借：资金结存——货币资金 贷：事业预算收入等
6	因购买服务、商品或其他事项支出现金	借：业务活动费用/单位管理费用/其他费用/应付账款等 贷：库存现金	借：事业支出/行政支出/其他支出等 贷：资金结存——货币资金
7	对外捐赠现金资产	借：其他费用 贷：库存现金	借：其他支出 贷：资金结存——货币资金
8	收到受托代理、代管现金	借：库存现金——受托代理资产 贷：受托代理负债	不做账务处理
9	支付受托代理、代管现金	借：受托代理负债 贷：库存现金——受托代理资产	不做账务处理
10	现金溢余中，按照溢余金额转入待处理财产损溢	借：库存现金 贷：待处理财产损溢	借：资金结存——货币资金 贷：其他预算收入

续表

序号	业务和事项内容	《政府会计制度》账务处理	
		财务会计	预算会计
11	现金溢余中，属于应支付给有关人员或单位的部分	借：待处理财产损溢 　　贷：其他应付款 借：其他应付款 　　贷：库存现金	借：其他预算收入 　　贷：资金结存——货币资金
12	现金溢余中，属于无法查明原因的部分，报经批准后	借：待处理财产损溢 　　贷：其他收入	不做账务处理
13	现金短缺中，按照短缺金额转入待处理财产损溢	借：待处理财产损溢 　　贷：库存现金	借：其他支出 　　贷：资金结存——货币资金
14	现金短缺中，属于应由责任人赔偿的部分	借：其他应收款 　　贷：待处理财产损溢 借：库存现金 　　贷：其他应收款	借：资金结存——货币资金 　　贷：其他支出
15	现金短缺中，属于无法查明原因的部分，报经批准后	借：资产处置费用 　　贷：待处理财产损溢	不做账务处理

表7-5　　　　　　　　　　"银行存款"主要账务处理

序号	业务和事项内容	《政府会计制度》账务处理	
		财务会计	预算会计
1	提现	借：库存现金 　　贷：银行存款	不做账务处理
2	将款项存入银行或其他金融机构	借：银行存款 　　贷：库存现金/事业收入/其他收入等	借：资金结存——货币资金 　　贷：事业预算收入/其他预算收入等
3	支付款项	借：业务活动费用/单位管理费用/其他费用等 　　贷：银行存款	借：事业支出/行政支出/其他支出等 　　贷：资金结存——货币资金

续表

序号	业务和事项内容	《政府会计制度》账务处理 财务会计	《政府会计制度》账务处理 预算会计
4	收到银行存款利息	借：银行存款 贷：利息收入	借：资金结存——货币资金 贷：其他预算收入
5	支付银行手续费等	借：业务活动费用/单位管理费用等 贷：银行存款	借：事业支出/行政支出等 贷：资金结存——货币资金
6	对外捐赠银行存款	借：其他费用 贷：银行存款	借：其他支出 贷：资金结存——货币资金
7	收到受托代理、代管银行存款	借：银行存款——受托代理资产 贷：受托代理负债	不做账务处理
8	支付受托代理、代管银行存款	借：受托代理负债 贷：银行存款——受托代理资产	不做账务处理
9	以外币购买物资、劳务等	借：在途物品/库存物品等 贷：银行存款[外币账户]/应付账款等[外币账户]	借：事业支出/行政支出等 贷：资金结存——货币资金
10	以外币收取相关款项等	借：银行存款[外币账户]/应收账款等[外币账户] 贷：事业收入等	借：资金结存——货币资金 贷：事业预算收入等
11	期末，根据各外币账户按照期末的即期汇率调整后的人民币余额与原账面人民币余额的差额，作为汇兑损益	借：银行存款/应收账款/应付账款等 贷：业务活动费用/单位管理费用等[汇兑收益] 注：汇兑损失做相反分录	借：资金结存——货币资金 贷：事业支出/行政支出等[汇兑收益] 注：汇兑损失做相反分录

表7-6 "其他货币资金"主要账务处理

序号	业务和事项内容	《政府会计制度》账务处理	
		财务会计	预算会计
1	取得银行本票、银行汇票、信用卡时	借：其他货币资金——银行本票存款 　　　　　　　　——银行汇票存款 　　　　　　　　——信用卡存款 贷：银行存款	不做账务处理
2	用银行本票、银行汇票、信用卡支付时	借：在途物品/库存物品等 贷：其他货币资金——银行本票存款 　　　　　　　　——银行汇票存款 　　　　　　　　——信用卡存款	借：事业支出/行政支出等 贷：资金结存——货币资金
3	银行本票、银行汇票、信用卡的余款退回时	借：银行存款 贷：其他货币资金——银行本票存款 　　　　　　　　——银行汇票存款 　　　　　　　　——信用卡存款	不做账务处理

表7-7 "零余额账户用款额度"主要账务处理

序号	业务和事项内容	《政府会计制度》账务处理	
		财务会计	预算会计
1	收到"授权支付到账通知书"	借：零余额账户用款额度 贷：财政拨款收入	借：资金结存——零余额账户用款额度 贷：财政拨款预算收入
2	支付日常活动费用	借：业务活动费用/单位管理费用等 贷：零余额账户用款额度	借：事业支出/行政支出等 贷：资金结存——零余额账户用款额度
	购买库存物品或购建固定资产等	借：库存物品/固定资产/在建工程等 贷：零余额账户用款额度	
	从零余额账户提取现金	借：库存现金 贷：零余额账户用款额度	借：资金结存——货币资金 贷：资金结存——零余额账户用款额度
	将现金退回单位零余额账户	借：零余额账户用款额度 贷：库存现金	借：资金结存——零余额账户用款额度 贷：资金结存——货币资金

续表

序号	业务和事项内容	《政府会计制度》账务处理	
		财务会计	预算会计
3	因购货退回等发生国库授权支付额度退回（本年度授权支付的款项）	借：零余额账户用款额度 　贷：库存物品等	借：资金结存——零余额账户用款额度 　贷：事业支出/行政支出等
	因购货退回等发生国库授权支付额度退回（以前年度授权支付的款项）	借：零余额账户用款额度 　贷：库存物品/以前年度盈余调整等	借：资金结存——零余额账户用款额度 　贷：财政拨款结转——年初余额调整/财政拨款结余——年初余额调整
4	年末，根据代理银行提供的对账单注销财政授权支付额度	借：财政应返还额度——财政授权支付 　贷：零余额账户用款额度	借：资金结存——财政应返还额度 　贷：资金结存——零余额账户用款额度
	本年度财政授权支付预算指标数大于零余额账户额度下达数的，根据未下达的用款额度	借：财政应返还额度——财政授权支付 　贷：财政拨款收入	借：资金结存——财政应返还额度 　贷：财政拨款预算收入
5	下年初，根据代理银行提供的额度恢复到账通知书恢复财政授权支付额度	借：零余额账户用款额度 　贷：财政应返还额度——财政授权支付	借：资金结存——零余额账户用款额度 　贷：资金结存——财政应返还额度
	下年初，收到财政部门批复的上年末未下达零余额账户用款额度	借：零余额账户用款额度 　贷：财政应返还额度——财政授权支付	借：资金结存——零余额账户用款额度 　贷：资金结存——财政应返还额度

表7-8　　　　　　　"财政应返还额度"主要账务处理

序号	业务和事项内容		《政府会计制度》账务处理	
			财务会计	预算会计
1	财政直接支付方式下，确认财政应返还额度	年末本年度预算指标数与当年实际支付数的差额	借：财政应返还额度——财政直接支付 贷：财政拨款收入	借：资金结存——财政应返还额度 贷：财政拨款预算收入
		下年度使用以前年度财政直接支付额度支付款项时	借：业务活动费用/单位管理费用/库存物品等 贷：财政应返还额度——财政直接支付	借：事业支出/行政支出等 贷：资金结存——财政应返还额度
2	财政授权支付方式下，确认财政应返还额度	年末本年度预算指标数大于额度下达数的，根据未下达的用款额度	借：财政应返还额度——财政授权支付 贷：财政拨款收入	借：资金结存——财政应返还额度 贷：财政拨款预算收入
		年末根据代理银行提供的对账单作注销额度处理	借：财政应返还额度——财政授权支付 贷：零余额账户用款额度	借：资金结存——财政应返还额度 贷：资金结存——零余额账户用款额度
		下年初额度恢复和下年初收到财政部门批复的上年末未下达零余额账户用款额	借：零余额账户用款额度 贷：财政应返还额度——财政授权支付	借：资金结存——零余额账户用款额度 贷：资金结存——财政应返还额度

（二）应用案例示范

【例7-1】某事业单位2×24年4月发生有关现金收入、支出的业务如下：

（1）4月1日从基本户提取现金2 000元作为备用金。

（2）4月8日办公室工作人员李某出差，借用现金1 500元，出差回来后报销差旅费1 000元，退还多借的现金500元。

（3）4月15日，单位资产管理部门交来处置废旧资产收入现金400元。

（4）4月15日，单位取得现金收入1 500元（不含增值税），增值税额为90元。

（5）4月20日，单位办公室购买办公用品800元。

（6）4月30日，月底盘点发现现金比账面多出100元，经过核实，其中80元属于应该支付给单位员工何某，剩余20元无法查明原因。

上述业务的账务处理如表7-9所示。

表7-9　　　　　　　　　例7-1的账务处理

业务事项	财务会计分录	预算会计分录
提取现金	借：库存现金　　　　2 000 　贷：银行存款　　　　　2 000	不做账务处理
报销差旅费	借：其他应收款　　　1 500 　贷：库存现金　　　　　1 500 借：单位管理费用　　1 000 　　库存现金　　　　　　500 　贷：其他应收款　　　　1 500	不做账务处理 借：事业支出——差旅费 　　　　　　　　　　1 000 　贷：资金结存——货币资金 　　　　　　　　　　1 000
资产处置现金	借：库存现金　　　　　400 　贷：应缴财政款　　　　　400	不做账务处理
取得现金收入	借：库存现金　　　　1 590 　贷：事业收入　　　　　1 500 　　应缴增值税——销项税额 　　　　　　　　　　　　90	借：资金结存——货币资金 　　　　　　　　　　1 590 　贷：事业预算收入　　　1 590

续表

业务事项	财务会计分录	预算会计分录
购买办公用品	借：单位管理费用　800 　　贷：库存现金　　　　800	借：事业支出——办公费　800 　　贷：资金结存——货币资金 　　　　　　　　　　　　800
现金溢余	借：库存现金　　　　100 　　贷：待处理财产损溢　100 借：待处理财产损溢　80 　　贷：其他应付款　　　80 借：其他应付款　　　80 　　贷：库存现金　　　　80 借：待处理财产损溢　20 　　贷：其他收入　　　　20	借：资金结存——货币资金 　　　　　　　　　　　　100 　　贷：其他预算收入　　100 借：其他预算收入　　80 　　贷：资金结存——货币资金 　　　　　　　　　　　　80 不做账务处理

【例7-2】某事业单位2×24年5月发生有关银行存款业务如下：

（1）5月10日，收到事业活动业务费50 000元，同日支付业务培训费25 000元。

（2）5月15日，对外捐出银行存款30 000元。

（3）该单位年初美元存款户余额为10 000美元，美元与人民币的汇率为1∶6.89，账面人民币余额为68 900元。5月20日，事业活动收入1 000美元，当日美元与人民币的汇率为1∶6.82。年末，美元与人民币的汇率为1∶7.00，美元存款户余额为11 000美元，账面人民币余额为75 720元，则汇兑损益为人民币1 280元（11 000×7-75 720）。

上述业务的账务处理如表7-10所示。

表7-10　　　　　　　　　例7-2的账务处理

业务事项	财务会计分录	预算会计分录
收到事业活动费	借：银行存款　　　　50 000 　　贷：事业收入　　　　50 000	借：资金结存——货币资金　50 000 　　贷：事业预算收入　　　　50 000
报销培训费	借：业务活动费用　　25 000 　　贷：银行存款　　　　25 000	借：事业支出　　　　　　　25 000 　　贷：资金结存——货币资金 　　　　　　　　　　　　25 000
对外捐赠	借：其他费用　　　　30 000 　　贷：银行存款　　　　30 000	借：其他支出——捐赠支出　30 000 　　贷：资金结存——货币资金　30 000
收到外币收入	借：银行存款——美元户　6 820 　　贷：事业收入　　　　6 820	借：资金结存——货币资金　6 820 　　贷：事业预算收入　　　　6 820
年底计算汇兑损益	借：银行存款——美元户　1 280 　　贷：业务活动费用　　1 280	借：资金结存——货币资金　1 280 　　贷：事业支出　　　　　　1 280

【例7-3】某行政单位已经纳入国库集中支付改革，2024年12月发生部分经济业务如下：

（1）12月1日，收到《财政授权支付用款额度到账通知书》，确定本月公用经费授权支付额度为500 000元，与财政部门批准的分月用款计划核对一致。当月人员经费直接支付额度为1 000 000元。

（2）12月5日，使用财政直接支付当月工资1 000 000元。

（3）12月15日，填写《财政资金授权支付凭证》，授权支付会议费金额为45 000元。

（4）年终，本年度该单位A项目财政授权支付预算指标数为400 000元，单位零余额账户代理银行收到零余额账户用款额度350 000元，本年度财政授权支付实际支出数为330 000元。存在尚未使用的财政授权支付预算额度20 000元，A项目存在尚未收到的财政授权支付预算指标50 000元。本年度B项目财政直接支付预算指标数为600 000元，财政直接支付实际支出数570 000元。

（5）次年初，该单位收到代理银行提供的额度恢复到账通知书，恢复财政授权支付额度20 000元。同时，收到财政部门批复的上年终未下达的单位零余额账户用款额度50 000元。该单位收到财政部门批转的财政直接支付额度恢复通知单，恢复财政直接支付额度30 000元。

（6）次年初，该单位使用恢复的财政直接支付额度支付该项目支出差旅费18 000元。

上述业务的账务处理如表7-11所示。

表7-11　　　　　　　　　例7-3的账务处理

业务事项	财务会计分录	预算会计分录
收到零余额账户授权支付额度	借：零余额账户用款额度 500 000 　　贷：财政拨款收入　　500 000	借：资金结存——零余额账户 　　用款额度　　500 000 　　贷：财政拨款预算收入　500 000
财政直接支付工资	借：业务活动费用　　1 000 000 　　贷：财政拨款收入　　1 000 000	借：行政支出　　1 000 000 　　贷：财政拨款预算收入　1 000 000
财政授权支付会议费	借：业务活动费用　　45 000 　　贷：零余额账户用款额度　45 000	借：行政支出　　45 000 　　贷：资金结存——零余额账户 　　　用款额度　　45 000
年底注销额度	借：财政应返还额度——财政授权支付——项目支出额度——A项目 　　　　　　20 000 　　贷：零余额账户用款额——项目支出额度——A项目　20 000	借：资金结存——财政应返还额度 　　　　　　20 000 　　贷：资金结存——零余额账户用 　　　款额度　　20 000

续表

业务事项	财务会计分录	预算会计分录
年底注销额度	借：财政应返还额度——财政授权支付——项目支出额度——A项目　　50 000 　贷：财政拨款收入——财政授权支付——项目支出额度——A项目　　50 000	借：资金结存——财政应返还额度　　50 000 　贷：财政拨款预算收入——财政授权支付——项目支出额度——A项目　　50 000
年底注销额度	借：财政应返还额度——财政直接支付——项目支出额度——B项目　　30 000 　贷：财政拨款收入——财政直接支付——项目支出额度——B项目　　30 000	借：资金结存——财政应返还额度　　30 000 　贷：财政拨款预算收入——财政直接支付——项目支出额度——B项目　　30 000
年初恢复额度	借：零余额账户用款额度——项目支出额度——A项目　　20 000 　贷：财政应返还额度——财政授权支付——项目支出额度——A项目　　20 000	借：资金结存——零余额账户用款额度　　20 000 　贷：资金结存——财政应返还额度　　20 000
年初恢复额度	借：零余额账户用款额度——项目支出额度——A项目　　50 000 　贷：财政应返还额度——财政授权支付——项目支出额度——A项目　　50 000	借：资金结存——零余额账户用款额度　　50 000 　贷：资金结存——财政应返还额度　　50 000
年初恢复额度	恢复财政直接支付额度不做分录	
下年使用上年额度	借：业务活动费用　　18 000 　贷：财政应返还额度——财政直接支付——项目支出额度——B项目　　18 000	借：行政支出　　18 000 　贷：资金结存——财政应返还额度　　18 000

(三)知识拓展

1.行政事业单位现金管理

2024年12月6日,中华人民共和国国务院令第797号宣布《现金管理暂行条例》正式废止,自2025年1月20日起施行。《现金管理条例》自1988年出台以来,一直是暂行实施,迄今36年,一直作为审计检查部门对单位违反现金管理问题的处罚依据,废止的原因是制定的背景时代发生变化,金融市场不断发展,支付工具不断革新,已不能适应现时管理的需要。机关事业单位现在使用现金结算的空间也微乎其微,基本实现电子化结算,狭义的现金管理也不再是财务管理的核心工作。但是在实务工作中仍应该结合公务卡等相关的规定,从严控制现金的使用。

2.行政事业单位的银行账户管理

行政事业单位应当按照《人民币银行结算账户管理办法》和行政事业单位的规定,报财政部门审批后开立银行账户,每年还要参加财政部门组织的银行账户年检工作。关于行政事业单位银行账户管理的相关法规如下:

(1)中国人民银行支付结算办法(银发〔1997〕393号);

(2)中央预算单位银行账户管理暂行办法(财库〔2002〕48号);

(3)《中央预算单位银行账户管理暂行办法》补充规定(财库〔2006〕96号);

(4)关于调整中央预算单位银行账户管理有关事项的通知(财库

〔2016〕210号）；

（5）关于进一步加强财政部门和预算单位资金存放管理的指导意见（财库〔2017〕76号）。

3.行政事业单位可以开设的银行账户

行政事业单位可以开设的银行账户包括：

（1）预算账户。独立核算的行政事业单位只能开设一个基本存款账户，用于办理本单位预算内、预算外、自筹以及往来等资金的日常转账结算和现金收付等业务。

（2）基本建设专用账户。独立核算的行政事业单位只能开设一个基本建设资金专用存款账户，用于核算本单位使用的各种基建资金。如基建项目需要向银行贷款融资的，经财政部门批准，可在融资商业银行开设一个一般存款账户（基建专用）。

（3）工会经费专户。设在单位的工会组织可开设一个工会经费专户。

（4）独立核算的行政事业单位可分别开设一个下列特定用途的专用存款户：医保专户、住房基金专户、房改售房收入专户。

（5）其他法律、法规规定和省、市政府批准的具有特定用途的专用账户可予以保留。

银行账户管理政策性较强，实务中还需要结合单位所在地财政部门银行账户管理的相关规定开设并办理年检手续。

银行结算方式包括银行汇票、商业汇票、银行本票和支票，但较为常用的结算方式为支票。单位应加强对预留银行签章的管理，一般不得由一个人保管支付所需的全部印鉴，应该分开保管；同时印鉴不得随意存放。不得出租、出借银行结算账户。

二、应收和暂付类业务

（一）重点解读

行政事业单位的应收及暂付款类业务包括"应收票据""应收账款""预付账款""应收股利""应收利息""其他应收款""坏账准备"七个会计科目。按照权责发生制的原则启用了"应收股利""应收利息"科目。"坏账准备"科目在事业单位使用，也是全部资产类科目中唯一一个体现"资产减值"的科目。

"应收票据""应收股利""应收利息""坏账准备"四个会计科目，行政单位不适用，只在事业单位使用。

"应收股利""应收利息"要结合投资类业务一起学习掌握。

关于"应收账款""预付账款""其他应收款"三者的使用，实务中往往容易混淆，我们在核算时要注意理解定义，特别是款项形成的性质和未来收回时对应的科目。

（1）"应收账款"是核算单位提供服务、销售产品等应收取的款项，以及单位因出租资产、出售物资等应收取的款项。强调的是权责发生制下，按合同或协议取得收款的权利，贷方科目一般为收入科目，收回时，一般形成事业收入或经营收入，因此多数情况下为事业单位使用。

（2）"预付账款"是核算单位按照购货、服务合同或协议规定预付给供应单位（或个人）的款项，以及按照合同规定向承包工程的施工企业预付的备料款和工程款。强调的是将来冲回时会形成单位的费用。

（3）"其他应收款"是核算单位除财政应返还额度、应收票据、应收账款、预付账款、应收股利、应收利息以外的其他各项应收及暂付款项，如职工预借的差旅费、已经偿还银行尚未报销的本单位公务卡欠款、拨付给内部有关部门的备用金、应向职工收取的各种垫付款项、支付的可以收回的订金或押金、应收的上级补助和附属单位上缴款项等。强调的是临时垫付性质的款项，垫付款项将来会收回。

上述七个科目具体账务处理如表7-12至表7-17所示。

表7-12　　　　　　　　"应收票据"主要账务处理

序号	业务和事项内容		《政府会计制度》账务处理	
			财务会计	预算会计
1	收到商业汇票	销售产品、提供服务等收到商业汇票时	借：应收票据 　贷：经营收入等	不做账务处理
2	商业汇票向银行贴现	持未到期的商业汇票向银行贴现	借：银行存款 　　经营费用等 　贷：应收票据[不附追索权] 　　　短期借款[附追索权]	借：资金结存——货币资金 　贷：经营预算收入等
		附追索权的商业汇票到期未发生追索事项	借：短期借款 　贷：应收票据	不做账务处理
3	商业汇票背书转让	将持有的商业汇票背书转让以取得所需物资	借：库存物品等 　贷：应收票据 　　　银行存款	借：经营支出等 　贷：资金结存——货币资金

续表

序号	业务和事项内容		《政府会计制度》账务处理	
			财务会计	预算会计
4	商业汇票到期	商业汇票到期，收回应收票据	借：银行存款 　　贷：应收票据	借：资金结存——货币资金 　　贷：经营预算收入等
		商业汇票到期，付款人无力支付票款时	借：应收账款 　　贷：应收票据	不做账务处理

表7-13　"应收账款"和"坏账准备"主要账务处理

序号	业务和事项内容		《政府会计制度》账务处理	
			财务会计	预算会计
1	应收账款收回后无须上缴财政	发生应收账款时	借：应收账款 　　贷：事业收入/经营收入/其他收入等	不做账务处理
		收回应收账款时	借：银行存款等 　　贷：应收账款	借：资金结存——货币资金等 　　贷：事业预算收入/经营预算收入/其他预算收入等
2	应收账款收回后需上缴财政	发生应收账款时	借：应收账款 　　贷：应缴财政款	不做账务处理
		收回应收账款时	借：银行存款等 　　贷：应收账款	不做账务处理
3	年末全面分析无须上缴财政的应收账款	计提坏账准备，确认坏账损失	借：其他费用 　　贷：坏账准备	不做账务处理
		冲减坏账准备	借：坏账准备 　　贷：其他费用	不做账务处理

续表

序号	业务和事项内容		《政府会计制度》账务处理	
			财务会计	预算会计
4	逾期无法收回的应收账款（收回后不需要上缴的应收账款）	对于账龄超过规定年限、确认无法收回的应收账款	借：坏账准备 　　贷：应收账款	不做账务处理
		已核销的应收账款在以后期间又收回的	借：应收账款 　　贷：坏账准备 借：银行存款 　　贷：应收账款	借：资金结存——货币资金 　　贷：非财政拨款结余等
5	逾期无法收回的应收账款（收回后需要上缴的应收账款）	对于账龄超过规定年限、确认无法收回的应收账款	借：应缴财政款 　　贷：应收账款	不做账务处理
		已核销的应收账款在以后期间又收回的	借：银行存款等 　　贷：应缴财政款	不做账务处理

表7-14　　　　"预付账款"主要账务处理

序号	业务和事项内容	《政府会计制度》账务处理	
		财务会计	预算会计
1	发生预付账款时	借：预付账款 　　贷：财政拨款收入/零余额账户用款额度/银行存款等	借：事业支出/行政支出等 　　贷：财政拨款预算收入/资金结存
2	收到所购物资或劳务	借：业务活动费用/库存物品/固定资产/无形资产 　　贷：预付账款 　　　　零余额账户用款额度/财政拨款收入/银行存款等	借：事业支出/行政支出等 　　贷：财政拨款预算收入/资金结存

续表

序号	业务和事项内容		《政府会计制度》账务处理	
			财务会计	预算会计
3	根据工程进度结算工程价款及备料款时		借：在建工程 　贷：预付账款 　　　零余额账户用款额度/财政拨款收入/银行存款等	借：事业支出/行政支出等 　贷：财政拨款预算收入/资金结存
4	预付账款退回	当年预付账款退回	借：财政拨款收入/零余额账户用款额度/银行存款等 　贷：预付账款	借：财政拨款预算收入/资金结存 　贷：事业支出/行政支出等
		以前年度预付账款退回	借：财政应返还额度/零余额账户用款额度/银行存款等 　贷：预付账款	借：资金结存 　贷：财政拨款结余——年初余额调整/财政拨款结转——年初余额调整等
5	逾期无法收回的预付账款转为其他应收款		借：其他应收款 　贷：预付账款	不做账务处理

表7-15　"应收股利"主要账务处理

序号	业务和事项内容		《政府会计制度》账务处理	
			财务会计	预算会计
1	预付账款退回	取得长期股权投资	借：长期股权投资 　　　应收股利[取得投资支付价款中包含的已宣告但尚未发放的现金股利或利润] 　贷：银行存款[取得投资支付的全部价款]	借：投资支出[取得投资支付的全部价款] 　贷：资金结存——货币资金
		收到取得投资所支付价款中包含的已宣告但尚未发放的股利或利润时	借：银行存款 　贷：应收股利	借：资金结存——货币资金 　贷：投资支出等

续表

序号	业务和事项内容	《政府会计制度》账务处理	
		财务会计	预算会计
2	被投资单位宣告发放现金股利或利润	借：应收股利 贷：投资收益/长期股权投资	不做账务处理
3	收到现金股利或利润时	借：银行存款 贷：应收股利	借：资金结存——货币资金 贷：投资预算收益

表7-16　　　　　　　　　　"应收利息"主要账务处理

序号	业务和事项内容		《政府会计制度》账务处理	
			财务会计	预算会计
1	取得的债券投资	取得长期债券投资	借：长期债券投资 　　应收利息［取得投资支付价款中包含的已到付息期但尚未领取的利息］ 贷：银行存款［取得投资支付的全部价款］	借：投资支出［取得投资支付的全部价款］ 贷：资金结存——货币资金
		收到取得投资所支付价款中包含的已到付息期但尚未领取的利息时	借：银行存款 贷：应收利息	借：资金结存——货币资金 贷：投资支出等
2	按期计提利息		借：应收利息［分期付息、到期还本债券计提的利息］ 贷：投资收益	不做账务处理
3	实际收到利息		借：银行存款 贷：应收利息	借：资金结存——货币资金 贷：投资预算收益

表7-17　"其他应收款"和"坏账准备"主要账务处理

序号	业务和事项内容		《政府会计制度》账务处理	
			财务会计	预算会计
1	发生其他各种应收及暂付款项		借：其他应收款 　贷：银行存款/库存现金/零余额账户用款额度/上级补助收入/附属单位上缴收入/其他收入等	不做账务处理
2	收回其他各种应收及暂付款项		借：库存现金/银行存款等 　贷：其他应收款	不做账务处理
3	拨付给内部有关部门的备用金	财务部门核定并发放备用金时	借：其他应收款 　贷：库存现金	不做账务处理
		根据报销数用现金补足备用金定额时	借：业务活动费用/单位管理费用等 　贷：库存现金	借：事业支出/行政支出等 　贷：资金结存——货币资金
4	偿还尚未报销的本单位公务卡欠款		借：其他应收款 　贷：银行存款/零余额账户用款额度等	不做账务处理
	持卡人报销时		借：业务活动费用/单位管理费用等[实际报销金额] 　贷：其他应收款	借：事业支出/行政支出等[实际报销金额] 　贷：资金结存
5	年末全面分析无须上缴财政的其他应收款	计提坏账准备，确认坏账损失	借：其他费用 　贷：坏账准备	不做账务处理
		冲减坏账准备	借：坏账准备 　贷：其他费用	不做账务处理
6	将预付账款账面余额转入其他应收款时		借：其他应收款 　贷：预付账款	不做账务处理
7	对于账龄超过规定年限、确认无法收回的其他应收款		借：坏账准备 　贷：其他应收款	不做账务处理
	已核销的其他应收款在以后期间又收回的		借：其他应收款 　贷：坏账准备 借：银行存款等 　贷：其他应收款	借：资金结存——货币资金 　贷：非财政拨款结余

(二)应用案例示范

【例7-4】 某事业单位2×24年3月发生有关应收账款业务如下:

(1)3月10日开展事业活动产生事业收入50 000元,款项未收。3月20日,收到对方款项50 000元。

(2)3月15日处置经过批准报废的资产获得1 650元,款项未收,按照资产管理要求,该款项需上缴财政。3月20日收到款项1 650元(上缴财政的账务处理省略)。

(3)年末对不需要上缴财政的应收账款进行全面检查,发现应收甲单位的账款50 000元,存在不能收回的迹象,拟采用个别认定法计提坏账准备5 000元。同时发现应收B单位的账款3 000元(前期已经全额计提坏账准备)确实无法收回,报经有关部门批准后予以核销。次年3月10日,该笔款项又收回。

上述业务的账务处理如表7-18所示。

表7-18　　　　　　例7-4的账务处理

业务事项	财务会计分录	预算会计分录
确认收入	借:应收账款　　　　50 000 　贷:事业收入　　　　50 000	不做账务处理
收到款项	借:银行存款　　　　50 000 　贷:应收账款——东方公司　50 000	借:资金结存——货币资金 　　　　　　　　　50 000 　贷:事业预算收入　　50 000
确认应收款	借:应收账款　　　　1 650 　贷:应缴财政款　　　1 650	不做账务处理
收到款项	借:银行存款　　　　1 650 　贷:应收账款　　　　1 650	不做账务处理
计提坏账准备	借:其他费用　　　　5 000 　贷:坏账准备　　　　5 000	不做账务处理

续表

业务事项	财务会计分录	预算会计分录
核销坏账	借：坏账准备 3 000 　　贷：应收账款——B 3 000	不做账务处理
次年又收回	借：应收账款——B 3 000 　　贷：坏账准备 3 000 借：银行存款 3 000 　　贷：应收账款——B 3 000	借：资金结存——货币资金 3 000 　　贷：非财政拨款结余——年初余额调整 3 000

【例7-5】某事业单位2×24年3月发生有关预付账款业务如下：

（1）3月10日，购买材料一批，按合同规定预付材料款计80 000元。同时，预付工程款120 000元。

（2）3月20日，收到材料，发票金额75 000元，对方退回5 000元。

（3）3月25日，工程结算价150 000元，补付了工程款30 000元。

（4）年底检查发现预付账款明细账有一笔预付A公司的账款3 000元，该公司已破产，可能无法收到合同约定的相关材料，按规定先将其转入其他应收款。

上述业务的账务处理如表7-19所示。

表7-19　　　　　　　　　　例7-5的账务处理

业务事项	财务会计分录	预算会计分录
预付款项	借：预付账款——材料 80 000 　　　　　　——工程款 120 000 　　贷：银行存款 200 000	借：事业支出 200 000 　　贷：资金结存——货币资金 200 000

续表

业务事项	财务会计分录	预算会计分录
收到货物结算	借：库存物品　　　　75 000 　　　银行存款　　　　　5 000 　　贷：预付账款　　　　　　80 000	借：资金结存——货币资金 　　　　　　　　　　　　5 000 　　贷：事业支出　　　　　5 000
工程结算	借：在建工程　　　　150 000 　　贷：银行存款　　　　　30 000 　　　　预付账款　　　　120 000	借：事业支出　　　　　30 000 　　贷：资金结存——货币资金 　　　　　　　　　　　　30 000
逾期不能收回的预付款转其他应收款	借：其他应收款　　　　3 000 　　贷：预付账款　　　　　3 000	不做账务处理

【例7-6】某事业单位2×24年8月发生有关其他应收款业务如下：

（1）8月1日业务部门职工预借差旅费6 000元，8月5日该职工报销差旅费4 500元，退回现金1 500元。

（2）8月5日银行支付业务投标保证金2 000元，月底项目中标结果公布，未能中标，退还投标保证金2 000元。

（3）8月10日办公室职工借备用金5 000元用于购买办公用品，8月20日该职工报销办公费5 000元。

（4）8月20日为该单位公务卡还款日，当月尚有业务部门职工李某5 000元的差旅费没有办理完报销手续，由单位由零余额账户先行偿还；8月31日，李某办理完报销手续。

上述业务的账务处理如表7-20所示。

表7-20　　　　　　　　　　例7-6的账务处理

业务事项	财务会计分录	预算会计分录
预借差旅费	借：其他应收款　6 000 　　贷：库存现金　　　　6 000	不做账务处理
报销差旅费	借：业务活动费用　4 500 　　库存现金　　　1 500 　　贷：其他应收款　　6 000	借：事业支出　　　　　　4 500 　　贷：资金结存——货币资金　4 500
缴纳保证金	借：其他应收款　2 000 　　贷：银行存款　　　2 000	不做账务处理
收回保证金	借：银行存款　　2 000 　　贷：其他应收款　　2 000	不做账务处理
预借备用金	借：其他应收款　5 000 　　贷：库存现金　　　5 000	不做账务处理
报销办公费	借：单位管理费用　5 000 　　贷：其他应收款　　5 000	借：事业支出　　　　　　5 000 　　贷：资金结存——货币资金　5 000
先行偿还公务卡	借：其他应收款　5 000 　　贷：零余额账户用款额度　5 000	不做账务处理
公务卡报销	借：业务活动费用　5 000 　　贷：其他应收款　　5 000	借：事业支出　　　　　　5 000 　　贷：资金结存——零余额账户 　　　　用款额度　　　　5 000

（三）知识拓展

1.行政事业单位的应收票据

行政事业单位的应收票据是指因开展经营活动销售产品、提供有偿服务等而收到的商业汇票。商业汇票是出票人签发的，委托付款人在指定日期无条件支付确定的金额给收款人或者持票人的票据。商业汇票分为商业承兑汇票和银行承兑汇票。商业承兑汇票由银行以外的付款人承兑（付款人为承兑人），银行承兑汇票由银行承兑。商业汇票的付款期限，最长不得超过6个月（电子商业汇票可延长至1年）。

应收票据按照是否附带利息，可以分为带息票据和不带息票据两种。

带息票据是票面上载明了利率，到期后按照面值和规定的利率支付面值及利息。不带息票据是票面没有载明利率，到期后只按照面值支付的票据。一般而言行政事业单位使用的不带息票据居多。

有关票据的出票、承兑、支付等更多知识请读者查阅《中华人民共和国票据法》进行学习。

2.有关坏账准备的计提方法

事业单位可以采用应收款项余额百分比法、账龄分析法、个别认定法等方法计提坏账准备。

（1）余额百分比法：按照期末其他应收款和应收账款余额的一定百分比估计坏账损失的方法。坏账百分比由单位根据以往的资料或经验自行确定。

（2）账龄分析法：根据其他应收款和应收账款账龄的长短来估计坏账损失的方法。通常而言，账龄越长，发生坏账的可能性越大。为此，按账龄长短进行分组，分别确定不同的计提百分比估算坏账损失，使坏账损失的计算结果更符合客观情况。

（3）个别认定法：针对每项其他应收款和应收款项的实际情况分别估计坏账损失的方法。

当期应补提或冲减的坏账准备金额的计算公式如下：

当期应补提或冲减的坏账准备=按照期末应收账款和其他应收款计算应计提的坏账准备金额−本科目期末贷方余额（或+本科目期末借方余额）

事业单位采用的坏账准备计提方法，在每一会计期间和前后各期应当保持一致，不得随意变更，坏账计提方法的变更应按政府会计准则中规定的程序报批。

三、存货类业务

存货，是指政府会计主体在开展业务活动及其他活动中为耗用或出售而储存的资产，如材料、产品、包装物和低值易耗品等，以及未达到固定资产标准的用具、装具、动植物等。政府储备物资、收储土地不属于存货的范围。单位随买随用的零星办公用品，购买时直接列作费用，不通过本科目核算。单位受托保管的物资和受托转增的物资，通过"受托代理资产"核算。为在建工程购买使用的材料物资，应该通过"工程物资"核算。

存货类会计科目包括"在途物品""库存物品""加工物品"共三个科目。其中，在途物品：核算货款已付或者已开出商业汇票但是尚未验收入库的在途物品的成本；加工物品：核算自制或者委托外单位加工的各种物品的实际成本。未完成的测绘、地质勘察、设计成果等成本，通过本科目核算。

（一）重点解读

1.存货的初始计量

根据不同的取得方式，存货的初始计量方法不尽相同。具体如表7-21所示。

表7-21　　　　　　　　存货的初始计量

序号	取得的方式	成本的计量
1	购入的存货	包括购买价款、相关税费、运输费、装卸费、保险费以及使得存货达到目前场所和状态所发生的归属于存货成本的其他支出
2	自行加工的存货	其成本包括耗用的直接材料费用、发生的直接人工费用和按照一定方法分配的与存货加工有关的间接费用
3	委托加工的存货	其成本包括委托加工前存货成本、委托加工的成本（如委托加工费以及按规定应计入委托加工存货成本的相关税费等）以及使存货达到目前场所和状态所发生的归属于存货成本的其他支出
4	通过置换取得的存货	其成本按照换出资产的评估价值，加上支付的补价或减去收到的补价，加上为换入存货发生的其他相关支出确定
5	接受捐赠的存货	其成本按照有关凭据注明的金额加上相关税费、运输费等确定；没有相关凭据可供取得，但按规定经过资产评估的，其成本按照评估价值加上相关税费、运输费等确定；没有相关凭据可供取得、也未经资产评估的，其成本比照同类或类似资产的市场价格加上相关税费、运输费等确定；没有相关凭据且未经资产评估、同类或类似资产的市场价格也无法可靠取得的，按照名义金额入账，相关税费、运输费等计入当期费用
6	无偿调入的存货	其成本按照调出方账面价值加上相关税费、运输费等确定
7	盘盈的存货	按规定经过资产评估的，其成本按照评估价值确定；未经资产评估的，其成本按照重置成本确定

上述条款中所称"凭据"，包括发票、报关单、有关协议等。有确凿证据表明凭据上注明的金额高于受赠资产同类或类似资产的市场价格30%或达不到其70%的，则应当以同类或类似资产的市场价格确定成本。

上述条款中所称"同类或类似资产的市场价格"，一般是指取得资产当日捐赠方自产物资的出厂价、所销售物资的销售价、非自产或销售物资在知名大型电商平台同类或类似商品价格等。如果存在政府指导价或政府定价的，应符合其规定。

2.存货的后续计量

可以采用先进先出法、加权平均法或者个别计价法确定发出存货的实际成本。具体如表7-22所示。

表7-22 存货的后续计量

序号	发出存货的方法	定义
1	先进先出法	先购入的存货应先发出，先购入的存货成本单位在后购入存货成本之前转出，据此确定发出存货和期末存货的成本。收入存货时，逐笔登记收入存货的数量、单价和金额；发出存货时，按照先进先出的原则逐笔登记存货的发出成本和结存金额
2	加权平均法	根据本期期初结存存货的数量和金额与本期存入存货的数量和金额，在期末以此计算本期存货的加权平均单价，作为本期发出存货和期末结存存货的价格，一次性计算本期发出存货的实际成本
3	个别计价法	对发出的存货分别认定其单位成本和发出存货成本的方法。期末存货的各种项目，分别确定每种物品的单位成本和总成本，然后相加各种存货的成本，即为存货期末全部的成本

3.主要账务处理

"在途物品""加工物品""库存物品"三个科目的主要账务处理如表7-23至表7-25所示。

表7-23 "在途物品"的主要账务处理

序号	业务和事项内容	《政府会计制度》账务处理	
		财务会计	预算会计
1	购入材料等物资，结算凭证收到货未到，款已付或已开出商业汇票	借：在途物品 贷：财政拨款收入/零余额账户用款额度/银行存款/应付票据等	借：事业支出/行政支出/经营支出等 贷：财政拨款预算收入/资金结存
2	所购材料等物资到达验收入库	借：库存物品 贷：在途物品	不做账务处理

表7-24　"加工物品"的主要账务处理

序号	业务和事项内容	《政府会计制度》账务处理	
		财务会计	预算会计
1	为自制物品领用材料时	借：加工物品——自制物品（直接材料） 贷：库存物品	不做账务处理
2	专门从事物资制造的人员发生的直接人工费用	借：加工物品——自制物品（直接人工） 贷：应付职工薪酬	不做账务处理
3	为自制物品发生其他直接和间接费用	借：加工物品——自制物品（其他直接费用、间接费用） 贷：财政拨款收入/零余额账户用款额度/银行存款等	借：事业支出/行政支出/经营支出等 贷：财政拨款预算收入/资金结存
4	自制加工完成、验收入库	借：库存物品 贷：加工物品——自制物品（直接材料、直接人工、其他直接费用、间接费用）	不做账务处理
5	发给外单位加工材料	借：加工物品——委托加工物品 贷：库存物品	不做账务处理
6	支付加工费用	借：加工物品——委托加工物品 贷：财政拨款收入/零余额账户用款额度/银行存款等	借：事业支出/行政支出/经营支出等 贷：财政拨款预算收入/资金结存
7	委托加工完成的物品验收入库	借：库存物品 贷：加工物品——委托加工物品	不做账务处理

表7-25　"库存物品"的主要账务处理

序号	业务和事项内容	《政府会计制度》账务处理	
		财务会计	预算会计
1	外购的库存物品验收入库	借：库存物品 贷：财政拨款收入/财政应返还额度/零余额账户用款额度/银行存款/应付账款等	借：事业支出/行政支出/经营支出等 贷：财政拨款预算收入/资金结存

续表

序号	业务和事项内容	《政府会计制度》账务处理	
		财务会计	预算会计
2	自制的库存物品加工完成并验收入库	借：库存物品 　贷：加工物品——自制物品	不做账务处理
3	委托外单位加工收回的库存物品验收入库	借：库存物品 　贷：加工物品——委托加工物品	不做账务处理
4	接受捐赠的库存物品	借：库存物品［按照确定的成本］ 　贷：银行存款等［相关税费］ 　　　捐赠收入	借：其他支出［实际支付的相关税费］ 　贷：资金结存
	接受捐赠的库存物品按照名义金额入账	借：库存物品［名义金额］ 　贷：捐赠收入	不做账务处理
5	无偿调入的库存物品验收入库	借：库存物品［按照确定的成本］ 　贷：银行存款等［相关税费］ 　　　无偿调拨净资产	借：其他支出［实际支付的相关税费］ 　贷：资金结存
6	置换换入的库存物品	借：库存物品［换出资产评估价值+其他相关支出］固定资产累计折旧/无形资产累计摊销 　　资产处置费用［借差］ 　贷：库存物品/固定资产/无形资产等［账面余额］ 　　　银行存款等［其他相关支出］ 　　　其他收入［贷差］	借：其他支出［实际支付的其他相关支出］ 　贷：资金结存
	支付补价的	借：库存物品［换出资产评估价值+其他相关支出+补价］ 　　固定资产累计折旧/无形资产累计摊销 　　资产处置费用［借差］ 　贷：库存物品/固定资产/无形资产等［账面余额］ 　　　银行存款等［其他相关支出+补价］ 　　　其他收入［贷差］	借：其他支出［实际支付的补价和其他相关支出］ 　贷：资金结存

续表

序号	业务和事项内容	《政府会计制度》账务处理	
		财务会计	预算会计
6	收到补价的	借：库存物品[换出资产评估价值+其他相关支出－补价] 　　银行存款等[补价] 　　固定资产累计折旧/无形资产累计摊销 　　资产处置费用[借差] 贷：库存物品/固定资产/无形资产等[账面余额] 　　银行存款等[其他相关支出] 　　应缴财政款[补价－其他相关支出] 　　其他收入[贷差]	借：其他支出[其他相关支出大于收到的补价的差额] 贷：资金结存
7	开展业务活动、按照规定自主出售或加工物品等领用、发出库存物品时	借：业务活动费用/单位管理费用/经营费用/加工物品等 贷：库存物品[按照领用、发出成本]	不做账务处理
8	经批准对外出[自主出售除外]的库存物品发出时	借：资产处置费用 贷：库存物品[账面余额] 借：银行存款等[收到的价款] 贷：银行存款等[发生的相关税费] 　　应缴财政款	不做账务处理
9	经批准对外捐赠的库存物品发出时	借：资产处置费用 贷：库存物品[账面余额] 　　银行存款[归属于捐出方的相关费用]	借：其他支出[实际支付的相关费用] 贷：资金结存
10	经批准无偿调出的库存物品发出时	借：无偿调拨净资产 贷：库存物品[账面余额] 借：资产处置费用 贷：银行存款等[归属于调出方的相关费用]	借：其他支出[实际支付的相关费用] 贷：资金结存
11	经批准置换换出库存物品	参照置换换入"库存物品"的处理	
12	盘盈的库存物品	借：库存物品 贷：待处理财产损溢	不做账务处理

续表

序号	业务和事项内容	《政府会计制度》账务处理	
		财务会计	预算会计
	盘亏或者毁损、报废的库存物品转入待处理资产	借：待处理财产损溢 　　贷：库存物品［账面余额］	不做账务处理
13	增值税一般纳税人购进的非自用材料发生盘亏或者毁损、报废的	借：待处理财产损溢 　　贷：应交增值税——应交税费（进项税额转出）	不做账务处理

（二）应用案例示范

【例7-7】某事业单位2×24年有关存货的业务如下：

（1）为自制某件产品A，5月31日，经过计算，领用材料甲20 000元，直接从事生产的人员工资35 000元，支付其他直接费用2 500元，同时还有分摊的固定资产折旧费2 000元。6月1日，该产品制作完成并验收入库。

（2）委托外单位某公司加工某产品B，5月31日，发出材料乙20 000元，并财政授权支付加工劳务费5 000元，6月1日，该产品制作完成并验收入库。

（3）通过财政授权支付购买库存物品C，价值100 000元。

（4）接受某公司捐赠一批物资D，价值50 000元，该单位支付运费5 000元。接受另一家公司捐赠物品E一批，无相关凭据、评估价值、市场同类价值，暂按名义金额入账，同时支付运费2 000元。

（5）单位开展专业业务活动，领用库存材料F一批，实际成本10 000元，5月31日使用完，采用五五摊销法予以摊销。

（6）经批准无偿调出的库存物品G一批，成本8 000元，调出过程中发生运费500元。

（7）年底对库存物品进行清查盘点，详细情况如下：①盘盈库存材料H一批，经评估后价值9 000元；盘盈库存材料L一批，无法确定其成本，暂按名义金额入账；②盘亏库存材料M一批，账面余额为3 000元，属于正常原因盘亏。

上述存货按照资产处置相关规定要求经批准后，分别进行盘盈、盘亏处理。

上述业务的账务处理如表7-26所示。

表7-26　　　　　　　　例7-7的账务处理

业务事项	财务会计分录	预算会计分录
自制加工物品成本归集	借：加工物品——自制物品A（直接材料） 　　　　　　　　　　　　20 000 　　贷：库存物品　　　　20 000 借：加工物品——自制物品A（直接人工） 　　　　　　　　　　　　35 000 　　贷：应付职工薪酬　　35 000 借：加工物品——自制物品A（直接费用） 　　　　　　　　　　　　2 500 　　贷：银行存款　　　　2 500 借：加工物品——自制物品A（间接费用） 　　　　　　　　　　　　2 000 　　贷：固定资产累计折旧　2 000	借：事业支出　　2 500 　　贷：资金结存——货币资金　　2 500
自制加工物品完成入库	借：库存物品——产品A　　59 500 　　贷：加工物品——自制物品A（直接材料） 　　　　　　　　　　　　20 000 　　　　——自制物品A（直接人工） 　　　　　　　　　　　　35 000 　　　　——自制物品A（直接费用） 　　　　　　　　　　　　2 500 　　　　——自制物品A（间接费用） 　　　　　　　　　　　　2 000	不做账务处理

续表

业务事项	财务会计分录	预算会计分录
委托加工物品成本归集	借：加工物品——委托加工物品　20 000 　　贷：库存物品——甲材料　　　　　20 000 借：加工物品——委托加工物品　5 000 　　贷：零余额账户用款额度　　　　　5 000	借：事业支出　　5 000 　　贷：资金结存——零余额账户用款额度　　5 000
委托加工物品完成入库	借：库存物品——产品B　25 000 　　贷：加工物品——委托加工物品　2 500	不做账务处理
购买材料入库	借：库存物品——产品C　100 000 　　贷：零余额账户用款额度　　100 000	借：事业支出　100 000 　　贷：资金结存——零余额账户用款额度　　100 000
接受捐赠物资入库	借：库存物品——产品D　55 000 　　贷：银行存款　　　　　　5 000 　　　　捐赠收入　　　　　　50 000	借：其他支出　　5 000 　　贷：资金结存——货币资金　　5 000
接受捐赠名义金额入库	借：库存物品——产品E　1 　　贷：捐赠收入　　　　　　1 借：其他费用　2 000 　　贷：银行存款　　　　　　2 000	借：其他支出　　2 000 　　贷：资金结存——货币资金　　2 000
领用材料五五摊销法	借：业务活动费用　5 000 　　贷：库存物品——产品F　5 000	不做账务处理
领用材料五五摊销法摊销剩余部分	借：业务活动费用　5 000 　　贷：库存物品——产品F　5 000	不做账务处理
无偿调出材料	借：无偿调拨净资产　8 000 　　贷：库存物品——产品G　8 000 借：资产处置费用　500 　　贷：银行存款　　　　　500	借：其他支出　　500 　　贷：资金结存——货币资金　　500
盘盈材料	借：库存物品——产品H　9 000 　　贷：待处理财产损溢　9 000 借：库存物品——产品L　1 　　贷：待处理财产损溢　1	不做账务处理
盘亏材料	借：待处理财产损溢　3 000 　　贷：库存物品——产品M　3 000	不做账务处理

(三)知识拓展

1.存货和政府储备物资的区别

在政府会计制度中,设置了政府储备物资科目,包括战略及能源物资、抢险抗灾救灾物资、农产品、医药物资和其他重要商品物资,通常情况下由政府会计主体委托承储单位存储,虽然两者在内容上有所相同,但两者的主要区别是用途不同,存货的用途主要是在开展业务活动及其他活动中为耗用或出售而储存的资产,属于政府会计主体自用的范围;而政府储备物资由政府会计主体委托承储单位存储,是实施国家安全与发展战略、进行抗灾救灾、应对公共突发事件等特定公共需求而控制的资产,主要用于公共需求而非自用,即所谓的经管资产,通俗意义上讲,存货是单位自用而政府储备物资非单位使用而是用于满足社会公共需求。

2.在途物品和预付账款的区别

在途物品是已经收到发票但货物尚未运到或尚未验收入库,强调的是货物、物资。供应商已经发货,单位已经向供应商支付了货款,只是尚未验收入库,应当计入"在途物品"科目。当物品到达之后验收入库,就是库存物品。预付账款是既没收到发票,也未收到货物,只是按合同预付了部分或全部货款,强调的是资金。

3.预付账款和库存物品的区别

"预付账款"科目核算单位按照购货、服务合同或协议规定预付给供应单位(或个人)的款项,以及按照合同规定向承包工程的施工企业预付的备料款和工程款;"库存物品"科目核算单位在开展业务活动及其他活动中为耗用或出售而储存的各种材料、产品、包装物、低值易耗品,以及达不到固定资产标准的用具、装具、动植物等的成本。单位为加油卡充值时,并未实际取得油料,在财务会计下应当计入"预付账款"科目,后续在使用加油卡加油时，根据加油凭证将预付账款转入相关费用。

四、投资类业务

投资，是指政府会计主体按规定以货币资金、实物资产、无形资产等方式形成的债权或股权投资。投资分为短期投资和长期投资：短期投资，是指政府会计主体取得的持有时间不超过1年（含1年）的投资；长期投资，是指政府会计主体取得的除短期投资以外的债权和股权性质的投资；政府会计主体外币投资的折算，适用其他相关政府会计准则。投资类会计科目包括"短期投资""长期股权投资""长期债券投资"共三个科目。由于行政单位不允许对外投资，因此行政单位不涉及投资类业务，上述三个科目也仅仅在事业单位使用。

《政府会计准则第2号——投资》所称的"股权投资"是指政府会计主体持有的各类股权投资资产，包括国际金融组织股权投资、投资基金股权投资、企业股权投资等。政府财政总预算会计应当按照财政总预算会计制度相关规定对本级政府持有的各类股权投资资产进行核算。根据国务院和地方人民政府授权、代表本级人民政府对国家出资企业履行出资人职责的单位，与其履行出资人职责的国家出资企业之间不存在股权投资关系，其履行出资人职责的行为不适用《政府会计准则第2号——投资》规定，不作为单位的投资进行会计处理。通过单位账户对国家出资企业投入货币资金，纳入本单位预算管理的，应当计入"其他费用（支出）"科目；不纳入本单位预算管理的，应当计入"其他应付款"科目。

（一）重点解读

投资类业务，资产的确认、初始计量和后续计量是重点。

1. 短期投资的确认、计量

（1）初始计量：短期投资在取得时，应当按照实际成本（包括购买价款和相关税费，下同）作为初始投资成本。实际支付价款中包含的已到付息期但尚未领取的利息，应当于收到时冲减短期投资成本。

（2）后续计量：短期投资持有期间的利息，应当于实际收到时确认为投资收益。期末，短期投资应当按照账面余额计量。政府会计主体按规定出售或到期收回短期投资，应当将收到的价款扣除短期投资账面余额和相关税费后的差额计入投资损益。

2. 长期股权投资的确认、计量

（1）初始计量：长期股权投资在取得时，应当按照实际成本作为初始投资成本。主要有以下几种方式，如表7-27所示。

表7-27　"长期股权投资"的初始计量方式

取得方式	计量方式
以支付现金取得的	按照实际支付的全部价款（包括购买价款和相关税费）作为实际成本。实际支付价款中包含的已宣告但尚未发放的现金股利，应当单独确认为应收股利，不计入长期股权投资初始投资成本
以现金以外的其他资产置换取得的	按照换出资产的评估价值加上支付的补价或减去收到的补价，加上换入长期股权投资发生的其他相关支出确定
接受捐赠的	（1）按照有关凭据注明的金额加上相关税费确定； （2）没有相关凭据可供取得，但按规定经过资产评估的，其成本按照评估价值加上相关税费确定； （3）没有相关凭据可供取得、也未经资产评估的，其成本比照同类或类似资产的市场价格加上相关税费确定
无偿调入的	按照调出方账面价值加上相关税费确定

（2）后续计量：在持有期间，通常应当采用权益法进行核算。政府会计主体无权决定被投资单位的财务和经营政策或无权参与被投资单位的财务和经营政策决策的，应当采用成本法进行核算。

成本法，是指投资按照投资成本计量的方法。

权益法，是指投资最初以投资成本计量，以后根据政府会计主体在被投资单位所享有的所有者权益份额的变动，对投资的账面余额进行调整的方法。

①在成本法下，长期股权投资的账面余额通常保持不变，但追加或收回投资时，应当相应调整其账面余额。长期股权投资持有期间，被投资单位宣告分派的现金股利或利润，政府会计主体应当按照宣告分派的现金股利或利润中属于政府会计主体应享有的份额确认为投资收益。

②在权益法下，政府会计主体取得长期股权投资后，对于被投资单位所有者权益的变动，应当按照下列规定进行处理：按照应享有或应分担的被投资单位实现的净损益的份额，确认为投资损益，同时调整长期股权投资的账面余额。按照被投资单位宣告分派的现金股利或利润计算应享有的份额，确认为应收股利，同时减少长期股权投资的账面余额。按照被投资单位除净损益和利润分配以外的所有者权益变动的份额，确认为净资产，同时调整长期股权投资的账面余额。政府会计主体确认被投资单位发生的净亏损，应当以长期股权投资的账面余额减记至零为限，政府会计主体负有承担额外损失义务的除外。被投资单位发生净亏损，但以后年度又实现净利润的，政府会计主体应当在其收益分享额弥补未确认的亏损分担额等后，恢复确认投资收益。

3.长期债券投资的确认、计量

（1）长期债券投资的初始计量。

长期债券投资在取得时，应当按照实际成本作为初始投资成本。实际支付价款中包含的已到付息期但尚未领取的债券利息，应当单独确认为应收利息，不计入长期债券投资初始投资成本。

（2）长期债券投资的后续计量。

持有期间，应当按期以票面金额与票面利率计算确认利息收入。对于分期付息、一次还本的长期债券投资，应当将计算确定的应收未收利息确认为应收利息，计入投资收益；对于一次还本付息的长期债券投资，应当将计算确定的应收未收利息计入投资收益，并增加长期债券投资的账面余额。政府会计主体按规定出售或到期收回长期债券投资，应当将实际收到的价款扣除长期债券投资账面余额和相关税费后的差额计入投资损益。

4.主要账务处理

"短期投资""长期股权投资""长期债券投资"三个科目的主要账务处理如表7-28至表7-30所示。

表7-28　　　　　　　　"短期投资"主要账务处理

序号	业务和事项内容		财务会计	预算会计
1	短期投资的初始计量	取得短期投资时	借：短期投资 　贷：银行存款等	借：投资支出 　贷：资金结存——货币资金
		收到购买时已到付息期但尚未领取的利息时	借：银行存款 　贷：短期投资	借：资金结存——货币资金 　贷：投资支出
2	短期投资的后续计量	短期投资持有期间收到利息	借：银行存款 　贷：投资收益	借：资金结存——货币资金 　贷：投资预算收益

续表

序号	业务和事项内容		财务会计	预算会计
2	短期投资的后续计量	出售短期投资或到期收回短期投资（国债）本息	借：银行存款［实际收到的金额］ 　　投资收益［借差］ 贷：短期投资［账面余额］ 　　投资收益［贷差］	借：资金结存——货币资金［实收款］ 　　投资预算收益［实收款小于投资成本的差额］ 贷：投资支出［出售或收回当年投资的］/其他结余［出售或收回以前年度投资的］ 　　投资预算收益［实收款大于投资成本的差额］

表7-29　"长期股权投资"主要账务处理

序号	业务和事项内容		财务会计	预算会计
1	以现金取得的长期股权投资		借：长期股权投资 　　应收股利 贷：银行存款等	借：投资支出［实际收到的价款］ 贷：资金结存——货币资金
	收到取得投资时实际支付价款中所包含的已宣告但尚未发放的股利或利润时		借：银行存款 贷：应收股利	借：资金结存——货币资金 贷：投资支出等
2	以现金以外的其他资产置换取得长期股权投资		参照"库存物品"科目中置换取得库存物品的账务处理	
3	以未入账的无形资产取得的长期股权投资		借：长期股权投资 贷：银行存款/其他应交税费 　　其他收入	借：其他支出［支付的相关税费］ 贷：资金结存
4	接受捐赠的长期股权投资		借：长期股权投资 贷：银行存款等 　　捐赠收入	借：其他支出［支付的相关税费］ 贷：资金结存
5	无偿调入的长期股权投资		借：长期股权投资 贷：无偿调拨净资产 　　银行存款等	借：其他支出［支付的相关税费］ 贷：资金结存
6	持有期间采用成本法核算	被投资单位宣告发放现金股利或利润时	借：应收股利 贷：投资收益	不做账务处理
		收到被投资单位发放的现金股利时	借：银行存款 贷：应收股利	借：资金结存——货币资金 贷：投资预算收益

续表

序号	业务和事项内容		财务会计	预算会计
7	持有期间，采用权益法核算	被投资单位实现净利润的，按照其份额	借：长期股权投资——损益调整 贷：投资收益	不做账务处理
		被投资单位发生净亏损的，按照其份额	借：投资收益 贷：长期股权投资——损益调整	不做账务处理
		被投资单位发生净亏损，但以后年度又实现净利润的，按规定恢复确认投资收益的	借：长期股权投资——损益调整 贷：投资收益	不做账务处理
		被投资单位宣告发放现金股利或利润的，按照其份额	借：应收股利 贷：长期股权投资——损益调整	不做账务处理
		被投资单位除净损益和利润分配以外的所有者权益变动时，按照其份额	借：长期股权投资——其他权益变动 贷：权益法调整 或做相反分录	不做账务处理
		权益法下收到被投资单位发放的现金股利	借：银行存款 贷：应收股利	借：资金结存——货币资金 贷：投资预算收益
8	成本法与权益法的转换	成本法改为权益法	借：长期股权投资——成本 贷：长期股权投资[成本法下账面余额] 银行存款等[追加投资]	借：投资支出[实际支付的金额] 贷：资金结存——货币资金
		权益法改为成本法	借：长期股权投资 贷：长期股权投资——成本 ——损益调整 ——其他权益变动	不做账务处理

续表

序号	业务和事项内容		财务会计	预算会计
9	按照规定报经批准处置长期股权投资	处置以现金取得的长期股权投资	借：银行存款［实际取得价款］ 　　投资收益［借差］ 贷：长期股权投资［账面余额］ 　　应收股利［尚未领取的现金股利或利润］ 　　银行存款等［支付的相关税费］ 　　投资收益［贷差］	借：资金结存——货币资金［取得价款扣减支付的相关税费后的金额］ 贷：投资支出/其他结余［投资款］ 　　投资预算收益
		处置净收入上缴财政的	借：资产处置费用 贷：长期股权投资 借：银行存款［实际取得价款］ 贷：应收股利［尚未领取的现金股利或利润］ 　　银行存款等［支付的相关税费］ 　　应缴财政款	借：资金结存——货币资金 贷：投资预算收益［获得的现金股利或利润］
		按照规定投资收益纳入单位预算管理的	借：资产处置费用 贷：长期股权投资 借：银行存款［实际取得价款］ 贷：应收股利［尚未领取的现金股利或利润］ 　　银行存款等［支付的相关税费］ 　　投资收益［取得价款扣减投资账面余额、应收股利和相关税费后的差额］ 　　应缴财政款［贷差］	借：资金结存——货币资金［取得价款扣减投资账面余额和相关税费后的差额］ 贷：投资预算收益
		按照规定核销时	借：资产处置费用 贷：长期股权投资［账面余额］	不做账务处理
		置换转出时	参照"库存物品"科目中置换取得库存物品的账务处理	
		权益法下，处置时结转原直接计入净资产的相关金额	借：权益法调整 贷：投资收益 或做相反分录	不做账务处理

表7-30　　　　　　　"长期债券投资"主要账务处理

序号	业务和事项内容		财务会计	预算会计
1	取得长期债券投资	取得长期债券投资时	借：长期债券投资——成本 　　应收利息 贷：银行存款等	借：投资支出[实际支付价款] 贷：资金结存——货币资金
		收到取得投资所支付价款中包含的已到付息期但尚未领取的利息时	借：银行存款 贷：应收利息	借：资金结存——货币资金 贷：投资支出等
2	持有长期债券投资期间	按期以票面金额与票面利率计算确认利息收入时	借：应收利息[分期付息、到期还本]/长期债券投资——应计利息[到期一次还本付息] 贷：投资收益	不做账务处理
		实际收到分期支付的利息时	借：银行存款 贷：应收利息	借：资金结存——货币资金 贷：投资预算收益
3	到期收回长期债券投资		借：银行存款等 贷：长期债券投资[账面余额]/应收利息 　　投资收益	借：资金结存——货币资金 贷：投资支出/其他结余[投资成本] 　　投资预算收益
4	对外出售长期债券投资		借：银行存款等[实际收到的款项] 　　投资收益[借差] 贷：长期债券投资 　　应收利息 　　投资收益[贷差]	借：资金结存——货币资金 贷：投资支出/其他结余 　　投资预算收益

（二）应用案例示范

【例7-8】某事业单位2×24年发生的相关投资业务如下：

（1）8月1日，经批准后使用资金取得短期投资一项，按月付息，共支付价款104 000元；8月31日，收到支付的价款中包含的尚未领取的利息4 000元；12月31日收到持有期间利息2 000元。

（2）9月1日，以100万元的银行存款对其他单位进行股权投资，取得被投资单位100%股权，购买时另外发生相关手续费5 000元。采用权益法核算，某年年末，被投资单位实现净利润10万元。

（3）10月10日，购买分期付息，到期一次还本的长期债券10万元，另外支付购买手续费2 000元，价款和手续费一并支付。12月31日，确认债券利息5 000元，次年1月收到债券利息。次年3月，将该长期债券转让取得转让收入11万元。

上述业务的账务处理如表7-31所示。

表7-31　　　　　　　　　例7-8的账务处理

事项	财务会计分录	预算会计分录
购买短期投资	借：短期投资　　　104 000 　　贷：银行存款　　　104 000	借：投资支出　　　104 000 　　贷：资金结存——货币资金 　　　　　　　　　　104 000
收到尚未支付的利息	借：银行存款　　　4 000 　　贷：短期投资　　　4 000	借：资金结存——货币资金 　　　　　　　　　　4 000 　　贷：投资支出　　　4 000
收到持有期间利息	借：银行存款　　　2 000 　　贷：投资收益　　　2 000	借：资金结存——货币资金 　　　　　　　　　　2 000 　　贷：投资预算收益 　　　　　　　　　　2 000
购买长期股权投资	借：长期股权投资——成本 　　　　　　　　　1 005 000 　　贷：银行存款　　　1 005 000	借：投资支出　　　1 005 000 　　贷：资金结存——货币资金 　　　　　　　　　　1 005 000
年末确认长期股权投资的收益	借：长期股权投资——损益调整 　　　　　　　　　100 000 　　贷：投资收益　　　100 000	不做账务处理
购买长期债券投资	借：长期债券投资　　　102 000 　　贷：银行存款　　　102 000	借：投资支出　　　102 000 　　贷：资金结存——货币资金 　　　　　　　　　　102 000

续表

事项	财务会计分录	预算会计分录
年末确认长期债券利息	借：应收利息　　　　5 000 　　贷：投资收益　　　　5 000	不做账务处理
次年收到利息	借：银行存款　　　　5 000 　　贷：应收利息　　　　5 000	借：资金结存——货币资金 　　　　　　　　　　　5 000 　　贷：投资预算收益　　5 000
转让长期债券	借：银行存款　　　　110 000 　　贷：长期债券投资　102 000 　　　　投资收益　　　　8 000	借：资金结存——货币资金 　　　　　　　　　　110 000 　　贷：投资支出　　　102 000 　　　　投资预算收益　　8 000

（三）知识拓展

行政事业单位投资业务的管理工作通常由资产管理部门或者其他专业部门负责，要符合资产管理的相关要求。对财务人员而言，虽然不直接参与投资的业务工作，但是也需要了解相关管理规定，具体规定请结合本书的资产管理章节学习掌握。

五、非流动资产业务

非流动资产是指流动资产以外的资产，包括但不限于固定资产、在建工程、无形资产。

固定资产是指政府会计主体为满足自身开展业务活动或其他活动需要而控制的，使用年限超过1年（不含1年）、单位价值在规定标准以上，并在使用过程中基本保持原有物质形态的资产，一般包括房屋及构筑物、专用设备、通用设备等。单位价值虽未达到规定标准，但是使用年限超过1年（不含1年）的大批同类物资，如图书、家具、用具、装具等，应当确认为固定资产。

公共基础设施、政府储备物资、保障性住房、文物资源等，不属于固定资产核算范围。

在建工程，是指已经发生必要支出，但尚未达到交付使用状态的建设项目工程。在建工程核算单位在建的建设项目工程的实际成本。单位在建的信息系统项目工程、公共基础设施项目工程、保障性住房项目工程的实际成本，也通过本科目核算，即在建工程完工后可能转入的科目包括"公共基础设施""保障性住房"等科目。

无形资产是指政府会计主体控制的没有实物形态的可辨认非货币性资产，如专利权、商标权、著作权、土地使用权、非专利技术等。资产满足下列条件之一的，符合无形资产定义中的可辨认性标准：第一，能够从政府会计主体中分离或者划分出来，并能单独或者与相关合同、资产或负债一起，用于出售、转移、授予许可、租赁或者交换。第二，源自合同性权利或其他法定权利，无论这些权利是否可以从政府会计主体或其权利和义务中转移或者分离。

本部分涉及的会计科目有："固定资产""固定资产累计折旧""工程物资""在建工程""无形资产""无形资产累计摊销""研发支出"共七个会计科目。

（一）重点解读

1.固定资产的确认、计量

（1）固定资产的确认条件。

固定资产同时满足下列条件的，应当予以确认：与该固定资产相关的服务潜力很可能实现或者经济利益很可能流入政府会计主体；该固定资产的成本或者价值能够可靠地计量。

（2）固定资产的确认时点。

不同的取得方式，确认时点不一致。具体如表7-32所示。

表7-32　　　　　　　　固定资产确认时点一览表

取得方式	确认时点
购入、换入、接受捐赠、无偿调入不需安装的固定资产	验收合格时确认
购入、换入、接受捐赠、无偿调入需要安装的固定资产	安装完成交付使用时确认
自行建造、改建、扩建的固定资产	在建造完成交付使用时确认
其他特殊情形	①固定资产的各组成部分具有不同使用年限或者以不同方式为政府会计主体实现服务潜力或提供经济利益，适用不同折旧率或折旧方法且可以分别确定各自原价的，应当分别将各组成部分确认为单项固定资产
	②应用软件构成相关硬件不可缺少的组成部分的，应当将该软件的价值包括在所属的硬件价值中，一并确认为固定资产；不构成相关硬件不可缺少的组成部分的，应当将该软件确认为无形资产
	③购建房屋及构筑物时，不能分清购建成本中的房屋及构筑物部分与土地使用权部分的，应当全部确认为固定资产；能够分清购建成本中的房屋及构筑物部分与土地使用权部分的，应当将其中的房屋及构筑物部分确认为固定资产，将其中的土地使用权部分确认为无形资产

（3）固定资产的初始计量。

根据不同的取得方式，固定资产的初始计量方法不尽相同。具体如表7-33所示。

表7-33　　　　　　　　　固定资产初始计量

序号	取得的方式	成本的计量
1	购入的固定资产	包括购买价款、相关税费以及固定资产交付使用前所发生的可归属于该项资产的运输费、装卸费、安装费和专业人员服务费等

续表

序号	取得的方式	成本的计量
2	自行建造的固定资产	其成本包括该项资产至交付使用前所发生的全部必要支出。(1)在原有固定资产基础上进行改建、扩建、修缮后的固定资产,其成本按照原固定资产账面价值加上改建、扩建、修缮发生的支出,再扣除固定资产被替换部分的账面价值后的金额确定。(2)为建造固定资产借入的专门借款的利息,属于建设期间发生的,计入在建工程成本;不属于建设期间发生的,计入当期费用。已交付使用但尚未办理竣工决算手续的固定资产,应当按照估计价值入账,待办理竣工决算后再按实际成本调整原来的暂估价值
3	通过置换取得的固定资产	其成本按照换出资产的评估价值加上支付的补价或减去收到的补价,加上换入固定资产发生的其他相关支出确定
4	接受捐赠的固定资产	政府会计主体接受捐赠的固定资产,其成本确认有四种方式:(1)按照有关凭据注明的金额加上相关税费、运输费等确定。(2)没有相关凭据可供取得,但按规定经过资产评估的,其成本按照评估价值加上相关税费、运输费等确定。(3)没有相关凭据可供取得、也未经资产评估的,其成本比照同类或类似资产的市场价格加上相关税费、运输费等确定。(4)没有相关凭据且未经资产评估、同类或类似资产的市场价格也无法可靠取得的,按照名义金额入账,相关税费、运输费等计入当期费用。如受赠的系旧的固定资产,在确定其初始入账成本时应当考虑该项资产的新旧程度
5	无偿调入的固定资产	其成本按照调出方账面价值加上相关税费、运输费等确定
6	盘盈的固定资产	按规定经过资产评估的,其成本按照评估价值确定;未经资产评估的,其成本按照重置成本确定

(4)固定资产的后续计量。

①政府会计主体按规定报经批准出售、转让固定资产或固定资产报废、毁损的,应当将固定资产账面价值转销计入当期费用,并将处置收入扣除相关处置税费后的差额按规定做应缴款项处理(差额为净收益时)

或计入当期费用(差额为净损失时)。

②政府会计主体按规定报经批准对外捐赠、无偿调出固定资产的,应当将固定资产的账面价值予以转销,对外捐赠、无偿调出中发生的归属于捐出方、调出方的相关费用应当计入当期费用。

③政府会计主体按规定报经批准以固定资产对外投资的,应当将该固定资产的账面价值予以转销,并将固定资产在对外投资时的评估价值与其账面价值的差额计入当期收入或费用。

④固定资产盘亏造成的损失,按规定报经批准后应当计入当期费用。

2.固定资产折旧

折旧是指在固定资产的预计使用年限内,按照确定的方法对应计的折旧额进行系统分摊,计提折旧不考虑预计净残值。行政事业单位一般应当采用年限平均法或者工作量法计提固定资产折旧。应当根据相关规定以及固定资产的性质和使用情况,合理确定固定资产的使用年限。政府会计主体确定固定资产使用年限,应当考虑下列因素:

(1)预计实现服务潜力或提供经济利益的期限;

(2)预计有形损耗和无形损耗;

(3)法律或者类似规定对资产使用的限制。

折旧年限和折旧方法,一经确定,不得随意变更。折旧计提时点是:当月增加,当月开始计提;当月减少,当月不再计提。注意行政事业单位固定资产计提折旧时点与企业计提固定资产折旧的时点不一样。

具体各类固定资产折旧年限在应用指南中详细说明，如表7-34所示。

表7-34　　　　　　　　　固定资产折旧年限表

固定资产类别	内容		折旧年限
房屋及构筑物	业务及管理用房	钢结构	不低于50年
		钢筋混凝土结构	不低于50年
		砖混结构	不低于30年
		砖木结构	不低于30年
	简易房		不低于8年
	房屋附属设施		不低于8年
	构筑物		不低于8年
通用设备	计算机设备		不低于6年
	办公设备		不低于6年
	车辆		不低于8年
	图书档案设备		不低于5年
	机械设备		不低于10年
	电气设备		不低于5年
	雷达、无线电和卫星导航设备		不低于10年
	通信设备		不低于5年
	广播、电视、电影设备		不低于5年
	仪器仪表		不低于5年
	电子和通信测量设备		不低于5年
	计量标准器具及量具、衡器		不低于5年
专用设备	探矿、采矿、选矿和造块设备		10—15年
	石油天然气开采专用设备		10—15年
	石油和化学工业专用设备		10—15年
	炼焦和金属冶炼轧制设备		10—15年
	电力工业专用设备		20—30年
	非金属矿物制品工业专用设备		10—20年
	核工业专用设备		20—30年
	航空航天工业专用设备		20—30年
	工程机械		10—15年

续表

固定资产类别	内容	折旧年限
专用设备	农业和林业机械	10—15年
	木材采集和加工设备	10—15年
	食品加工专用设备	10—15年
	饮料加工设备	10—15年
	烟草加工设备	10—15年
	粮油作物和饲料加工设备	10—15年
	纺织设备	10—15年
	缝纫、服饰、制革和毛皮加工设备	10—15年
	造纸和印刷机械	10—20年
	化学药品和中药专用设备	5—10年
	医疗设备	5—10年
	电工、电子专用生产设备	5—10年
	安全生产设备	10—20年
	邮政专用设备	10—15年
	环境污染防治设备	10—20年
	公安专用设备	3—10年
	水工机械	10—20年
	殡葬设备及用品	5—10年
	铁路运输设备	10—20年
	水上交通运输设备	10—20年
	航空器及其配套设备	10—20年
	专用仪器仪表	5—10年
	文艺设备	5—15年
	体育设备	5—15年
	娱乐设备	5—15年
家具、用具及装具	家具	不低于15年
	用具、装具	不低于5年

国务院有关部门在遵循表7-34所规定的固定资产折旧年限的情况下，可以根据实际需要进一步细化本行业固定资产的类别，具体确定各类固定资产的折旧年限，并报财政部审核批准。政府会计主体应当在遵循《政府会计准则第3号——固定资产》应用指南、主管部门（行业出台

的补充规定）有关折旧年限规定的情况下，根据固定资产的性质和实际使用情况，合理确定其折旧年限。

其他特殊情形如下：

（1）不计提折旧的固定资产：①文物和陈列品；②动植物；③图书、档案；④单独计价入账的土地；⑤以名义金额计量的固定资产。另外已提足折旧的固定资产和提前报废的固定资产，也不再计提折旧。

（2）暂估入账的固定资产计提折旧，实际成本确定后无须调整原已计提的折旧额。因改、扩建或修缮等原因而延长其使用年限的，应当按照重新确定的固定资产的成本以及重新确定的折旧年限计算折旧额。

（3）单位计提融资租入固定资产折旧时，应当采用与自有固定资产相一致的折旧政策。能够合理确定租赁期届满时将会取得租入固定资产所有权的，应当在租入固定资产尚可使用年限内计提折旧；无法合理确定租赁期届满时能够取得租入固定资产所有权的，应当在租赁期与租入固定资产尚可使用年限两者中较短的期间内计提折旧。

3.基本建设投资

单位对基本建设投资应当按照规定统一进行会计核算，不再单独建账，应当按项目单独核算，并保证项目资料完整。因此，在建工程的核算要按照《国有建设单位会计制度》和《基本建设财务规则》相关要求进行账务处理。参照基本建设投资会计处理规定，"在建工程"应当设置"建筑安装工程投资""设备投资""待摊投资""其他投资""待核销基建支出""基建转出投资"等明细科目。

4.无形资产的确认、计量

(1)无形资产的初始计量。

无形资产在取得时应当按照成本进行初始计量。非大批量购入,单价小于1 000元的无形资产,可以于购买的当期直接计入费用。不同的取得方式,初始计量方法不同。具体情形如表7-35所示。

表7-35　　　　　　　　无形资产初始计量

序号	取得的方式	成本的计量
1	购入的无形资产	其成本包括购买价款、相关税费以及可归属于该项资产达到预定用途前所发生的其他支出。政府会计主体委托软件公司开发的软件,视同外购无形资产确定其成本
2	自行开发的无形资产	其成本包括自该项目进入开发阶段后至达到预定用途前所发生的支出总额
3	通过置换取得的无形资产	其成本按照换出资产的评估价值加上支付的补价或减去收到的补价,加上换入无形资产发生的其他相关支出确定
4	接受捐赠的无形资产	其成本有四种确认方式:(1)按照有关凭据注明的金额加上相关税费确定;(2)没有相关凭据可供取得,但按规定经过资产评估的,其成本按照评估价值加上相关税费确定;(3)没有相关凭据可供取得、也未经资产评估的,其成本比照同类或类似资产的市场价格加上相关税费确定;(4)没有相关凭据且未经资产评估、同类或类似资产的市场价格也无法可靠取得的,按照名义金额入账,相关税费计入当期费用
5	无偿调入的无形资产	其成本按照调出方账面价值加上相关税费、运输费等确定

(2)无形资产的后续计量。

①出售无形资产:应当将无形资产账面价值转销计入当期费用,并将处置收入大于相关处置税费后的差额按规定计入当期收入或者做应缴款项处理,将处置收入小于相关处置税费后的差额计入当期费用。

②对外捐赠、无偿调出无形资产的,应当将无形资产的账面价值予

以转销，对外捐赠、无偿调出中发生的归属于捐出方、调出方的相关费用应当计入当期费用。

③以无形资产对外投资的，应当将该无形资产的账面价值予以转销，并将无形资产在对外投资时的评估价值与其账面价值的差额计入当期收入或费用。

④转销无形资产。无形资产预期不能为政府会计主体带来服务潜力或者经济利益的，应当在报经批准后将该无形资产的账面价值予以转销。

5.无形资产摊销

在无形资产使用年限内，按照确定的方法对应摊销金额进行系统分摊。政府会计主体应当对使用年限有限的无形资产进行摊销。应当在取得或形成无形资产时合理确定其使用年限。无形资产的使用年限为有限的，应当估计该使用年限。无法预见无形资产为政府会计主体提供服务潜力或者带来经济利益期限的，应当视为使用年限不确定的无形资产。

（1）下列无形资产不应摊销：①使用年限不确定的无形资产不应摊销；②已摊销完毕仍继续使用的无形资产；③以名义金额计量的无形资产。

（2）摊销年限的确定：①法律规定了有效年限的，按照法律规定的有效年限作为摊销年限；②法律没有规定有效年限的，按照相关合同或单位申请书中的受益年限作为摊销年限；③法律没有规定有效年限、相关合同或单位申请书也没有规定受益年限的，应当根据无形资产为政府会计主体提供服务潜力或经济利益的实际情况，预计其使用年限；④非大批量购入、单价小于1 000元的无形资产，可以于购买的当期将其成本一次全部转销。

（3）摊销方法采用年限平均法或者工作量法。不考虑预计残值。因发生后续支出而增加无形资产成本的，应当按照重新确定的无形资产成本以及重新确定的摊销年限计算摊销额。

6.自行研究开发项目的确认条件和核算范围

自行研究开发项目，应当同时满足以下条件：

（1）该项目以科技成果创造和运用为目的，预期形成至少一项科技成果。科技成果是指通过科学研究与技术开发所产生的具有实用价值的成果。

（2）该项目的研发活动起点可以明确。例如，利用财政资金等单位外部资金设立的科研项目，可以将立项之日作为起点；利用单位自有资金设立的科研项目，可以将单位决策机构批准同意立项之日，或科研人员将研发计划书提交单位科研管理部门审核通过之日作为起点。

自行研究开发项目的支出，包括从事研究开发及其辅助活动（以下简称"研发活动"）人员计提的薪酬，研发活动领用的库存物品，研发活动使用的固定资产和无形资产计提的折旧和摊销，为研发活动支付的其他各类费用等。其中，计提的薪酬根据《政府会计制度》，包括基本工资、国家统一规定的津贴补贴、规范津贴补贴（绩效工资）、改革性补贴、社会保险费、住房公积金等；为研发活动支付的其他各类费用包括业务费、劳务费、水电气暖费用等。

7.正确区分研究阶段和开发阶段的支出

从研究活动的特点看，其研究是否能在未来形成成果，即通过开发后是否会形成无形资产均有很大的不确定性，因此，研究阶段的有关支出在发生时应当费用化计入当期损益。进入开发阶段的研发项目往往形成成果的可能性较大。此时如果能够证明满足无形资产的定义及同时满足以下相关确认条件，所发生的开发支出可资本化，确认为无形资产的成本。

当单位自行研究开发项目预期形成的无形资产同时满足以下条件时，可以认定该自行研究开发项目进入开发阶段：

（1）单位预期完成该无形资产以使其能够使用或出售在技术上具有可行性。

（2）单位具有完成该无形资产并使用或出售的意图。

（3）单位预期该无形资产能够为单位带来经济利益或服务潜能。该无形资产自身或运用该无形资产生产的产品存在市场，或者该无形资产在内部使用具有有用性。

（4）单位具有足够的技术、财务资源和其他资源支持，以完成该无形资产的开发，并有能力使用或出售该无形资产。

（5）归属于该无形资产开发阶段的支出能够可靠地计量。

通常情况下，单位可以将样品样机试制成功、可行性研究报告通过评审等作为自行研究开发项目进入开发阶段的标志，但该时点不满足上述进入开发阶段5个条件的除外。

8.主要账务处理

上述7个科目的主要账务处理如表7-36至表7-38所示。

表7-36 "固定资产""固定资产累计折旧"主要账务处理

序号	业务和事项内容		财务会计	预算会计
1	外购固定资产	外购的固定资产不需安装的	借：固定资产 　贷：财政拨款收入/零余额账户用款额度/应付账款/银行存款等	借：事业支出/行政支出/经营支出等 　贷：财政拨款预算收入/资金结存
		购入需要安装的固定资产	借：在建工程 　贷：财政拨款收入/零余额账户用款额度/应付账款/银行存款等 借：固定资产 　贷：在建工程	借：事业支出/行政支出/经营支出等 　贷：财政拨款预算收入/资金结存
		购入固定资产扣留质量保证金的	借：固定资产[无须安装]/在建工程[需要安装] 　贷：财政拨款收入/零余额账户用款额度/应付账款/银行存款等 　　其他应付款[扣留期在1年以内（含1年）]/长期应付款[扣留期超过1年]	借：事业支出/行政支出/经营支出等[购买固定资产实际支付的金额] 　贷：财政拨款预算收入/资金结存
		质保期满支付质量保证金时	借：其他应付款/长期应付款 　贷：财政拨款收入/零余额账户用款额度/银行存款等	借：事业支出/行政支出/经营支出等 　贷：财政拨款预算收入/资金结存
2	自行建造的固定资产		借：固定资产 　贷：在建工程	不做账务处理
3	融资租赁取得的固定资产	融资租入（或跨年度分期付款购入）的固定资产	借：固定资产[无须安装]/在建工程[需安装] 　贷：长期应付款[协议或合同确定的租赁价款] 　　财政拨款收入/零余额账户用款额度/银行存款等[实际支付的相关税费、运输费等]	借：事业支出/行政支出/经营支出等[实际支付的相关税费、运输费等] 　贷：财政拨款预算收入/资金结存
		定期支付租金	借：长期应付款 　贷：财政拨款收入/零余额账户用款额度/银行存款等	借：事业支出/行政支出/经营支出等 　贷：财政拨款预算收入/资金结存

续表

序号	业务和事项内容	财务会计	预算会计
4	分期付款购入固定资产	参照融资租入固定资产	
5	接受捐赠的固定资产 接受捐赠的固定资产按照名义金额入账的	参照"库存物品"科目中接受捐赠取得库存物品的账务处理	
6	无偿调入的固定资产	参照"库存物品"科目中无偿调库存物品的账务处理	
7	置换取得的固定资产	参照"库存物品"科目中置换取得库存物品的账务处理	
8	符合固定资产确认条件的（增加固定资产使用效能或延长其使用年限而发生的改建、扩建等后续支出）	借：在建工程[固定资产账面价值] 　　固定资产累计折旧 　贷：固定资产[账面余额] 借：在建工程 　贷：财政拨款收入/零余额账户用款额度/应付账款/银行存款等	不做账务处理 借：事业支出/行政支出/经营支出等 　贷：财政拨款预算收入/资金结存
9	不符合固定资产确认条件的	借：业务活动费用/单位管理费用/经营费用等 　贷：财政拨款收入/零余额账户用款额度/银行存款等	借：事业支出/行政支出/经营支出等 　贷：财政拨款预算收入/资金结存
10	报经批准出售、转让固定资产	参照"库存物品"科目中出售、转让库存物品的账务处理	
11	对外捐赠固定资产	参照"库存物品"科目中对外捐赠库存物品的账务处理	
12	报经批准无偿调出固定资产	参照"库存物品"科目中无偿调出库存物品的规定进行账务处理	
13	置换换出固定资产	参照"库存物品"科目中置换取得库存物品的规定进行账务处理	

续表

序号	业务和事项内容		财务会计	预算会计
14	固定资产定期盘点清查	盘盈的固定资产	参照"库存物品"科目中盘盈、盘亏库存物品的规定进行账务处理	
		盘亏、毁损或报废的固定资产		
15	按月计提固定资产折旧时		借：业务活动费用/单位管理费用/经营费用等 贷：固定资产累计折旧	不做账务处理
16	处置固定资产时		借：待处理财产损溢/无偿调拨净资产/资产处置费用等 固定资产累计折旧 贷：固定资产［账面余额］	涉及资金支付的，参照"固定资产"科目相关账务处理

表7-37　"工程物资""在建工程"主要账务处理

序号	业务和事项内容		《政府会计制度》账务处理	
			财务会计	预算会计
1	取得工程物资	购入工程物资	借：工程物资 贷：财政拨款收入/零余额账户用款额度/银行存款/应付账款/其他应付款等	借：事业支出/行政支出/经营支出等［实际支付的款项］ 贷：财政拨款预算收入/资金结存
2	领用工程物资	发出工程物资	借：在建工程 贷：工程物资	不做账务处理
3	剩余工程物资	剩余工程物资转为存货	借：库存物品 贷：工程物资	不做账务处理
4	建筑安装工程投资	将固定资产等转入改建、扩建时	借：在建工程——建筑安装工程投资 固定资产累计折旧等 贷：固定资产等	不做账务处理
		改扩建过程中替换（拆除）原资产某些组成部分的	借：待处理财产损溢 贷：在建工程——建筑安装工程投资	不做账务处理

续表

序号	业务和事项内容		《政府会计制度》账务处理	
			财务会计	预算会计
4	建筑安装工程投资	发包工程预付工程款时	借：预付账款——预付工程款 贷：财政拨款收入/零余额账户用款额度/银行存款等	借：事业支出/行政支出等 贷：财政拨款预算收入/资金结存
		按照进度结算工程款时	借：在建工程——建筑安装工程投资 贷：预付账款——预付工程款财政拨款收入/零余额账户用款额度/银行存款/应付账款等	借：事业支出/行政支出等〔补付款项〕 贷：财政拨款预算收入/资金结存
		自行施工小型建筑安装工程发生支出时	借：在建工程——建筑安装工程投资 贷：工程物资/零余额账户用款额度/银行存款/应付职工薪酬等	借：事业支出/行政支出等〔实际支付的款项〕 贷：资金结存等
		工程竣工验收交付使用时	借：固定资产等 贷：在建工程——建筑安装工程投资	不做账务处理
5	设备投资	购入设备时	借：在建工程——设备投资 贷：财政拨款收入/零余额账户用款额度/应付账款/银行存款等	借：事业支出/行政支出等〔实际支付的款项〕 贷：财政拨款预算收入/资金结存
		安装完毕，交付使用时	借：固定资产等 贷：在建工程——设备投资——建筑安装工程投资——安装工程	不做账务处理
		将不需要安装设备和达不到固定资产标准的工具器具交付使用时	借：固定资产/库存物品 贷：在建工程——设备投资	不做账务处理

续表

序号	业务和事项内容	《政府会计制度》账务处理	
		财务会计	预算会计
6	待摊投资	发生构成待摊投资的各类费用时	借：在建工程——待摊投资 贷：财政拨款收入/零余额账户用款额度/银行存款/应付利息/长期借款/其他应交税费等	借：事业支出/行政支出等［实际支付的款项］ 贷：财政拨款预算收入/资金结存
		对于建设过程中试生产、设备调试等产生的收入	借：银行存款等 贷：在建工程——待摊投资［按规定冲减工程成本的部分］ 应缴财政款/其他收入［差额］	借：资金结存 贷：其他预算收入
		经批准将单项工程或单位工程报废净损失计入继续施工的工程成本的	借：在建工程——待摊投资 银行存款/其他应收款等［残料变价收入、赔款等］ 贷：在建工程——建筑安装工程投资［毁损报废工程成本］	不做账务处理
		工程交付使用时，按照一定的分配方法进行待摊投资分配	借：在建工程——建筑安装工程投资 　　　　——设备投资 贷：在建工程——待摊投资	不做账务处理
7	其他投资	发生其他投资支出时	借：在建工程——其他投资 贷：财政拨款收入/零余额账户用款额度/银行存款等	借：事业支出/行政支出等［实际支付的款项］ 贷：财政拨款预算收入/资金结存
		资产交付使用时	借：固定资产/无形资产等 贷：在建工程——其他投资	不做账务处理

续表

序号	业务和事项内容		《政府会计制度》账务处理	
			财务会计	预算会计
8	待核销基建支出	发生各类待核销基建支出时	借：在建工程——待核销基建支出 贷：财政拨款收入/零余额账户用款额度/银行存款等	借：事业支出/行政支出 ［实际支付的款项］ 贷：财政拨款预算收入/资金结存
		取消的项目发生的可行性研究费	借：在建工程——待核销基建支出 贷：在建工程——待摊投资	不做账务处理
		由于自然灾害等原因发生的项目整体报废所形成的净损失	借：在建工程——待核销基建支出银行存款/其他应收款等［残料变价收入、保险赔款等］ 贷：在建工程——建筑安装工程投资等	不做账务处理
		经批准冲销待核销基建支出时	借：资产处置费用 贷：在建工程——待核销基建支出	不做账务处理
9	基建转出投资	建造的产权不归属本单位的专用设施转出时	借：在建工程——基建转出投资 贷：在建工程——建筑安装工程投资 借：无偿调拨净资产 贷：在建工程——基建转出投资	不做账务处理

表7-38 "无形资产""无形资产累计摊销""研发支出"主要账务处理

序号	业务和事项内容	《政府会计制度》账务处理	
		财务会计	预算会计
1	外购的无形资产入账时	借：无形资产 贷：财政拨款收入/零余额账户用款额度/应付账款/银行存款等	借：事业支出/行政支出/经营支出等 贷：财政拨款预算收入/资金结存

续表

序号	业务和事项内容		《政府会计制度》账务处理	
			财务会计	预算会计
2	委托开发的软件	按照合同约定预付开发费时	借：预付账款 　贷：财政拨款收入/零余额账户用款额度/银行存款等	借：事业支出/行政支出/经营支出等[预付的款项] 　贷：财政拨款预算收入/资金结存
		支付剩余或全部软件开发费用时	借：无形资产[开发费总额] 　贷：预付账款 　　　财政拨款收入/零余额账户用款额度/银行存款等[支付的剩余款项]	按照支付的剩余款项金额 借：事业支出/行政支出/经营支出等 　贷：财政拨款预算收入/资金结存
3	自行开发的软件	应当按照合理的方法先归集	借：研发支出——研究支出 　贷：应付职工薪酬/库存物品/财政拨款收入/零余额账户用款额度/银行存款等	借：事业支出/行政支出/经营支出等[实际支付的款项] 　贷：财政拨款预算收入/资金结存
		期末转入当期费用	借：业务活动费用等 　贷：研发支出——研究支出	不做账务处理
		自行研究开发项目开发阶段的支出	借：研发支出——开发支出 　贷：应付职工薪酬/库存物品/财政拨款收入/零余额账户用款额度/银行存款等	借：事业支出/行政支出/经营支出等[实际支付的款项] 　贷：财政拨款预算收入/资金结存
		开发完成，达到预定用途形成无形资产的	借：无形资产 　贷：研发支出——开发支出	不做账务处理
		自行研究开发无形资产尚未进入开发阶段，或者确实无法区分研究阶段支出和开发阶段支出，但按照法律程序已申请取得无形资产的	借：无形资产[依法取得时发生的注册费、聘请律师费等费用] 　贷：财政拨款收入/零余额账户用款额度/银行存款等	借：事业支出/行政支出/经营支出等 　贷：财政拨款预算收入/资金结存

续表

序号	业务和事项内容		《政府会计制度》账务处理	
			财务会计	预算会计
4	接受捐赠的无形资产	按实际金额入账的	参照"库存物品"科目中对外捐赠库存物品的账务处理	
		按照名义金额入账的		
5	无偿调入的无形资产		参照"库存物品"科目中无偿调入库存物品的账务处理	
6	置换取得的无形资产		参照"库存物品"科目中置换取得库存物品的账务处理	
7	符合无形资产确认条件的后续支出（如为增加无形资产的使用效能而发生的后续支出）		借：在建工程 　　无形资产累计摊销 　贷：无形资产 借：在建工程/无形资产［无须暂停计提摊销的］ 　贷：财政拨款收入/零余额账户用款额度/银行存款等	借：事业支出/行政支出/经营支出等［实际支付的资金］ 　贷：财政拨款预算收入/资金结存
8	不符合无形资产确认条件的后续支出（为维护无形资产的正常使用而发生的后续支出）		借：业务活动费用/单位管理费用/经营费用等 　贷：财政拨款收入/零余额账户用款额度/银行存款等	借：事业支出/行政支出/经营支出等 　贷：财政拨款预算收入/资金结存
9	出售、转让无形资产		参照"库存物品"科目中出售、转让库存物品的账务处理	
10	对外捐赠无形资产		参照"库存物品"科目中对外捐赠库存物品的账务处理	
11	无偿调出无形资产		参照"库存物品"科目中无偿调出库存物品的规定进行账务处理	
12	置换换出无形资产		参照"库存物品"科目中置换取得库存物品的规定进行账务处理	
13	经批准核销无形资产时		借：资产处置费用 　　无形资产累计摊销 　贷：无形资产［账面余额］	不做账务处理
14	盘盈、盘亏		参照"库存物品"科目盘盈、盘亏规定进行账务处理	
15	按照月进行无形资产摊销时		借：业务活动费用/单位管理费用/加工物品等 　贷：无形资产累计摊销	不做账务处理

(二)应用案例示范

【例7-9】某行政单位2×24年7月发生有关固定资产业务如下:

(1)购入需安装的固定资产A,次月安装完成验收合格,总价100 000元,其中质量保证金5%,一年质保期后予以支付;

(2)无偿调入无须安装的固定资产B,经评估确定的价值为50 000元,发生相关税费等2 000元;

(3)报经批准对外捐赠固定资产C,原值40 000元,已计提折旧30 000元,并支付运费2 000元;

(4)当月资产管理部门通过资产管理系统计提折旧150 000元,其中用于业务部门的固定资产折旧130 000元,用于行政部门的固定资产折旧20 000元;

(5)年末资产盘点,盘盈计算机一台,经过评估后价值4 000元。

上述业务的账务处理如表7-39所示。

表7-39　　　　　　　　　　例7-9的账务处理

业务事项	财务会计分录	预算会计分录
购入需安装的固定资产	借:在建工程　　　　100 000 　　贷:银行存款　　　　95 000 　　　　其他应付款　　　5 000	借:行政支出　　　　　95 000 　　贷:资金结存——货币资金 　　　　　　　　　　　95 000
安装完成后投入使用	借:固定资产　　　　100 000 　　贷:在建工程　　　100 000	不做账务处理
一年后支付质保金	借:其他应付款　　　　5 000 　　贷:银行存款　　　　5 000	借:行政支出　　　　　　5 000 　　贷:资金结存——货币资金 　　　　　　　　　　　　5 000

续表

业务事项	财务会计分录	预算会计分录
无偿调入固定资产	借：固定资产——B　　52 000 　　贷：银行存款　　　　2 000 　　　　无偿调拨净资产　50 000	借：其他支出　　　　　2 000 　　贷：资金结存——货币资金 　　　　　　　　　　2 000
对外捐赠固定资产	借：资产处置费用　　12 000 　　固定资产累计折旧 30 000 　　贷：固定资产——C　40 000 　　　　银行存款　　　　2 000	借：其他支出　　　　　2 000 　　贷：资金结存——货币资金 　　　　　　　　　　2 000
当月计提折旧	借：业务活动费用　　150 000 　　贷：固定资产累计折旧150 000	不做账务处理
年底盘盈资产	借：固定资产　　　　4 000 　　贷：待处理财产损溢　4 000	不做账务处理

【例7-10】某行政单位2×24年发生的研发支出、无形资产业务如下：

（1）X项目组在专利研究阶段，归集相关人员薪酬50 000元（未发放）、领用库存物品10 000元，差旅费等其他支出10 000元；

（2）Y项目组在专利开发阶段，归集相关人员薪酬10 000元、项目组使用的固定资产计提折旧15 000元，办公费等其他支出10 000元；

（3）Y项目组项目完成，形成无形资产一项；

（4）按规定每月计提Y项目的摊销为2 000元；

（5）报经批准将Y项目的专利权出售，已计提摊销14 000元，处置费用1 000元，处置价款20 000元，款项已收到，按规定上缴财政。

上述业务的账务处理如表7-40所示。

表7-40　　　　　　　　　例7-10的账务处理

业务事项	财务会计分录	预算会计分录
X项目归集成本	借：研发支出——研究支出——X　70 000 　　贷：应付职工薪酬　50 000 　　　　库存物品　10 000 　　　　银行存款　10 000	借：行政支出　10 000 　　贷：资金结存——货币资金 　　　　10 000
月末按规定X项目转入费用	借：业务活动费用　70 000 　　贷：研发支出——研究支出——X 　　　　70 000	不做账务处理
Y项目归集成本	借：研发支出——开发支出——Y　35 000 　　贷：应付职工薪酬　10 000 　　　　固定资产累计折旧　15 000 　　　　银行存款　10 000	借：行政支出　10 000 　　贷：资金结存——货币资金　10 000
Y项目最终形成无形资产	借：无形资产——专利权　35 000 　　贷：研发支出——开发支出——Y 　　　　35 000	不做账务处理
每月计提摊销	借：业务活动费用　2 000 　　贷：无形资产累计摊销　2 000	不做账务处理
出售无形资产	借：资产处置费用　21 000 　　银行存款　20 000 　　无形资产累计摊销　14 000 　　贷：无形资产——专利权　35 000 　　　　银行存款　1 000 　　　　应缴财政款　19 000	不做账务处理

（三）知识拓展

1.实务中注意区分"工程物资"与"库存物品"

"工程物资"是主要为单位在建工程准备，领用时将会形成资产；而"库存物品"主要为日常业务活动准备，领用时一般进行费用化账务处理；但"工程物资"在项目结束后可转为"库存物品"核算。

2.注意区分"固定资产"中"文物、陈列品"与"文物资源"

文物资源是为了满足社会公共需求而控制的资产。例如,博物馆、文化馆内陈列的供观众参观、观看的陈列品。固定资产中"文物、陈列品"是单位为了满足自身开展业务活动或者其他活动需要而控制的资产。假如某单位拥有文物,既不是供社会公共需求用来参观,也不是为了满足自身开展业务活动需要而拥有的,如何判断归属,我们一般认为不可移动的,计入文物资源;可移动的,计入文物、陈列品。

3.相关行业主管部门可以根据实际情况进一步细化本行业的固定资产的折旧年限,报财政部审批

例如,教育部、卫健委根据实际情况,各自就自己主管的行业特点,制定了高校、中小学校、医院、基层医疗机构等四个行业的固定资产折旧年限,分别报财政部批准后,在各自的行业补充规定中更加细化,上述四个行业的事业单位需要执行补充规定中的固定资产折旧年限。科学事业单位也早在《政府会计制度》执行之前,就制定行业的折旧年限。科学事业单位可以参考《关于执行〈科学事业单位财务制度〉有关问题的通知》(财教〔2014〕10号)通知要求制定本单位的固定资产折旧年限。

4.关于固定资产分类调整

根据《固定资产等资产基础分类与代码》(GB/T 14885-2022),"设备"不再区分"通用设备"和"专用设备",行政事业单位在"固定资产""固定资产累计折旧"科目下按照固定资产类别设置"房屋和构筑物""设备""文物和陈列品""图书和档案""家具和用具""特种动植物"明细科目。

同时,《事业单位财务规则》中取消了固定资产原"专用设备"1 500

元的入账标准，统一改为1 000元的入账标准。

对固定资产定义的表述为：固定资产是指使用期限超过一年，单位价值在1 000元以上，并在使用过程中基本保持原有物质形态的资产。单位价值虽未达到规定标准，但是耐用时间在一年以上的大批同类物资，作为固定资产管理。

《政府会计准则第11号——文物资源》实施后，"固定资产"科目下的原"文物和陈列品"明细科目调整为"陈列品"明细科目。

六、经管类资产业务

经管类资产，指的是公共基础设施、政府储备物资、文物资源和保障性住房四类资产。上述资产均为政府会计改革新增的资产，过去一直没有在资产负债表内反映。由于上述四类资产，大多数行政事业单位不会涉及，不作为重点科目讲解。本部分涉及的会计科目包括"公共基础设施""公共基础设施累计折旧（摊销）""政府储备物资""文物资源""保障性住房""保障性住房累计折旧"六个科目。(《政府会计准则第11号——文物资源》实施后，"文物文化资产"改为"文物资源"）

（一）重点解读

1. 经管类资产的定义

（1）公共基础设施，是指政府会计主体为满足社会公共需求而控制的，同时具有以下特征的有形资产：是一个有形资产系统或网络的组成部分；具有特定用途；一般不可移动。

（2）政府储备物资与存货在物质形态上具有相似性，但在功能作用、管理方式、资金来源、业务流程和环节上有所不同，因此本次政府会计改革将政府储备物资作为单独一个科目核算。政府储备物资是指政府会计主体为满足实施国家安全与发展战略、进行抗灾救灾、应对公共突发事件等特定公共需求而控制的，同时具有下列特征的有形资产：在应对可能发生的特定事件或情形时动用；其购入、存储保管、更新（轮换）、动用等由政府及相关部门发布的专门管理制度规范。

（3）文物资源，是指按照《中华人民共和国文物保护法》等有关法律、行政法规规定，被认定为文物的有形资产，以及考古发掘品、尚未被认定为文物的古籍和按照文物征集尚未入藏的征集物。行政事业单位按照《博物馆条例》《博物馆藏品管理办法》等规定进行管理的其他藏品，参照第11号准则执行。上述文物资源和其他藏品均通过"文物资源"科目核算。

（4）文物资源是为了满足社会公共需求而控制的文物资源。保障性住房也是为了满足社会公共需求而控制的住房。

2.经管类资产的确认、计量

与前面的库存物品、固定资产、无形资产等资产类科目相似，实务中可以比照库存物品、固定资产、无形资产进行处理。

根据《政府会计准则第11号——文物资源》及其应用指南，行政事业单位应当按照成本对文物资源进行初始计量；对于旧藏、考古发掘、接受捐赠等方式取得的、成本无法可靠取得的文物资源，行政事业单位应当按照名义金额计量。

3. 关于折旧和摊销

"公共基础设施""保障性住房"应计提折旧;对于确认为公共基础设施的单独计价入账的土地使用权,政府会计主体应当按照《政府会计准则第4号——无形资产》的相关规定进行摊销。"政府储备物资""文物资源"不计提折旧和摊销。

4. 经管类资产的账务处理

比照库存物品、固定资产、无形资产进行。

上述六个科目的主要账务处理如表7-41至表7-44所示。

表7-41 "公共基础设施"和"公共基础设施(摊销)"的主要账务处理

序号	业务和事项内容	《政府会计制度》账务处理	
		财务会计	预算会计
1	自行建造公共基础设施完工交付使用时	借:公共基础设施 　贷:在建工程	不做账务处理
2	接受无偿调入的公共基础设施	参照"库存物品"科目中无偿调入库存物品的账务处理	
3	接受捐赠的公共基础设施	参照"库存物品"科目中接受捐赠库存物品的账务处理	
4	外购的公共基础设施	参照"库存物品"科目中外购库存物品的账务处理	
5	为增加公共基础设施使用效能或延长其使用年限而发生的改建、扩建等后续支出	借:在建工程 　　公共基础设施累计折旧(摊销) 　贷:公共基础设施[账面余额] 借:在建工程[发生的相关后续支出] 　贷:财政拨款收入/零余额账户用款额度/应付账款/银行存款等	借:事业支出/行政支出[实际支付的款项] 　贷:财政拨款预算收入/资金结存

续表

序号	业务和事项内容	《政府会计制度》账务处理	
		财务会计	预算会计
6	为维护公共基础设施的正常使用而发生的日常维修、养护等后续支出	借：业务活动费用 　贷：财政拨款收入/零余额账户用款额度/银行存款等	借：事业支出/行政支出［实际支付的款项］ 　贷：财政拨款预算收入/资金结存
7	对外捐赠公共基础设施	参照"库存物品"科目中对外捐赠库存物品的账务处理	
8	无偿调出公共基础设施	参照"库存物品"科目中无偿调出库存物品的账务处理	
9	盘盈的公共基础设施	参照"库存物品"科目中盘盈、盘亏库存物品的账务处理	
10	盘亏、毁损或报废的公共基础设施		
11	按月计提公共基础设施折旧或摊销时（按月对确认为公共基础设施的单独计价入账的土地使用权进行摊销时）	借：业务活动费用 　贷：公共基础设施累计折旧（摊销）	不做账务处理
12	处置公共基础设施时	借：待处理财产损溢 　　公共基础设施累计折旧（摊销） 　贷：公共基础设施［账面余额］	不做账务处理

表7-42　　"政府储备物资"主要账务处理

序号	业务和事项内容	《政府会计制度》账务处理	
		财务会计	预算会计
1	购入的政府储备物资	参照"库存物品"科目中外购库存物品的账务处理	
2	接受捐赠的政府储备物资	参照"库存物品"科目中接受捐赠库存物品的账务处理	
3	无偿调入的政府储备物资	参照"库存物品"科目中无偿调入库存物品的账务处理	

续表

序号	业务和事项内容	《政府会计制度》账务处理	
		财务会计	预算会计
4	动用发出无须收回的政府储备物资	借：业务活动费用 　　贷：政府储备物资［账面余额］	不做账务处理
5	动用发出需要收回或预期可能收回的政府储备物资	发出物资时 借：政府储备物资——发出 　　贷：政府储备物资——在库	不做账务处理
	按照规定的质量验收标准收回物资时	借：政府储备物资——在库［收回物资的账面余额］ 　　业务活动费用［未收回物资的账面余额］ 　　贷：政府储备物资——发出	
6	因行政管理主体变动等原因而将政府储备物资调拨给其他主体的	借：无偿调拨净资产 　　贷：政府储备物资［账面余额］	不做账务处理
7	对外销售政府储备物资的	借：业务活动费用 　　贷：政府储备物资 借：银行存款/应收账款等 　　贷：事业收入等 借：业务活动费用 　　贷：银行存款等［发生的相关税费］	借：资金结存［收到的销售价款］ 　　贷：事业预算收入等 借：事业支出/行政支出 　　贷：资金结存［支付的相关税费］
		借：资产处置费用 　　贷：政府储备物资 借：银行存款等［收到的销售价款］ 　　贷：银行存款［发生的相关税费］ 　　　应缴财政款	不做账务处理
8	盘盈、盘亏、报废或毁损	参照"库存物品"科目中盘盈、盘亏库存物品的账务处理	

表 7-43　　　　　　　　　"文物资源"主要账务处理

序号	业务和事项内容	《政府会计制度》账务处理	
		财务会计	预算会计
1	外购的文物资源	参照"库存物品"科目中外购库存物品的账务处理	
	接受捐赠的文物资源	参照"库存物品"科目中接受捐赠库存物品的账务处理	
	接受无偿调入的文物资源	参照"库存物品"科目中无偿调入库存物品的账务处理	
2	对外捐赠文物资源	参照"库存物品"科目中对外捐赠库存物品的账务处理	
	无偿调出文物资源	参照"库存物品"科目中无偿调出库存物品的账务处理	
	盘盈、盘亏、毁损、报废时	参照"库存物品"科目中盘盈、盘亏库存物品的账务处理	

表 7-44　　　"保障性住房"和"保障性住房折旧"主要账务处理

序号	业务和事项内容		《政府会计制度》账务处理	
			财务会计	预算会计
1	保障性住房取得	外购的保障性住房	参照"库存物品"科目中外购库存物品的账务处理	
		自行建造的保障性住房，工程完工交付使用时	借：保障性住房 　贷：在建工程	不做账务处理
		无偿调入的保障性住房	参照"库存物品"科目中无偿调入库存物品的账务处理	
2	出租保障性住房	按照收取或应收的租金金额	借：银行存款 　贷：应缴财政款	不做账务处理
3	处置保障性住房	无偿调出保障性住房	参照"库存物品"科目中无偿调出库存物品的账务处理	
			借：资产处置费用 　　保障性住房累计折旧 　贷：保障性住房[账面余额]	不做账务处理
		出售保障性住房	借：银行存款[处置保障性住房收到的价款] 　贷：应缴财政款 　　银行存款等[发生的相关费用]	不做账务处理
4	保障性住房定期盘点清查	盘盈的保障性住房	参照"库存物品"科目中盘盈、盘亏库存物品的账务处理	
		盘亏、毁损或报废的保障性住房		

续表

序号	业务和事项内容	《政府会计制度》账务处理	
		财务会计	预算会计
5	按月计提保障性住房折旧时	借：业务活动费用 　　贷：保障性住房累计折旧	不做账务处理
6	处置保障性住房时	借：待处理财产损溢/无偿调拨净资产/资产处置费用等 　　保障性住房累计折旧 　　贷：保障性住房［账面余额］	涉及资金支付的，参照"保障性住房"科目的相关账务处理

（二）知识拓展

1. 关于公共基础设施的记账主体

按照"谁承担管理维护职责、由谁入账"的原则确定公共基础设施的记账主体。由多个政府会计主体共同管理维护的公共基础设施，可暂按现有分管比例各自登记入账。公共基础设施的管理维护职责尚不明确的，由本级政府尽快予以明确。根据《关于进一步做好政府会计准则制度新旧衔接和加强行政事业单位资产核算的通知》（财会〔2018〕34号）规定，在国务院财政部门对公共基础设施折旧（摊销）年限作出规定之前，单位在公共基础设施首次入账时暂不考虑补提折旧（摊销），初始入账后也暂不计提折旧（摊销）；单位在2019年1月1日之前已经核算公共基础设施且计提折旧（摊销）的，在新旧衔接时以及执行政府会计准则制度后可继续沿用之前的折旧（摊销）政策。

对于企业控制的公共基础设施，由企业按照企业会计准则进行核算；对于政府将其特许经营权授予企业的存量公共基础设施，其会计处理由财政部另行规定。

2. 关于公共基础设施的分类

单位对公共基础设施至少应当按照市政基础设施、交通基础设施、水利基础设施和其他公共基础设施四个类别进行明细核算，其他明细核算应当遵循政府会计准则制度，并满足编制行政事业性国有资产报告的需要。

3.关于文物资源修复修缮等保护支出的会计处理

行政事业单位对于文物资源本体修复修缮等相关保护支出，应当在发生时计入当期费用，并在财务报表附注中予以披露；同时文物资源本体修复修缮以外的其他保护支出，符合资产确认条件的，应当计入固定资产等其他资产成本。

《文物保护法》规定，对不可移动文物进行修缮，必须遵守不改变文物原状的原则；修复馆藏文物，不得改变馆藏文物的原状。所以文物资源本体的修复修缮追求的是文物形态和功能的稳定，这不同于固定资产改建、扩建和大型维修改造，通常不作为基建项目立项，本体修复修缮支出费用化处理更加切合文物资源的特点。通常情况下，本体修复修缮支出的金额相对文物资源本身的价值而言占比很小。此外，在大部分文物资源采用名义金额计量的情况下，将本体修复修缮支出计入资产账面价值反而会引起对文物价值的误解。实务中可移动文物的修复通常按批次开展，修复支出难以在每件文物资源之间进行分配。而且，文物资源本体的修复修缮没有相对固定的周期，即使资本化也难以确定摊销年限，如果不加以摊销，就会造成行政事业单位的资产和净资产无限扩大，反而降低了会计信息质量。

符合资产确认条件、文物资源本体修复修缮之外的包括安防、消防及防雷保护工程，以及预防性保护、数字化保护等其他保护支出计入固定资产等其他资产成本。

七、其他资产业务

本部分涉及的资产为受托代理资产、待摊费用、长期待摊费用、待处理财产损溢。

（一）重点解读

1.注意区分待摊费用和长期待摊费用

待摊费用是核算单位已经支付，但应当由本期和以后各期分别负担的分摊期在1年以内（含1年）的各项费用，如预付航空保险费、预付租金等。待摊费用应当在其受益期限内分期平均摊销，如预付航空保险费应在保险期的有效期内、预付租金应在租赁期内分期平均摊销，计入当期费用。长期待摊费用核算单位已经支出，但应由本期和以后各期负担的分摊期限在1年以上（不含1年）的各项费用，如以经营租赁方式租入的固定资产发生的改良支出等。

2.受托代理资产

核算单位接受委托方委托管理的各项资产，包括受托指定转赠的物资、受托存储保管的物资等的成本以及单位管理的罚没物资。单位收到的受托代理资产为现金和银行存款的，不通过本科目核算，应当通过"库存现金""银行存款"科目设置"受托代理资产"二级明细科目进行核算。

3.待处理财产损溢

核算单位在资产清查过程中查明的各种资产盘盈、盘亏和报废、毁损的价值。

4.主要账务处理

上述四个科目的主要账务处理如表7-45至表7-48所示。

表7-45　"待摊费用"主要账务处理

序号	业务和事项内容	《政府会计制度》账务处理	
		财务会计	预算会计
1	发生待摊费用时	借：待摊费用 　贷：财政拨款收入/零余额账户用款额度/银行存款等	借：事业支出/行政支出等 　贷：财政拨款预算收入/资金结存
2	按照受益期限分期平均摊销时	借：业务活动费用/单位管理费用/经营费用等 　贷：待摊费用［每期摊销金额］	不做账务处理
3	将摊余金额一次全部转入当期费用时	借：业务活动费用/单位管理费用/经营费用等 　贷：待摊费用［全部未摊销金额］	不做账务处理

表7-46　"长期待摊费用"主要账务处理

序号	业务和事项内容	《政府会计制度》账务处理	
		财务会计	预算会计
1	发生长期待摊费用	借：长期待摊费用 　贷：财政拨款收入/零余额账户用款额度/银行存款等	借：事业支出/行政支出等 　贷：财政拨款预算收入/资金结存
2	按期摊销或一次转销长期待摊费用剩余账面余额	借：业务活动费用/单位管理费用/经营费用等 　贷：长期待摊费用	不做账务处理

表7-47　"受托代理资产"主要账务处理

序号	业务和事项内容	《政府会计制度》账务处理	
		财务会计	预算会计
1	接受委托人委托需要转赠给受赠人的物资	借：受托代理资产 　贷：受托代理负债	不做账务处理
	受托协议约定由受托方承担相关税费、运输费的	借：其他费用 　贷：财政拨款收入/零余额账户用款额度/银行存款等	借：其他支出［实际支付的相关税费、运输费等］ 　贷：财政拨款预算收入/资金结存

续表

序号	业务和事项内容	《政府会计制度》账务处理	
		财务会计	预算会计
2	将受托转赠物资交付受赠人时	借：受托代理负债 　贷：受托代理资产	不做账务处理
3	转赠物资的委托人取消了对捐赠物资的转赠要求，且不再收回捐赠物资的	借：受托代理负债 　贷：受托代理资产 借：库存物品/固定资产等 　贷：其他收入	不做账务处理
4	接受委托人委托储存保管的物资	借：受托代理资产 　贷：受托代理负债	不做账务处理
5	支付由受托单位承担的与受托储存保管的物资相关的运输费、保管费等	借：其他费用等 　贷：财政拨款收入/零余额账户用款额度/银行存款等	借：其他支出等［实际支付的运输费、保管费等］ 　贷：财政拨款预算收入/资金结存
6	根据委托人要求交付受托储存保管的物资时	借：受托代理负债 　贷：受托代理资产	不做账务处理
7	取得罚没物资时	借：受托代理资产 　贷：受托代理负债	不做账务处理
8	按照规定处置罚没物资时	借：受托代理负债 　贷：受托代理资产 处置时取得款项的： 借：银行存款等 　贷：应缴财政款	不做账务处理

表7-48　"待处理财产损溢"主要账务处理

序号	业务和事项内容		《政府会计制度》账务处理	
			财务会计	预算会计
1	账款核对时发现的现金短缺或溢余		参照"库存现金"科目的账务处理	
2	盘盈的非现金资产	转入待处理财产时	借：库存物品/固定资产/无形资产/公共基础设施/政府储备物资/文物资源/保障性住房等 　贷：待处理财产损溢	不做账务处理

续表

序号	业务和事项内容			《政府会计制度》账务处理	
				财务会计	预算会计
2	盘盈的非现金资产	报经批准后处理时	对于流动资产	借：待处理财产损溢 贷：单位管理费用[事业单位] 业务活动费用[行政单位]	不做账务处理
			对于非流动资产	借：待处理财产损溢 贷：以前年度盈余调整	不做账务处理
3	盘亏或毁损、报废的非现金资产	转入待处理财产时		借：待处理财产损溢——待处理财产价值 固定资产累计折旧/公共基础设施累计折旧(摊销)/无形资产累计摊销/保障性住房累计折旧 贷：库存物品/固定资产/公共基础设施/无形资产/政府储备物资/文物资源/保障性住房等	不做账务处理
		报经批准处理时		借：资产处置费用 贷：待处理财产损溢——待处理财产价值	不做账务处理
		处理毁损、报废实物资产过程中取得的残值或残值变价收入、保险理赔或过失人赔偿等		借：库存现金/银行存款/库存物品/其他应收款等 贷：待处理财产损溢——处理净收入	不做账务处理
		处理毁损、报废实物资产过程中发生的相关费用		借：待处理财产损溢——处理净收入 贷：库存现金/银行存款等	不做账务处理
		处理收支结清，处理收入大于相关费用的		借：待处理财产损溢——处理净收入 贷：应缴财政款	不做账务处理
		处理收支结清，处理收入小于相关费用的		借：资产处置费用 贷：待处理财产损溢——处理净收入	借：其他支出 贷：资金结存等[支付的处理净支出]

(二)应用案例示范

【例7-11】某行政单位2×24年发生的其他资产业务如下:

(1)2×24年5月1日预付了四个月的设备租金40 000元,用于业务活动,财政授权支付完毕。租期从2×24年5月1日—2×24年9月1日。2×24年7月1日发现该设备已经不能发挥作用,将其剩余租金一次摊销完毕。

(2)根据签订的合同,该单位从2×24年8月起租赁某处房屋用于专业业务活动,合同期限为5年;为便于本单位使用,对该房屋进行了装修改造,共发生费用600 000元,银行存款支付;9月1日开始,按月进行摊销。

(3)接受其他单位委托保管一批物资,根据委托单位提供的凭据该批物资价值50 000元,于2×24年9月1日验收入库。双方约定由该行政单位承担相关运杂费2 000元,保管费1 000元,均以银行存款付讫。11月1日保管结束,根据委托人要求发出该批保管物资。

(4)2×24年年底拟报废三台计算机,价值共计21 000元,已经计提折旧18 000元。经过有关部门批准同意报废,处理时发生相关运费200元,用现金支付,并收到残值收入600元,对方银行转账。

上述业务的账务处理如表7-49所示。

表7-49　　　　　　　　　例7-11的账务处理

业务事项	财务会计分录	预算会计分录
支付租金	借:待摊费用——预付租金 　　　　　　　　　　40 000 贷:零余额账户用款额度　40 000	借:行政支出　　　　　　40 000 贷:资金结存——零余额账户用款额度　　　　　　40 000

续表

业务事项	财务会计分录	预算会计分录
每月摊销租金	借：业务活动费用　　　10 000 　　贷：待摊费用——预付租金 　　　　　　　　　　　　10 000	不做账务处理
剩余租金一次摊销	借：业务活动费用　　　20 000 　　贷：待摊费用——预付租金 　　　　　　　　　　　　20 000	不做账务处理
支付装修费	借：长期待摊费用——装修费 　　　　　　　　　　　600 000 　　贷：银行存款　　　600 000	借：行政支出　　　　600 000 　　贷：资金结存——货币资金 　　　　　　　　　　　600 000
每月摊销装修费	借：业务活动费用　　　10 000 　　贷：长期待摊费用——装修费 　　　　　　　　　　　　10 000	不做账务处理
受托保管物资	借：受托代理资产——受托存储保管物资 　　　　　　　　　　　50 000 　　贷：受托代理负债　　50 000	不做账务处理
支付相关费用	借：其他费用——运杂费　2 000 　　　　　　——保管费　1 000 　　贷：银行存款　　　　3 000	借：其他支出——运杂费　2 000 　　　　　　——保管费　1 000 　　贷：资金结存——货币资金 　　　　　　　　　　　　3 000
发出该保管物资	借：受托代理负债　　　50 000 　　贷：受托代理资产——受托存储保管物资　　　50 000	不做账务处理
年底盘亏转入待处理	借：待处理财产损溢　　3 000 　　　固定资产累计折旧　18 000 　　贷：固定资产　　　21 000	不做账务处理
经批准后处置	借：资产处置费用　　　3 000 　　贷：待处理财产损溢　3 000	不做账务处理
收到残值收入	借：银行存款　　　　　　600 　　贷：待处理财产损溢　　600	不做账务处理
支付相关费用	借：待处理财产损溢　　　200 　　贷：库存现金　　　　　200	不做账务处理

续表

业务事项	财务会计分录	预算会计分录
收入大于费用时	借：待处理财产损溢　　　　400 　贷：应缴财政款——应缴 　　　　财政款　　　　　　400	不做账务处理

第二节　负债业务核算

负债是指政府会计主体过去的经济业务或者事项形成的，预期会导致经济资源流出政府会计主体的现时义务。现时义务是指政府会计主体在现行条件下已承担的义务。未来发生的经济业务或者事项形成的义务不属于现时义务，不应当确认为负债。

现时义务包括法定义务和推定义务。法定义务，是指因合同、法律法规或其他司法解释等产生的义务。推定义务，是指根据政府会计主体以往的习惯做法、已公布的政策或者已公开的承诺或声明，政府会计主体向其他方表明其将承担并且其他方也合理预期政府会计主体将履行的相关义务。

政府会计主体的负债按照流动性分为流动负债和非流动负债。流动负债是指预计在1年内（含1年）偿还的负债，包括应付及预收款项、应付职工薪酬、应缴款项等。非流动负债是指流动负债以外的负债，包括长期应付款、应付政府债券和政府依法担保形成的债务等。

负债类科目共有16个，为了便于学习和理解，将本节内容分为四个部分（见表7-50）。

表7-50　本节主要内容

序号	名称	具体科目
1	借款类科目	短期借款、长期借款
2	应付及预收类科目	应付票据、应付账款、应付利息、应付职工薪酬、预收账款、应付政府补贴款、长期应付款、预提费用、应交增值税、其他应交税费
3	暂收类科目	其他应付款、应缴财政款
4	其他负债类科目	预计负债、受托代理负债

一、借款类科目

（一）重点解读

本部分主要讲述"短期借款"和"长期借款"科目。由于行政单位不允许对外拆借资金，因此这两个科目行政单位不适用。

在预算会计核算中，设置了"债务预算收入""债务还本支出"科目，借款的本金在借款和偿还本金时预算会计中在上述两个科目核算；同时借款发生的利息在预算会计"其他支出"科目反映。

短期借款科目只核算借款的本金，不包括利息费用。长期借款时应根据付息方式的不同，分期付息、到期还本借款的利息在"应付利息"核算；到期一次还本付息借款的利息在"长期借款——应计利息"核算。为建造固定资产、公共基础设施等应支付的专门借款利息，应严格区分资本化还是费用化的账务处理方式，防止虚增资产或虚增费用。

具体的账务处理如表7-51至表7-52所示。

表7-51　　　　　　　　　　　"短期借款"主要账务处理

序号	业务和事项内容	《政府会计制度》账务处理	
		财务会计	预算会计
1	借入各种短期借款	借：银行存款 　贷：短期借款	借：资金结存——货币资金 　贷：债务预算收入
2	银行承兑汇票到期，本单位无力支付票款	借：应付票据 　贷：短期借款	借：经营支出等 　贷：债务预算收入
3	归还短期借款	借：短期借款 　贷：银行存款	借：债务还本支出 　贷：资金结存——货币资金

表7-52　　　　　　　　　　　"长期借款"主要账务处理

序号	业务和事项内容		《政府会计制度》账务处理	
			财务会计	预算会计
1	借入各项长期借款时		借：银行存款 　贷：长期借款——本金	借：资金结存——货币资金 　贷：债务预算收入
2	为购建固定资产、公共基础设施等应支付的专门借款利息	属于工程项目建设期间发生的	借：在建工程 　贷：应付利息［分期付息、到期还本］ 　　长期借款——应计利息［到期一次还本付息］	不做账务处理
		属于工程项目完工交付使用后发生的	借：其他费用 　贷：应付利息［分期付息、到期还本］ 　　长期借款——应计利息［到期一次还本付息］	不做账务处理
		实际支付利息时	借：应付利息 　贷：银行存款等	借：其他支出 　贷：资金结存
3	其他长期借款利息	计提利息时	借：其他费用 　贷：应付利息［分期付息、到期还本］ 　　长期借款——应计利息［到期一次还本付息］	不做账务处理
		分期实际支付利息时	借：应付利息 　贷：银行存款等	借：其他支出 　贷：资金结存

续表

序号	业务和事项内容	《政府会计制度》账务处理	
		财务会计	预算会计
4	归还长期借款本息	借：长期借款——本金 　　　　　　——应计利息［到期一次还本付息］ 贷：银行存款	借：债务还本支出［支付的本金］ 贷：资金结存

（二）应用案例示范

【例7-12】 某事业单位于2×24年1月1日从中国建设银行借入款项500万元，借款期限为3年，年利率为10%，款项已存入银行，本息于到期日一次性偿还。该借款全部用于建造一栋办公楼，建造期为12个月，即年底完工交付使用。

上述业务的账务处理如表7-53所示。

表7-53　　　　　　　　　　例7-12的账务处理

业务事项	财务会计分录	预算会计分录
年初借入长期借款	借：银行存款　5 000 000 　贷：长期借款　5 000 000	借：资金结存——货币资金　5 000 000 　贷：债务预算收入　　　　　5 000 000
用于建造办公楼	借：在建工程　5 000 000 　贷：银行存款　5 000 000	借：事业支出　　　　　　　　5 000 000 　贷：资金结存——货币资金　5 000 000
2×24年年底计提利息	借：在建工程　500 000 　贷：长期借款　500 000	不做账务处理
2×24年年底在建工程转为固定资产	借：固定资产　5 500 000 　贷：在建工程　5 500 000	不做账务处理
以后两年每年年底计提利息	借：其他费用　500 000 　贷：长期借款　500 000	不做账务处理
到期偿还本息	借：长期借款　6 500 000 　贷：银行存款　6 500 000	借：债务还本支出　　　　　　5 000 000 　　其他支出　　　　　　　　1 500 000 　贷：资金结存——货币资金　6 500 000

二、应付及预收类科目

应付及预收款项,是指政府会计主体在运营活动中形成的应当支付而尚未支付的款项及预先收到但尚未实现收入的款项,包括应付票据、应付账款、应付利息、应交增值税、其他应交税费、应付职工薪酬、预收账款、应付政府补贴款、长期应付款、预提费用10个科目。其中应付票据、应付利息、预收账款行政单位不适用,应付政府补贴款事业单位不适用。

(一)重点解读

1."应交增值税"科目

"应交增值税"科目按照《增值税会计处理规定》设置明细科目(财会〔2016〕22号)。应当在本科目下设置"应交税金""未交税金""预交税金""待抵扣进项税额""待认证进项税额""待转销项税额""简易计税""转让金额商品应交增值税""代扣代交增值税"等明细科目。各明细科目主要核算的内容如表7-54所示。

表7-54　　　　　　　　应交税金核算内容

二级科目	三级科目	核算的内容
应交税金	进项税额	记录单位购进货物、加工修理修配劳务、服务、无形资产或不动产而支付或负担的、准予从当期销项税额中抵扣的增值税额
	已交税金	记录单位当月已缴纳的应交增值税
	转出未交增值税	记录一般纳税人月度终了转出当月应交未交的增值税额
	转出多交增值税	记录一般纳税人月度终了转出当月多交的增值税额
	减免税款	记录单位按照现行增值税制度规定准予减免的增值税额
	销项税额	记录单位销售货物、加工修理修配劳务、服务、无形资产或不动产应收取的增值税额

续表

二级科目	三级科目	核算的内容
应交税金	进项税额转出	记录单位购进货物、加工修理修配劳务、服务、无形资产或不动产等发生非正常损失以及其他原因而不应从销项税额中抵扣、按照规定转出的进项税额
	未交税金	核算单位月度终了从"应交税金"或"预交税金"明细科目转入当月应交未交、多交或预缴的增值税额,以及当月缴纳以前期间未交的增值税额
	预交税金	核算单位转让不动产、提供不动产经营租赁服务等,以及其他按照现行增值税制度规定应预缴的增值税额
	待抵扣进项税额	核算单位已取得增值税扣税凭证并经税务机关认证,按照现行增值税制度规定准予以后期间从销项税额中抵扣的进项税额
	待认证进项税额	核算单位由于未经税务机关认证而不得从当期销项税额中抵扣的进项税额。包括一般纳税人已取得增值税扣税凭证并按规定准予从销项税额中抵扣,但尚未经税务机关认证的进项税额;一般纳税人已申请稽核但尚未取得稽核相符结果的海关缴款书进项税额
	待转销项税额	核算单位销售货物、加工修理修配劳务、服务、无形资产或不动产,已确认相关收入(或利得)但尚未发生增值税纳税义务而需于以后期间确认为销项税额的增值税额
	简易计税	核算单位采用简易计税方法发生的增值税计提、扣减、预缴、缴纳等业务
	转让金融商品应交增值税	核算单位转让金融商品发生的增值税额
	代扣代缴增值税	核算单位购进在境内未设经营机构的境外单位或个人在境内的应税行为代扣代缴的增值税

2."其他应交税费"科目

"其他应交税费"核算单位按照税法等规定计算应缴纳的除增值税以外的各种税费,包括城市维护建设税、教育费附加、地方教育附加、车船税、房产税、城镇土地使用税、企业所得税和单位代扣代缴的个人所得税等。单位应缴纳的印花税直接通过"业务活动费用""单位管理费用""经营费用"等科目核算,不通过本科目核算。

3."应付职工薪酬"科目

"应付职工薪酬"核算单位按照有关规定应付给职工(含长期聘用人员)及为职工支付的各种薪酬,包括基本工资、国家统一规定的津贴补贴、规范津贴补贴(绩效工资)、改革性补贴、社会保险费(如职工基本养老保险费、职业年金、基本医疗保险费等)、住房公积金等。本科目应当根据国家有关规定按照"基本工资(含离退休费)""国家统一规定的津贴补贴""规范津贴补贴(绩效工资)""改革性补贴""社会保险费""住房公积金""其他个人收入"等进行明细核算。其中,"社会保险费""住房公积金"明细科目核算内容包括单位从职工工资中代扣代缴的社会保险费、住房公积金,以及单位为职工计算缴纳的社会保险费、住房公积金。年终一次性发放的绩效奖励和平时发放的课时费等都属于绩效工资的范围,应通过"应付职工薪酬"科目核算。差旅费补助不属于工资福利支出,属于商品和服务支出,发生时直接计入费用,不通过"应付职工薪酬"科目核算。

4.主要账务处理

上述科目的主要账务处理如表7-55至表7-64所示。

表7-55 "应付票据"主要账务处理

序号	业务和事项内容	《政府会计制度》账务处理	
		财务会计	预算会计
1	开出、承兑商业汇票	借:库存物品/固定资产等 贷:应付票据	不做账务处理
2	以商业汇票抵付应付账款时	借:应付账款 贷:应付票据	不做账务处理
3	支付银行承兑汇票的手续费	借:业务活动费用/经营费用等 贷:银行存款等	借:事业支出/经营支出 贷:资金结存——货币资金

续表

序号	业务和事项内容		《政府会计制度》账务处理	
			财务会计	预算会计
4	商业汇票到期时	收到银行支付到期票据的付款通知时	借：应付票据 　　贷：银行存款	借：事业支出/经营支出 　　贷：资金结存——货币资金
		银行承兑汇票到期，本单位无力支付票款	借：应付票据 　　贷：短期借款	借：事业支出/经营支出 　　贷：债务预算收入
		商业承兑汇票到期，本单位无力支付票款	借：应付票据 　　贷：应付账款	不做账务处理

表7-56　　　　　　　　"应付利息"主要账务处理

序号	业务和事项内容	《政府会计制度》账务处理	
		财务会计	预算会计
1	按期计提利息费用	借：在建工程/其他费用 　　贷：应付利息	不做账务处理
2	实际支付利息时	借：应付利息 　　贷：银行存款等	借：其他支出 　　贷：资金结存——货币资金

表7-57　　　　　　　　"应付账款"主要账务处理

序号	业务和事项内容	《政府会计制度》账务处理	
		财务会计	预算会计
1	购入物资、设备或服务以及完成工程进度但尚未付款	借：库存物品/固定资产/在建工程等 　　贷：应付账款	不做账务处理
2	偿付应付账款	借：应付账款 　　贷：财政拨款收入/零余额账户用款额度/银行存款等	借：事业支出/行政支出等 　　贷：财政拨款预算收入/资金结存
3	开出、承兑商业汇票抵付应付账款	借：应付账款 　　贷：应付票据	不做账务处理
4	无法偿付或债权人豁免偿还的应付账款	借：应付账款 　　贷：其他收入	不做账务处理

表7-58　　　　　　　　　"应交增值税"主要账务处理

序号	业务和事项内容		《政府会计制度》账务处理	
			财务会计	预算会计
1	增值税一般纳税人	购入资产或接受劳务	购入应税资产或服务时	借：业务活动费用/在途物品/库存物品/工程物资/在建工程/固定资产/无形资产等 　　应交增值税——应交税金（进项税额）[当月已认证可抵扣] 　　　——待认证进项税额[当月未认证可抵扣] 贷：银行存款/零余额账户用款额度等[实际支付的金额]/应付票据[开出并承兑的商业汇票]/应付账款等[应付的金额]	借：事业支出/经营支出等 贷：资金结存等[实际支付的金额]
			经税务机关认证为不可抵扣进项税时	借：应交增值税——应交税金（进项税额） 贷：应交增值税——待认证进项税额 同时： 借：业务活动费用等 贷：应交增值税——应交税金（进项税额转出）	不做账务处理
			购进应税不动产或在建工程按规定分年抵扣进项税额的	借：固定资产/在建工程等 　　应交增值税——应交税金（进项税额）[当期可抵扣] 　　　——待抵扣进项税额[以后期间可抵扣] 贷：银行存款/零余额账户用款额度等[实际支付的金额]/应付票据[开出并承兑的商业汇票]/应付账款等[应付的金额]	借：事业支出/经营支出等 贷：资金结存等[实际支付的金额]

续表

序号	业务和事项内容			《政府会计制度》账务处理	
				财务会计	预算会计
1	增值税一般纳税人	购入资产或接受劳务	尚未抵扣的进项税额以后期间抵扣时	借：应交增值税——应交税金（进项税额） 贷：应交增值税——待抵扣进项税额	不做账务处理
			销售应税产品或提供应税服务	借：银行存款/应收账款/应收票据等［包含增值税的价款总额］ 贷：事业收入/经营收入等［扣除增值税销项税额后的价款］ 应交增值税——应交税金（销项税额）/应交增值税——简易计税	借：资金结存［实际收到的含税金额］ 贷：事业预算收入/经营预算收入等
			月末转出本月多交增值税	借：应交增值税——未交税金 贷：应交增值税——应交税金（转出多交增值税）	不做账务处理
			月末转出本月未交增值税	借：应交增值税——应交税金（转出未交增值税） 贷：应交增值税——未交税金	不做账务处理
		缴纳增值税	本月缴纳本月增值税时	借：应交增值税——应交税金（已交税金） 贷：银行存款/零余额账户用款额度等	借：事业支出/经营支出等 贷：资金结存
			本月缴纳以前期间未交增值税	借：应交增值税——未交税金 贷：银行存款/零余额账户用款额度等	借：事业支出/经营支出等 贷：资金结存

续表

序号	业务和事项内容			《政府会计制度》账务处理	
				财务会计	预算会计
1	增值税一般纳税人	缴纳增值税	当期直接减免的增值税应纳税额	借：应交增值税——应交税金（减免税款） 贷：业务活动费用/经营费用等	不做账务处理
2	增值税小规模纳税人	购入应税资产或服务	购入应税资产或服务时	借：业务活动费用/在途物品/库存物品等[按价税合计金额] 贷：银行存款等[实际支付的金额]/应付票据[开出并承兑的商业汇票/应付账款等[应付的金额]	借：事业支出/经营支出等 贷：资金结存[实际支付的金额]
			购进资产或服务时作为扣缴义务人	借：在途物品/库存物品/固定资产/无形资产等 贷：应付账款/银行存款等 应交增值税——代扣代交增值税 实际缴纳增值税时参见一般纳税人的账务处理	借：事业支出/经营支出等 贷：资金结存[实际支付的金额]
			销售资产或提供服务	借：银行存款/应收账款/应收票据[包含增值税的价款总额] 贷：事业收入/经营收入等[扣除增值税金额后的价款] 应交增值税	借：资金结存[实际收到的含税金额] 贷：事业预算收入/经营预算收入等
			缴纳增值税时	借：应交增值税 贷：银行存款等	借：事业支出/经营支出等 贷：资金结存
			减免增值税	借：应交增值税 贷：业务活动费用/经营费用等	不做账务处理

表7-59　　　　　　　　"其他应交税费"主要账务处理

序号	业务和事项内容		《政府会计制度》账务处理	
			财务会计	预算会计
1	城市维护建设税、教育费附加、地方教育附加、车船税、房产税、城镇土地使用税等	发生时，按照税法规定计算的应缴税费金额	借：业务活动费用/单位管理费用/经营费用等 　贷：其他应交税费——应交城市维护建设税/应交教育费附加/应交地方教育附加/应交车船税/应交房产税/应交城镇土地使用税等	不做账务处理
		实际缴纳时	借：其他应交税费——应交城市维护建设税/应交教育附加/应交地方教育费附加/应交车船税/应交房产税/应交城镇土地使用税等 　贷：银行存款等	借：事业支出/经营支出等 　贷：资金结存
2	代扣代缴职工个人所得税	计算应代扣代缴职工的个人所得税金额	借：应付职工薪酬 　贷：其他应交税费——应交个人所得税	不做账务处理
		计算应代扣代缴职工以外其他人员个人所得税	借：业务活动费用/单位管理费用等 　贷：其他应交税费——应交个人所得税	不做账务处理
		实际缴纳时	借：其他应交税费——应交个人所得税 　贷：财政拨款收入/零余额账户用款额度/银行存款等	借：事业支出/经营支出等 　贷：财政拨款预算收入/资金结存
3	发生企业所得税纳税义务	按照税法规定计算的应缴税费金额	借：所得税费用 　贷：其他应交税费——单位应交所得税	不做账务处理
		实际缴纳时	借：其他应交税费——单位应交所得税 　贷：银行存款等	借：非财政拨款结余 　贷：资金结存

表7-60 "应付职工薪酬"主要账务处理

序号	业务和事项内容		《政府会计制度》账务处理	
			财务会计	预算会计
1	计算确认当期应付职工薪酬	从事专业及其辅助活动人员的职工薪酬	借：业务活动费用/单位管理费用 贷：应付职工薪酬	不做账务处理
		应由在建工程、加工物品、自行研发无形资产负担的职工薪酬	借：在建工程/加工物品/研发支出等 贷：应付职工薪酬	不做账务处理
		从事专业及其辅助活动以外的经营活动人员的职工薪酬	借：经营费用 贷：应付职工薪酬	不做账务处理
		因解除与职工的劳动关系而给予的补偿	借：单位管理费用 贷：应付职工薪酬	不做账务处理
2	向职工支付工资、津贴补贴等薪酬		借：应付职工薪酬 贷：财政拨款收入/零余额账户用款额度/银行存款等	借：事业支出/行政支出/经营支出等 贷：财政拨款预算收入/资金结存
3	从职工薪酬中代扣各种款项	代扣代缴个人所得税	借：应付职工薪酬——基本工资 贷：其他应交税费——应交个人所得税	不做账务处理
		代扣社会保险费和住房公积金	借：应付职工薪酬——基本工资 贷：应付职工薪酬——社会保险费/住房公积金	不做账务处理
		代扣为职工垫付的水电费、房租等费用时	借：应付职工薪酬——基本工资 贷：其他应收款等	不做账务处理
4	按照规定缴纳职工社会保险费和住房公积金		借：应付职工薪酬——社会保险费/住房公积金 贷：财政拨款收入/零余额账户用款额度/银行存款等	借：事业支出/行政支出/经营支出等 贷：财政拨款预算收入/资金结存

续表

序号	业务和事项内容	《政府会计制度》账务处理	
		财务会计	预算会计
5	从应付职工薪酬中支付的其他款项	借：应付职工薪酬 　贷：零余额账户用款额度/银行存款等	借：事业支出/行政支出/经营支出等 　贷：资金结存等

表7-61　　　　　　　　"预收账款"主要账务处理

序号	业务和事项内容	《政府会计制度》账务处理	
		财务会计	预算会计
1	从付款方预收款项时	借：银行存款等 　贷：预收账款	借：资金结存——货币资金 　贷：事业预算收入/经营预算收入等
2	确认有关收入时	借：预收账款 　　银行存款［收到补付款］ 　贷：事业收入/经营收入等 　　银行存款［退回预收款］	借：资金结存——货币资金 　贷：事业预算收入/经营预算收入等［收到补付款］ 退回预收款的金额做相反会计分录
3	无法偿付或债权人豁免偿还的预收账款	借：预收账款 　贷：其他收入	不做账务处理

表7-62　　　　　　　　"应付政府补贴款"主要账务处理

序号	业务和事项内容	《政府会计制度》账务处理	
		财务会计	预算会计
1	发生（确认）应付政府补贴款	借：业务活动费用 　贷：应付政府补贴款	不做账务处理
2	支付应付政府补贴款时	借：应付政府补贴款 　贷：零余额账户用款额度/银行存款等	借：行政支出 　贷：资金结存等

表7-63　　　　　　　　　"长期应付款"主要账务处理

序号	业务和事项内容	《政府会计制度》账务处理	
		财务会计	预算会计
1	发生长期应付款时	借：固定资产/在建工程等 　贷：长期应付款	不做账务处理
2	支付长期应付款	借：长期应付款 　贷：财政拨款收入/零余额账户用款额度/银行存款	借：事业支出/行政支出/经营支出等 　贷：财政拨款预算收入/资金结存
3	无法偿付或债权人豁免偿还的长期应付款	借：长期应付款 　贷：其他收入	不做账务处理

表7-64　　　　　　　　　"预提费用"主要账务处理

序号	业务和事项内容	《政府会计制度》账务处理	
		财务会计	预算会计
1	按规定计提项目间接费用或管理费时	借：单位管理费用 　贷：预提费用——项目间接费用或管理费	借：非财政拨款结转——项目间接费用或管理费 　贷：非财政拨款结余——项目间接费用或管理费
	实际使用计提的项目间接费用或管理费时	借：预提费用——项目间接费用或管理费 　贷：银行存款/库存现金	借：事业支出/行政支出等 　贷：资金结存
2	按照规定预提每期租金等费用	借：业务活动费用/单位管理费用/经营费用等 　贷：预提费用	不做账务处理
	实际支付款项时	借：预提费用 　贷：银行存款等	借：事业支出/行政支出/经营支出等 　贷：资金结存

(二)应用案例示范

【例7-13】某事业单位为增值税一般纳税人,发生与增值税有关的业务如下:

(1)2×24年5月10日购入非自用材料含税价格11 600元,材料已经入库,款项未付。5月15日付清款项。

(2)5月20日,销售应税产品含税价格23 200元,款项已收讫。

(3)月底,应交增值税的销项税为35 000元,进项税额为28 000元。下月初缴纳上个月的增值税。

上述业务的账务处理如表7-65所示。

表7-65　　　　　　例7-13的账务处理

业务事项	财务会计分录	预算会计分录
购入材料	借:库存产品　　　　　　10 000 　　应交增值税——进项税　1 600 　　贷:应付账款　　　　　　11 600	不做账务处理
付清货款	借:应付账款　　　　　11 600 　　贷:银行存款　　　　　11 600	借:事业支出　　　　　　　11 600 　　贷:资金结存 　　　　——货币资金　　　11 600
销售产品	借:银行存款　　　　　23 200 　　贷:事业收入　　　　　20 000 　　　　应交增值税——销项税　3 200	借:资金结存 　　——货币资金　　　23 200 　　贷:事业收入　　　　　23 200
缴纳增值税	借:应交增值税——已交税金　7 000 　　贷:银行存款　　　　　　7 000	借:事业支出　　　　　　　7 000 　　贷:资金结存 　　　　——货币资金　　　7 000

【例7-14】某事业单位为增值税小规模纳税人,2×24年5月10日销售应税产品,含税价为10 300元,对方开出一张期限为3个月的商业承兑

汇票。8月10日，汇票到期时银行支付货款。

上述业务的账务处理如表7-66所示。

表7-66　　　　　　　例7-14的账务处理

业务事项	财务会计分录	预算会计分录
销售产品	借：应收票据　　10 300 　贷：事业收入　　10 000 　　　应交增值税——销项税 　　　　　　　　　300	不做账务处理
汇票到期银行支付	借：银行存款　　10 300 　贷：应收票据　　10 300	借：资金结存——货币资金 　　　　　　　　10 300 　贷：事业收入　　10 300

【例7-15】某事业单位2×24年7月应发工资总额为100万元，其中属于业务部门50万元，行政及后勤部门30万元，经营部门20万元。工资组成为：基本工资40万元，津补贴项目60万元。其中代扣养老保险8万元，代扣住房公积金8万元，代扣个人所得税2万元。单位缴纳养老保险20万元，单位缴纳住房公积金8万元（本案例不考虑各项社保的比例）。

上述有关工资业务的账务处理如表7-67所示。

表7-67　　　　　　　例7-15的账务处理

业务事项	财务会计分录	预算会计分录
计提工资	借：业务活动费用　　500 000 　　单位管理费用　　300 000 　　经营费用　　　　200 000 　贷：应付职工薪酬——基本工资 　　　　　　　　　　400 000 　　　　　　　　——津补贴 　　　　　　　　　　600 000	不做账务处理

续表

业务事项	财务会计分录	预算会计分录
发放工资	借：应付职工薪酬——基本工资 400 000 　　　　　　　　——津补贴 600 000 　贷：银行存款 820 000 　　　应付职工薪酬——养老保险（个人） 80 000 　　　　　　　　——住房公积金（个人） 80 000 　　　其他应交税费——个人所得税 20 000	借：事业支出——工资福利支出——基本工资 220 000 　　　　　　　　——津补贴 600 000 　贷：资金结存——货币资金 820 000
计提养老保险	借：业务活动费用等 200 000 　贷：应付职工薪酬——养老保险（单位） 200 000	不做账务处理
缴纳养老保险	借：应付职工薪酬——养老保险（单位） 200 000 　　　　　　　　——养老保险（个人） 80 000 　贷：银行存款 280 000	借：事业支出——工资福利支出——养老保险 200 000 　　　　　　　　——基本工资 80 000 　贷：资金结存——货币资金 280 000
计提住房公积金	借：业务活动费用等 80 000 　贷：应付职工薪酬——住房公积金（单位） 80 000	不做账务处理
缴纳住房公积金	借：应付职工薪酬——住房公积金（单位） 80 000 　　　　　　　　——住房公积金（个人） 80 000 　贷：银行存款 160 000	借：事业支出——工资福利支出——住房公积金 80 000 　　　　　　　　——基本工资 80 000 　贷：资金结存——货币资金 160 000
缴纳个人所得税	借：其他应交税费——个人所得税 2 　贷：银行存款 2	借：事业支出——工资福利支出——基本工资 20 000 　贷：资金结存——货币资金 20 000

【例7-16】某行政单位2×24年7月工资总额为100万元。其中统发部分采用直接支付方式,自发部分采用授权支付。为简化处理,假设统发部分为基本工资40万元,自发部分为津补贴60万元。代扣个人养老保险8万元,代扣个人住房公积金5万元,代扣个税2万元。实际发放时,财政直接支付25万元,授权支付60万元。单位缴纳养老保险12万元,住房公积金5万元,全部使用财政授权支付(本案例不考虑各项社保的比例)。

上述有关工资业务的账务处理如表7-68所示。

表7-68　　　　　　　　例7-16的账务处理

业务事项	财务会计分录	预算会计分录
计提工资	借:业务活动费用　　　1 000 000 　　贷:应付职工薪酬——基本工资 　　　　　　　　　　　400 000 　　　　　　　　——津补贴 　　　　　　　　　　　600 000	不做账务处理
发放工资	借:应付职工薪酬——基本工资 　　　　　　　　　　　400 000 　　　　　　　　——津补贴 　　　　　　　　　　　600 000 　　贷:财政拨款收入　　　250 000 　　　　零余额账户用款额度　600 000 　　　　应付职工薪酬——养老保险 　　　　(个人)　　　　　　80 000 　　　　　　　　——住房公积金 　　　　(个人)　　　　　　50 000 　　　　其他应交税费——个人所得税 　　　　　　　　　　　　20 000	借:行政支出——工资福利支出——基本工资　　　　　　250 000 　　　　　　　　——津补贴　　　　　　600 000 　　贷:资金结存——零余额账户用款额度　　　　　　600 000 　　　　财政拨款预算收入　250 000
计提养老保险	借:业务活动费用　　　　120 000 　　贷:应付职工薪酬——养老保险 　　　　(单位)　　　　　　120 000	不做账务处理

续表

业务事项	财务会计分录	预算会计分录
缴纳养老保险	借：应付职工薪酬——养老保险 （单位） 120 000 ——养老保险（个人） 80 000 贷：零余额账户用款额度 200 000	借：行政支出——工资福利支出—— 养老保险 120 000 ——基本工资 80 000 贷：资金结存——零余额账户用款额度 200 000
计提住房公积金	借：业务活动费用 50 000 贷：应付职工薪酬——住房公积金（单位） 50 000	不做账务处理
缴纳住房公积金	借：应付职工薪酬——住房公积金（单位） 50 000 ——住房公积金（个人） 50 000 贷：零余额账户用款额度 100 000	借：行政支出——工资福利支出—— 住房公积金 50 000 ——基本工资 50 000 贷：资金结存——零余额账户用款额度 100 000
缴纳个人所得税	借：其他应交税费——个人所得税 20 000 贷：零余额账户用款额度 20 000	借：行政支出——工资福利支出—— 基本工资 20 000 贷：资金结存——零余额账户用款额度 20 000

三、暂收性负债

暂收性负债是指政府会计主体暂时收取，随后应做上缴、退回、转拨等处理的款项。暂收性负债主要包括应缴财政款和其他应付款。

（一）重点解读

应缴财政款核算单位取得或应收的按照规定应当上缴财政的款项，包括应缴国库的款项和应缴财政专户的款项。

应缴国库款包括代收的纳入预算管理的基金、行政性收费收入、罚没收入、无主财物变价收入、其他按预算管理规定应上缴预算的款项，如固定资产处置净收益、固定资产出租收入等。应缴财政专户款是事业单位按规定代收的应上缴财政专户的预算外资金,包括国家机关、事业单位和社会团体为履行和代行政府职能,依据国家法律、法规和具有法律效力的规章而收取、提取和安排使用的未纳入国家预算管理的各种财政性资金。

其他应付款核算单位各项偿还期限在1年内(含1年)的应付及暂收款项,如收取的押金、存入保证金、已经报销但尚未偿还银行的本单位公务卡欠款等。

上述两个科目的主要账务处理如表7-69和表7-70所示。

表7-69　　　　　　　"应缴财政款"主要账务处理

序号	业务和事项内容	《政府会计制度》账务处理	
		财务会计	预算会计
1	取得或应收按照规定应缴财政的款项时	借:银行存款/应收账款等 　贷:应缴财政款	不做账务处理
2	处置资产取得应上缴财政的处置净收入的	参照"待处理财产损溢"科目的相关账务处理	不做账务处理
3	上缴财政款项时	借:应缴财政款 　贷:银行存款等	不做账务处理

表7-70　　　　　　　"其他应付款"主要账务处理

序号	业务和事项内容		《政府会计制度》账务处理	
			财务会计	预算会计
1	发生暂收款项	取得暂收款项时	借:银行存款等 　贷:其他应付款	不做账务处理
		确认收入时	借:其他应付款 　贷:事业收入等	借:资金结存 　贷:事业预算收入等
		退回(转拨)暂收款时	借:其他应付款 　贷:银行存款等	不做账务处理

续表

序号	业务和事项内容		《政府会计制度》账务处理	
			财务会计	预算会计
2	收到同级财政部门预拨的下期预算款和没有纳入预算的暂付款项	按照实际收到的金额	借：银行存款等 　　贷：其他应付款	不做账务处理
		待到下一预算期或批准纳入预算时	借：其他应付款 　　贷：财政拨款收入	借：资金结存 　　贷：财政拨款预算收入
3	发生其他应付义务	确认其他应付款项时	借：业务活动费用/单位管理费用等 　　贷：其他应付款	不做账务处理
		支付其他应付款项	借：其他应付款 　　贷：银行存款等	借：事业支出等 　　贷：资金结存
4	无法偿付或债权人豁免偿还的其他应付款项		借：其他应付款 　　贷：其他收入	不做账务处理

（二）应用案例示范

【例7-17】 某事业单位2×24年发生有关负债的业务如下：

（1）3月20日取得非税收入20 000元，存入非税账户。12月20日上缴财政专户。

（2）3月25日收到X单位通过银行转款5 000元投标保证金，3月31日开标后X单位未中标，根据X单位退回投标保证金申请，退回了X单位上述投标保证金。

（3）12月31日清理其他应付款，发现1笔多年的应付款项1 000元已无法偿付，经批准核销处理。

上述业务的账务处理如表7-71所示。

表7-71　　　　　　　　例7-17的账务处理

业务事项	财务会计分录	预算会计分录
取得非税收入	借：银行存款　　　　　　　　　　20 000 　　贷：应缴财政款——应缴财政专户款　20 000	不做账务处理
上缴非税收入	借：应缴财政款——应缴财政专户款　20 000 　　贷：银行存款　　　　　　　　　　20 000	不做账务处理
收到保证金	借：银行存款　　　　　　　　　　5 000 　　贷：其他应付款　　　　　　　　5 000	不做账务处理
退还保证金	借：其他应付款　　　　　　　　　5 000 　　贷：银行存款　　　　　　　　　5 000	不做账务处理
核销其他应付款	借：其他应付款　　　　　　　　　1 000 　　贷：其他收入——无法偿付的应付款　1 000	不做账务处理

四、其他负债

这部分负债包括预计负债和受托代理负债。预计负债是与或有事项相关的负债，受托代理负债和受托代理资产相对应的负债。

（一）重点解读

第一，政府会计将应当将与或有事项相关的现时义务确认为预计负债。政府会计主体常见的或有事项主要包括：未决诉讼或未决仲裁、对外国政府或国际经济组织的贷款担保、承诺（补贴、代偿）、自然灾害或公共事件的救助等。预计负债应当按照履行相关现时义务所需支出的最佳估计数进行初始计量。所需支出存在一个连续范围，且该范围内各种结果发生的可能性相同的，最佳估计数应当按照该范围内的中间值确定。

在其他情况下，最佳估计数应当分别下列情况处理：

（1）或有事项涉及单个项目的，按照最可能发生金额确定。

（2）或有事项涉及多个项目的，按照各种可能结果及相关概率计算确定。

各单位在确定最佳估计数时，应当综合考虑与或有事项有关的风险和不确定性、未来事项和资产的预期处置等因素。

主要账务处理如表7-72所示。

第二，受托代理负债核算单位接受委托，取得受托代理资产时形成的负债。受托代理负债反映了单位对受托代理资产的支付义务。具体的账务处理翻阅"受托代理资产"。

表7-72　　　　"预计负债"主要账务处理

序号	业务和事项内容	《政府会计制度》账务处理	
		财务会计	预算会计
1	确认预计负债	借：业务活动费用/经营费用/其他费用等 贷：预计负债	不做账务处理
2	实际偿付预计负债	借：预计负债 贷：银行存款等	借：事业支出/行政支出/经营支出/其他支出等 贷：资金结存
3	对预计负债账面余额进行调整的	借：业务活动费用/经营费用/其他费用等 贷：预计负债 或做相反会计分录	不做账务处理

（二）应用案例示范

【例7-18】某事业单位2×24年3月1日接到法院通知，单位预计要支付赔偿金额为600 000元至800 000元之间的某一金额，而且这个区间内每个金额的可能性都大致相同,假设这是一起因经营引起的案件。2×24年6月1日,单位用银行存款偿付赔偿金700 000元。

上述业务的主要账务处理如表7-73所示。

表7-73　　　　　　　　　例7-18的账务处理

业务事项	财务会计分录	预算会计分录
确认预计负债	借：经营费用——其他费用 　　　　　　　　　　700 000 　　贷：预计负债　　　700 000	不做账务处理
偿付赔偿金	借：预计负债　　　700 000 　　贷：银行存款　　　700 000	借：经营支出——其他支出 　　　　　　　　　　700 000 　　贷：资金结存——货币资金 700 000

第三节　收入和预算收入业务核算

收入是财务会计要素,是指报告期内导致政府会计主体净资产增加的、含有服务潜力或者经济利益的经济资源的流入。收入主要分为：财政拨款收入、事业收入、上级补助收入、附属单位上缴收入、经营收入、非同级财政拨款收入、投资收益、捐赠收入、利息收入、租金收入和其他收入。其中事业收入、上级补助收入、附属单位上缴收入、经营收入、投资收益这5个科目行政单位不适用,只适用于事业单位。

预算收入是预算会计要素,指政府会计主体在预算年度内依法取得的并纳入预算管理的现金流入。预算收入主要分为：财政拨款预算收入、事业预算收入、上级补助预算收入、附属单位上缴预算收入、经营预算收入、债务预算收入、非同级财政拨款预算收入、投资预算收益、其他预算收入。预算收入和收入基本一一对应，在科目名称上仅仅多了"预算"二字，核算内容也保持一致。事业预算收入、上级补助预算收入、附属单位上缴预算收入、经营预算收入、债务预算收入、投资预算收益这6个科目行政单位不适用，只有事业单位使用。债务预算收入是新增科目，为借款业务在预算会计中的反映。

一、重点解读

1.各项收入的定义、核算范围

为便于读者学习，现将其归纳如表7-74所示。

表7-74　　　　　各项收入的概念及易混淆科目

序号	科目名称	概念	概念的关键点	易混淆科目
1	财政拨款收入	从同级政府财政部门取得的各类财政拨款	同级财政部门、财政拨款	非同级财政拨款收入、上级补助收入
2	事业收入	开展专业业务活动及其辅助活动实现的收入，不包括从同级政府财政部门取得的各类财政拨款；对于因开展业务及其辅助活动从非同级政府财政部门取得的经费拨款，应当在本科目下单设"非同级财政拨款"明细科目进行核算	专业业务活动实现的收入，强调的是业务活动	上级补助收入、非同级财政拨款收入、经营收入
3	上级补助收入	从主管部门和上级单位取得的非财政拨款收入	一是主管部门和上级单位的非财政拨款收入；二是无偿的补助收入	财政拨款收入、非同级财政拨款收入
4	附属单位上缴收入	取得的附属独立核算单位按照有关规定上缴的收入	附属单位（上下级关系）、独立核算；不是分配的股利	投资收益、经营收入

续表

序号	科目名称	概念	概念的关键点	易混淆科目
5	经营收入	在专业业务活动及其辅助活动之外开展非独立核算经营活动取得的收入	非专业活动、非独立核算；具有营利性	事业收入、其他收入
6	非同级财政拨款收入	从非同级政府财政部门取得的经费拨款，包括从同级政府其他部门取得的横向转拨财政款、从上级或下级政府财政部门取得的经费拨款等	一是同级的政府部门（预算关系同级），强调的是同级、政府部门而非财政拨款；二是上级或下级财政部门，强调的是财政部门，但非同级；三是财政性资金	财政拨款收入、上级补助收入、事业收入——非同级财政拨款收入
7	投资收益	股权投资和债券投资所实现的收益或发生的损失	对外投资收益	附属单位上缴收入
8	捐赠收入	接受其他单位或者个人捐赠取得的收入		
9	利息收入	取得的银行存款利息收入		
10	租金收入	单位经批准利用国有资产出租取得并按照规定纳入本单位预算管理的租金收入	经批准后的国有资产出租收入	经营收入
11	其他收入	除上述收入以外的各项收入，包括现金盘盈收入、按照规定纳入单位预算管理的科技成果转化收入、行政单位收回已核销的其他应收款、无法偿付的应付及预收款项、置换出资产评估增值等		

2. "双系统、双基础"的平行记账模式

为了更加直观地理解"双系统、双基础"的平行记账模式，收入和预算收入的账务处理按照平行记账规则，以"配对"方式逐一展示。其中投资收益的账务处理请翻阅投资业务"短期投资""长期股权投资""长期债券投资"；债务预算收入的账务处理请翻阅借款业务"短期借款"和"长期借款"。

收入和预算收入的主要账务处理如表7-75至表7-84所示。

表7-75　"财政拨款收入"与"财政拨款预算收入"主要账务处理

序号	业务和事项内容		《政府会计制度》账务处理	
			财务会计	预算会计
1	收到拨款	财政直接支付方式下	借：库存物品/固定资产/业务活动费用/单位管理费用/应付职工薪酬等 　贷：财政拨款收入	借：行政支出/事业支出等 　贷：财政拨款预算收入
		财政授权支付方式下	借：零余额账户用款额度 　贷：财政拨款收入	借：资金结存——零余额账户用款额度 　贷：财政拨款预算收入
		其他方式下	借：银行存款等 　贷：财政拨款收入	借：资金结存——货币资金 　贷：财政拨款预算收入
2	年末确认拨款差额	根据本年度财政直接支付预算指标数与当年财政直接支付实际支付数的差额	借：财政应返还额度——财政直接支付 　贷：财政拨款收入	借：资金结存——财政应返还额度 　贷：财政拨款预算收入
		本年度财政授权支付预算指标数大于零余额账户用款额度下达数的差额	借：财政应返还额度——财政授权支付 　贷：财政拨款收入	借：资金结存——财政应返还额度 　贷：财政拨款预算收入
3	因差错更正或购货退回等发生的国库直接支付款项退回的	属于本年度支付的款项	借：财政拨款收入 　贷：业务活动费用/库存物品等	借：财政拨款预算收入 　贷：行政支出/事业支出等
		属于以前年度支付的款项（财政拨款结转资金）	借：财政应返还额度——财政直接支付 　贷：以前年度盈余调整/库存物品等	借：资金结存——财政应返还额度 　贷：财政拨款结转——年初余额调整
		属于以前年度支付的款项（财政拨款结余资金）		借：资金结存——财政应返还额度 　贷：财政拨款结余——年初余额调整

续表

序号	业务和事项内容	《政府会计制度》账务处理	
		财务会计	预算会计
4	期末/年末结转	借：财政拨款收入 贷：本期盈余	借：财政拨款预算收入 贷：财政拨款结转——本年收支结转

表7-76 "非同级财政拨款收入"与"非同级财政拨款预算收入"主要账务处理

序号	业务和事项内容		《政府会计制度》账务处理	
			财务会计	预算会计
1	确认收入时	按照应收或实际收到的金额	借：其他应收款/银行存款等 贷：非同级财政拨款收入	借：资金结存——货币资金 ［按照实际收到的金额］ 贷：非同级财政拨款预算收入
2	期末/年末结转	专项资金	借：非同级财政拨款收入 贷：本期盈余	借：非同级财政拨款预算收入 贷：非财政拨款结转——本年收支结转
		非专项资金		借：非同级财政拨款预算收入 贷：其他结余

表7-77 "事业收入"与"事业预算收入"主要账务处理

序号	业务和事项内容		《政府会计制度》账务处理	
			财务会计	预算会计
1	采用财政专户返还方式	实际收到或应收应上缴财政专户的事业收入时	借：银行存款/应收账款等 贷：应缴财政款	不做账务处理
		向财政专户上缴款项时	借：应缴财政款 贷：银行存款等	不做账务处理
		收到从财政专户返还的款项时	借：银行存款等 贷：事业收入	借：资金结存——货币资金 贷：事业预算收入

续表

序号	业务和事项内容		《政府会计制度》账务处理	
			财务会计	预算会计
2	采用预收款方式	实际收到款项时	借：银行存款等 　　贷：预收账款	借：资金结存——货币资金 　　贷：事业预算收入
		按合同完成进度确认收入时	借：预收账款 　　贷：事业收入	不做账务处理
3	采用应收款方式	根据合同完成进度计算本期应收的款项	借：应收账款 　　贷：事业收入	不做账务处理
		实际收到款项时	借：银行存款等 　　贷：应收账款	借：资金结存——货币资金 　　贷：事业预算收入
4	其他方式下		借：银行存款/库存现金等 　　贷：事业收入	借：资金结存——货币资金 　　贷：事业预算收入
5	期末/年末结转	专项资金收入	借：事业收入 　　贷：本期盈余	借：事业预算收入 　　贷：非财政拨款结转——本年收支结转
		非专项资金收入		借：事业预算收入 　　贷：其他结余

表7-78　"经营收入"和"经营预算收入"主要账务处理

序号	业务和事项内容	《政府会计制度》账务处理	
		财务会计	预算会计
1	确认经营收入时	借：银行存款/应收账款/应收票据等 　　贷：经营收入	借：资金结存——货币资金 　　贷：经营预算收入
2	期末/年末结转	借：经营收入 　　贷：本期盈余	借：经营预算收入 　　贷：经营结余

表7-79　"捐赠收入"主要账务处理

序号	业务和事项内容		《政府会计制度》账务处理	
			财务会计	预算会计
1	接受捐赠的货币资金	按照实际收到的金额	借：银行存款/库存现金 　贷：捐赠收入	借：资金结存——货币资金 　贷：其他预算收入——捐赠收入
2	接受捐赠的存货、固定资产等	按照确定的成本	借：库存物品/固定资产等 　贷：银行存款等〔相关税费支出〕 　　　捐赠收入	借：其他支出〔支付的相关税费等〕 　贷：资金结存
		如按照名义金额入账	借：库存物品/固定资产等〔名义金额〕 　贷：捐赠收入 借：其他费用 　贷：银行存款等〔相关税费支出〕	借：其他支出〔支付的相关税费等〕 　贷：资金结存
3	期末/年末结转	专项资金	借：捐赠收入 　贷：本期盈余	借：其他预算收入——捐赠收入 　贷：非财政拨款结转——本年收支结转
		非专项资金		借：其他预算收入——捐赠收入 　贷：其他结余

表7-80　"利息收入"主要账务处理

序号	业务和事项内容		《政府会计制度》账务处理	
			财务会计	预算会计
1	确认银行存款利息收入	实际收到利息时	借：银行存款 　贷：利息收入	借：资金结存——货币资金 　贷：其他预算收入——利息收入
2	期末/年末结转		借：利息收入 　贷：本期盈余	借：其他预算收入——利息收入 　贷：其他结余

表7-81　　　　　　　　"租金收入"主要账务处理

序号	业务和事项内容		《政府会计制度》账务处理	
			财务会计	预算会计
1	预收租金方式	收到预付的租金时	借：银行存款等 　贷：预收账款	借：资金结存——货币资金 　贷：其他预算收入——租金收入
		按照直线法分期确认租金收入时	借：预收账款 　贷：租金收入	不做账务处理
2	后付租金方式	确认租金收入时	借：应收账款 　贷：租金收入	不做账务处理
		收到租金时	借：银行存款等 　贷：应收账款	借：资金结存——货币资金 　贷：其他预算收入——租金收入
3	分期收取租金	按期收取租金	借：银行存款等 　贷：租金收入	借：资金结存——货币资金 　贷：其他预算收入——租金收入
4	期末/年末结转		借：租金收入 　贷：本期盈余	借：其他预算收入——租金收入 　贷：其他结余

表7-82　　　　　"其他收入"与"其他预算收入"主要账务处理

序号	业务和事项内容		《政府会计制度》账务处理	
			财务会计	预算会计
1	现金盘盈收入	属于无法查明原因的部分，报经批准后	借：待处理财产损溢 　贷：其他收入	不做账务处理
2	科技成果转化收入	按照规定留归本单位的	借：银行存款等 　贷：其他收入	借：资金结存——货币资金 　贷：其他预算收入
3	行政单位收回已核销的其他应收款	按照实际收回的金额	借：银行存款等 　贷：其他收入	借：资金结存——货币资金 　贷：其他预算收入
4	无法偿付的应付及预收款项		借：应付账款/预收账款/其他应付款/长期应付款 　贷：其他收入	不做账务处理

续表

序号	业务和事项内容		《政府会计制度》账务处理	
			财务会计	预算会计
5	置换换出资产评估增值	按照换出资产评估价值高于资产账面价值的金额	借：有关科目 　贷：其他收入	不做账务处理
6	其他情况	按照应收或实际收到的金额	借：其他应收款/银行存款/库存现金等 　贷：其他收入	借：资金结存——货币资金[按照实际收到的金额] 　贷：其他预算收入
7	期末/年末结转	专项资金	借：其他收入 　贷：本期盈余	借：其他预算收入 　贷：非财政拨款结转 　　——本年收支结转
		非专项资金		借：其他预算收入 　贷：其他结余

表7-83　"上级补助收入"与"上级补助预算收入"主要账务处理

序号	业务和事项内容		《政府会计制度》账务处理	
			财务会计	预算会计
1	日常核算	确认时，按照应收或实际收到的金额	借：其他应收款/银行存款等 　贷：上级补助收入	借：资金结存——货币资金[按照实际收到的金额] 　贷：上级补助预算收入
		收到应收的上级补助收入时	借：银行存款等 　贷：其他应收款	
2	期末/年末结转	专项资金收入	借：上级补助收入 　贷：本期盈余	借：上级补助预算收入 　贷：非财政拨款结转——本年收支结转
		非专项资金收入		借：上级补助预算收入 　贷：其他结余

表7-84 "附属单位上缴收入"与"附属单位上缴预算收入"主要账务处理

序号	业务和事项内容		《政府会计制度》账务处理	
			财务会计	预算会计
1	日常核算	确认时，按照应收或实际收到的金额	借：其他应收款/银行存款等 贷：附属单位上缴收入	借：资金结存——货币资金[按照实际收到的金额] 贷：附属单位上缴预算收入
		实际收到应收附属单位上缴收入款时	借：银行存款等 贷：其他应收款	
2	期末/年末结转	专项资金收入	借：附属单位上缴收入 贷：本期盈余	借：附属单位上缴预算收入 贷：非财政拨款结转——本年收支结转
		非专项资金收入		借：附属单位上缴预算收入 贷：其他结余

二、应用案例示范

【例7-19】某事业单位2×24年9月发生有关收入的业务如下：

（1）该单位已经纳入财政国库集中支付改革。9月5日，收到《财政授权支付到账通知书》，财政部门为事业单位支付了为开展日常业务活动的用款额度80 000元。

（2）该单位开展业务活动，9月10日取得上缴财政专户的现金收入15 000元，该款项及时上缴财政专户。9月30日收到从财政专户返还的事业收入15 000元。

（3）该单位从属地的公费医疗管理机构拨付的本单位当年公费医疗补贴款50 000元。

（4）该单位收到附属单位A上缴款60 000元。

（5）该单位有一个非独立核算机构——车队当月取得收入45 000元。

（6）月底结转收入。

上述业务的账务处理如表7-85所示。

表7-85　　　　　　　　　例7-19的账务处理

业务事项	财务会计分录	预算会计分录
收到财政拨款收入	借：零余额账户用款额度　80 000 　贷：财政拨款收入——财政授权支付　80 000	借：资金结存——零余额账户用款额度　80 000 　贷：财政拨款预算收入——财政授权支付　80 000
收到应上缴财政专户的现金	借：库存现金　15 000 　贷：应缴财政款——应缴财政专户款　15 000	不做账务处理
向财政专户上缴款项	借：应缴财政款——应缴财政专户款　15 000 　贷：银行存款　15 000	不做账务处理
收到财政专户返还的事业收入	借：银行存款　15 000 　贷：事业收入　15 000	借：资金结存——货币资金　15 000 　贷：事业预算收入　15 000
收到医疗款	借：银行存款　50 000 　贷：非同级财政拨款收入　50 000	借：资金结存——货币资金　50 000 　贷：非同级财政拨款预算收入　50 000
收到附属单位缴款	借：银行存款　60 000 　贷：附属单位上缴收入　60 000	借：资金结存——货币资金　60 000 　贷：附属单位上缴预算收入　60 000
收到经营收入	借：银行存款　45 000 　贷：经营收入　45 000	借：资金结存——货币资金　45 000 　贷：经营预算收入　45 000
结转收入	借：财政拨款收入　80 000 　　事业收入　15 000	借：财政拨款预算收入　80 000 　贷：财政拨款结存　80 000 借：事业预算收入　15 000 　　非同级财政拨款预算收入　50 000

续表

业务事项	财务会计分录	预算会计分录
结转收入	非同级财政拨款收入　　50 000 　附属单位上缴收入　　60 000 　经营收入　　　　　　45 000 　　贷：本期盈余　　　250 000	附属单位上缴预算收入 　　　　　　　　　　　60 000 　　贷：其他结余　　　125 000 借：经营预算收入　　　45 000 　　贷：经营结余　　　45 000

三、知识拓展

（一）实行预算管理一体化后的会计处理

根据《中央财政预算管理一体化资金支付管理办法（试行）》（财库〔2022〕5号）等规定，中央一体化试点部门及其所属相关预算单位在会计核算时不再使用"零余额账户用款额度"科目，"财政应返还额度"科目和"资金结存——财政应返还额度"科目下不再设置"财政直接支付""财政授权支付"明细科目。

有关会计处理如表7-86所示。

表7-86　　　　　　实行预算管理一体化后的会计处理

序号	业务和事项内容	《政府会计制度》会计处理	
		财务会计	预算会计
1	财政资金支付	借：库存物品/固定资产/应付职工薪酬/业务活动费用/单位管理费用等 　　贷：财政拨款收入（本年预算指标）/财政应返还额度（上年预算指标）	借：行政支出/事业支出 　　贷：财政拨款预算收入（本年预算指标）/资金结存——财政应返还额度（上年预算指标）

续表

序号	业务和事项内容		《政府会计制度》会计处理	
			财务会计	预算会计
2	按规定向本单位实有资金账户划转财政资金	从本单位零余额账户向实有资金账户划转资金	借：银行存款——财政拨款资金 贷：财政拨款收入（本年预算指标）/财政应返还额度（上年预算指标）	借：资金结存——货币资金——财政拨款资金 贷：财政拨款预算收入（本年预算指标）/资金结存——财政应返还额度（上年预算指标）
		将本单位实有资金账户中从零余额账户划转的资金用于相关支出时	借：应付职工薪酬/其他应交税费 贷：银行存款	借：行政支出/事业支出——财政拨款支出 贷：资金结存——货币资金
3	已支付的财政资金退回	当年资金退回	借：财政拨款收入（本年预算指标）/财政应返还额度（上年预算指标） 贷：库存物品/固定资产/应付职工薪酬/业务活动费用/单位管理费用等	借：财政拨款预算收入（本年预算指标）/资金结存——财政应返还额度（上年预算指标） 贷：行政支出/事业支出
		跨年资金退回	借：财政应返还额度 贷：以前年度盈余调整/库存物品	借：资金结存——财政应返还额度 贷：财政拨款结转——年初余额调整
4	结余资金上缴国库		借：累计盈余 贷：银行存款	借：财政拨款结余——归集上缴 贷：资金结存——货币资金
5	年末账务处理		借：财政应返还额度 贷：财政拨款收入	借：资金结存——财政应返还额度 贷：财政拨款预算收入

（二）捐赠收入

单位取得捐赠的货币资金按规定应当上缴财政的，应当计入"应缴财政款"科目，预算会计不做处理。单位接受捐赠人委托转赠的资产，应当按照受托代理业务相关规定进行财务会计处理。预算会计不做处理。除上述两种情况外，单位接受捐赠取得的资产，应当按照"捐赠收入"科目相关规定进行财务会计处理；接受捐赠取得货币资金的，还应当同时按照"其他预算收入"科目相关规定进行预算会计处理。

（三）非同级财政拨款收入

本科目核算单位从非同级政府财政部门取得的经费拨款，包括从同级政府其他部门取得的横向转拨财政款、从上级或下级政府财政部门取得的经费拨款等。

事业单位因开展科研及其辅助活动从非同级政府财政部门取得的经费拨款，应当通过"事业收入——非同级财政拨款"科目核算，不通过本科目核算。

第四节　费用和预算支出业务核算

费用是财务会计要素，是指报告期内导致政府会计主体净资产减少的、含有服务潜力或者经济利益的经济资源的流出。费用的确认应当同时满足以下条件：与费用相关的含有服务潜力或者经济利益的经济资源，很可能流出政府会计主体；含有服务潜力或者经济利益的经济资源流出，会导致政府会计主体资产减少或者负债增加；流出金额能够可靠地计量。主要包括业务活动费用、单位管理费用、经营费用、资产处置费用、上缴上级费用、对附属单位补助费用、所得税费用、其他费用共计八个费用科目。其中行政单位仅仅使用业务活动费用、资产处置费用和其他费用三个科目。

预算支出是预算会计要素，预算支出是指政府会计主体在预算年度内依法发生并纳入预算管理的现金流出。预算支出一般在实际支付时予以确认，以实际支付的金额计量。主要包括行政支出、事业支出、经营支出、上缴上级支出、对附属单位补助支出、投资支出、债务还本支出和其他支出共计八个科目。其中行政单位仅仅使用行政支出和其他支出两个科目。

一、重点解读

1.各项费用的定义、核算要点

为便于读者学习，现将其归纳如表7-87所示。

表7-87　　　　各项费用的定义、核算要点和适用范围

科目名称	科目定义	核算要点和适用范围
业务活动费用	核算单位为实现其职能目标，依法履职或开展专业业务活动及其辅助活动所发生的各项费用	依法履职和开展专业业务活动；适用于行政单位和事业单位
单位管理费用	核算事业单位本级行政及后勤管理部门开展管理活动发生的各项费用，包括单位行政及后勤管理部门发生的人员经费、公用经费、资产折旧（摊销）等费用，以及由单位统一负担的离退休人员经费、工会经费、诉讼费、中介费等	事业单位行政及后勤管理部门开展管理活动的各项费用，强调的是行政和后勤管理；仅适用于事业单位，行政单位不能使用该科目
经营费用	事业单位在专业业务活动及其辅助活动之外开展非独立核算经营活动发生的各项费用	强调的是专业业务活动之外开展的非独立核算经营活动，与财务会计的"经营收入"相对应；其与业务活动费用的区别在于是否是专业业务活动；仅适用于事业单位，行政单位不能使用该科目

续表

科目名称	科目定义	核算要点和适用范围
资产处置费用	经批准处置资产时发生的费用，包括转销的被处置资产价值，以及在处置过程中发生的相关费用或者处置收入小于相关费用形成的净支出。资产处置的形式按照规定包括无偿调拨、出售、出让、转让、置换、对外捐赠、报废、毁损以及货币性资产损失核销等	短期投资、长期股权投资、长期债券投资的处置，按照相关资产科目的规定进行账务处理
上缴上级费用	按照财政部门和主管部门的规定上缴上级单位款项发生的费用	按规定上缴、非财政性资金；不按支付对象和部门经济分类核算；事业单位使用
对附属单位补助费用	用财政拨款收入之外的收入对附属单位补助发生的费用	注意与对外投资的区别；不按支付对象和部门经济分类核算；事业单位使用
所得税费用	有企业所得税缴纳义务的事业单位按规定缴纳企业所得税所形成的费用	不按支付对象和部门经济分类核算；事业单位使用
其他费用	发生的除业务活动费用、单位管理费用、经营费用、资产处置费用、上缴上级费用、附属单位补助费用、所得税费用以外的各项费用，包括利息费用、坏账损失、罚没支出、现金资产捐赠支出以及相关税费、运输费等	按明细科目设置，不按支付对象和部门经济分类核算

2."双系统、双基础"的平行记账模式

为了更加直观地理解"双系统、双基础"的平行记账模式，费用和预算支出的账务处理按照平行记账规则，以"配对"方式逐一展示。其中投资支出的账务处理请参照投资业务"短期投资""长期股权投资""长期债券投资"；债务还本支出的账务处理请参照借款业务"短期借款"和"长期借款"。

费用和预算支出的主要账务处理如表7-88至表7-95所示。

表7-88 "单位管理费用"和"事业支出"主要账务处理

序号	业务和事项内容		《政府会计制度》账务处理	
			财务会计	预算会计
1	管理活动人员职工薪酬	计提时，按照计算的金额	借：单位管理费用 　贷：应付职工薪酬	不做账务处理
		实际支付给职工并代扣个人所得税时	借：应付职工薪酬 　贷：财政拨款收入/零余额账户用款额度/银行存款等 　　其他应交税费——应交个人所得税	借：事业支出〔按照支付给个人部分〕 　贷：财政拨款预算收入/资金结存
		实际缴纳税款时	借：其他应交税费——应交个人所得税 　贷：银行存款/零余额账户用款额度等	借：事业支出〔按照实际缴纳额〕 　贷：资金结存等
2	为开展管理活动发生的外部人员劳务费	计提时，按照计算的金额	借：单位管理费用 　贷：其他应付款	不做账务处理
		实际支付并代扣个人所得税时	借：其他应付款 　贷：财政拨款收入/零余额账户用款额度/银行存款等 　　其他应交税费——应交个人所得税	借：事业支出〔按照实际支付给个人部分〕 　贷：财政拨款预算收入/资金结存
		实际支付税款时	借：其他应交税费——应交个人所得税 　贷：银行存款/零余额账户用款额度等	借：事业支出〔按照实际缴纳额〕 　贷：资金结存等
3	开展管理活动发生的预付款项	预付账款	支付款项时	借：预付账款 　贷：财政拨款收入/零余额账户用款额度/银行存款等	借：事业支出 　贷：财政拨款预算收入/资金结存

续表

序号	业务和事项内容			《政府会计制度》账务处理	
				财务会计	预算会计
3	开展管理活动发生的预付款项	预付账款	结算时	借：单位管理费用 　　贷：预付账款 　　　　财政拨款收入/零余额账户用款额度/银行存款等[补付金额]	借：事业支出 　　贷：财政拨款预算收入/资金结存[补付金额]
		暂付款项	支付款项时	借：其他应收款 　　贷：银行存款等	不做账务处理
			结算或报销时	借：单位管理费用 　　贷：其他应收款	借：事业支出 　　贷：资金结存等
4	发生的其他与管理活动相关的各项费用			借：单位管理费用 　　贷：财政拨款收入/零余额账户用款额度/银行存款/应付账款等	借：事业支出[按照实际支付的金额] 　　贷：财政拨款预算收入/资金结存
5	为开展管理活动购买资产或支付在建工程款		按照实际支付或应付的价款	借：库存物品/固定资产/无形资产/在建工程等 　　贷：财政拨款收入/零余额账户用款额度/银行存款/应付账款等	借：事业支出[按照实际支付价款] 　　贷：财政拨款预算收入/资金结存
6	管理活动所用固定资产、无形资产计提折旧		按照计提的折旧、摊销额	借：单位管理费用 　　贷：固定资产累计折旧/无形资产累计摊销	不做账务处理
7	开展管理活动内部领用库存物品		按照库存物品的成本	借：单位管理费用 　　贷：库存物品	不做账务处理
8	开展管理活动发生应负担的税金及附加时		按照计算确定应交纳的金额	借：单位管理费用 　　贷：其他应交税费	不做账务处理
			实际缴纳时	借：其他应交税费 　　贷：银行存款等	借：事业支出 　　贷：资金结存等

续表

序号	业务和事项内容		《政府会计制度》账务处理	
			财务会计	预算会计
9	购货退回等	当年发生的	借：财政拨款收入/零余额账户用款额度/银行存款/应收账款等 贷：库存物品/单位管理费用等	借：财政拨款预算收入/资金结存 贷：事业支出
10	期末/年末结转		借：本期盈余 贷：单位管理费用	借：财政拨款结转——本年收支结转[财政拨款支出] 非财政拨款结转——本年收支结转[非财政专项资金支出] 其他结余[非财政、非专项资金支出] 贷：事业支出

表7-89　"业务活动费用"和"事业支出/行政支出"主要账务处理

序号	业务和事项内容		《政府会计制度》账务处理	
			财务会计	预算会计
1	为履职或开展业务活动人员计提并支付职工薪酬	计提时，按照计算的金额	借：业务活动费用 贷：应付职工薪酬	不做账务处理
		实际支付给职工并代扣个人所得税时	借：应付职工薪酬 贷：财政拨款收入/零余额账户用款额度/银行存款等 其他应交税费——应交个人所得税	借：事业支出/行政支出[按照支付给个人部分] 贷：财政拨款预算收入/资金结存
		实际缴纳税款时	借：其他应交税费——应交个人所得税 贷：银行存款/零余额账户用款额度等	借：事业支出/行政支出[按照实际缴纳额] 贷：资金结存等

续表

序号	业务和事项内容		《政府会计制度》账务处理	
			财务会计	预算会计
2	为履职或开展业务活动发生的外部人员劳务费	计提时，按照计算的金额	借：业务活动费用 　　贷：其他应付款	不做账务处理
		实际支付并代扣个人所得税时	借：其他应付款 　　贷：财政拨款收入/零余额账户用款额度/银行存款等 　　　　其他应交税费——应交个人所得税	借：事业支出/行政支出［按照实际支付给个人部分］ 　　贷：财政拨款预算收入/资金结存
		实际缴纳税款时	借：其他应交税费——应交个人所得税 　　贷：银行存款/零余额账户用款额度等	借：事业支出/行政支出［按照实际缴纳额］ 　　贷：资金结存等
3	为履职或开展业务活动发生的预付款项	预付账款 支付款项时	借：预付账款 　　贷：财政拨款收入/零余额账户用款额度/银行存款等	借：事业支出/行政支出 　　贷：财政拨款预算收入/资金结存
		预付账款 结算时	借：业务活动费用 　　贷：预付账款 　　　　财政拨款收入/零余额账户用款额度/银行存款等［补付金额］	借：事业支出/行政支出 　　贷：财政拨款预算收入/资金结存［补付金额］
		暂付款项 支付款项时	借：其他应收款 　　贷：银行存款等	不做账务处理
		暂付款项 结算或报销时	借：业务活动费用 　　贷：其他应收款	借：事业支出/行政支出 　　贷：资金结存等
4	为履职或开展业务活动购买资产或支付在建工程款等	按照实际支付或应付的价款	借：库存物品/固定资产/无形资产/在建工程等 　　贷：财政拨款收入/零余额账户用款额度/银行存款/应付账款等	借：事业支出/行政支出 　　贷：财政拨款预算收入/资金结存

续表

序号	业务和事项内容		《政府会计制度》账务处理	
			财务会计	预算会计
5	为履职或开展业务活动领用库存物品	按照领用库存物品的成本	借：业务活动费用 贷：库存物品等	不做账务处理
6	为履职或开展业务活动计提的固定资产、无形资产、公共基础设施、保障性住房的折旧（摊销）	按照计提的折旧、摊销额	借：业务活动费用 贷：固定资产累计折旧/无形资产累计摊销/公共基础设施累计折旧（摊销）/保障性住房累计折旧	不做账务处理
7	为履职或开展业务活动发生应负担的税金及附加时	确认其他应交税费时	借：业务活动费用 贷：其他应交税费	不做账务处理
		支付其他应交税费时	借：其他应交税费 贷：银行存款等	借：事业支出/行政支出 贷：资金结存等
8	为履职或开展业务活动发生其他各项费用		借：业务活动费用 贷：财政拨款收入/零余额账户用款额度/银行存款/应付账款/其他应付款等	借：事业支出/行政支出［按照实际支付的金额］ 贷：财政拨款预算收入/资金结存
9	计提专用基金	从收入中按照一定比例提取基金并计入费用	借：业务活动费用 贷：专用基金	不做账务处理

续表

序号	业务和事项内容		《政府会计制度》账务处理	
			财务会计	预算会计
10	购货退回等	当年发生的	借：财政拨款收入/零余额账户用款额度/银行存款/应收账款等 贷：库存物品/业务活动费用	借：财政拨款预算收入/资金结存 贷：事业支出/行政支出
11	期末/年末结转		借：本期盈余 贷：业务活动费用	借：财政拨款结转——本年收支结转[财政拨款支出] 非财政拨款结转——本年收支结转[非同级财政专项资金支出] 其他结余[非同级财政、非专项资金支出] 贷：事业支出/行政支出

表7-90　"经营费用"和"经营支出"主要账务处理

序号	业务和事项内容		《政府会计制度》账务处理	
			财务会计	预算会计
1	为经营活动人员支付职工薪酬	计提时，按照计算的金额	借：经营费用 贷：应付职工薪酬	不做账务处理
		实际支付给职工时	借：应付职工薪酬 贷：银行存款等 其他应交税费——应交个人所得税	借：经营支出[按照支付给个人部分] 贷：资金结存——货币资金
		实际支付税款时	借：其他应交税费——应交个人所得税 贷：银行存款等	借：经营支出[按照实际缴纳额] 贷：资金结存——货币资金
2	为开展经营活动购买资产或支付在建工程款	按照实际支付或应付的金额	借：库存物品/固定资产/无形资产/在建工程 贷：银行存款/应付账款等	借：经营支出 贷：资金结存——货币资金[按照实际支付金额]

续表

序号	业务和事项内容		《政府会计制度》账务处理	
			财务会计	预算会计
3	开展经营活动内部领用材料或出售发出物品等	按照实际成本	借：经营费用 　贷：库存物品	不做账务处理
4	开展经营活动发生的预付款项	预付时，按照预付的金额	借：预付账款 　贷：银行存款等	借：经营支出 　贷：资金结存——货币资金
		结算时	借：经营费用 　贷：预付账款 　　银行存款等[补付金额]	借：经营支出 　贷：资金结存——货币资金[补付金额]
5	开展经营活动发生应负担的税金及附加时	按照计算确定的缴纳金额	借：经营费用 　贷：其他应交税费	不做账务处理
		实际缴纳时	借：其他应交税费 　贷：银行存款等	借：经营支出 　贷：资金结存——货币资金
6	开展经营活动发生的其他各项费用		借：经营费用 　贷：银行存款/应付账款等	借：经营支出[按照实际支付的金额] 　贷：资金结存——货币资金
7	经营活动用固定资产、无形资产计提的折旧、摊销	按照计提的折旧、摊销额	借：经营费用 　贷：固定资产累计折旧/无形资产累计摊销	不做账务处理
8	计提专用基金	按照预算收入的一定比例计提并列入费用	借：经营费用 　贷：专用基金	不做账务处理

续表

序号	业务和事项内容		《政府会计制度》账务处理	
			财务会计	预算会计
9	购货退回等	当年发生的	借：银行存款/应收账款等 贷：库存物品/经营费用等	借：资金结存——货币资金 [按照实际收到的金额] 贷：经营支出
10	期末/年末结转		借：本期盈余 贷：经营费用	借：经营结余 贷：经营支出

表7-91 "资产处置费用"和"其他支出"主要账务处理

序号	业务和事项内容		《政府会计制度》账务处理	
			财务会计	预算会计
1	不通过"待处理财产损溢"科目核算的资产处置	转销被处置资产账面价值	借：资产处置费用 　　固定资产累计折旧/无形资产累计摊销/公共基础设施累计折旧（摊销）/保障性住房累计折旧 贷：库存物品/固定资产/无形资产/公共基础设施/政府储备物资/文物资源/保障性住房/在建工程等[账面余额]/其他应收款[行政单位]	不做账务处理
		处置资产过程中仅发生相关费用的	借：资产处置费用 贷：银行存款/库存现金等	借：其他支出 贷：资金结存
		处置资产过程中取得收入的	借：库存现金/银行存款等[取得的价款] 贷：银行存款/库存现金等[支付的相关费用] 　　应缴财政款	不做账务处理
2	期末结转		借：本期盈余 贷：资产处置费用	不做账务处理

注：通过"待处理财产损溢"核算的资产处置的账务处理请参阅"待处理财产损溢"。

表7-92　"所得税费用"主要账务处理

序号	业务和事项内容		《政府会计制度》账务处理	
			财务会计	预算会计
1	发生企业所得税纳税义务	按照税法规定计算应交税金数额	借：所得税费用 　贷：其他应交税费——单位应交所得税	不做账务处理
2		实际缴纳时	借：其他应交税费——单位应交所得税 　贷：银行存款等	借：非财政拨款结余——累计结余 　贷：资金结存——货币资金
3	年末结转		借：本期盈余 　贷：所得税费用	不做账务处理

表7-93　"其他费用"和"其他支出"主要账务处理

序号	业务和事项内容		《政府会计制度》账务处理	
			财务会计	预算会计
1	利息费用	计算确定借款利息费用时	借：其他费用/在建工程 　贷：应付利息/长期借款——应计利息	不做账务处理
		实际支付利息时	借：应付利息等 　贷：银行存款等	借：其他支出 　贷：资金结存——货币资金
2	现金资产对外捐赠		按照实际捐赠的金额 借：其他费用 　贷：银行存款/库存现金等	借：其他支出 　贷：资金结存——货币资金
3	坏账损失	按照规定对应收账款和其他应收款计提坏账准备	借：其他费用 　贷：坏账准备	不做账务处理
		冲减多提的坏账准备时	借：坏账准备 　贷：其他费用	不做账务处理

续表

序号	业务和事项内容	《政府会计制度》账务处理	
		财务会计	预算会计
4	罚没支出 / 按照实际发生金额	借：其他费用 　贷：银行存款/库存现金/其他应付款	借：其他支出 　贷：资金结存——货币资金[实际支付金额]
5	其他相关税费、运输费等	借：其他费用 　贷：零余额账户用款额度/银行存款等	借：其他支出 　贷：资金结存
6	期末/年末结转	借：本期盈余 　贷：其他费用	借：其他结余[非财政、非专项资金支出] 非财政拨款结转——本年收支结转[非财政专项资金支出] 财政拨款结转——本年收支结转[财政拨款资金支出] 　贷：其他支出

表7-94　"上缴上级支出"与"上缴上级费用"主要账务处理

序号	业务和事项内容	《政府会计制度》账务处理	
		财务会计	预算会计
1	按照实际上缴的金额或者按照规定计算出应当上缴的金额	借：上缴上级费用 　贷：银行存款/其他应付款等	借：上缴上级支出[实际上缴的金额] 　贷：资金结存——货币资金
2	实际上缴应缴的金额	借：其他应付款 　贷：银行存款等	
3	期末/年末结转	借：本期盈余 　贷：上缴上级费用	借：其他结余 　贷：上缴上级支出

表7-95 "对附属单位补助费用"和"对附属单位补助支出"主要账务处理

序号	业务和事项内容	《政府会计制度》账务处理	
		财务会计	预算会计
1	按照实际补助的金额或者按照规定计算出应当补助的金额	借：对附属单位补助费用 　　贷：银行存款/其他应付款等	借：对附属单位补助支出［实际补助的金额］ 　　贷：资金结存——货币资金
2	实际支出应补助的金额	借：其他应付款 　　贷：银行存款等	
3	期末/年末结转	借：本期盈余 　　贷：对附属单位补助费用	借：其他结余 　　贷：对附属单位补助支出

二、应用案例示范

【例7-20】某事业单位2×24年10月发生如下经济事项：

(1) 9月1日，计提工资费用1 000 000元，其中业务部门分摊600 000元，行政及后勤部门分配300 000元，经营部门分配100 000元。另有离退休人员工资100 000元。

(2) 使用财政授权支付办公楼电费35 000元，假设均为业务部门使用。

(3) 该单位有一个非独立核算的食堂，用银行存款支付本月燃气费20 000元。

(4) 计提上半年工会经费5 000元并将工会经费转至独立核算的工会；

(5) 因未及时在网上办理增值税税务申报，经税务局核实后被处以1 000元的罚款，经单位领导批准后同意缴纳罚款。

（6）月末，资产管理部门归属于业务部门的固定资产折旧4 000元、无形资产摊销2 000元、本单位控制的公共基础设施折旧6 000元；

（7）按照规定计提本月末的坏账准备5 000元。

（8）结转上述经济业务事项的产生的费用和预算支出。

上述经济业务的账务处理如表7-96所示。

表7-96　　　　　　　　例7-20的账务处理

业务事项	财务会计分录	预算会计分录
计提本月工资	借：业务活动费用　　　600 000 　　单位管理费用　　　300 000 　　经营费用　　　　　100 000 　　贷：应付职工薪酬　　1 000 000	不做账务处理
计提离退休工资	借：单位管理费用　　　100 000 　　贷：应付职工薪酬　　100 000	不做账务处理
支付电费	借：业务活动费用　　　35 000 　　贷：零余额账户用款额度　35 000	借：事业支出　　　　　35 000 　　贷：资金结存——零余额账户 　　　　用款额度　　　35 000
支付燃气费	借：经营费用　　　　　20 000 　　贷：银行存款　　　　20 000	借：经营支出　　　　　20 000 　　贷：资金结存——货币资金 　　　　　　　　　　　20 000
支付工会经费	借：单位管理费用　　　5 000 　　贷：银行存款　　　　5 000	借：事业支出　　　　　5 000 　　贷：资金结存——货币资金 　　　　　　　　　　　5 000
支付罚款	借：其他费用　　　　　5 000 　　贷：银行存款　　　　5 000	借：其他支出　　　　　5 000 　　贷：资金结存——货币资金 　　　　　　　　　　　5 000
计提折旧摊销	借：业务活动费用　　　12 000 　　贷：固定资产折旧　　4 000 　　　　无形资产摊销　　2 000 　　　　公共基础设施折旧　6 000	不做账务处理

续表

业务事项	财务会计分录	预算会计分录
计提坏账准备	借：其他费用　　　　5 000 　贷：坏账准备　　　　　5 000	不做账务处理
月末结转	借：本期盈余　　　　1 182 000 　贷：业务活动费用　　647 000 　　　单位管理费用　　405 000 　　　经营费用　　　　120 000 　　　其他费用　　　　 10 000	借：其他结余　　　　45 000 　贷：事业支出　　　　40 000 　　　其他支出　　　　 5 000 借：经营结余　　　　 2 000 　贷：经营支出　　　　 2 000

三、知识拓展

关于捐赠资产的分配、使用和处置问题

1.单位作为主管部门或上级单位向其附属单位分配受赠的货币资金，应当计入"对附属单位补助费用（支出）"科目；单位按规定向其附属单位以外的其他单位分配受赠的货币资金，应当计入"其他费用（支出）"科目。

2.单位向政府会计主体分配受赠的非现金资产，应当计入"无偿调拨净资产"科目；单位向非政府会计主体分配受赠的非现金资产，应当计入"资产处置费用"科目相关规定处理。

3.单位使用、处置受赠资产，应当按照《政府会计制度》相关规定进行会计处理。处置受赠资产取得的净收入（取得价款扣减支付的相关税费后的金额），按规定上缴财政的，应当通过"应缴财政款"科目核算；按规定纳入本单位预算管理的，应当通过"其他（预算）收入"科目核算。

第五节　净资产业务核算

净资产是财务会计要素，是指政府会计主体资产扣除负债后的净额。净资产包括累计盈余、专用基金、权益法调整、本期盈余、本年盈余分配、无偿调拨净资产、以前年度盈余调整七个科目。

专用基金，权益法调整为事业单位适用的科目，行政单位不适用。

本期盈余、本年盈余分配、无偿调拨净资产、以前年度盈余调整期末余额为零，不在资产负债表内反映。

一、重点解读

第一，专用基金不等同于专用结余。专用基金有三种。

一是年末从本年度非财政拨款结余或经营结余中提取专用基金，提取时账务处理为借记"本年盈余分配"，贷记"专用基金"科目，如职工福利基金。

二是根据相关规定从收入中提取的专用基金，提取时计入费用，提取时账务处理为借记"业务活动费用"，贷记"专用基金"科目，如高校提取的学生奖助学金。

三是根据有关规定设置的其他专用基金，按照实际收到的基金金额，借记"银行存款"等科目，贷记"专用基金"科目。

而专用结余仅指从非财政拨款结余或经营结余中提取专用基金，不包括从收入中提取的专用基金以及根据有关规定设置的基金。

第二，行政事业单位应严格按照期末、年末结转顺序进行账务结转，结转后资产负债表中列示的科目包括：累计盈余、权益法调整、专用基金三个科目，净资产科目结转主要思路如图7-1所示。

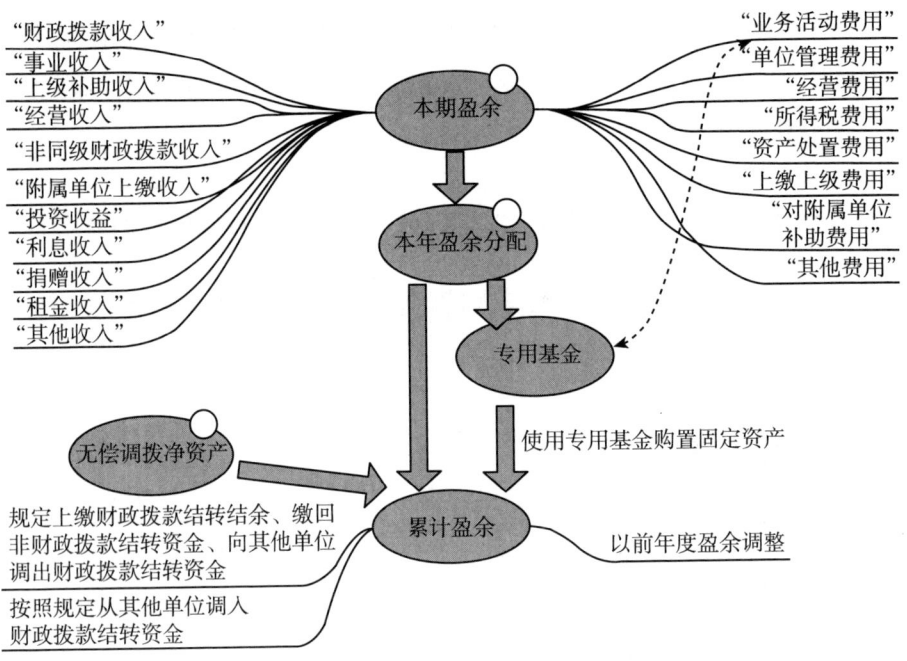

图7-1　净资产科目结转思路

第三，净资产科目的主要账务处理如表7-97至表7-102所示（权益法调整的账务处理翻阅投资类业务"长期股权投资"科目）。

表7-97　"累计盈余"主要账务处理

序号	业务和事项内容	《政府会计制度》账务处理	
		财务会计	预算会计
1	年末，将"本年盈余分配"科目余额转入	借：本年盈余分配 　　贷：累计盈余 　　或做相反会计分录	不做账务处理
2	年末，将"无偿调拨净资产"科目余额转入	借：无偿调拨净资产 　　贷：累计盈余 　　或做相反会计分录	不做账务处理

续表

序号	业务和事项内容	《政府会计制度》账务处理 财务会计	《政府会计制度》账务处理 预算会计
3	按照规定上缴财政拨款结转结余、缴回非财政拨款结转资金、向其他单位调出财政拨款转结资金时	借：累计盈余 　贷：财政应返还额度/零余额账户用款额度/银行存款等	借：财政拨款结转（归集上缴）/财政拨款结余（归集上缴）非/财政拨款结转（缴回资金） 　贷：资金结存（财政应返还额度/零余额账户用款额度/货币资金）
4	按照规定从其他单位调入财政拨款结余资金	借：零余额账户用款额度/银行存款 　贷：累计盈余	借：资金结存 　贷：财政拨款结转——归集调入
5	将"以前年度盈余调整"科目的余额转入	借：以前年度盈余调整 　贷：累计盈余 或相反方向会计分录	不做账务处理

表7-98　"专用基金""专用结余"主要账务处理

序号	业务和事项内容	《政府会计制度》账务处理 财务会计	《政府会计制度》账务处理 预算会计
1	年末，按照规定从本年度非财政拨款结余中提取专用基金的	借：本年盈余分配 　贷：专用基金[按照预算会计下计算的提取金额]	借：非财政拨款结余分配 　贷：专用结余
2	根据规定从收入中提取专用基金并计入费用的	借：业务活动费用等 　贷：专用基金[一般按照预算收入计算提取的金额]	不做账务处理
3	根据有关规定设置的其他专用基金	按照实际收到的基金金额， 借：银行存款等科目 　贷：专用基金-其他专用基金	不做账务处理
4	按照规定使用从收入中提取的专用基金	借：专用基金 　贷：银行存款等 如果购置固定资产、无形资产的： 借：固定资产/无形资产 　贷：银行存款等 借：专用基金 　贷：累计盈余	借：事业支出等 　贷：资金结存

续表

序号	业务和事项内容	《政府会计制度》账务处理	
		财务会计	预算会计
5	按照规定使用从非财政拨款结余或经营结余中提取的专用基金时	借：业务活动费用/单位管理费用等——使用专用基金 贷：银行存款等 如果购置固定资产、无形资产的： 借：固定资产/无形资产 贷：银行存款等 借：专用基金 贷：累计盈余	借：事业支出——使用专用基金 贷：资金结存——货币资金
6	从非财政拨款结余或经营结余中提取的专用基金的期末会计处理	借：专用基金 贷：业务活动费用/单位管理费用等——使用专用基金	借：专用结余 贷：事业支出——使用专用基金

备注：使用从非财政拨款结余或经营结余中提取的专用基金的业务按照《政府会计准则制度解释第5号》进行会计处理。

表7-99　　　　　　　"本年盈余"主要账务处理

序号	业务和事项内容	《政府会计制度》账务处理	
		财务会计	预算会计
1	结转收入	借：财政拨款收入 　　事业收入 　　上级补助收入 　　附属单位上缴收入 　　经营收入 　　非同级财政拨款收入 　　投资收益 　　捐赠收入 　　利息收入 　　租金收入 　　其他收入 贷：本期盈余 投资收益科目为发生额借方净额时，做相反会计分录	不做账务处理

续表

序号	业务和事项内容	《政府会计制度》账务处理	
		财务会计	预算会计
2	结转费用	借：本期盈余 　　贷：业务活动费用 　　　　单位管理费用 　　　　经营费用 　　　　资产处置费用 　　　　上缴上级费用 　　　　对附属单位补助费用 　　　　所得税费用 　　　　其他费用	不做账务处理
3	年末将本期盈余转入本年盈余分配	当本期盈余科目为贷方余额时 借：本期盈余 　　贷：本年盈余分配 当本期盈余科目为借方余额时 借：本年盈余分配 　　贷：本期盈余	不做账务处理

表7-100　"本年盈余分配"主要账务处理

序号	业务和事项内容	《政府会计制度》账务处理	
		财务会计	预算会计
1	年末将本期盈余转入本年盈余分配	当本期盈余科目为贷方余额时 借：本期盈余 　　贷：本年盈余分配 当本期盈余科目为借方余额时 借：本年盈余分配 　　贷：本期盈余	不做账务处理
2	年末，按照有关规定提取专用基金	借：本年盈余分配 　　贷：专用基金	借：非财政拨款结余分配 　　贷：专用结余
3	年末，将本年盈余分配余额转入累计盈余	当本年盈余分配科目为贷方余额 借：本年盈余分配 　　贷：累计盈余 当本年盈余分配科目为借方余额 借：累计盈余 　　贷：本年盈余分配	不做账务处理

表7-101　"以前年度盈余调整"主要账务处理

序号	业务和事项内容	《政府会计制度》账务处理	
		财务会计	预算会计
1	调整以前年度收入	增加以前年度收入时， 借：有关资产或负债科目 　　贷：以前年度盈余调整	按照实际收到的金额 借：资金结存 　　贷：财政拨款结转/财政拨款结余/非财政拨款结转/非财政拨款结余（年初余额调整）
		减少以前年度收入时， 借：以前年度盈余调整 　　贷：有关资产或负债科目	按照实际支付的金额 借：财政拨款结转/财政拨款结余/非财政拨款结转/非财政拨款结余（年初余额调整） 　　贷：资金结存
2	调整以前年度费用	增加以前年度费用时， 借：以前年度盈余调整 　　贷：有关资产或负债科目	按照实际支付的金额 借：财政拨款结转/财政拨款结余/非财政拨款结转/非财政拨款结余（年初余额调整） 　　贷：资金结存
		减少以前年度费用时 借：有关资产或负债科目 　　贷：以前年度盈余调整	按照实际收到的金额 借：资金结存 　　贷：财政拨款结转/财政拨款结余/非财政拨款结转/非财政拨款结余（年初余额调整）
3	盘盈的各种非流动资产，报经批准后处理时	借：待处理财产损溢 　　贷：以前年度盈余调整	不做账务处理
4	将以前年度盈余调整科目余额转入累计盈余	当以前年度盈余调整科目为借方余额 借：累计盈余 　　贷：以前年度盈余调整 当以前年度盈余调整科目为贷方余额 借：以前年度盈余调整 　　贷：累计盈余	不做账务处理

表7-102　　"无偿调拨净资产"主要账务处理

序号	业务和事项内容	《政府会计制度》账务处理	
		财务会计	预算会计
1	取得无偿调入的资产时	借：固定资产等 　贷：无偿调拨净资产 　　　银行存款等（发生的归属于调入方的相关费用）	借：其他支出（发生的归属于调入方的相关费用） 　贷：资金结存等
2	年末将无偿调拨净资产科目余额转入累计盈余	当无偿调拨净资产科目为借方余额 借：累计盈余 　贷：无偿调拨净资产 当无偿调拨净资产科目为贷方余额 借：无偿调拨净资产 　贷：累计盈余	不做账务处理

二、应用案例示范

【例7-21】某事业单位10月末有关收入、费用科目的余额如下：

财政拨款收入50 000元，事业收入300 000元，经营收入100 000元。单位管理费用100 000元，业务活动费用200 000元，经营费用50 000元。无偿调拨净资产10 000元。经过计算应计提其他基金20 000元。做月末结转的财务会计账务处理。

上述业务的账务处理如表7-103所示。

表7-103　　　　　　　　　例7-21的账务处理

业务事项	财务会计分录	预算会计分录
本月收入、费用结转	借：财政拨款收入　　　　50 000 　　事业收入　　　　　　300 000 　　经营收入　　　　　　100 000 　贷：本期盈余　　　　　　　450 000 借：本期盈余　　　　　350 000 　贷：业务活动费用　　　　　200 000 　　　单位管理费用　　　　　100 000 　　　经营费用　　　　　　　50 000	不做账务处理

续表

业务事项	财务会计分录	预算会计分录
结转至"本期盈余分配"	借:本期盈余　　　　　100 000 　贷:本期盈余分配　　　　　100 000	不做账务处理
计提专用基金	借:本期盈余分配　　　　20 000 　贷:专用基金　　　　　　　20 000	不做账务处理
结转至"累计盈余"	借:本期盈余分配　　　　80 000 　贷:累计盈余　　　　　　　80 000 借:无偿调拨净资产　　　10 000 　贷:累计盈余　　　　　　　10 000	不做账务处理

三、知识拓展

事业单位常用的专用基金有:"职工福利基金""住房基金""科技成果转化基金""医疗风险基金""其他专用基金"等。

1.职工福利基金

职工福利基金是指按照非财政拨款结余的一定比例提取以及按照其他规定提取转入,用于单位职工的集体福利设施、集体福利待遇等的资金。

《关于事业单位提取专用基金比例问题的通知》(财教〔2012〕32号)规定,"事业单位职工福利基金的提取比例,在单位年度非财政拨款结余的40%以内确定。国家另有规定的,从其规定。中央级事业单位职工福利基金的提取比例,由主管部门会同财政部在单位年度非财政拨款结余的40%以内核定。国家另有规定的,从其规定。地方事业单位职工福利基金的提取比例,由省级财政部门参照本通知的有关规定,结合本地实际确定。"

2.住房基金

住房基金是指按国家政策法规和财务制度规定,由国家财政和行政事业单位共同筹集，用于行政事业单位住房制度改革和住房建设的专项基金。

3.修购基金

《关于事业单位提取专用基金比例问题的通知》（财教〔2012〕32号）规定，"中央级事业单位修购基金的提取比例，由主管部门根据单位收入状况和核算管理的需要，按照事业收入和经营收入的一定比例核定，报财政部备案。事业收入和经营收入较少的事业单位可以不提取修购基金，实行固定资产折旧的事业单位不提取修购基金。国家另有规定的，从其规定。地方事业单位修购基金的提取比例，由省级财政部门参照本通知的有关规定，结合本地实际确定。"

由于政府会计改革对事业单位的固定资产计提折旧，不再重复提取修购基金，《事业单位财务规则》（财政部令108号）删除了"修购基金"的表述。原来各事业单位提取的修购基金没有使用完毕的仍有余额的，可以按照原来的用途继续使用。

《2025年政府收支分类科目》，也删除了"以及按规定提取的修购基金"等内容。

4.科技成果转化基金

科技成果转化基金是指科学事业单位从事业收入中提取，在事业支出的相关科目中列支，以及在经营收支结余中提取转入，用于科技成果转化的资金。事业收入和经营收支结余较少的单位可以不提取科技成果转化基金。

5.医疗风险基金

医疗风险基金是指医院和基层医疗卫生机构等按国家相关制度规定提

取并列入费用的专门用于支付医疗风险保险或医疗事故赔偿的资金。

6.其他专用基金

其他专用基金是指按照其他有关规定提取或者设置的专用资金。

《事业单位财务规则》第三十五条规定"各项基金的提取比例和管理办法，国家有统一规定的，按照统一规定执行；没有统一规定的，由主管部门会同同级财政部门确定。"

7.注意事项

《事业单位财务规则》第三十四条规定："事业单位应当将专用基金纳入预算管理，结合实际需要按照规定提取，保持合理规模，提高使用效益。专用基金余额较多的，应当降低提取比例或者暂停提取；确需调整用途的，由主管部门会同本级财政部门确定。"这是为了解决部分单位专用基金余额较大的问题，专门明确了可降低提取比例或暂停提取，也可以按程序调整用途。

目前有部分事业单位存在"职工福利基金"余额较大的问题，实务中对于"职工福利基金"要合理估算基金规模，准确判断余额是否适当，当余额过大可以不再计提或者降低比例，同时还要统筹考虑基金使用用途，做好专用基金盘活计划，把"死钱"变成"活钱"，进一步提高资金使用效益。

第六节 预算结余业务核算

预算结余是预算会计要素，是指政府会计主体预算年度内预算收入扣除预算支出后的资金余额，以及历年滚存的资金余额。预算结余包括结余资金和结转资金。结余资金是指年度预算执行终了，预算收入实际完成数扣除预算支出和结转资金后剩余的资金。结转资金是指预算安排项目的支出年终尚未执行完毕或者因故未执行，且下年需要按原用途继续使用的资金。预算结余科目包括资金结存、财政拨款结转、财政拨款结余、非财政拨款结转、非财政拨款结余、专用结余、经营结余、其他结余、非财政拨款结余分配等。

其中专用结余、经营结余和非财政拨款结余分配为事业单位使用的科目。

经营结余、其他结余和非财政拨款结余分配期末结转后一般为零。

一、重点解读

第一，资金结存是反映行政事业单位纳入部门预算管理的资金的流入、流出、调整和滚存等情况。

一般情况下，涉及财务会计资产类科目库存现金、银行存款、其他货币资金、零余额账户用款额度以及财政应返还额度的相关业务均属于资金结存的核算范围。在预算会计实操层面，资金结存与预算收入、预算支出、预算结余存之间的对应关系，使预算会计账户之间进行借贷平衡记账得以实现。

同时，资金结存与预算收入、预算支出类会计科目存在逻辑关系，预算收入发生时，存在纳入预算管理的资金流入，资金结存增加；预算支出发生时，存在纳入预算管理的资金流出，资金结存减少。因此，当期的资金结存发生额为当期预算收入与当期预算支出之差。

当期资金结存发生额=当期预算收入−当期预算支出

当期预算收入与当期预算支出的差额为当期预算收支差额，即当期各项结转结余余额。因此，预算结余的资金结存余额(借方)为财政拨款结转、财政拨款结余、非财政拨款结转、非财政拨款结余以及专用结余余额(贷方)之和。

资金结存=财政拨款结转+财政拨款结余+非财政拨款结转+非财政拨款结余+专用结余

第二，行政事业单位应严格按照期末、年末结转顺序进行预算结余结转。预算结余科目结转主要思路如图7-2所示。

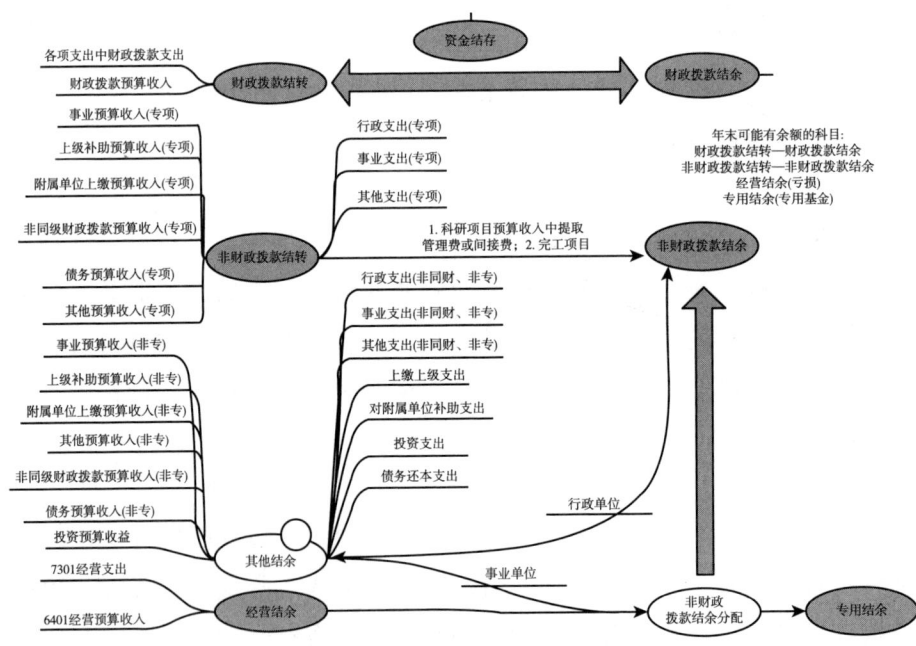

图7-2　预算结余科目结转思路

第三，预算结余科目的主要账务处理如表7-104至表7-111所示。

表7-104　　　　　　　　　　"资金结存"主要账务处理

序号	业务和事项内容		《政府会计制度》账务处理	
			财务会计	预算会计
1	取得预算收入	取得预算收入财政授权支付方式下	借：零余额账户用款额度 　　贷：财政拨款收入	借：资金结存——零余额账户用款额度 　　贷：财政拨款预算收入
		取得预算收入国库集中支付以外的其他支付方式下	借：银行存款 　　贷：财政拨款收入/事业收入/经营收入等	借：资金结存——货币资金 　　贷：财政拨款预算收入/事业预算收入/经营预算收入等
2	从零余额账户提取现金		借：库存现金 　　贷：零余额账户用款额度	借：资金结存——货币资金 　　贷：资金结存——零余额账户用款额度
3	发生预算支出	财政授权支付方式下	借：业务活动费用/单位管理费用/库存物品/固定资产等 　　贷：零余额账户用款额度	借：事业支出/行政支出等 　　贷：资金结存——零余额账户用款额度
		使用以前年度财政直接支付额度	借：业务活动费用/单位管理费用/库存物品/固定资产等 　　贷：财政应返还额度	借：事业支出/行政支出/经营支出等 　　贷：资金结存——财政应返还额度
		国库集中支付以外的其他方式下	借：业务活动费用/单位管理费用/库存物品/固定资产等 　　贷：银行存款/库存现金等	借：事业支出/行政支出等 　　贷：资金结存——货币资金
4	按照规定使用提取的专用基金	一般情况下	借：专用基金 　　贷：银行存款等	使用从非财政拨款结余或经营结余中计提的专用基金 借：专用结余 　　贷：资金结存——货币资金 使用从收入中计提并计入费用的专用基金 借：事业支出/行政支出等 　　贷：资金结存——货币资金
		购买固定资产、无形资产等	借：固定资产/无形资产等 　　贷：银行存款等 借：专用基金 　　贷：累计盈余	

续表

序号	业务和事项内容		《政府会计制度》账务处理	
			财务会计	预算会计
5	预算结转结余调整	按照规定上缴财政拨款结转结余资金或注销财政拨款结转结余额度的	借：累计盈余 贷：财政应返还额度/零余额账户用款额度/银行存款	借：财政拨款结转——归集上缴/财政拨款结余——归集上缴 贷：资金结存——财政应返还额度/零余额账户用款额度/货币资金
		按照规定缴回非财政拨款结转资金的	借：累计盈余 贷：银行存款	借：非财政拨款结转——缴回资金 贷：资金结存——货币资金
		收到调入的财政拨款结转资金的	借：财政应返还额度/零余额账户用款额度/银行存款 贷：累计盈余	借：资金结存——财政应返还额度/零余额账户用款额度/货币资金 贷：财政拨款结转——归集调入
6	因购货退回、发生差错更正等退回国库直接支付、授权支付款项，或者收回货币资金的	属于本年度的	借：财政拨款收入/零余额账户用款额度/银行存款等 贷：业务活动费用/库存物品等	借：财政拨款预算收入/资金结存——零余额账户用款额度/货币资金 贷：事业支出/行政支出等
		属于以前年度的	借：财政应返还额度/零余额账户用款额度/银行存款等 贷：以前年度盈余调整	借：资金结存——财政应返还额度/零余额账户用款额度/货币资金 贷：财政拨款结转/财政拨款结余/非财政拨款结转/非财政拨款结余（年初余额调整）
7	有企业所得税缴纳义务的事业单位实际缴纳企业所得税时		借：其他应交税费——应交所得税 贷：银行存款等	借：非财政拨款结余——累计结余 贷：资金结存——货币资金

续表

序号	业务和事项内容		《政府会计制度》账务处理	
			财务会计	预算会计
8	年末确认未下达的用款额度	财政直接支付	借：财政应返还额度——直接支付 贷：财政拨款收入	借：资金结存——财政应返还额度 贷：财政拨款预算收入
		财政授权支付	借：财政应返还额度——授权支付 贷：财政拨款收入	
9	年末注销零余额账户用款额度		借：财政应返还额度——财政授权支付 贷：零余额账户用款额度	借：资金结存——财政应返还额度 贷：资金结存——零余额账户用款额度
10	下年初，恢复零余额账户用款额度或收到上年末未下达的零余额账户用款额度的		借：零余额账户用款额度 贷：财政应返还额度——财政授权支付	借：资金结存——零余额账户用款额度 贷：资金结存——财政应返还额度

表7-105 "财政拨款结转"主要账务处理

序号	业务和事项内容		《政府会计制度》账务处理	
			财务会计	预算会计
1	因会计差错更正、购货退回、预付款项收回等发生以前年度调整事项	调整增加相关资产	借：零余额账户用款额度/银行存款等 贷：以前年度盈余调整	借：资金结存——零余额账户用款额度/货币资金等 贷：财政拨款结转——年初余额调整
		因会计差错更正调整减少相关资产	借：以前年度盈余调整 贷：零余额账户用款额度/银行存款等	借：财政拨款结转——年初余额调整 贷：资金结存——零余额账户用款额度/货币资金等
2	从其他单位调入财政拨款结转资金，按照实际调增的额度数额或调入的资金数额		借：财政应返款额度/零余额账户用款额度/银行存款 贷：累计盈余	借：资金结存——财政应返还额度/零余额账户用款额度/货币资金 贷：财政拨款结转——归集调入

续表

序号	业务和事项内容		《政府会计制度》账务处理	
			财务会计	预算会计
3	向其他单位调出财政拨款结转资金 按照实际调减的额度数额或调减的资金数额		借：累计盈余 　贷：财政应返还额度/零余额账户用款额度/银行存款	借：财政拨款结转——归集调出 　贷：资金结存——财政应返还额度/零余额账户用款额度/货币资金
4	按照规定上缴财政拨款结转资金或注销财政拨款结转额度		借：累计盈余 　贷：财政应返还额度/零余额账户用款额度/银行存款	借：财政拨款结转——归集上缴 　贷：资金结存——财政应返还额度/零余额账户用款额度/货币资金
5	单位内部调剂财政拨款结余资金，按照调整的金额		不做账务处理	借：财政拨款结余——单位内部调剂 　贷：财政拨款结转——单位内部调剂
6	年末结转	结转财政拨款预算收入	不做账务处理	借：财政拨款预算收入 　贷：财政拨款结转——本年收支结转
		结转财政拨款预算支出	不做账务处理	借：财政拨款结转——本年收支结转 　贷：事业支出/行政支出等[财政拨款支出部分]
7	年末冲销本科目有关明细科目余额		不做账务处理	借：财政拨款结转——年初余额调整[该明细科目为贷方余额时]/归集调入/本年收支结转[该明细科目为贷方余额时] 　贷：财政拨款结转——累计结转 借：财政拨款结转——累计结转 　贷：财政拨款结转——归集上缴/年初余额调整[该明细科目为借方余额时]/归集调出/本年收支结转[该明细科目为借方余额时]
8	按照有关规定将符合财政拨款结余性质的项目余额转入财政拨款结余		不做账务处理	借：财政拨款结转——累计结转 　贷：财政拨款结余——结转转入

表7-106　　　　　　　"财政拨款结余"主要账务处理

序号	业务和事项内容		《政府会计制度》账务处理	
			财务会计	预算会计
1	因购货退回、会计差错更正等发生以前年度调整事项	调整增加相关资产	借：零余额账户用款额度/银行存款等 贷：以前年度盈余调整	借：资金结存——零余额账户用款额度/货币资金等 贷：财政拨款结余——年初余额调整
		因会计差错更正调整减少相关资产	借：以前年度盈余调整 贷：零余额账户用款额度/银行存款等	借：财政拨款结余——年初余额调整 贷：资金结存——零余额账户用款额度/货币资金等
2	按照规定上缴财政拨款结余资金或注销财政拨款结余额度		借：累计盈余 贷：财政应返还额度/零余额账户用款额度/银行存款	借：财政拨款结余——归集上缴 贷：资金结存——财政应返还额度/零余额账户用款额度/货币资金
3	年末，按照有关规定将符合财政拨款结余性质的项目余额转入财政拨款结余		不做账务处理	借：财政拨款结转——累计结转 贷：财政拨款结余——结转转入
4	年末冲销本科目有关明细科目余额		不做账务处理	借：财政拨款结余——年初余额调整[该明细科目为贷方余额时] 贷：财政拨款结余——累计结余 借：财政拨款结余——累计结余 贷：财政拨款结余——年初余额调整[该明细科目为借方余额时] 　　——归集上缴 　　——单位内部调剂 借：财政拨款结余——结转转入 贷：财政拨款结余——累计结余

表7-107　"非财政拨款结转"主要账务处理

序号	业务和事项内容		《政府会计制度》账务处理	
			财务会计	预算会计
1	按照规定从科研项目预算收入中提取项目管理费或间接费		借：单位管理费用 　贷：预提费用——项目间接费用或管理费	借：非财政拨款结转——项目间接费用或管理费 　贷：非财政拨款结余——项目间接费用或管理费
2	因购货退回、会计差错更正等发生以前年度调整事项	调整增加相关资产	借：银行存款等 　贷：以前年度盈余调整	借：资金结存——货币资金 　贷：非财政拨款结转——年初余额调整
		调整减少相关资产	借：以前年度盈余调整 　贷：银行存款等	借：非财政拨款结转——年初余额调整 　贷：资金结存——货币资金
3	按照规定缴回非财政拨款结转资金		借：累计盈余 　贷：银行存款等	借：非财政拨款结转——缴回资金 　贷：资金结存——货币资金
4	年末结转	结转非财政拨款专项收入	不做账务处理	借：事业预算收入/上级补助预算收入/附属单位上缴预算收入/非同级财政拨款预算收入/债务预算收入/其他预算收入 　贷：非财政拨款结转——本年收支结转
		结转非财政拨款专项支出	不做账务处理	借：非财政拨款结转——本年收支结转 　贷：/事业支出/行政支出/其他支出
5	年末冲销本科目相关明细科目余额		不做账务处理	借：非财政拨款结转——年初余额调整（该明细科目为贷方余额时）——本年收支结转（该明细科目为贷方余额时） 　贷：非财政拨款结转——累计结转 借：非财政拨款结转——累计结转 　贷：非财政拨款结转——年初余额调整（该明细科目为借方余额时） 　　——缴回资金 　　——项目间接费用或管理费 　　——本年收支结转（该明细科目为借方余额时）

续表

序号	业务和事项内容	《政府会计制度》账务处理	
		财务会计	预算会计
6	将留归本单位使用的非财政拨款专项剩余资金转入非财政拨款结余	不做账务处理	借：非财政拨款结转——累计结转 贷：非财政拨款结余——结转转入

表7-108　"非财政拨款结余"主要账务处理

序号	业务和事项内容		《政府会计制度》账务处理	
			财务会计	预算会计
1	按照规定从科研项目预算收入中提取项目管理费或间接费		借：单位管理费用 贷：预提费用——项目间接费用或管理费	借：非财政拨款结转——项目间接费用或管理费 贷：非财政拨款结余——项目间接费用或管理费
2	实际缴纳企业所得税		借：其他应交税费——单位应交所得税 贷：银行存款等	借：非财政拨款结余——累计结余 贷：资金结存——货币资金
3	因购货退回、会计差错更正等发生以前年度调整事项	调整增加相关资产	借：银行存款等 贷：以前年度盈余调整	借：资金结存——货币资金 贷：非财政拨款结余——年初余额调整
		调整减少相关资产	借：以前年度盈余调整 贷：银行存款等	借：非财政拨款结余——年初余额调整 贷：资金结存——货币资金
4	将留归本单位使用的非财政拨款专项剩余资金转入非财政拨款结余		不做账务处理	借：非财政拨款结转——累计结转 贷：非财政拨款结余——结转转入

续表

序号	业务和事项内容	《政府会计制度》账务处理	
		财务会计	预算会计
5	年末冲销本科目相关明细科目余额	不做账务处理	借：非财政拨款结余——年初余额调整 ［该明细科目为贷方余额时］ 　　　　——项目间接费用或管理费 　　　　——结转转入 贷：非财政拨款结余——累计结余 借：非财政拨款结余——累计结余 贷：非财政拨款结余——年初余额调整［该明细科目为借方余额时］ 　　　　——缴回资金
6	年末结转	非财政拨款结余分配为贷方余额	不做账务处理	借：非财政拨款结余分配 贷：非财政拨款结余——累计结余
		非财政拨款结余分配为借方余额	不做账务处理	借：非财政拨款结余——累计结余 贷：非财政拨款结余分配

表7-109　　"经营结余"主要账务处理

序号	业务和事项内容	《政府会计制度》账务处理	
		财务会计	预算会计
1	年末经营收支结转	不做账务处理	借：经营预算收入 　贷：经营结余 借：经营结余 　贷：经营支出
2	年末转入结余分配	不做账务处理	借：经营结余 　贷：非财政拨款结余分配 年末结余在借方，则不予结转

表7-110　"其他结余"主要账务处理

序号	业务和事项内容		《政府会计制度》账务处理	
			财务会计	预算会计
1	结转预算收入（除财政拨款收入、非同级财政专项收入、经营收入以外）		不做账务处理	借：事业预算收入/非同级财政拨款预算收入/其他预算收入[非专项资金收入部分] 　　投资预算收益[贷方余额时] 　贷：其他结余 借：其他结余 　贷：投资预算收益[借方余额时]
2	结转预算支出（除同级财政拨款支出、非同级财政专项支出、经营支出以外）		不做账务处理	借：其他结余 　贷：事业支出/行政支出/其他支出[非财政、非专项资金支出部分] 　　上缴上级支出/对附属单位补助支出/投资支出/债务还本支出
3	事业单位年末转入结余分配	其他结余为贷方余额	不做账务处理	借：其他结余 　贷：非财政拨款结余分配
		其他结余为借方余额	不做账务处理	借：非财政拨款结余分配 　贷：其他结余

表7-111　"非财政拨款结余分配"主要账务处理

序号	业务和事项内容		《政府会计制度》账务处理	
			财务会计	预算会计
1	事业单位年末结余转入	其他结余为借方余额时	不做账务处理	借：非财政拨款结余分配 　贷：其他结余
		其他结余为贷方余额时	不做账务处理	借：其他结余 　贷：非财政拨款结余分配
		经营结余为贷方余额时	不做账务处理	借：经营结余 　贷：非财政拨款结余分配
2	计提专用基金	从非财政拨款结余中提取	借：本年盈余分配 　贷：专用基金	借：非财政拨款结余分配 　贷：专用结余
3	事业单位转入非财政拨款结余	非财政拨款结余分配为贷方余额	不做账务处理	借：非财政拨款结余分配 　贷：非财政拨款结余——累计结余
		非财政拨款结余分配为借方余额	不做账务处理	借：非财政拨款结余——累计结余 　贷：非财政拨款结余分配

二、应用案例示范

【例7-22】某事业单位2×24年年末账户余额如下:假定计算计提职工福利基金200 000元。做预算结余的年末结转账务处理。

上述业务的账务处理如表7-112和表7-113所示。

表7-112　　　　　　　　例7-22的账务处理

预算会计科目	借方余额	贷方余额
财政拨款预算收入		1 000 000
事业预算收入——非财政拨款专项收入		2 000 000
上级补助预算收入——专项资金收入		800 000
附属单位上缴预算收入——专项资金收入		700 000
经营预算收入		4 000 000
非同级财政拨款预算收入——专项资金收入		200 000
投资预算收益		300 000
其他预算收入——捐赠预算收入		100 000
——利息预算收入		80 000
——租金预算收入		500 000
——其他预算收入		10 000
事业支出(财政拨款)	900 000	
事业支出(非同级财政拨款)	200 000	
事业支出(非财政拨款专项科研支出)	1 580 000	
经营支出	3 500 000	
上缴上级支出	50 000	
对附属单位补助支出	260 000	
其他支出——相关税费支出	80 000	
非财政拨款结余(所得税费用借方余额)	600 000	
其他支出——其他支出	50 000	

表 7-113

业务事项	财务会计分录	预算会计分录	
年末结转		借：财政拨款预算收入 　　贷：事业支出（财政拨款） 　　　　财政拨款结转——本年收支结转 借：事业预算收入——非财政拨款专项收入 　　非同级财政拨款预算收入——专项资金收入 　　上级补助预算收入——专项资金收入 　　附属单位上缴预算收入——专项资金收入 　　贷：事业支出（非财政拨款专项科研支出） 　　　　事业支出（非同级财政拨款） 　　　　上缴上级支出 　　　　对附属单位补助支出 　　　　非财政拨款结转——本年收支结转 借：经营预算收入 　　贷：经营支出 　　　　经营结余 借：投资预算收益 　　其他预算收入——捐赠预算收入 　　　　　　　　——利息预算收入 　　　　　　　　——租金预算收入 　　　　　　　　——其他预算收入 　　贷：其他支出——相关税费支出 　　　　　　　　——其他支出 　　　　其他结余 借：其他结余 　　经营结余 　　贷：非财政拨款结余分配 借：非财政拨款结余分配 　　贷：专用结余——职工福利基金 借：非财政拨款结余分配 　　贷：非财政拨款结余——累计结余	1 000 000 900 000 100 000 2 000 000 200 000 80 000 70 000 1 580 000 200 000 50 000 260 000 260 000 4 000 000 3 500 000 500 000 300 000 100 000 80 000 500 000 10 000 80 000 50 000 860 000 860 000 500 000 136 000 200 000 200 000 1 160 000 1 160 000

三、知识拓展

（一）会计差错的更正

我们将会计差错分为六类：（1）本报告期发现与本期相关的会计差错；（2）本报告期发现与前期相关的重大会计差错；（3）本报告期发现与前期相关的非重大会计差错；（4）报告日与报告批准报出日之间发现的报告期以前期间的非重大会计差错；（5）报告日与报告批准报出日之间发现的报告期以前期间的重大会计差错；（6）报告日与报告批准报出日之间发现的报告期间的会计差错。

《政府会计准则制度解释第3号》规定，单位应当按规定的结账日进行结账，不得提前或者延迟。年度结账日为公历年度每年的12月31日，即《政府会计准则第7号——会计调整》所称的年度报告日。报告批准报出之日一般为财政部门审核通过后，单位负责人批准报告报出的日期。年度终了结账时，所有总账账户都应当结出全年发生额和年末余额，并将各账户的余额结转到下一会计年度。

当发生以上六类会计差错时，单位不得使用对已记账凭证进行删除、插入或修改的方式对会计差错进行更正。正确的处理方式如下：

（1）本报告期发现与本期相关的会计差错——调整本期报表相关项目（例如，2020年发现2020年当期的错误，调整2020年当期报表相关项目）。

（2）本报告期发现与前期相关的非重大会计差错——累计影响数调整相关项目的本期数。（例如，2020年发现2019年非重大会计差错，视同2020年发现当期的错误，将累计影响数调整2020年的本期数即可）。

（3）本报告期发现与前期相关的重大会计差错和报告日与报告批准报出日之间发现的报告期以前期间的重大会计差错（视同报告期发现）的会计处理原则，在发现差错的期间做账务处理：

①涉及盈余调整的事项，通过"以前年度盈余调整"科目核算。调整增加以前年度收入或调整减少以前年度费用的事项，计入"以前年度盈余调整"科目的贷方；反之，计入"以前年度盈余调整"科目的借方。

②涉及预算收支调整的事项，通过"财政拨款结转""财政拨款结余""非财政拨款结转""非财政拨款结余"等科目下"年初余额调整"明细科目核算。调整增加以前年度预算收入或调整减少以前年度预算支出的事项，计入"年初余额调整"明细科目的贷方；反之，计入"年初余额调整"明细科目的借方。

③不涉及盈余调整或预算收支调整的事项，调整相关科目。影响收入、费用或者预算收支的，应当将会计差错对收入、费用或者预算收支的影响或者累积影响调整报告期期初、期末会计报表相关净资产项目或者预算结转结余项目，并调整其他相关项目的期初、期末数或（和）本年发生数；不影响收入、费用或者预算收支的，应当调整报告期相关项目的期初、期末数。经上述调整后，视同该差错在差错发生的期间已经得到更正。

例如，2020年发现2019年重大会计差错，在2020年做账务处理，或者是2021年1月10日发现2019年重大会计差错也视同于2020年发现，在2021年做账务处理，同时都需要调整2020年相关报表的相关项目的期初、期末数及本年发生数。

（4）报告日与报告批准报出日之间发现的报告期以前期间的非重大会计差错和报告日与报告批准报出日之间发现的报告期间的会计差错的会计处理原则——视同日后事项处理，在发生调整事项的期间调整：

①涉及盈余调整的事项，通过"以前年度盈余调整"科目核算。调整增加以前年度收入或调整减少以前年度费用的事项，计入"以前年度盈余调整"科目的贷方；反之，计入"以前年度盈余调整"科目的借方。

②涉及预算收支调整的事项，通过"财政拨款结转""财政拨款结余""非财政拨款结转""非财政拨款结余"等科目下"年初余额调整"明细科目核算。调整增加以前年度预算收入或调整减少以前年度预算支出的事项，计入"年初余额调整"明细科目的贷方；反之，计入"年初余额调整"明细科目的借方。

③不涉及盈余调整或预算收支调整的事项，调整相关科目。调整会计报表和附注相关项目的金额：（a）报告日编制的会计报表相关项目的期末数或（和）本年发生数。（b）调整事项发生当期编制的会计报表相关项目的期初数或（和）上年数。（c）经过上述调整后，如果涉及报表附注内容的，还应作出相应调整或说明。

例如，2021年1月10日发现2019年非重大会计差错或者2021年1月10日发现2020年重大会计差错，按照日后事项处理，在2021年作出账务处理，同时调整2020年相关报表的期末数和本年发生数，2021年相关报表的期初数和上年数。

（3）和（4）的区别是：（4）按照日后事项处理，不调整报告年度期初数。

第七节　成本核算

成本，是指单位特定的成本核算对象所发生的资源耗费，包括人力资源耗费，房屋及建筑物、设备、材料、产品等有形资产的耗费，知识产权等无形资产的耗费，以及其他耗费。成本核算，是指单位对实现其职能目标过程中实际发生的各种耗费按照确定的成本核算对象和成本项目进行归集、分配，计算确定各成本核算对象的总成本、单位成本等，并向有关使用者提供成本信息的活动。

一、事业单位开展成本核算的需求

单位进行成本核算应当满足内部管理和外部管理的特定成本信息需求。单位的成本信息需求包括但不限于以下方面。

1.成本控制

为满足该需求，单位应当完整、准确核算特定成本核算对象的成本，揭示成本发生和形成过程，以便对影响成本的各种因素、条件施加影响或管控，将实际成本控制在预期目标内。

2.公共服务或产品定价

为满足该需求，单位应当准确核算公共服务或产品的成本，以便为政府定价机构、有关单位制定相关价格或收费标准提供依据和参考。

3.绩效评价

为满足该需求，单位应当设置与成本相关的绩效指标并加以准确核算，以便衡量单位整体和内部组织部门运行效率、核心业务实施效果、政策和项目资金使用效果。

二、成本核算的对象

单位可以多维度、多层次地确定成本核算对象。

1. 单位按照维度确定的成本核算对象主要包括：按业务活动类型确定的成本核算对象；按政策、项目确定的成本核算对象；按提供的公共服务或产品确定的成本核算对象。

2. 单位按照层次确定的成本核算对象主要包括：以单位整体作为成本核算对象；按内部组织部门确定的成本核算对象；按业务团队确定的成本核算对象。

三、成本核算的范围

单位应当根据成本信息需求设置成本项目，并对每个成本核算对象按照其成本项目进行数据归集。不属于成本核算对象的耗费，不计入该成本核算对象的成本。成本核算对象为业务活动类型的，与单位开展业务活动耗费无关的费用，如资产处置费用、上缴上级费用、对附属单位补助费用等，一般不计入成本。成本核算对象为单位整体的，单位负有管理维护职责但并非为满足其自身开展业务活动需要所控制资产的折旧（摊销）费用，如公共基础设施折旧（摊销）费、保障性住房折旧费等，一般不计入成本。

四、成本的归集和分配

单位一般通过"业务活动费用""单位管理费用"等会计科目，按照成本项目归集实际发生的各种费用，据此计算确定各成本核算对象的成本。当成本核算对象为自制或委托外单位加工的各种物品、建设工程项目、自行研究开发项目时，应当按照政府会计准则制度等规定分别通过"加工物品""在建工程""研发支出"等会计科目，按照成本项目归集并结转实际发生的各种费用。

1.单位应当根据成本信息需求，对具体的成本核算对象分别选择完全成本法或制造成本法进行成本核算。

2.单位所发生的费用，按照计入成本核算对象的方式不同，分为直接费用和间接费用。

3.单位应当根据业务特点，按照资源耗费方式确定合理的间接费用分配标准或方法。

间接费用分配标准或方法一般遵循因果关系和受益原则，将资源耗费根据资源耗费动因分项目追溯或分配至相关的成本核算对象，如根据工作量占比、耗用资源占比、收入占比等。

4.单位内直接开展专业业务活动的业务部门所发生的业务活动费用，如直接开展专业业务活动人员的工资福利费用、开展专业业务活动领用的库存物品成本、业务部门所使用资产的折旧（摊销）费用等，应当区分直接费用和间接费用，归集、分配计入各类业务活动等成本核算对象。

单位内为业务部门提供服务或产品的辅助部门所发生的业务活动费用，应当采用合理的标准或方法分配计入各类业务活动等成本核算对象。

单位本级行政及后勤管理部门开展管理活动发生的单位管理费用，如单位行政及后勤管理部门发生的人员经费、公用经费、资产折旧（摊销）等费用，以及由单位统一负担的费用，可以根据成本信息需求，采用合理的标准或方法分配计入相关成本核算对象。

本章小结

政府会计制度内容丰富，"双分录"核算难度较大，所有业务在进行财务会计核算时是否进行预算会计核算是学习的关键，在实务中要把握"当期""纳入部门预算""现金收支"这三个关键点进行学习。由于本书定位为"入门"读本，只是对制度进行了简单的梳理，没有对难点业务进行深入讲解，也没有对相关的报表进行分析和解读。如需熟练掌握各类业务的会计核算，还需要认真研读准则制度，结合财政部会计司出台的"应用案例""实施问答"等内容理论联系实际学习政府会计制度。

第八章 部门决算

本章导读

部门决算是预算的重要组成部分,是预算执行工作的总结、检验和评价,也是做好以后年度部门预算编制和执行工作的重要基础和抓手。部门决算的编制基础是政府会计制度中预算会计核算的结果。本章对部门决算的概念、编制及分析利用的阐述,希望对行政事业单位会计人员提高综合能力有一定的作用。

第一节 部门决算的概念

对广大行政事业单位会计人员来说,会计年度终了的部门决算由于其编制时工作量大、数据之间关联多、基础资料多、上报时间紧,上报时间与单位年终考核、春节假期交织,成为广大会计人员工作的难点、痛点。

一、制度速览

部门决算法律层面的制度主要是《预算法》。《预算法》第八章对决算进行了详细的规定:"决算草案由各级政府、各部门、各单位,在每一预算年度终了后按照国务院规定的时间编制。"其他内容主要包括:决算草案应当与预算相对应,按预算数、调整预算数、决算数分别列出。一般公共预算支出应当按其功能分类编列到项,按其经济性质分类编列到款。各级政府财政部门编制本级决算草案，经本级政府审计部门审计后，报本级政府审定，由本级政府提请本级人民代表大会常务委员会审查和批准。决算经批准后，财政部门应当在20日内向本级各部门批复决算，各部门应当在接到本级政府财政部门批复的本部门决算后15日内向所属单位批复决算。

根据财政部《部门决算管理办法》（财库〔2021〕36号），部门决算是指各部门依据国家有关法律法规规定及其履行职能情况编制，反映部门所有预算收支和结余执行结果及绩效等情况的综合性年度报告，是改进部门预算执行以及编制后续年度部门预算的参考和依据。部门决算由部门及其所属单位决算组成，部门决算包括决算报表和其他应当在决算报告中反映的相关信息和资料。部门决算报告体系包括决算报表、报表说明和决算分析等。决算报表包括报表封面、主表、附表等，反映部门和单位收支预算执行结果以及与预算管理相关的机构人员、存量资产等信息。报表说明包括报表编制基本情况、数据审核情况，以及需要说明的重要事项等，主要反映决算报表编制的相关情况。决算分析包括收支预算执行、机构人员、预算绩效等情况分析，以及决算管理工作开展情况，主要反映部门预决算管理及预算执行情况。

本次修改对决算公开进行了详细规定，主要涉及如下方面：各部门、各单位是决算公开的主体。除涉及国家秘密的内容外，各部门、各单位应当按照有关规定，向社会公开经批复的决算。各部门应当自本级政府财政部门批复决算后20日内向社会公开决算。各单位应当自部门批复本单位决算后20日内向社会公开决算。各部门、各单位应当以本部门、本单位门户网站为主要平台公开决算，并保持长期公开状态。未设置门户网站的，通过本级政府门户网站、上级部门门户网站公开决算，或通过政府公报、报刊、广播、电视等公开决算。各部门应当制订有关工作规范和工作方案，明确单位决算公开的时间、内容、方式、程序等，指导单位妥善处理涉密信息。

在此基础上，每年度发布的部门决算通知会根据当年部门预算和财政管理改革不断地进步完善。如2023年，部门决算编制时开始要求与《预算管理一体化规范（2.0版）》相对应，同时与《事业单位财务规则》《政府会计准则制度解释第5号》规定相结合，将"使用非财政拨款结余"名称修改为"使用非财政拨款结余和专用结余"，与最新的制度改革相配套。同时根据预算管理一体化系统（以下简称"一体化系统"）建设运行安排，财政部正式启用一体化系统部门决算模块开展2023年度部门决算数据的收集和处理工作。要求省级财政部门实现部门决算功能上线运行，在一体化系统开展决算编报工作，并加强数据报送管理，确保规范完整、准确及时。

二、部门决算工作的主要内容

部门决算报表体系主要由四部分组成，具体包括：基础数据表、填报说明、分析表和分析报告。

基础数据表主要反映部门收支预算执行结果、人员、政府采购、资产配置等信息。根据政府综合财务报告改革方案、资产负债等信息在政府综合财务报告中反映，不再纳入部门决算的范围。

填报说明是对基础数据表编报相关情况的说明，具体内容包括：决算信息来源说明、部门基本情况、基础数据核对情况、数据审核情况、年度主要收支指标增减变动情况以及因重大事项或特殊事项影响决算数据的情况说明等。在系统中设置了报表说明附表（年初结转和结余调整表、非财政拨款结余和专用结余年初年末变动情况表、主要指标变动情况表、其他收入明细情况表）等表格。

分析表通过设定的表样和自动提数功能，对部门决算重要指标进行分析比较，分析评价表包括部门决算分析表和部门决算量化评价表两个部分共14张表。其中，部门决算分析表包括收入支出预算执行分析、收入支出结余上下年度对比分析、人均指标分析、机构人员分析等四个方面共13张表；部门决算量化评价表为1张。通过加强对部门决算数据分析，了解和检查部门和单位预算执行、财务管理和会计核算情况，掌握各地区、各部门支出效益和存在问题，不断改进和加强财政财务管理，实现财政财务工作的精细化管理，发挥部门决算在财政财务管理中的作用。

分析报告根据分析表中反映的问题和收支增减变动情况进行分析，重点分析部门预算执行情况、年末结转结余情况、与预算支出相关的其他指标分析、绩效目标完成情况、当年预算执行及绩效管理中存在的问题、原因及改进措施以及单位财务工作开展情况等。

在保持部门决算报表体系连续性和可比性的前提下，财政部每年根据财政财务管理要求，在上述条款规定的框架内进行适当调整。

在上述内容的基础上，各级财政部门会根据管理要求在编制时增加相应的内容，常见的主要内容包括：预算执行情况、三公经费情况、银行账户情况、辅助说明表、年初余额核对表等辅助信息，便于财政日常管理需要。

相比而言，部门预算作为部门年度收支"计划"，在执行过程中通常会有一些调整和变化，部门决算则是部门预算执行结果最终的反映，是各部门年度收支的真实账本。部门决算既反映了各部门对国家重大方针政策的贯彻落实情况，也反映了各部门所承担社会事业的发展状况，与社会公众利益、民生工程息息相关。

从财政财务管理链条看，部门决算在部门"预算编制、预算执行、会计核算、决算报告"管理链条中处于重要的收官环节，既是对部门上一年度预算编制、预算执行工作的总结、检验和评价，也是做好以后年度部门预算编制和执行工作的重要基础和抓手。建立部门决算管理制度，收集汇总行政事业单位财务收支、资金来源与运用、资产与负债、机构和人员以及工资等方面的基本数据，全面、真实反映行政事业单位财务状况和预算执行结果，满足国家财政财务会计监管、各项资金管理以及宏观经济决策等信息需要。

第二节　部门决算的编制

一、部门决算的组织

部门决算工作按照"科学、规范、统一、高效"的原则，由财政部实施统一管理，各地区、各部门依据预算管理关系或财务管理关系分别组织实施。主要的工作任务一般包括如下三个方面。

（一）报表的设计

财政部在上年度部门决算报表基础上，根据预算、财务、会计、资产、机构编制等相关政策变动情况，结合有关方面反馈的意见和建议，集中研究设计年度部门决算报表，完善部门决算软件功能。

（二）工作的布置

部门决算一般于每年的10—11月由财政部召开部门决算编制工作会

议，参与人员主要包括省级财政部门；中央预算单位单独召开决算编制工作会议；省级财政部门根据财政部要求和省级财政管理情况，在12月中上旬左右召开省级单位部门决算编制工作会议，省级以下单位依次按照时间部署部门决算工作。如2023年部门决算，财政部于2023年12月12日印发《财政部关于2023年度部门决算工作的通知》（财库〔2023〕42号），部署部门决算工作，同时在财政部网站发布部门决算样表。2024年发布的时间则为2024年12月13日，时间基本相对固定。

（三）部门决算软件

部门决算软件由全国采用统一的标准，一般于每年的12月底在财政部网站发布并提供免费下载，部门决算软件不能单独使用，还需要安装配套的任务参数，一般同时随软件发布；自2023年开始，随着预算一体化推进，部门决算工作在一体化系统中填报，不再单独发布部门决算编制软件。实务中，一般省级部门会在财政部发布的样表基础上，自行制定发布省级部门决算审核参数和审核模板，并随时在一体化系统中更新部门决算参数，在决算编制时应根据单位预算关系的不同，选择本级财政部门要求使用的样表和审核参数编制部门决算。

二、部门决算的编制

（一）部门决算的编制工作为什么难

部门决算的编制可以说是行政事业单位所有会计工作任务中最难的工作任务之一，主要包括如下几个原因：

一是部门决算编制时间段集中在每年度1月上旬，越基层的单位，由于面临的汇总层级较多，要求的时间比较严格。如县级财政部门所属的基层预算单位，需要按时间编制完成部门决算，县级财政部门汇总完成后上报地市财政部门审核，地市财政部门在汇总县级财政部门决算和市本级预算单位的基础上，按规定时间上报至省级财政部门，省级财政部门在汇总地市和省级预算单位的基础上，按规定时间上报至财政部，而一般财政部要求的上报时间为每年的4月底或5月初（2024年中央预算单位上报时间为2025年3月20日前，省级财政部门为4月30日前），对县级层面的基层预算单位而言，需要在1月中下旬即完成部门决算的编制工作。

二是部门决算上报的时间一般临近春节，会计人员需要面临年终的各类考核和春节假期，工作上难以投入更多的精力，在数据的整理、搜集上的困难较多。同时还需要完成下年度部门预算的编制、调整及上报工作，决算、预算、绩效评价与春节假期交织，无形中增加了会计人员工作的难度。

三是部门决算编制时需要完成当年度账务处理，而行政事业单位一般很难在12月31日前完成年度账务处理工作，难以结账的原因主要包括两个方面：一是单位的银行对账、债权债务的处理、资产清查对账、资产折旧等各方面工作的完成需要一定的时间；二是财政部门年度对账单一般不能在12月31日前完成，单位在未取得最终对账单之前，无法对收入、支出、结转结余的数据、功能分类等方面的信息进行确认。

四是部门决算填报工作量较大，一方面涉及的表格较多，且表与表之间的勾稽关系复杂，填报顺序和要求较高；另一方面填报时除了日常核算数据外，还涉及单位部门预算、资产管理、人员管理、非税收入管理、政府采购、国库集中支付等多方面数据，需要多部门协同才能完成决算填报工作。

五是部门决算是预算执行情况的反映，单位在执行预算过程中的错误,在日常会计核算时难以及时发现,往往在部门决算填报时才被发现,如"三公"经费的超预算执行、绩效工资总量控制、专项资金结转结余等,导致填报时还需要根据部门决算的要求调整会计核算的账务处理,在审核中发现的问题,还需要及时调整账务。

以上诸多方面的原因导致部门决算工作成为行政事业单位会计人员中最难的工作任务之一。

(二)部门决算编制工作流程及注意事项

作者根据多年的部门决算实务工作经验,将部门决算编制工作中的工作流程及注意事项总结如下:

第一,按时参加财政部门或本单位主管部门组织的部门决算培训会议,注意部门决算编制的年度主要变化。第一次负责部门决算的会计人员,应在培训之前提前研究上一年度的部门决算报表,熟悉报表之间的架构和逻辑关系,时间允许的话,提前熟悉一体化系统中部门决算模块操作相关工作,这样才能在部门决算培训时较快地掌握基本工作。

第二,在每年12月31日之前,应根据部门决算编制的要求,提前准备相关的数据,主要包括如下方面:一是准备本年度财政部门批复的部门预算。近年来,随着信息化系统的建设,部门预算一般通过信息化系统的方式予以批复,部分会计核算基础较差的单位,甚至存在部门预算不打印存档的现象。二是尽快核对国库集中支付系统数据,与财政部门批复的部门预算、当年收到的预算文件、政府采购数据进行核对,尽快完成国库集中支付预算支付进度和任务。三是在单位内部安排布置相关工作,结合财政部门培训时提供的报表数据,无法全部由会计核算系统或者财务部门填报的数据，尽快安排部署相关部门填报，主要包括出国（境）数据、人员状况、资产状况、非税收入、政府采购等情况，实务中建议直接将部门决算报表涉及相关数据的表格下发至相关各单位内部的各部门，由各部门完成填报。在实务中，还应该结合其他工作任务，如内控报告的编制，财务报告、资产报告的编制等其他统一填报的财务数据，在单位内部统一安排布置相关工作。四是核对非税收入上缴情况，如上缴后未返还的，及时办理返还手续，确保当年形成收入。

第三，每年12月31日后，主要工作任务包括如下方面：一是尽快完成年度账务处理任务，按政府会计准则制度的要求进行年终账务处理；二是对当年国库集中支付系统数据进行分析，核对相关的功能分类、经济分类科目执行情况，及时与财政部门或主管部门联系，核对财政拨款对账单，特别是功能分类科目；三是及时整理单位内部各部门上报的基础数据。上述工作一般应在下年的1月10日左右完成。

第四，编制部门决算报表。在完成上述工作任务后，按照进度在一体化系统中填报决算报表，2024年部门决算报表主要包括如下方面（以2024年为例，以后年度可能会因财务规则、政府会计准则制度、预算一体化规范等政策的修订有所调整），如表8-1所示。

表8-1　　　　　　　　2024年部门决算报表目录

编号	名称	主要内容	填报难点及注意事项
财决01表	收入支出决算总表	本年度的预、决算收支和年末结转结余情况	年初预算及调整预算数需要与部门预算批复数据核对
财决01-1表	财政拨款收入支出决算总表	本年度的财政拨款预、决算收支和年末结转结余情况	核算年初预算及调整预算的财政拨款部分

续表

编号	名称	主要内容	填报难点及注意事项
财决01-2表	非财政拨款收入支出决算总表	本年度的非财政拨款预、决算收支和年末结转结余情况。非财政拨款包括上级补助收入、事业收入、经营收入、附属单位上缴收入和其他收入。	2024年新增表格；与财决01-1表填报方式相同
财决02表	收入支出决算表	本年度收入、支出、结转和结余及结余分配等情况	与上年数据的核对及结余分配账务处理的合规性
财决02-1表	基本支出分项目收入支出决算表	本年度基本支出资金收入、支出和结转情况	2024年新增表格
财决02-2表	项目支出分项目收入支出决算表	本年度项目资金收入、支出、结转和结余情况	2024年新增表格（调整表的顺序）
财决03表	收入决算表	本年度依法取得的纳入部门预算管理的各项资金	各类收入的功能分类以及其他收入的明细填报
财决04表	支出决算表	本年度为保障机构正常运转、开展业务及其他活动所发生的各项支出情况	全口径支出情况
财决04-1表	支出预算决算表	本年度支出预算和决算情况，由中央单位填报。	2024年新增表格；请注意填报要求
财决05表	支出决算明细表（自动生成）	本年度基本支出、项目支出和经营支出的明细情况	
财决05-1表	基本支出决算明细表	本年度基本支出的明细情况	明细表中每一项支出需要与经费支出核对，特别是三公经费等科目
财决05-2表	项目支出决算明细表	本表反映单位本年度项目支出的明细情况，根据单位项目支出明细账发生数，按支出功能分类科目分"类""款""项"并分项目逐一填列。	如何确定单位的项目支出，特别是支出时没有区分项目支出的单位，需要将支出再分至各项目

续表

编号	名称	主要内容	填报难点及注意事项
财决06表	财政拨款收入支出决算表	本年度的财政拨款收入、支出和年末结转结余情况。财政拨款包括一般公共预算财政拨款、政府性基金预算财政拨款和国有资本经营预算财政拨款。	自动提取
财决07表	一般公共预算财政拨款收入支出决算表	本表反映单位本年度从本级财政部门取得一般公共预算财政拨款的收入、支出、结转和结余等情况，按支出功能分类科目分"类""款""项"分析填列。	财政拨款口径的收支、结转和结余情况，难点在与上年数据核对、与预算一体化系统核对
财决08表	一般公共预算财政拨款支出决算明细表（自动生成）	本表反映单位从同级财政部门取得的一般公共预算财政拨款本年度列支的基本支出和项目支出的明细情况。	
财决08-1表	一般公共预算财政拨款基本支出决算明细表	本表反映单位从本级财政部门取得的一般公共预算财政拨款本年度列支的基本支出明细情况。根据单位基本支出明细账中一般公共预算财政拨款支出的发生数，按支出功能分类科目分"类""款""项"填列。	财政拨款基本支出情况，填报时应注意参考预算编制数据，特别是涉及三公经费、会议费、培训费等方面
财决08-2表	一般公共预算财政拨款项目支出决算明细表	本表反映单位从本级财政部门取得的一般公共预算财政拨款本年度列支的项目支出明细情况，按支出功能分类科目分"类""款""项"并分项目填列。	按照部门预算和追加预算中的项目分析填报
财决09表	政府性基金预算财政拨款收入支出决算表	本表反映单位本年度从本级财政部门取得纳入预算管理的政府性基金预算财政拨款的收入、支出、结转和结余等情况，按支出功能分类目分"类""款""项"并分项目填列。	政府性基金收支情况，填报时应根据预算功能分类科目填报；难点在于单位核算时是否与财政拨款收支区分

续表

编号	名称	主要内容	填报难点及注意事项
财决10表	政府性基金预算财政拨款支出决算明细表（自动生成）	本表反映单位从本级财政部门取得的政府性基金预算财政拨款本年度列支的基本支出和项目支出的明细情况。本表为自动生成表，各项数据从"政府性基金预算财政拨款基本支出决算明细表"	
财决10-1表	政府性基金预算财政拨款基本支出决算明细表	本表反映单位从本级财政部门取得的政府性基金预算财政拨款本年度列支的基本支出明细情况。根据单位基本支出明细账中政府性基金预算财政拨款支出的发生数，按支出功能分类科目分"类""款""项"填列。	
财决10-2表	政府性基金预算财政拨款项目支出决算明细表	本表反映单位从本级财政部门取得的政府性基金预算财政拨款本年度列支的项目支出明细情况，根据单位项目支出明细账中政府性基金预算财政拨款支出数，按支出功能分类科目分"类""款""项"并分项目填列。	
财决11表	国有资本经营预算财政拨款收入支出决算表	本表反映单位本年度从同级财政部门取得国有资本经预算财政拨款的收入、支出、结转和结余等情况，按支出功能分类科目分"类""款""项"填列。	
财决12表	国有资本经营预算财政拨款支出决算明细表	本表反映单位从同级部门取得国有资本经营预算财政拨款本年度支出明细情况，按支出功能分类科目分"类""款""项"并分项目填列。	

续表

编号	名称	主要内容	填报难点及注意事项
财决13表	非财政拨款收入支出决算表	本年度非财政拨款收入、支出、结转和结余及结余分配等情况。根据单位相关总账、明细账的发生数，按支出功能分类科目分"类""款""项"分析填列	2024年新增表格
财决14表	非财政拨款支出决算明细表	本年度使用非财政拨款列支的基本支出、项目支出、经营支出、上缴上级支出、对附属单位补助支出等的明细情况。	2024年新增表格
财决14-1表	非财政拨款基本支出决算明细表	本年度使用非财政拨款列支的基本支出明细情况。根据单位相关基本支出明细账的发生数，按支出功能分类科目分"类""款""项"填列	2024年新增表格
财决14-2表	非财政拨款项目支出决算明细表	本年度使用非财政拨款列支的项目支出明细情况，根据单位相关项目支出明细账发生数，按支出功能分类科目分"类""款""项"并分项目逐一填列	2024年新增表格
财决14-3表	经营支出等支出决算明细表	本年度经营支出、上缴上级支出、对附属单位补助支出等的明细情况。根据单位相关经营支出、上缴上级支出、对附属单位补助支出等明细账的发生数，按支出功能分类科目分"类""款""项"填列	2024年新增表格
财决附01表	年末在职实有人员表	本表反映单位年末在职实有人员相关情况，按支出功能分类科目分"类""款""项"进行填列	2024年新增表格
财决附02表	预算支出相关信息表	本表反映与单位预算支出相关资产信息、预算会计补充信息、机构人员补充信息和非税收入征缴信息	单位的部分资产数量和金额，重点是车辆情况以及年末结转结余情况；同时要关注资金结存与预算结转结余的关系

续表

编号	名称	主要内容	填报难点及注意事项
财决附02表	基本数字表	本表反映单位年末机构、人员相关情况，按支出功能分类科目分"类""款""项"进行填列。	单位的编制及人员情况
财决附03表	机构运行信息表	本表反映单位"三公"经费、机关运行经费、公务用车以及政府采购支出等情况。	本表是部门决算公开时社会关注的焦点，包括三公经费、机关运行经费、公车、政府采购等情况

在表8-1的基础上，还存在如下报表内容：填报说明附表，主要包括年初结转结余调整情况表、主要指标变动情况表、其他收入明细情况表等内容。

2024部门决算时，根据《事业单位财务规则》及《政府会计准则制度解释第5号》的规定，将"使用非财政拨款结余"改为"使用非财政拨款结余和专用结余"，事业单位应当依据本单位预算会计账"非财政拨款结余"和"专用结余"有关明细信息分析填列。

第五，部门决算报表填报说明。部门决算除按规定填报整套报表外，还需要按规定完成决算报表填报说明，格式如下：

部门决算报表填报说明（以2024年为例）
（基层单位编写格式）

一、决算信息来源说明

本套决算依据本单位登记完整、核对无误的账簿记录和其他有关会计核算资料编制，账证相符、账实相符、账表相符、表表相符，真实、准确、完整地反映了本单位预算执行结果和财务状况。

（一）本套决算主表数据主要依据本单位会计账簿总账及明细账数据填列，预算数据依据本单位预、决算批复文件及预算调整文件填列。

（二）本套决算附表数据主要依据本单位会计账簿、资产、人事台账及相关资料填列。

二、决算编制基本情况

本单位为（填列一级预算单位名称）所属_____级（按封面"单位预算级次"填列）预算单位，单位类型为_____单位（按封面"单位类型"填列），决算编报类型为_____（按封面"报表小类"填列），按照_____会计制度填报决算数据（按封面"执行会计制度"填列）。

纳入本套决算编制范围的独立核算单位共_____个，比上年增减_____个，分别是_____（如有，可附表反映本套决算包含编制单位清单，包括单位名称和性质）。

三、基础数据核对情况

（一）财政资金对账情况

1. 财政拨款核对情况

（1）单位本年度实际收到的一般公共预算财政拨款收入_____万元，财政部门拨款对账单_____万元，差额_____万元。对差额原因进行说明。

（2）单位本年度政府性基金预算财政拨款收入_____万元，财政部门拨款对账单_____万元，差额_____万元。对差额原因进行说明。

（3）单位本年度国有资本经营预算财政拨款收入_____万元，财政部门拨款对账单_____万元，差额_____万元。对差额原因进行说明。

2. 其他需要说明的情况

（二）与上年指标核对情况

1. 全口径、一般公共预算财政拨款和政府性基金预算财政拨款的结转和结余资金本年年初数与上年年末数不一致的情况说明，包括会计差错更正、收回以前年度支出、归集调入、归集调出、归集上缴和缴回资金及单位内部调剂等情况（见附表1-1）。按照法定会计政策变更追溯调整形成的差异，在"其他"栏目填列并在备注予以说明。非财政拨款结余和专用结余本年年初数与上年年末数不一致的情况说明（见附表1-2）。

2. 主要指标上下年变动幅度超过10%，其中机构人员指标上下年有变动的，应具体核实并说明原因（见附表2）。

四、报表审核情况

1. 审核公式

审核公式共提示×××条。其中：

（1）表间公式共×××条。

A-×××公式，提示内容××××，保留原因是××××。

……以下逐条列举。

（2）表内公式共×××条。

A×××公式，提示内容××××，保留原因是××××。

……以下逐条列举。

2. 审核模板

SH-×××，提示内容××××，主要情况是××××。

……以下逐模板列举。

单位需按审核模板逐一进行说明。

五、决算数据其他需要说明的情况

1."收入决算表"中其他收入的具体构成情况，说明单位从同级财政以外的同级政府部门取得的横向转拨财政款、从上级或下级政府（包括政府财政和政府部门）取得的各类财政款，纳入单位预算管理的投资收益、利息收入、捐赠收入、事业单位固定资产出租收入等情况（见附表3）。

2.年末结转结余扣除经营亏损后如为负数，按资金性质分别说明情况。

3."项目支出决算明细表"中列支"工资福利支出"和"对个人和家庭的补助"的依据及说明。

4."三公"经费统计数的特殊情况说明。

5.行政单位、参照公务员法管理的事业单位机关运行经费支出情况，以及与上年数对比变动原因说明。

6. 政府采购支出情况，包括采购类型、采购规模和授予中小企业合同金额等。

7. "收入支出决算总表"中如全年预算数大于年初预算数，说明单位财政拨款预算和非财政拨款预算调整情况以及经审批或备案的文件依据。

8. 中央单位财政拨款结转和结余情况（见附表4）。

9. 其他需要说明的问题。如中央单位驻外机构有关情况（见附表5、附表6）。

同时填报下列附表：

附表1-1：年初结转和结余调整情况表

附表1-2：非财政拨款结余和专用结余年初年末变动情况表

附表2：主要指标变动情况表

附表3：其他收入明细情况表

附表4：中央单位财政拨款结转和结余情况表

附表5：中央单位驻外机构情况表

附表6：中央单位驻外机构人员基本数字表

附表7：住房公积金业务收支情况表（仅由住房公积金管理中心填报）

第六，部门决算分析报告撰写提纲

部门决算分析报告撰写提纲（以2024年为例）
（基层单位版）

一、单位情况

（一）基本情况

1. 主要职能

2. 机构情况（包括当年变动情况及原因）

3. 人员情况（包括当年变动情况及原因）

（二）当年取得的主要事业成效

概述单位工作开展情况及主要事业成效。

二、收入支出预算执行情况分析

（一）收入支出预算安排情况

包括单位收入、支出年初预算安排情况，与上年对比情况及增减变动原因（可用柱形图或折线图）。

（二）收入支出预算执行情况

当年收入支出预算执行基本情况，与上年度对比情况，包括增减绝对值与幅度，增减变动主要原因（可用柱形图或折线图）。

1. 收入支出与预算对比分析

（1）预、决算差异情况，可分收入资金性质、支出功能科目、分单位、分收入支出具体项目选项对比(可列表)。

(2)差异原因分析。差异较大的应分析到具体收入支出功能科目和具体单位。

2. 收入支出结构分析

(1)各项收入占总收入的比重,各项支出占总支出的比重(可分别制作饼状图)。

(2)收入支出与上年度对比情况及原因分析(可用柱形图或折线图)。

3. 支出按经济分类科目分析

(1)"三公"经费支出情况:可进行上下年对比、预决算对比。分析"三公"经费实物量情况。例如,公务用车购置及保有量、因公出国(境)团组数及人数和公务接待批次及人数等情况与分析。

(2)会议费支出情况:可进行上下年对比,人均支出情况分析(可做表、柱图、折线图)。

(3)培训费支出情况:可进行上下年对比,人均支出情况分析(可做表、柱图、折线图)。

(4)差旅费支出情况:可进行上下年对比,人均支出情况分析(可做表、柱图、折线图)。

(5)其他对单位影响较大的支出情况。重点分析上下年变动较大或占本年支出比重较大的经济分类科目。

（6）重点经济分类支出中存在的问题及改进措施。

4.支出按功能分类科目分析

根据支出的重点功能分类科目进行分析，可以按各功能分类科目的支出占总支出的比重，分析不同功能领域资金分配情况。按照同一功能分类科目上下年支出变动情况，分析其变动原因及增减变化趋势，评估重点业务开展情况及稳定性。

5.财政拨款收入、支出分析

根据报表项目分析财政拨款收入、支出情况，包括分三本预算、预算级次、支出性质、功能分类等方面分析，以及结构性分析、上下年对比分析等。

6.非财政拨款收入、支出分析

根据报表项目分析非财政拨款收入、支出情况，包括资金来源、单位性质、预算级次、支出性质、功能分类等方面分析，以及结构性分析、上下年对比分析等。

（三）年末结转和结余情况

1.财政拨款结转和结余

（1）根据部门决算主表报表项目中财政拨款结转结余分析总体情况以及上下年对比情况。按照资金来源、资金性质和功能分类分析，分别分析基本支出、项目支出结转和结余情况。

（2）消化结转和结余的对策。

2.非财政拨款结转和结余

（1）根据部门决算主表非财政拨款"年末结转和结余"分析总体情况以及上下年对比情况。按照资金来源、资金性质，分别分析非财政拨款基本支出、项目支出结转和结余情况（经营亏损情况需单独说明）。对重大项目或重点项目按照使用情况、执行进度进行单独分析。也可按照项目的性质、领域或用途进行分类分析，比较不同类别项目的结转结余情况。

（2）根据部门决算附表中非财政拨款结转和结余滚存情况，按照非财政拨款资金规模、结构、结存状态、相比上年变动（增长超过10%的着重分析）及沉淀原因进行分析。

（3）消化非财政拨款结转和结余的对策，加强与财政拨款统筹使用，合理安排支出提出处置意见。

（四）与预算支出相关的其他指标分析

对资产信息、机构人员信息和非税收入征缴信息进行分析，主要分析与上年度对比情况，与本年度预算管理及财务管理对应情况及主要原因等。

（五）绩效目标完成情况

1.概述项目绩效目标完成情况

2.概述本单位整体支出绩效目标实现情况（如有）

注：个别单位如在报送决算时尚未完成绩效评价工作的，可不在报告中说明。

（六）当年预算执行及绩效管理中存在问题、原因及改进措施

三、本年度部门决算等财务工作开展情况

（一）本单位财务管理、绩效管理、决算组织、编报、审核情况

（二）本单位决算及绩效信息公开工作开展情况

（三）对部门决算管理工作的意见和建议

1.自行增加的审核公式和模板，请说明设置依据。

2.对部门决算报表修订设计的意见和建议，包括表样、指标设置、软件、审核公式、模板和编审问答等，请列出并说明修改意见。

3.对部门决算其他管理工作的建议。例如，对加强部门决算数据分析利用工作、部门决算信息化建设等。

注：收入支出预算执行情况分析可参考部门决算分析评价表及行政事业单位财务分析指标（附后）。

附：行政事业单位财务分析指标

一、行政单位财务分析指标

1.支出增长率，衡量行政单位支出的增长水平。计算公式为：

支出增长率=（本期支出总额÷上期支出总额-1）×100%

2.当年预算支出完成率，衡量行政单位当年支出总预算及分项预算完成的程度。计算公式为：

当年预算支出完成率=年终执行数÷全年预算数×100%

年终执行数不含上年结转和结余支出数。

3.人均开支，衡量行政单位人均年消耗经费水平。计算公式为：

人均开支=本期支出数÷本期平均在职人员数×100%

4.项目支出占总支出的比率，衡量行政单位的支出结构。计算公式为：

项目支出比率=本期项目支出数÷本期支出总数×100%

5.人员支出、公用支出占总支出的比率，衡量行政单位的支出结构。计算公式为：

人员支出比率=本期人员支出数÷本期支出总数×100%

公用支出比率=本期公用支出数÷本期支出总数×100%

6.人均办公使用面积，衡量行政单位办公用房配备情况。计算公式为：

人均办公使用面积=本期末单位办公用房使用面积÷本期末在职人员数

7.人车比例，衡量行政单位公务用车配备情况。计算公式为：

人车比例=本期末在职人员数÷本期末公务用车实有数

二、事业单位财务分析指标

1.预算收入和支出完成率，衡量事业单位收入和支出总预算及分项预算完成的程度。计算公式为：

预算收入完成率=年终执行数÷全年预算数×100%

年终执行数不含上年结转和结余收入数。

预算支出完成率=年终执行数÷全年预算数×100%

年终执行数不含上年结转和结余支出数。

2.人员支出、公用支出占事业支出的比率，衡量事业单位事业支出结构。计算公式为：

人员支出比率=人员支出÷事业支出×100%

公用支出比率=公用支出÷事业支出×100%

3.人均基本支出，衡量事业单位按照实际在编人数平均的基本支出水平。计算公式为：

人均基本支出=（基本支出–离退休人员支出）÷实际在编人数

此外，行业事业单位还可根据相关财务制度规定和分析需要增加相关分析指标，如：

财政拨款依存度,衡量部门(单位)对财政拨款的依赖程度。

财政拨款依存度=财政拨款收入÷收入总额×100%

(三)部门决算的审核与报送

基层单位在部门决算审核报送前,应该按照系统中提供的公式审核、上年数核对和模板审核,审核编制内容是否真实、完整、准确,决算报表表内、表间勾稽关系是否衔接,报表数据与单位会计账簿数据是否相符,是否有漏报、重报、错报项目以及虚报和瞒报等现象,部门决算纸介质数据与电子介质数据、分户数据与汇总数据是否保持一致。

单位在报送部门决算前自行将本部门纸质报表、电子介质数据以及相关资料,按规定的审核内容进行逐项审核。根据审核提示的错误修改报表数据或者就提示的错误写出说明,其中模板审核主要是合理性审核,单位也根据财政部门下发的模板对部分指标合理性进行判断,如车辆的单价、人均工资、人均公务接待费、车均运行费等指标,也可以自行设计模板进行审核,便于单位对报表的合理性进行判断并规范。基层单位在完成数据审核后,随同填报说明、分析报告等其他附件材料,按照预算管理关系逐级上报主管部门,各级主管部门对所属单位决算进行审核汇总。

一般情况下,中央各部门于3月20日左右将本部门汇总决算(含基层单位)报送财政部审核。省级财政部门4月30日左右完成部门决算的审核和汇总工作,并按照会审通知要求,携带部门决算汇总表、填报说明和分析报告等材料,参加财政部国库司组织的地方部门决算会审。根据上述时间节点推算，基层单位的报送时间一般比上述时间早，同时还需要面临春节假期，需要提前布置、安排部门决算工作。

各计划单列市财政部门除向财政部报送部门决算材料外，还应提前将部门决算及相关材料报送所在省的省级财政部门审核汇总。省级财政部门报送财政部的部门决算汇总数中应包含计划单列市数据。

中央各部门决算经财政部审核后，报国务院审定，由国务院提请全国人民代表大会常务委员会审查和批准。

2010年起开始在中央部门和地方省市开展了部门决算"账表一致性"核查工作，核查中央、省、市、县、乡五级财政的部门决算报表是否"表表一致"，核查单位决算报表是否"账表一致"，确保决算数据的真实、准确性。

（四）部门决算的批复

财政部门应当在本级人民代表大会常务委员会审查批准决算后30日内，向本级各部门批复决算。各部门应当在接到本级财政部门批复的本部门决算后15日内，向所属行政事业单位批复决算。部门决算批复内容应当与部门预算批复相衔接，主要包括部门综合财务收入、支出、结余，财政拨款收入、支出、结余，以及其他相关决算数据。部门决算批复文件中应当列出在部门财政财务管理工作及决算审核中发现的主要问题，并提出改进意见。

根据实务工作经验，一般中央部门决算批复为每年7月左右，省级及以下政府一般在每年8月底之前由各级人民代表大会常务委员会审查后由财政部门批复，相应的各级部门的批复工作也在每年8月左右完成。

（五）部门决算的公开

部门是部门决算公开的主体。除涉及国家秘密的内容外，应当按照有关规定主动向社会公开决算。部门应当自本级财政部门批复决算后20个工作日内向社会公开决算。各部门所属行政事业单位决算的公开工作，由本部门负责组织。

部门应当通过政府网站、政府公报等便于社会公众知晓的方式公开部门决算。部门应当在规定时间内向本级财政部门报告本部门的决算公开情况。地方各级财政部门应当在规定时间内向上级财政部门报告本地区的部门决算公开情况。省级财政部门应当在每年11月30日前向财政部报告本地区部门决算公开工作总结。

中央部门决算自2011年开始公开后，公开范围、公开内容、公开形式等方面稳中有进。2023年，部门决算继续公开了9张决算表（收入支出决算总表、收入决算表、支出决算表、财政拨款收入支出决算总表、一般公共预算财政拨款支出决算表、一般公共预算财政拨款基本支出决算表、政府性基金预算财政拨款收入支出决算表、国有资本经营预算财政拨款支出决算表、财政拨款"三公"经费及会议费、培训费支出决算表）和收支说明，部门职责和机构设置，"三公"经费、机关运行经费、项目预算绩效、政府采购支出、国有资产占用情况等社会关注的重要信息，以及对决算中专业术语的名词解释。为进一步贯彻落实《中共中央 国务院关于全面实施预算绩效管理的意见》，部门决算公开了预算绩效工作开展情况、部分项目绩效自评结果、重点绩效评价报告等绩效信息。自主在门户网站公开决算的同时，财政部和省级财政部门采取了"一站式"发布方式，让公众在第一时间"找得到"公开信息，省级以下财政部门公开情况有所不同。

三、知识拓展

部门决算是行政事业单位财务管理工作的难点之一,目前已形成了一套组织规范、程序严密、运行高效的编报流程,但是在实务中还应注意以下五个方面。

第一,部门决算是行政事业单位所有财务工作中时限性要求最高的一项工作任务。部门决算涉及层层上报、审核、汇总,对时间要求比较高,需要在实务工作中提前准备相关的材料,如果是第一年编制部门决算的会计人员,应提前熟悉上年的部门决算并掌握编制的注意事项,才能按时完成工作任务。目前部门决算流程已经比较顺畅,单位在完成工作任务时严格按照主管部门和财政部门的决算编制、审核、上报、汇总、批复、公开等时间节点完成工作任务。

第二,部门决算是行政事业单位所有财务工作中综合性最强的一项工作任务。部门决算涉及部门预算、非税收入、国库集中收付、经济分类、政府采购、预算绩效、人事信息等方面,根据行政事业单位的决算,可以分析单位预算执行情况、经费状况、会计核算情况和财务管理水平等,所以对编制人员的业务水平要求高,也能通过部门决算提高会计人员的综合素质。

第三,部门决算是行政事业单位所有财务工作中政策性最强的一项工作任务。部门决算是预算执行情况的反映,预算编制得不准确或者不科学,在执行的过程中可以根据程序进行调整,但部门决算是执行结果的反映,对结果的反映是否科学、合理,影响单位的整体工作。实务工作中,巡视、审计、检查第一件事就是根据单位的部门决算报表发现问题,如"三公"经费、培训费、会议费、事业单位绩效工资总量、非税收入上缴、结转结余、专用资金支出明细都是审计中易发现问题的地方。如何保证部门决算不出问题，需要部门决算编制人员熟悉各项政策要求，熟悉单位财务管理情况。

第四，部门决算是行政事业单位所有财务工作中工作量最大的一项工作任务。部门决算报表数量多、勾稽关系复杂，需要单位在实际工作中统筹规划工作任务，一是提前准备相关资料，将结账时间尽量提前；二是做好工作任务分工，专人负责数据的搜集和报表的填报工作，定专人负责完成填报说明和分析报告的内容，避免将所有工作均由一人承担的情况；三是部门决算岗位工作人员尽量予以固定，减少人员变动，才能提高工作效率和效果。

第五，部门决算的公开是最容易引起社会关注的内容。部门决算的公开不同于预算的公开，部门预算由于是"预算"，如果出现不合理的地方，单位还可以解释其仅仅是"预算"，在执行过程中可能按程序调整；而部门决算公开的"结果"，是当年预算执行的结果，如出现"三公"经费超预算、项目预算绩效评价等系列问题时，单位将面临舆情的冲击，给财务工作带来不利影响，需要在编制部门决算时提前应对。

第三节　部门决算的分析

一、相关制度

行政事业单位应当加强对部门决算数据的分析，强化决算分析结果的反馈和运用，规范和改进财政财务管理。通过部门决算数据分析，及时发现预算编制和预算执行中存在的问题，建立健全预算与决算相互促进的工作机制；揭示财务管理与会计核算中的问题，规范行政事业单位财务管理与会计核算。

行政事业单位应当综合运用多种方法进行分析，主要包括：分类比较法、趋势分析法、比率分析法、因素分析法等对部门决算进行分析。分析的主要内容包括：预算与决算差异分析；收入、支出、结余年度间变动原因分析；财政资金使用效益分析；部门资产、负债规模与结构分析；机构、人员及人均情况对比分析；以及满足财政财务管理与宏观经济决策需要的各项专题分析等。

各地区、各部门应当逐步建立本地区、本部门的部门决算评价指标体系。部门决算评价指标体系主要内容包括：预算约束力评价、部门收入支出结构评价、部门项目资金使用情况评价、部门人员控制及收支合理合规性评价、人均收支余情况评价等。各地区、各部门应当合理设置评价指标，分类排序指标信息，科学使用评价结果。

二、部门决算分析指标

部门决算分析评价表包括部门决算分析表和部门决算量化评价表两个部分共14张表。其中：部门决算分析表包括收入支出预算执行分析、收入支出结余上下年度对比分析、人均指标分析、机构人员分析等四个方面共13张表；部门决算量化评价表为1张。本套分析评价表各项指标均可从决算报表中自动取数生成。相关评价表如表8-2至表8-19所示。

表 8-2 收入预算决算对比分析表（一）

汇编单位：　　　　　　　　　　　　　　　　　　　　　　　　　　　　　　　　　金额单位：万元

单位名称	收入总计			其中：																			
				年初结转和结余			本年收入																
										其中：													
										财政拨款			非财政拨款										
													其中：										
													事业收入			经营收入			其他收入				
	年初预算数	决算数	差异率%	年初预算数	决算数	差异率%	年初预算数	决算数	差异率%	年初预算数	决算数	差异率%	年初预算数	决算数	差异率%	年初预算数	决算数	差异率%	年初预算数	决算数	差异率%		
行次																							
栏次	1	2	3	4	5	6	7	8	9	10	11	12	13	14	15	16	17	18	19	20	21	22	23	24
合计																								
1																								
2																								
3																								
4																								
5																								
6																								

说明：1. 本表数据取自财决01表，财决01-1表等。

2. 本表按单位预算代码顺序排列。

3. 本表通过单位预算决算收入对比，分析部门预算编制的科学合理性以及预算在年度执行中的约束力。

表 8-3

收入预决算对比分析表（二）

汇编单位：　　　　　　　　　　　　　　　　　　　　　　　　　　　　　　　　　金额单位：万元

单位名称	收入总计			其中：							本年收入			其中：											
				年初结转和结余			全年预算数	决算数	差异率%	财政拨款			非财政拨款									
	全年预算数	决算数	差异率%	全年预算数	决算数	差异率%				全年预算数	决算数	差异率%	全年预算数	决算数	差异率%	其中：事业收入			经营收入			其他收入		
																全年预算数	决算数	差异率%	全年预算数	决算数	差异率%	全年预算数	决算数	差异率%
栏次	1	2	3	4	5	6	7	8	9	10	11	12	13	14	15	16	17	18	19	20	21	22	23	24
合计																								
1																								
2																								
3																								
4																								
5																								
6																								

说明：1. 本表数据取自财决01表、财决01-1表等。

2. 本表按单位预算代码顺序排列。

3. 本表通过单位预算决算收入对比，分析部门全年预算编制的科学合理性以及预算在年度执行中的约束力。

表 8-4

支出预决算对比分析表（一）

汇编单位：　　　　　　　　　　　　　　　　　　　　　　　　　　　　　　　　　金额单位：万元

行次	单位名称	本年支出			其中：			基本支出													项目支出						
		年初预算数	决算数	差异率%	年初预算数	决算数	差异率%	人员经费			公用经费			其中：财政拨款			其中：非财政拨款			年初预算数	决算数	差异率%	其中：财政拨款			其中：非财政拨款		
								年初预算数	决算数	差异率%	年初预算数	决算数	差异率%	年初预算数	决算数	差异率%	年初预算数	决算数	差异率%				年初预算数	决算数	差异率%	年初预算数	决算数	差异率%
栏次		1	2	3	4	5	6	7	8	9	10	11	12	13	14	15	16	17	18	19	20	21	22	23	24	25	26	27
合计																												
1																												
2																												
3																												
4																												
5																												
6																												

说明：1. 本表数据取自财决01表，财决01-1表，财决01-2表等。
2. 本表按单位预算代码顺序排列。
3. 本表通过单位预决算支出对比，分析部门预算编制的科学合理性以及预算在年度执行中的约束力。

表 8-5

支出预决算对比分析表（二）

汇编单位：　　　　　　　　　　　　　　　　　　　　　　　　　　　　　　金额单位：万元

行次	单位名称	本年支出			其中：			基本支出													项目支出					
								人员经费			公用经费			其中：财政拨款			其中：非财政拨款						其中：财政拨款			其中：非财政拨款		
		全年预算数	决算数	差异率%	全年预算数	决算数	差异率%	全年预算数	决算数	差异率%	全年预算数	决算数	差异率%	全年预算数	决算数	差异率%	全年预算数	决算数	差异率%	全年预算数	决算数	差异率%	全年预算数	决算数	差异率%	全年预算数	决算数	差异率%
栏次		1	2	3	4	5	6	7	8	9	10	11	12	13	14	15	16	17	18	19	20	21	22	23	24	25	26	27
合计																												
1																												
2																												
3																												
4																												
5																												
6																												

说明：1. 本表数据取自财决01表、财决01-1表、财决01-2表等。

2. 本表按单位预算代码顺序排列。

3. 本表通过单位预决算支出对比，分析部门全年预算编制的科学合理性以及预算在年度执行中的约束力。

表 8-6　收入支出结构分析表

汇编单位：　　　　　　　　　　　　　　　　　　　　　　　　　　　金额单位：万元

序号	单位名称	本年收入	收入结构									本年支出	支出结构																		
			财政拨款收入		事业收入		经营收入		其他			按资金来源				按支出性质						按支出经济分类							
			金额	占本年收入%	金额	占本年收入%	金额	占本年收入%	金额	占本年收入%		财政拨款支出	占本年支出%	其他	占本年支出%	基本支出	占本年支出%	项目支出	占本年支出%	经营支出	占本年支出%	工资福利支出	占本年支出%	商品和服务支出	占本年支出%	对个人和家庭的补助	占本年支出%	资本性支出	占本年支出%	其他	占本年支出%
栏次		1	2	3	4	5	6	7	8	9	10	11	12	13	14	15	16	17	18	19	20	21	22	23	24	25	26	27	28	29	30
合计																															
1																															
2																															
3																															

说明：1. 本表数据取自财决03表、财决04表、财决05表、财决07表、财决09表、财决11表等。

2. 本表按单位预算代码顺序排列。

3. "财政拨款"包括一般公共预算财政拨款、政府性基金预算财政拨款和国有资本经营预算财政拨款，资本性支出包含基本建设支出，下同。

4. 本表通过收入结构分析，可以了解各单位收入构成情况，分析单位年初预算各项收入编制的科学合理性、单位经费自给能力以及收入的合理合规性，指导单位合理编制年度预算。通过支出结构分析，可以分析单位支出保障情况及经费宽紧度，分析单位支出结构的合理性，以合理安排支出预算。

表 8-7　基本支出分析表

汇编单位：　　　　　　　　　　　　　　　　　　　　　　　　　　　　　　　　　　　　　金额单位：万元

序号	单位名称	单位类型	单位预算级次	基本支出				其中：财政拨款基本支出				其中：非财政拨款基本支出				基本支出中财政拨款占比%			
				小计	其中：			小计	其中：			小计	其中：			小计	其中：		
					工资福利支出	商品和服务支出	对个人和家庭的补助		工资福利支出	商品和服务支出	对个人和家庭的补助		工资福利支出	商品和服务支出	对个人和家庭的补助		工资福利支出%	商品和服务支出%	对个人和家庭的补助%
栏次				1	2	3	4	5	6	7	8	9	10	11	12	13	14	15	16
合计																			
1																			
2																			
3																			

说明：1. 本表数据取自财决 05-1 表、财决 08-1 表、财决 10-1 表、财决 14-1 表等。
2. 本表按单位预算代码顺序排列。
3. 本表通过基本支出中财政拨款的占比情况分析各级预算单位基本支出明细情况。

表8-8

项目资金收入支出分析表

汇编单位：　　　　　　　　　　　　　　　　　　　　　　　　　　　　　　　　　金额单位：万元

序号	单位名称	合计	资金来源								支出数										年末结转和结余			
			年初结转和结余				财政拨款	占资金来源%	其他	占资金来源%	合计	按资金来源				按支出经济分类						合计	占项目资金来源%	其中：	
			小计	占资金来源%	其中：							财政拨款	占项目支出%	其他	占项目支出%	工资福利支出及离退休费	占项目支出%	商品和服务支出	占项目支出%	资本性支出	占项目支出%	其他	占项目支出%			年末财政拨款项目结转和结余	占资金来源%
					财政拨款结转和结余	占资金来源%																					
栏次		1	2	3	4	5	6	7	8	9	10	11	12	13	14	15	16	17	18	19	20	21	22	23	24	25	26
合计																											
1																											
2																											
3																											

说明：1. 本表数据取自财决05-2表、财决06表、财决08-2表、财决10-2表、财决12表等。

2. 本表按单位预算代码顺序排列。

3. 项目资金是为完成特定的行政任务或事业发展目标安排的支出，本表通过项目经费承担情况指标，分析部门年度项目经费承担情况及其合理性可行性。

表 8-9 项目支出分项目收入支出决算分析表（单位分析表）

编制单位：　　　　　　　　　　　　　　　　　　　　　　　　　　　金额单位：万元

项目								合计	资金来源					支出数			使用非财政拨款结余和专用结余	年末结转和结余		
支出功能分类科级目代码	支出功能分类科级科目名称	一级项目代码	一级项目名称	二级项目代码	二级项目名称	二级项目类别（运转类、其他运转类、特定目标类）	基建项目属性	是否横向标识		年初结转和结余		财政拨款		其他资金	合计	财政拨款	其他资金	结余分配	合计	其中:财政拨款结转	其中:财政拨款结余
										小计	其中:财政拨款结转和结余	小计	其中:基本建设支出拨款							小计	财政拨款结转	财政拨款结余
栏次									1	2	3	4	5	6	7	8	9	10	11	12	13	14	15
合计	—	—	—	—	—	—	—	—														
合计		—	—	—	—	—	—	—														
类级科目小计																						
		一级项目 1 小计																				
				二级项目 1																		
				二级项目 2																		
				……																		
		一级项目 2 小计																				
				……																		
类级科目小计																						
……																						

备注：基本支出人员经费、公用经费不在本表填列。

表 8-10

项目支出分项目收入支出决算分析表（部门汇总分析表）

编制单位：××中央部门： 金额单位：万元

项目					资金来源				支出数				结余分配	年末结转和结余		
支出功能分类类级科目代码	支出功能分类类级科目名称	一级项目代码	一级项目名称	基建项目属性	是否横向标识	合计	年初结转和结余		财政拨款		合计	财政拨款	其他资金	使用非财政拨款结余和专用结余		合计	其中：财政拨款结转和结余	
							小计	其中：财政拨款结转和结余	小计	其中：基本建设支出拨款						小计	财政拨款结转	财政拨款结余
栏次	—	—	—	—	—	1	2	3	4	5	6	7	8	9	10	11	12	13	14	15
合计	—	—	—	—														
合计	类级科目			—														
	小计																	
		一级项目1																
		小计																
		一级项目2																
		小计																
		……																
	类级科目2																	
	小计																	
	……																	

备注：基本支出人员经费、公用经费不在本表填列。

表 8-11 中央部门分项目收入支出决算分析表（财政汇总分析表）

金额单位：万元

部门		项目					合计	资金来源					支出数			结余分配	年末结转和结余			
部门代码	部门名称	支出功能分类类级科目代码	支出功能分类类级科目名称	一级项目代码	一级项目名称	基建项目属性	是否横向标识		年初结转和结余		财政拨款		其他资金	合计	财政拨款	其他资金	使用非财政拨款结余和专用结余		合计	其中：财政拨款结转和结余	
									小计	其中：财政拨款结转和结余	小计	其中：基本建设支出拨款							小计	其中：财政拨款结转	财政拨款结余
栏次	—	—	—	—	—	—	—	1	2	3	4	5	6	7	8	9	10	11	12	13	14	15
合计	—	—	—	—	—	—	—															
								部门1合计														
								类级科目小计														
								一级项目1小计														
								一级项目2小计														
								……														
								类级科目2小计														
								部门2合计														
								……														
								部门3合计														
								……														

备注：基本支出人员经费、公用经费不在本表填列。

表8-12

收入支出上下年度对比分析表

汇编单位：　　　　　　　　　　　　　　　　　　　　　　　　　　金额单位：万元

序号	单位名称	收入总计	比上年增减%	其中：本年收入					本年支出	比上年增减%	其中：						支出								
				财政拨款收入	比上年增减%	事业收入	比上年增减%	其他	比上年增减%			按支出性质						按支出经济分类							
												基本支出	比上年增减%	项目支出	比上年增减%	其他	比上年增减%	工资福利支出	比上年增减%	商品和服务支出	比上年增减%	对个人和家庭的补助	比上年增减%	资本性支出	比上年增减%	其他	比上年增减%
栏次		1	2	3	4	5	6	7	8	9	10	11	12	13	14	15	16	17	18	19	20	21	22	23	24	25	26
合计																											
1																											
2																											
3																											
4																											

说明：1.本表数据取自财决01表、财决02表、财决04表、财决05表、财决07表、财决09表、财决11表等。

2.本表按单位预算代码顺序排列。

3.收入总计包括本年收入、年初结转和结余以及使用非财政拨款结余。

4.本表通过对单位收入、支出分项指标的上下年对比，分析收入支出的年度间变动情况及其主要因素。

表 8-13　财政拨款收入支出上下年度对比分析表

序号	单位名称	本年收入									本年支出																					
		合计		一般公共预算		政府性基金预算		国有资本经营预算		合计		按预算分类								按支出性质				按支出经济分类								
												一般公共预算				政府性基金预算		国有资本经营预算		基本支出		项目支出		工资福利支出		商品和服务支出		对个人和家庭的补助		资本性支出		其他	
														其中：机关运行经费																			
		金额	比上年增减%	金额	比上年增减%	金额	比上年增减%	金额	比上年增减%	金额	比上年增减%	金额	比上年增减%	金额	比上年增减%	金额	比上年增减%	金额	比上年增减%	金额	比上年增减%	金额	比上年增减%	金额	比上年增减%	金额	比上年增减%	金额	比上年增减%	金额	比上年增减%	金额	比上年增减%
栏次		1	2	3	4	5	6	7	8	9	10	11	12	13	14	15	16	17	18	19	20	21	22	23	24	25	26	27	28	29	30	31	32
合计																																	
1																																	
2																																	
3																																	

说明：1. 本表数据取自财决07表、财决08表、财决09表、财决10表、财决11表、财决12表和财决附03表等。
2. 本表按单位预算代码顺序排列。
3. 本年收入仅指当年预算财政拨款，不包括上年结转和结余；本年支出包括使用当年预算财政拨款及上年结转和结余安排的支出。
4. 本表通过对单位财政拨款收入、支出的上下年对比，分析财政拨款收入支出年度间变动情况及其主要因素。

表 8-14

非财政拨款收入支出上下年度对比分析表

汇编单位：　　　　　　　　　　　　　　　　　　　　　　　　　　　　　金额单位：万元

单位名称	本年收入													本年支出																					
	合计			上级补助收入			事业收入			经营收入			附属单位上缴收入			其他收入			合计			按支出性质														按支出经济分类							
																				基本支出			项目支出			上缴上级支出			经营支出			对附属单位补助支出			工资福利支出			商品和服务支出			对个人和家庭的补助			资本性支出			其他		
	金额	比上年增减%		金额	比上年增减%		金额	比上年增减%		金额	比上年增减%		金额	比上年增减%		金额	比上年增减%		金额	比上年增减%		金额	比上年增减%		金额	比上年增减%		金额	比上年增减%		金额	比上年增减%		金额	比上年增减%		金额	比上年增减%		金额	比上年增减%		金额	比上年增减%		金额	比上年增减%
栏次	1	2	3	4	5	6	7	8	9	10	11	12	13	14	15	16	17	18	19	20	21	22	23	24	25	26	27	28	29	30	31	32	33	34
合计																																		
1																																		
2																																		
3																																		

说明：1. 本表数据取自财决 01-2 表、财决 13 表、财决 14 表、财决 14-1 表、财决 14-2 表和财决 14-3 表等。

2. 本表按单位预算代码的顺序排列。

3. 本年收入仅指当年纳入预算的非财政拨款，不包括上年结转和结余；本年支出包括使用当年预算财政拨款及上年结转结余安排的支出。

4. 本表通过对单位财政拨款收入、支出的上下年对比，分析财政拨款收入支出的年度间变动情况及其主要因素。

表8-15

年末结转和结余分析表

汇编单位：　　　　　　　　　　　　　　　　　　　　　　　　　　　　　　　　　　　金额单位：万元

序号	单位名称	年末结转和结余	比上年增减%	年末结转和结余比上年增减情况											其中：												
				其中：财政拨款				其中：非财政拨款				基本支出结转		项目支出结转和结余						年末经营结余	
				年末结转和结余	比上年增减%	占支出全年预算总计%		年末结转和结余	比上年增减%	占支出全年预算总计%		比上年增减%		项目支出年末结转和结余	比上年增减%	其中：					比上年增减%
																财政拨款年末结转和结余	比上年增减%	非财政拨款年末结转和结余	比上年增减%		
栏次		1	2	3	4	5	6	7	8	9	10	11	12	13	14	15	16	17	18	19	20	21	22	23	24	25	26
合计																										
1																										
2																										
3																										

说明：1. 本表数据取自财决01表、财决01-1表、财决01-2表、财决02表、财决07表、财决09表、财决11表和财决13表等。
2. 本表按单位预算代码顺序排列。
3. 本表通过单位年末结转和结余指标，分析单位预算编制合理性及预算执行情况，了解结余资金在各单位的分布，以合理有效地利用这些资金。

表 8-16

人均预算支出分析表

汇编单位：　　　　　　　　　　　　　　　　　　　　　　　　　　　　　　　　单位：万元/人、辆/人、%

序号	单位名称	单位类型	单位预算级次	人均支出情况											一般公共预算财政拨款人均支出情况									人均资产信息			
				人均工资福利支出				其他	人均小计	其中：基本支出					人均小计	其中：基本支出					房屋		车辆		在职人员人均车辆
					其中：						人均人员经费	其中：		人均公用经费			人均人员经费	其中：		人均公用经费		比上年增减%		比上年增减%	
					基本工资、津贴补贴、奖金绩效工资	养老保险、职业年金、医疗保险、医疗补助、其他社保缴费	其他					人均工资福利支出	小计	其中：人均办公费			人均工资福利支出	小计	其中：人均办公费					
栏次	1	2	3	4	5	6	7	8	9	10	11	12	13	14	15	16	17	18	19	20	21	22	23	24	25
合计																									
1																									
2																									
3																									

说明：1. 本表数据取自财决 05 表、财决 05-1 表、财决 08 表、财决 08-1 表、附 02 表等。

2. 本表按单位预算代码顺序排列。

3. 人均工资福利支出、其他和基本支出中人均小计、一般公共预算财政拨款人均支出口径同理。

4. 本表通过计算人均支出，分析单位人员经费及公用经费的合理性。

5. 在职人员仅指编制内实有人数，不含其他人员。

表 8—17

人员增减变动分析表

汇编单位：　　　　　　　　　　　　　　　　　　　　　　　　　　　　　　　　　　　单位：人，%

序号	单位名称	编制内实有人员											单位发放离退休费人员			其他人员	
		小计	比上年增减%	其中：财政拨款开支人员								经费自理人员	比上年增减%	离退休人员	比上年增减%	离退休人员占比%	小计	比上年增减%
				公务员	比上年增减%	参照公务员法管理人员	比上年增减%	事业管理人员和专业技术人员	比上年增减%	机关和事业工人	比上年增减%							
栏次		1	2	3	4	5	6	7	8	9	10	11	12	13	14	15	16	17
合计																		
1																		
2																		
3																		
4																		
5																		
6																		

说明：1.本表数据取自财决附01表和财决附02表。
2.本表按单位预算代码顺序排列。
3.本表通过对比分析上下年情况对比分析人员配置的控制力度。

表8-18   "三公"经费相关支出表

单位：万元

序号	单位名称	单位代码	单位类型	"三公"经费合计			因公出国（境）费			公务用车购置费			公务用车运行维护费			公务接待费		
				合计	财政拨款	非财政拨款	小计	财政拨款	非财政拨款	小计	财政拨款	非财政拨款	小计	财政拨款	非财政拨款	小计	财政拨款	非财政拨款
栏次				1	2	3	4	5	6	7	8	9	10	11	12	13	14	15
合计																		
1																		
2																		
3																		
4																		
5																		
6																		

注：1.本表数据取自财决14-1表、14-2表和财决附03表。

2.本表反映财政拨款安排的"三公"经费支出情况和非财政拨款安排的与"三公"经费相关的支出经济分类情况。

3.因各地各级财政部门的预算管理有所差异，本分析表的查询数据仅供参考。

表8-19 部门决算量化评价表

单位名称：

评价指标					指标说明	评分标准
一级指标名称	权重	二级指标名称	权重	计算值/得分		
预算编制的准确完整性	30	财政拨款收入预决算差异率	3		财政拨款收入：（决算数－年初预算数）/年初预算数×100%	差异率＝0，得满分；差异率（绝对值）>0时，每增加5%（含）扣减0.5分，减至0分为止。
		事业收入预算差异率	5		事业收入：（决算数－年初预算数）/年初预算数×100%	差异率＝0，得满分；差异率（绝对值）>0时，每增加5%（含）扣减0.5分，减至0分为止。
		经营收入预决算差异率	3		经营收入：（决算数－年初预算数）/年初预算数×100%	差异率＝0，得满分；差异率（绝对值）>0时，每增加5%（含）扣减0.5分，减至0分为止。
		其他收入预决算差异率	5		其他收入：（决算数－年初预算数）/年初预算数×100%	差异率＝0，得满分；差异率（绝对值）>0时，每增加5%（含）扣减0.5分，减至0分为止。
		年初结转和结余预算决算差异率	5		年初结转和结余：（决算数－年初预算数）/年初预算数×100%	差异率＝0，得满分；差异率（绝对值）≤100%，扣减1分；差异率（绝对值）>100%时，每增加10%（含）扣减0.5分，减至0分为止。
		人员经费预决算差异率	5		人员经费：（决算数－年初预算数）/年初预算数×100%	差异率≤0，得满分；差异率>0时，每增加10%（含）扣减0.5分，减至0分为止。
		公用经费预决算差异率	4		公用经费：（决算数－年初预算数）/年初预算数×100%	差异率≤0，得满分；差异率>0时，每增加5%（含）扣减0.5分，减至0分为止。
预算执行的有效性	60	人员经费预算执行差异率	10		人员经费：（决算数－全年预算数）/调整预算数×100%	差异率＝0，得满分；差异率（绝对值）>0时，每增加0.5分，减至0分为止。

续表

一级指标名称	一级权重	二级指标名称	权重	计算值	得分	指标说明	评分标准
预算执行的有效性	60	公用经费预算执行差异率	10			公用经费：（决算数－全年预算数）/全年预算数×100%	差异率=0，得满分；差异率（绝对值）>0时，每增加5%（含）扣减0.5分，减至0分为止。
		财政拨款结转和结余率	10			财政拨款结转和结余：（本年年末数／支出调整预算数总计）×100%	结转和结余率=0，得满分；结转和结余率（绝对值）>0时，每增加5%（含）扣减0.5分，减至0分为止。
		财政拨款结转上下年变动率	7			财政拨款结转：（本年年末数－上年年末数）／上年年末数×100%	变动率≤0，得满分；变动率>0时，每增加5%（含）扣减0.5分，减至0分为止。
		财政拨款结余上下年变动率	3			财政拨款结余：（本年年末数－上年年末数）／上年年末数×100%	变动率≤0，得满分；变动率>0时，每增加5%（含）扣减0.5分，减至0分为止。
		项目支出预算执行进度上下年变动率	5			项目支出：（本年执行进度－上年执行进度）／上年执行进度×100%	差异率≥0，得满分；差异率>0时，每增加3%（含）扣减0.5分，减至0分为止。
		"三公"经费支出预算决算差异率	5			"三公"经费：（决算数－年初预算数）／年初预算数×100%	差异率≤0，得满分；差异率>0时，每增加5%（含）扣减1分，减至0分为止。
		非财政拨款结转和结余上下年变动率	5			非财政拨款结转和结余变动：（本年年末数－上年年末数）／上年年末数×100%	非财政拨款结转结余年末数<0，得0分；变动率≤0，得满分；变动率>0时，每增加10%（含）扣减0.5分，减至0分为止。

续表

评价指标			计算值		指标说明	评分标准
一级指标		二级指标		得分		
名称	权重	名称	权重			
预算编制及执行的规范性	10	非财政拨款结转和结余统筹使用情况	5		统筹使用情况：(非财政拨款结转和结余－本年支出×80%)/本年支出×100%	非财政拨款结转和结余年末数<0，得0分；统筹使用情况≤0，得满分；差异率>0时，每增加10%(含)扣减0.5分，减至0分为止。
		财政拨款项目支出中开支在职人员及离退休经费比重	5		财政拨款项目支出：(工资福利支出+离退休费+退休费)/项目支出合计×100%	比重=0，得满分；比重>0时，每增加1%(含)扣减0.5分，减至0分为止(不含科研项目)。
		基本支出中列支房屋建筑物购建、大型修缮、基础设施建设、物资储备比重	5		基本支出：(房屋建筑物构建+大型修缮+基础设施建设+物资储备)/公用经费×100%	比重=0，得满分；比重>0时，每增加1%(含)扣减0.5分，减至0分为止。
合计	100	—	—	—	—	—

注：1. 财务状况不含企业化管理事业单位和民间非营利组织。
2. 财政拨款结转和结余率、财政拨款结转和结余上下年变动率评价指标中，中央部门上年、本年年末结转和结余数均不含暂付款。
3. 各项评分标准中，对于分子不为0且分母为0的情况，按0分计算；分子、分母同为0的情况，按满分计算。

本套分析评价表可由各级财政部门、主管单位和基层单位使用。通过本套分析评价表，加强对部门决算数据分析，了解和检查部门和单位预算执行、财务管理和会计核算情况，掌握各地区、各部门支出效益和存在问题，不断改进和加强财政财务管理，实现财政财务工作的精细化管理，发挥部门决算在财政财务管理中的作用。

实务中，部门决算软件（预算一体化系统）中提供了上述分析数据，但是基层单位实际利用较低，甚至很少利用上述指标进行部门决算分析。对主管部门而言，上述指标体系可分析所属单位的预算执行、财务管理和会计核算情况，在实务中具有重要意义。

三、部门决算分析的意义

部门决算包括行政事业单位全部的财务会计信息，所有行政事业单位决算数据，上到国家部委，下到基层乡镇中心小学和卫生院，执行统一的上报标准，特别是新的政府会计准则制度实施后，全国数百万家行政事业单位决算数据可以进行收支余情况分析；可以按行政单位、参公单位、一般事业单位、高校、医院等不同类别的单位收支余情况进行对比分析；还可以与预算比，与上年决算比，单位间横向比、纵向比、人均比，对收入、支出和结余资金结构及变化、人均支出结构及变化进行分析，能够将预算执行效益和预算执行中存在的问题反映得一清二楚。

实务中，可以通过决算核查应重点保证的支出、应控制压缩的支出情况；反映"三公"经费、会议费、培训费等变化情况，也可以发现人员机构增减变动情况、行政经费使用情况、津补贴发放情况；对预算编制的完整性、预算执行的有效性、资产负债变动情况等进行评价，为改进部门财务管理水平提供依据。还可以尝试建立决算数据分析指标体系和数据分析模型，开展更加精准的量化分析，推动形成常态化、规范化、科学化的决算分析机制，全面展现改革成效和管理绩效，揭示财政财务管理中存在的突出问题和薄弱环节，实事求是分析研判，提出对策措施，为改进财政财务管理、完善政府治理提供依据。

本章小结

"重预算，轻决算；重分配，轻管理"的问题是行政事业单位长久面临的问题。预算——决算——预算，预算管理链条环环相扣。决算处于这链条的中间环节，它既反映本年度预算执行的结果，又是编制下年度预算的参考和依据。链条的两端虽都是预算，但绝不是同一意义上的预算，后一个预算是依据上年决算改进、优化了的预算，加强决算结果运用，将以前年度决算情况作为下年预算编制的重要参考，推动形成有效的预决算闭环管理，可有效地改进和加强财政财务管理，提高财政资金使用效益，真正实现财政精细化管理。

在学习过程中我们需要注意的是，目前的部门决算是根据政府会计准则制度中预算会计的核算结果编制的决算报告，还应该结合财务会计核算结果编制的财务报告，共同分析单位预算执行和财务状况。

第九章 政府财务报告

本章导读

政府部门财务报告由政府部门(单位)编制,反映本部门(单位)的财务状况和运行情况,是政府财务报告重要组成部分。实施政府部门财务报告制度对于提升部门(单位)财务管理水平,推进国家治理体系和治理能力现代化具有重要意义。在学习时应区分"政府部门财务报告"和"政府综合财务报告"的不同概念和内涵。在本章中我们统一简称为"政府财务报告"。

第一节 政府财务报告概述

政府会计准则制度提出了"双报告"的改革思路,决算报告的目标是向决算报告使用者提供与政府预算执行情况有关的信息,综合反映政府会计主体预算收支的年度执行结果,有助于决算报告使用者进行监督和管理,并为编制后续年度预算提供参考和依据;综合财务报告的目标是向财务报告使用者提供与政府的财务状况、运行情况(含运行成本)和现金流量等有关信息,反映政府会计主体公共受托责任履行情况,有助于财务报告使用者做出决策或者进行监督和管理。

一、政府综合财务报告的发展历程

（一）2010—2014年

建立以权责发生制为基础的政府财务报告制度，已经成为国际公认的公共财政管理发展方向。借鉴国际经验并结合我国实际情况，财政部于2010年底启动了权责发生制政府综合财务报告试编工作。先期试点后在2011年扩大到23个省（自治区、直辖市），2012年要求全国所有省（自治区、直辖市）必须试编权责发生制政府综合财务报告，同时印发了《2012年度政府综合财务报告试编办法》。

由于存在合并范围广、会计核算基础不一致、会计人员从业水平参差不齐等诸多原因，在实际工作中编制高质量的权责发生制政府综合财务报告也存在着较大的难度。

这一时期的特征是"试编"，编制政府综合财务报告的目的主要有两个：一是在不改变会计核算的前提下，通过对现有报表进行调整的方法编制政府综合财务报告，以大致反映政府实际的资产负债与现在会计报表反映的资产负债之间的差距，为政府会计改革的初步要求提供依据；二是通过编制权责发生制基础的政府财务报表，显示出政府会计核算需要改进的项目主要有哪些，为进一步推行政府会计改革提供着力点。

（二）2015—2018年

党的十八届三中全会要求建立权责发生制的政府综合财务报告制度，2014年新修订的《中华人民共和国预算法》要求各级政府财政部门应当按年度编制以权责发生制为基础的政府综合财务报告。同时，《国务院关于批转财政部权责发生制政府综合财务报告制度改革方案的通知》（国发

〔2014〕63号）明确要求，2015年要制定发布政府财务报告编制办法和操作指南，为2016—2017年开展政府财务报告编制试点工作奠定制度基础。

财政部2015年印发了《政府财务报告编制办法（试行）》（以下简称《办法》）、《政府综合财务报告编制操作指南（试行）》（以下简称《综合指南》）和《政府部门财务报告编制操作指南（试行）》（以下简称《部门指南》）等三项制度，以规范权责发生制政府综合财务报告制度改革试点期间的政府财务报告编制工作。2018年3月，结合政府会计制度改革情况，对编制办法进行了修订。

政府财务报告以权责发生制为基础编制，包括政府部门财务报告和政府综合财务报告。

政府部门财务报告由政府部门编制，主要反映本部门财务状况、运行情况等，为加强政府部门资产负债管理、预算管理、绩效管理等提供信息支撑。

政府综合财务报告由政府财政部门编制，主要反映政府整体财务状况、运行情况和财政中长期可持续性等，可作为考核地方政府绩效、开展地方政府信用评级、评估预警地方政府债务风险、编制全国和地方资产负债表以及制定财政中长期规划和其他相关规划的重要依据。

2016年财政部印发了《关于开展2016年度政府财务报告编制试点工作的通知》，确定原国土资源部、原国家林业局等两个中央部门和山西省、黑龙江省、上海市、浙江省、广东省、海南省和重庆市等7个地方作为首批试点单位，于2017年着手编制上一年度政府财务报告。2018年，试点范围扩大到20个中央部门和20个地方，并选择4个地方试点编制上下级合并的行政区政府综合财务报告。2019年，试点范围进一步扩大到40个中央部门和36个地方，并选择12个地方试点编制上下级合并的行政区政府综合财务报告。

不同于上一阶段的"试编"，本次政府财务报告改革，已经具备了较好的改革基础，一是国家明确了"建立权责发生制政府综合财务报告"这一改革方案；二是《政府会计准则——基本准则》已经出台，本次改革基本上建立了政府财务报告的框架，包括政府部门财务报告和政府综合财务报告两个层次，以及具体的操作编制方式，并提出"开发政府财务报告信息系统"，但是在2015年，由于政府会计制度尚未出台，政府财务报告仍存在一定的不确定性。值得注意的是，在财政部印发通知时，提出了"随着政府会计准则制度体系建立完善，及时修订政府财务报告编制相关制度"，也标志着政府财务报告还将继续修订完善。

（三）2019年，新的《政府财务报告编制办法》的正式出台

2019年12月，为进一步推进权责发生制政府综合财务报告制度改革，规范政府财务报告编制工作，结合政府会计准则制度和政府财务报告编制试点情况，财政部对《政府财务报告编制办法（试行）》（财库〔2015〕212号）（以下简称《办法》）、《政府部门财务报告编制操作指南（试行）》（以下简称《部门指南》）和《政府综合财务报告编制操作指南（试行）》（以下简称《综合指南》进行了修订。

2015年，启动试点时，由于行政事业单位日常会计核算仍以收付实现制为主，编制政府财务报告需要对有关核算数据按照权责发生制原则进行调整，当时印发的编制办法和操作指南基于原有会计制度，侧重于如何对数据进行调整。2017年，财政部印发《政府会计制度——行政事

业单位会计科目和报表》，自2019年1月1日起施行。新的制度实行"双基础、双报告"的政府会计核算模式，要求行政事业单位采用"平行记账"，同步进行权责发生制财务会计核算和收付实现制预算会计核算，从制度层面解决了政府财务报告编制的核算基础问题。同时，试点过程中既积累了一些经验，也遇到了一系列问题，需要在制度中加以规定。综合上述情况，财政部组织对《办法》《部门指南》和《综合指南》等三项制度进行了全面修订。

（四）2023年，对"三项制度"再次完善

按照《国务院关于进一步深化预算管理制度改革的意见》，以及国务院批准的《权责发生制政府综合财务报告制度改革方案》有关要求，财政部持续推进政府财务报告制度改革，2021年起已在全国范围内实现政府财务报告编制全覆盖。在2019年文件试行期间，上述制度为各级政府、部门、单位编制财务报告提供了基本规范和遵循，发挥了重要指导作用。随着形势的发展变化，编制制度也显出一些不适应的方面，需要进行相应修订。

第一，更好地与新财政总会计制度衔接。财政总会计核算信息是政府综合财务报告的重要数据来源。原财政总预算会计制度以收付实现制为基础，编制综合财务报告时需要按照权责发生制原则对有关会计数据进行转换。2023年1月1日起施行新的财政总会计制度后，总会计核算同时使用预算会计和财务会计两套科目体系，分别以收付实现制和权责发生制为基础，编制综合财务报告直接使用财务会计信息，无须再采用调整转换的方法。

第二，更好地厘清政府财务报告和决算报告的差异。财务报告与决

算报告各有侧重、互为补充，在会计核算基础、报告目标、编制方法等方面有较大区别。原制度中未要求详细反映两套报告的数据差异。为厘清两者之间的差异，避免信息使用者误读，需在部门财务报告和综合财务报告中增加相关报表，反映财务报告中收入费用与决算报告中预算收支的主要差异情况。

第三，更好地满足新时代财政财务管理的需求。编制政府财务报告主要目标之一是全面准确反映各级政府财务状况和运行情况，服务推进国家治理体系和治理能力现代化。原制度注重从政府整体角度反映政府财务信息全貌，对政府内部不同类型单位的财务状况反映不够充分。这次修订增加了一些补充报表，进一步丰富报告内容，构建从整体到局部，分层次、分类别反映财务信息的报表体系，以更好地满足政府财政财务管理需要。

为进一步规范政府财务报告编制工作，2023年财政部修订印发了《政府财务报告编制办法》（财库〔2023〕21号）、《政府部门财务报告编制操作指南》（财库〔2023〕22号）和《政府综合财务报告编制操作指南》（财库〔2023〕23号）等三项制度。本次修订的主要变化包括如下方面：

从编制方法看，主要变化是新的财政总会计制度实施后，编制综合财务报告直接从总会计账提取数据，无须再进行有关调整和抵销。

从报告内容看，主要是根据管理需要增设相关补充报表：一是在部门财务报告和综合财务报告中增加应付工程款情况表，反映应付工程款规模及变动情况，推动部门和单位加强应付工程款管理，防范债务风险。二是在综合财务报告中增加行政事业单位资产负债汇总表和收入费用汇总表，总体反映行政事业单位财务状况和运行情况，并针对不同单位类型进行分类统计，便于财政部门全面掌握行政事业单位财务数据。三是在部门财务报告和综合财务报告中增加本年预算结余与盈余调节表，反映财务报告中收入费用和决算报告中预算收支之间的主要差异。四是在综合财务报告中增加财政总会计资产负债表、收入费用表和现金流量表，以掌握各级财政总会计负责核算的资产、负债、收入、费用等信息。

二、制度速览

政府财务报告自2010年试编以来，办法历经多次修改，不同于其他政策，政府财务报告修订时往往不再执行以前的政策，以最新的政策为准，本节我们梳理了近年来的部分办法，让读者可以梳理出政府财务报告制度的演变过程，能更深刻地理解政府财务报告制度（见表9-1）。

表9-1　　　　2010年以来政府出台财务报告编制制度

序号	制度名称	文号	背景
1	国务院关于批转财政部《权责发生制政府综合财务报告制度改革方案》的通知	国发〔2014〕63号	政府会计改革的纲领性文件
2	关于印发《政府财务报告编制办法（试行）》的通知	财库〔2015〕212号	国务院改革方案已出台、预算法修订
3	关于印发《政府部门财务报告编制操作指南（试行）》的通知	财库〔2015〕223号	国务院改革方案已出台、预算法修订
4	关于印发《政府综合财务报告编制操作指南（试行）》的通知	财库〔2015〕224号	国务院改革方案已出台、预算法修订
5	关于修订印发《政府综合财务报告编制操作指南（试行）》的通知	财库〔2018〕30号	政府会计制度出台
6	关于修订印发《政府部门财务报告编制操作指南（试行）》的通知	财库〔2018〕29号	政府会计制度出台
7	关于印发《地方政府综合财务报告合并编制操作指南（试行）》的通知	财库〔2018〕66号	政府会计制度出台

续表

序号	制度名称	文号	背景
8	关于修订印发《政府财务报告编制办法（试行）》的通知	财库〔2019〕56号	政府会计制度已实施
9	关于修订印发《政府综合财务报告编制操作指南（试行）》的通知	财库〔2019〕58号	政府会计制度已实施
10	关于修订印发《政府部门财务报告编制操作指南（试行）》的通知	财库〔2019〕57号	政府会计制度已实施
11	关于修订印发《政府财务报告编制办法》的通知	财库〔2023〕21号	最新修订
12	关于修订印发《政府部门财务报告编制操作指南》的通知	财库〔2023〕22号	最新修订
13	关于修订印发《政府综合财务报告编制操作指南》的通知	财库〔2023〕22号	最新修订

备注：目前正在实施的是2023年出台的三项制度，本表的作用是让读者了解政府财报的政策演变。

从上面的制度出台时间及修订时间来看，政府财务报告在经过十年左右的试编后，随着《权责发生制政府综合财务报告制度改革方案》的改革进程不断完善和政府会计制度的推进，修订后的编制方法和操作指南与政府会计准则制度保持了相互统一。

第二节 政府财务报告的主要内容

政府会计制度的双体系、双基础、双报告，在预算会计收付实现制基础上编制决算报告；在财务会计权责发生制上编制财务报告。政府财务报告和决算报告，既有联系又有区别，各有侧重、互为补充、有机衔接。

决算报告的目标是向决算报告使用者提供与政府预算执行情况有关的信息，综合反映政府会计主体预算收支的年度执行结果，有助于决算报告使用者进行监督和管理，并为编制后续年度预算提供参考和依据。决算报告的使用者包括各级人民代表大会及其常务委员会、各级政府及其有关部门、政府会计主体自身、社会公众和其他利益相关者。

政府财务报告包括政府部门财务报告和政府综合财务报告。财务报告的目标是向财务报告使用者提供与政府的财务状况、运行情况（含运行成本）和现金流量等有关信息，反映政府会计主体公共受托责任履行情况，有助于财务报告使用者做出决策或者进行监督和管理。政府财务报告使用者包括各级人民代表大会常务委员会、债权人、各级政府及其有关部门、政府会计主体自身和其他利益相关者。

一、编报范围

政府部门财务报告编制范围包括：（一）部门及部门所属的行政事业单位，不包括企业（集团）下属的事业单位；（二）与同级财政部门有预算拨款关系的社会团体。财政部对政府部门财务报告编制范围另有规定的，依照其规定。

第一，部门所属的自收自支事业单位和企业化管理事业单位全部纳入编制范围。从性质上讲，这两类单位仍是国家为了社会公益目的，由国家机关或其他组织举办的，从事教育、科研、文化、卫生、体育等活动的社会服务组织，是政府整体的组成部分。将其作为编制主体，有利于全面反映政府整体财务状况和运行情况，与这些事业单位的财政供给方式、财务管理模式以及是否执行政府会计制度没有必然关系。

第二，企业（集团）下属事业单位，鉴于其财务数据已并入企业（集团）财务报表，反映在企业整体财务状况和运行情况中，故不要求其编制政府部门财务报告，以避免出现重复。

二、2023年修订的主要变化

《国务院关于批转财政部权责发生制政府综合财务报告制度改革方案的通知》（国发〔2014〕63号）（以下简称《改革方案》）提出以来，历经多次办法修订和试编，特别是政府会计准则制度改革，为政府财务报告的编制奠定了坚实的基础。根据《改革方案》的中时间进度要求，虽然部分制度改革时间较"改革方案"略有推迟，但近年来明显有加快的趋势，主要包括如下方面：

一是《财政总会计制度》（财库〔2022〕41号），对2015年制定的《财政总预算会计制度》（财库〔2015〕192号）进行了全面修订，在一个制度下运行预算会计和财务会计两套科目体系，建立"双功能"（即预算会计功能和财务会计功能）、采用"双基础"（即收付实现制基础和权责发生制基础）、支撑"双报告"（即决算报告和财务报告），在这样的基础之上开展总会计核算，能满足准确编制政府综合财务报告的要求。

二是《部门决算管理办法》（财库〔2021〕36号）进一步厘清了部门决算和财务报告编制过程中的关系，从制度层面对"双报告"编制过程中的重点进行了区分。

三是《政府会计准则制度解释第4号》（财会〔2021〕33号），在《政府会计准则第9号——财务报表编制和列报》基础上，对"关于部门（单位）合并财务报表范围中所属事业单位的确认""关于部门（单位）合并财务报表的编制程序和抵销事项的处理"等方面进行了规范，特别是"编制程序"和"抵销事项"进行了详细规范，基本上是对政府财务报告编制办法的内容补充，解决了编制实务中的诸多难题。特别在《政府会计准则制度解释第4号》中，提出了"可以在会计信息系统中将统一社会信用代码等作为部门内部单位的标识依据"，为报告编制和会计核算实务中无法区分"往来单位"难题提供了解决方案。

四是随着预算一体化改革的深入推进，预算管理一体化上线的地区，编制政府财务报告时，从基础数据的取得、抵销事项的处理等方面，基本上可以通过预算一体化系统完成，随着系统的不断完善和更多的部门、地区上线一体化系统，将能更好地解决政府财务报告的编制过程中遇到的困难。

五是财政部还出台了《事业单位财务规则》《行政单位财务规则》《事业单位成本核算指引》等系列制度，夯实了政府财务报告的基础，为高质量、高效率编制政府财务报告提供了保障。

在编制实务中，主要有以下方面变化：

一是编制时限上，根据《关于开展2024年度政府综合财务报告编报工作的通知》（财库〔2025〕3号）（以下简称《通知》），要求8月31日前报送政府综合财务报告，较以前年度时限有所推迟。同时要求进一步厘清财务报告与决算报告的差异情况，认真梳理财务报告与行政事业性国有资产报告差异原因，确保同口径数据一致。

二是要求通过预算管理一体化系统进行报送，严格按照《预算管理一体化规范（2.0版）》等相关规定完善政府综合财务报告相关功能。同时要求积极配合政府财务报告审计，对于审计发现的国库管理方面问题，要即知即改、立行立改；对于其他方面问题，要协调督促部门单位及其他有关方面严格执行相关制度,加强管理。

三是要求扎开展对账抵销。做好政府综合财务报告编制涉及的政府内部交易事项对账抵销工作,适时组织开展部门与部门之间、财政与部门之间、不同级次政府财政之间对账。正确运用抵销规则,部门与部门之间交易事项金额高于抵销阈值10万元的,重点开展对账抵销;10万元(含)以下且可确认一致的,原则上应抵尽抵,不受抵销阈值限制。督促部门做好所属单位之间交易事项的对账抵销,配合财政部门做好对账工作。

四是在编报要求中,提出了要加强财政国库部门与资产、债务管理部门的沟通协调,做好政府综合财务报告与部门财务报告、财政总决算、国有资产报告、地方政府债务统计报告的数据衔接,确保同口径数据一致。同时要求部门单位应严格执行政府会计准则制度,推动在建工程转固,按规定开展资产负债清查,不断完善基础资料,认真做好公共基础设施、政府储备物资、保障性住房、文物资源和应付工程款的入账工作,进一步夯实了政府综合财报的资产和负债数据。

三、政府部门财务报告主要内容

在日常工作中,政府财务报告包括"政府部门财务报告"和"政府综合财务报告",但是广大的行政事业单位和会计人员主要从事"部门财务报告"编制,本章重点围绕部门财务报告内容进行阐述。

(一)主要内容

政府部门财务报告应当包括财务报表和财务分析。财务报表包括会计报表和报表附注。会计报表主要包括资产负债表、收入费用表等。

资产负债表重点反映政府部门年末财务状况。资产负债表应当按照资产、负债和净资产分类分项列示。其中，资产应当按照流动性分类分项列示，包括流动资产、非流动资产等；负债应当按照流动性分类分项列示，包括流动负债、非流动负债等。

收入费用表重点反映政府部门年度运行情况。收入费用表应当按照收入、费用和盈余分类分项列示。

报表附注重点对会计报表做了进一步解释说明，主要包括会计报表编制基础、遵循相关制度规定的声明、合并范围、重要会计政策与会计估计变更情况、会计报表重要项目明细信息及说明等事项。

政府部门财务分析主要包括财务状况分析、运行情况分析、财务管理情况等。

（二）编制指南

政府部门财务报告由本部门所属单位按照财务管理关系逐级编制。

各部门、各单位是本部门、本单位财务报告的管理主体，对本部门、本单位财务报告的真实性、准确性、完整性和规范性负责。政府各部门应当严格按照相关财政财务管理制度以及政府会计准则制度规定，全面清查核实资产负债，完善基础资料，做到账实相符、账证相符、账账相符、账表相符。政府各部门应当认真组织开展部门与财政之间、部门与部门之间、部门内部单位之间经济业务或事项的对账工作。各单位应当认真开展本单位与财政之间、与其他单位之间经济业务或事项的对账工作。政府各部门应当对所属各单位财务报表进行合并，编制本部门财务报表。编制合并财务报表时，对部门内部单位之间发生的经济业务或事项应当经过确认后抵销，并编制抵销分录，在此基础上分项生成合并财务报表项目。政府部门财务报表之间、财务报表各项目之间，凡有对应关系的数字，应当相互一致；报表中本期与上期有关的数字应当衔接。政府部门财务分析应当基于财务报表所反映的信息，结合政府部门职能，重点分析资产状况、债务风险、收入费用、预算管理和绩效管理等。

（三）注意事项

1. 政府部门财务报表编制工作分为两个阶段

（1）编制单位财务报表。各单位按照三项制度中的《会计报表项目对照表》将本单位会计报表中的资产、负债、净资产、收入和费用类项目金额填入资产负债表、收入费用表对应的报表项目。

资产负债表的年初数原则上应与上年的年末数相等。收入费用表的上年数原则上应与上年的本年数相等。涉及会计差错更正、会计政策变更等调整以前年度盈余事项的，资产负债表年初数按调整后的数据填列。

（2）编制合并财务报表。合并资产负债表和收入费用表的编制包括汇总单位会计报表、编制抵销分录、生成合并会计报表三个步骤。

第一步：汇总单位会计报表。

上级单位对本单位和各所属单位上报的资产负债表和收入费用表进行分项加总，得出汇总的会计报表。

第二步：编制抵销分录。

上级单位按照三项制度中的《抵销事项清单》对本单位、所属单位之间发生的经济业务或事项，确认后予以抵销，并编制抵销分录和抵销工作底稿。按照重要性原则，设定10万元抵销阈值。对于单位和单位之间的债权债务事项，年末余额不超过10万元的，可以不进行抵销。对于单位和单位之间的收入费用事项，本年累计发生额不超过10万元的，可以不进行抵销。具备条件的须应抵尽抵，不受阈值限制。

首先，抵销政府部门内部债权债务事项。

对于经确认的内部债权债务事项，要编制抵销分录：借记"应付票据""应付账款""预收账款""其他应付款""长期应付款"等科目；贷记"应收票据""应收账款""预付账款""其他应收款"等科目。已计提坏账准备的债权债务事项，应按债权债务原值编制抵销分录，同时应抵销已计提的坏账准备，借记"应收账款净额——坏账准备""其他应收款净额——坏账准备"等科目，贷记"累计盈余"（以前年度计提的金额）"其他费用"（当期补提或冲减的金额）等科目。

例如，A单位有2个所属单位A1、A2单位。A1单位会计报表"其他应收款"明细信息显示，A1单位应收A2单位款项500万元，A2单位会计报表"其他应付款"明细信息显示，A2单位应付A1单位款项500万元。A单位经与A1、A2两单位确认无误后，在编制合并会计报表时，抵销分录如下：

借：其他应付款——A1单位　　　　　　　　　　500
　　贷：其他应收款——A2单位　　　　　　　　　　500

例如，B单位有2个所属单位B1、B2单位。B1单位会计报表"应收账款"明细信息显示，应收B2单位款项100万元，假设该单位按照账龄分析法对此应收账款计提坏账准备10万元，年末应收账款净额为90万元。B2单位会计报表"应付账款"明细信息显示，应付B1单位款项100万元。B单位经与B1、B2两单位确认无误后，第一年编制合并会计报表时，抵销分录如下：

借：应付账款——B1单位　　　　　　　　　　　100
　　贷：应收账款——B2单位　　　　　　　　　　　100
借：应收账款净额——坏账准备　　　　　　　　　10
　　贷：其他费用　　　　　　　　　　　　　　　　10

第二年，B1单位对该应收账款补提5万元的坏账准备，年末应收账款净额为85万元。第二年编制合并财务报表时，抵销分录如下：

借：应付账款——B1单位　　　　　　　　　　　100
　　贷：应收账款——B2单位　　　　　　　　　　　100
借：应收账款净额——坏账准备　　　　　　　　　15
　　贷：其他费用　　　　　　　　　　　　　　　　5
　　　　累计盈余　　　　　　　　　　　　　　　10

第三年，B1单位收回该应收账款50万元，冲减8万元的坏账准备，年末应收账款净额为43万元。第三年编制合并财务报表时，抵销分录如下：

借：应付账款——B1单位　　　　　　　　　　　 50
　　贷：应收账款——B2单位　　　　　　　　　　　 50

借：应收账款净额——坏账准备　　　　　　　　　7
　　贷：其他费用　　　　　　　　　　　　　　　　−8
　　　　累计盈余　　　　　　　　　　　　　　　　15

抵销政府部门内部收入费用事项。

其次，对经确认的内部收入费用事项，应编制抵销分录：

①"上级补助收入"与"对附属单位补助费用"之间存在抵销关系，抵销分录为：借记"上级补助收入"，贷记"对附属单位补助费用"。

②"附属单位上缴收入""其他收入"（行政单位使用）与"上缴上级费用"之间存在抵销关系，抵销分录为：借记"附属单位上缴收入""其他收入"（行政单位使用），贷记"上缴上级费用"。

③"事业收入""非同级财政拨款收入""经营收入""租金收入""其他收入"中属于来自本部门内部单位的部分与"业务活动费用（商品和服务费用、其他费用）""单位管理费用（商品和服务费用、其他费用）""经营费用（商品和服务费用、其他费用）""其他费用"中属于支付给本部门内部单位的部分存在抵销关系，抵销分录为：借记"事业收入""非同级财政拨款收入""经营收入""租金收入""其他收入"，贷记"业务活动费用（商品和服务费用、其他费用）""单位管理费用（商品和服务费用、其他费用）""经营费用（商品和服务费用、其他费用）""其他费用"。对涉及增值税的应税业务，按扣除增值税后的净额抵销。

例如，A单位有2个所属单位A1、A2单位。A1单位会计报表"事业收入"明细信息显示，A1单位收到来自A2单位款项为113万元，A2单位会计报表"业务活动费用（商品和服务费用）"明细信息显示，A2单位支付给A1单位款项113万元。A单位经与A1、A2两单位确认无误后，在编制合并会计报表时，抵销分录如下：

借：事业收入——A2单位　　　　　　　　　　　　113
　　贷：业务活动费用（商品和服务费用）——A1单位　113

例如，B单位有2个所属单位B1、B2单位，B1单位收到来自B2单位款项100万元，增值税13万元，B2单位支付B1单位款项113万元，B单位经与B1、B2两单位确认无误后，在编制合并会计报表时，抵销分录如下：

借：事业收入——B2单位　　　　　　　　　　　　100
　　贷：业务活动费用（商品和服务费用）——B1单位　100

最后，政府部门内部特殊情况抵销事项。

按照《政府会计准则制度解释第4号》增加政府部门内部特殊情况抵销事项。在各单位充分对账、会计处理正确的前提下，部门合并主体对于按照规定未能进行抵销处理，且不属于规定的不抵销事项，可以直接按照内部业务或事项的金额编制抵销分录：借记有关应付及预收、收入项目，贷记有关应收及预付、费用项目，按其差额借记或贷记累计盈余。对收入和费用的调整最终会影响净资产总额，应按照所有调整分录汇总计算调整额（收入调增额－收入调减额－费用调增额＋费用调减额）。如果调整额为正数，调增"累计盈余"；如果调整额为负数，则调减"累计盈余"。

第三步，生成合并会计报表。

将抵销分录中相关数据填入抵销工作底表，根据抵销工作底表"合计"栏数据，对汇总后的资产负债表、收入费用表相关项目进行抵销，生成合并资产负债表和收入费用表。

2.会计报表附注编制

附注是对在会计报表中列示的项目所作的进一步说明，以及对未能在会计报表中列示项目的说明。附注应当包括下列内容：会计报表编制基础、遵循相关制度规定的声明、合并范围、会计政策与会计估计变更情况、会计报表重要项目明细信息及说明、需要说明的其他事项。编制时应重点对往来单位进行甄别。报表附注主要包括如下附表：货币资金明细表、应收票据明细表、应收账款净额明细表、预付账款明细表、其他应收款净额明细表、长期投资及投资收益明细表、固定资产明细表、在建工程明细表、无形资产明细表、公共基础设施明细表、政府储备物资明细表、保障性住房明细表、应付票据明细表、应付账款明细表、预收账款明细表、其他应付款明细表、长期借款明细表、长期应付款明细表、事业收入明细表、经营收入明细表、非同级财政拨款收入明细表、租金收入明细表、其他收入明细表、业务活动费用明细表、单位管理费用明细表、经营费用明细表、商品和服务费用明细表、其他费用明细表。

3.政府部门财务分析的主要内容

（1）结合政府部门职能、工作任务、相关政策要求等，说明政府部门年度工作目标计划及执行情况、绩效目标及完成情况。

(2)政府部门财务状况分析。

一是分析政府部门资产总额变化情况及原因;分析政府部门货币资金、长期投资、固定资产、在建工程、公共基础设施、政府储备物资、保障性住房等重要资产项目的结构特点和变化情况;其他资产/总资产若高于10%、货币资金/总资产若高于25%,需单独分析。

二是分析政府部门负债总额变化情况及原因;结合短期借款、长期借款等重点负债项目的增减变化情况,分析政府部门债务规模和债务结构等;其他负债/总负债若高于10%、应缴财政款若有余额,需单独分析。

三是运用资产负债率、现金比率、流动比率等指标,分析政府部门财务状况。

(3)政府部门运行情况分析。

一是分析政府部门收入总额变化情况及原因;分析政府部门收入结构及来源分布、重点收入项目的比重和变化趋势,以及经济形势、相关财政政策等对政府部门收入变动的影响等;其他收入/总收入若高于10%,需单独分析。

二是分析政府部门费用总额变化情况及原因;分析政府部门费用规模、构成及变化情况,特别是政府部门控制行政成本的政策、投融资情况及对费用变动的影响等;其他费用/总费用若高于10%,需单独分析。

三是运用政府部门的收入费用率等指标,分析政府部门收入与费用的比例情况。

(4) 政府部门财务管理情况。从部门预算管理、内控管理、资产管理、绩效管理、人才队伍建设等方面反映部门加强财务管理的主要措施和取得成效。

政府部门可采取比率分析法、比较分析法、结构分析法、趋势分析法等方法进行财务分析。参照指标如表9-2所示。

表9-2　　　　　　　　　分析指标表

序号	指标名称	公式	指标说明
1	资产负债率	负债总额/资产总额	反映政府部门偿付全部债务本息能力的基本指标
2	现金比率	(货币资金+财政应返还额度)/流动负债	反映政府部门利用现金及现金等价物偿还短期债务的能力
3	流动比率	流动资产/流动负债	反映政府部门流动资产用于偿还流动负债的能力
4	固定资产成新率	固定资产净值/固定资产原值	反映政府部门固定资产的持续服务能力
5	公共基础设施成新率	公共基础设施净值/公共基础设施原值	反映公共基础设施的持续服务能力
6	保障性住房成新率	保障性住房净值/保障性住房原值	反映政府部门保障性住房的持续服务能力
7	收入费用率	年度总费用/年度总收入	反映政府部门收入与费用的比例情况

四、政府财务报告审核及报送

政府财务报告审核重点是报告的真实性、准确性、完整性和规范性,具体包括:

（一）真实性。报表数据与会计账簿数据是否相符，是否有漏报、虚报和瞒报等现象。

（二）准确性。财务报表表内、表间勾稽关系是否衔接，抵销调整事项是否合理、准确，纸质数据与电子数据是否保持一致。

（三）完整性。是否涵盖所有报告主体和事项，报告内容是否完整。

（四）规范性。会计报表、报表附注、分析说明的格式等是否符合政府财务报告编制制度规定。

政府各部门、各单位应当对本部门、本单位财务报告真实性、准确性、完整性、规范性进行初审。政府财政部门应当对部门财务报告的准确性、完整性、规范性进行复审。各级政府财政部门应当对本级政府综合财务报告真实性、准确性、完整性、规范性进行初审。上级财政部门应当对下级政府综合财务报告的准确性、完整性、规范性进行复审。

政府财务报告审核包括自行审核、集中会审、委托审核等多种形式。

（一）自行审核。各单位在报送财务报告前自行按规定的审核内容逐项审核本单位财务报告。

（二）集中会审。各地区、各部门组织专门力量对本地区、本部门及所属单位编制的财务报告纸质报表、电子数据以及相关资料，按照财政部门的标准及要求集中进行审核。

（三）委托审核。各地区、各部门在遵循有关法律法规的前提下，可委托中介机构对本地区、本部门及所属单位编制的财务报告纸质报表、电子数据以及相关资料进行审核。

各地区、各部门应当认真做好财务报告审核工作，凡发现报告编制不符合规定，存在漏报、重报、虚报、瞒报、错报以及相关数据不衔接等错误和问题，应当要求有关单位立即纠正，并限期重新报送。

政府财务报告审核应当依据政府会计准则制度、政府财务报告编制制度等规定，采取人工审核和系统审核相结合方式进行。人工审核侧重于财务报告完整性、规范性等方面；系统审核侧重于财务报告数据准确性及勾稽关系等方面。

政府各单位应当按照财务管理关系，按规定内容和时限采取自下而上方式逐级报送财务报告。政府各部门应当按规定内容和时限将部门财务报告报送同级政府财政部门，并按照审计相关规定接受审计机关审计。

县级以上地方政府财政部门应当按规定内容和时限，将政府综合财务报告报送上级政府财政部门，并按照审计相关规定接受审计机关审计。经审计的政府综合财务报告，适时报本级人民代表大会常务委员会备案。

五、知识拓展

1.部门财务报表和综合财务报表都属于合并财务报表

与一般汇总报表相比，合并财务报表要对政府内部各主体之间债权债务、收入费用等事项进行抵销处理，目的是避免资产、负债、收入、费用相关项目金额虚增，使合并财务报表反映的信息更为准确。这既是政府财务报告编制工作的特点、重点，也是与行政事业性国有资产报告的不同之处。

2.关于抵销事项

主要是对被合并主体之间发生的债权债务和收入费用分别进行抵销。其中抵销债权债务时，涉及已计提的坏账准备需要冲回，这次修订补充了相应规定。实际工作中还有一些特殊情况，如部分应抵销事项，由于单位之间处理习惯不一样，一方记资产，另一方记费用，或者一方记负债，另一方记收入等，相关项目无法匹配。鉴于此类事项十分复杂，待条件成熟后，再统一加以完善。抵销事项清单如表9-3所示。

表9-3 抵销事项及分录

序号	抵销事项	抵销分录
1	部门内部单位之间发生的债权债务事项，应予以抵销	借：应付票据、应付账款、预收账款、其他应付款、长期应付款 贷：应收票据、应收账款、预付账款、其他应收款
2	部门内部单位之间发生的债权债务事项，债权方已计提坏账准备的，应予以抵销 其中，以前年度计提的贷记"累计盈余"、当期补提或冲减的贷记"其他费用"	借：应收账款净额——坏账准备 其他应收款净额——坏账准备 贷：其他费用 累计盈余
3	部门内部单位之间发生的上级补助收入与对附属单位补助费用，应予以抵销	借：上级补助收入 贷：对附属单位补助费用
4	部门内部单位之间发生的上缴上级费用与附属单位上缴收入、其他收入（行政单位使用），应予以抵销	借：附属单位上缴收入、其他收入（行政单位使用） 贷：上缴上级费用
5	支付给部门内部单位的业务活动费用（商品和服务费用、其他费用）、单位管理费用（商品和服务费用、其他费用）、经营费用（商品和服务费用、其他费用）、其他费用和来自部门内部单位的事业收入、非同级财政拨款收入、经营收入、租金收入、其他收入，应予以抵销。对涉及增值税的应税业务，按扣除增值税后的净额抵销	借：事业收入、非同级财政拨款收入、经营收入、租金收入、其他收入 贷：业务活动费用、单位管理费用、经营费用、其他费用

续表

序号	抵销事项	抵销分录
6	部门内部特殊情况抵销事项。在各单位充分对账、会计处理正确的前提下，部门合并主体对于按照规定未能进行抵销处理，且不属于规定的不抵销事项，应予以抵销	借：有关应付及预收、收入项目 　　贷：有关应收及预付、费用项目 借或贷：累计盈余
7	根据抵销分录中收入总额与费用总额的差额调整累计盈余	借或贷：收入调整总额与费用总额的差额 借或贷：累计盈余

注：上述清单中未涵盖的抵销事项，可根据实际情况自行增设抵销分录。

3.关于抵销范围

这里的抵销范围指的是合并财务报表所涉及的单位范围，与合并报表编制主体相关。具体来说，如某一部门编制合并财务报表，须抵销本部门、本系统内行政事业单位之间的业务事项。涉及系统外单位的抵销事项则由上一级合并报表编制主体处理。财政部门编制政府综合财务报表时，应将属于政府内部各主体之间的经济业务事项进行抵销，包括部门与部门之间、财政和部门之间，以及财政内部不同资金主体之间发生的业务事项。

4.关于设置抵销门槛

设置抵销门槛是国际上编制政府综合财务报告国家的通行做法，如英国、新西兰等都有抵销门槛的规定。目前修订设置抵销门槛为10万元，是从实际情况出发，按照重要性原则确定的。综合分析中央和地方试点情况，10万元以下的抵销事项笔数多（大约占60%）、总额小，但处理成本高、效率低，工作量大，部门单位反映比较集中。设置抵销门槛对财务报表的可靠性及政府财务状况分析不会产生太大的实际影响，却可以大幅减轻工作量,抓大放小,反而有利于提高报告质量。需要强调的是,应避免机械理解这一规定,10万元以下且可以确认一致的内部交易事项,原则上应抵尽抵,不受门槛限制。

5.财务报告编制的思考

(1)政府财务报告是基于权责发生制为基础编制的。

因此对权责发生制的理解、使用程度将对政府财务报告产生重大意义,政府会计制度落地实施的好坏很大程度上影响了本单位财务报告的编制质量,进而影响本部门、本地区政府财务报告的编制质量。

【案例】A单位2024年支付B单位相关业务工作经费,A单位2024年财务会计确认业务活动费用(单位往来辅助核算选择B单位),预算会计做当年行政支出(事业支出)。由于该业务工作尚未开展,预计会在2025年开展相关工作,B单位2024年按照权责发生制原则确认预收账款(同时单位往来辅助核算时选择A单位)。

编制政府财务报告时,A单位费用中有一笔对B单位的款项(费用类科目)需要抵销,B单位有一笔对A单位的预收账款(往来类科目)需要抵销,A、B单位对同一业务的职业判断不同,导致该笔业务无法抵销。上述两个案例,因为存在核算双方对业务核算理解得不一致,导致政府财务报告编制时出现对账抵销难题。政府部门财务报告属于合并财务报表范畴,为了避免合并后的政府财报出现虚增金额,需要对政府会计各主体之间的债权债务、收入费用等事项进行抵销处理,在编制过程中可能会出现以下情况:

一是部分单位可能在核算时没有进行辅助核算,这种因为核算基础工作不完善导致到了编报环节无法提供对账信息，也不愿意再重新区分，为了省事，就全部放入"其他单位"。

二是单位填报了信息，但是可能存在科目不一致，金额不一致导致无法对账抵销，仍然存在问题，为了省事，调整进入"其他单位"。

三是单位出现上述情况，也不调整，就直接上报，留着上级单位对账抵销解决。

（2）目前实务中存在的困惑。

一是基层单位对账抵销工作很难有效落实开展，收支关系、债权债务关系不能完全列示到对账单位。即使在编制系统中发布"抵销"消息，但是对方单位没有发布也无法及时联系，所以最后只能调整到其他收入中。

二是政府财务报告以前是一个独立的系统，数据关联性审核不够，存在财务报告数据与账务数据"两张皮"，固定资产原值、折旧与资产系统不一致，无形资产原值、摊销与资产系统不一致。同时，为了通过财务报告审核，应该抵销的事项不反映、隐瞒等情况。从预算一体化系统提取数据，虽然可以有效提高编制的质量，但会大大增加编制过程中"抵销"的难度，对"部门内部单位"，可以通过强制的行政手段，实现"应抵尽抵"，但是对"部门外部单位"之间的抵销，将会面临较大的难题。

三是政府财务报告从目前的编制内容上看，更多的是满足"部门"和财政部门使用，单位自身的财务报告，因为被各种事项"抵销"，基本无法反映单位的真实状况，因此在单位内部，难以满足管理决策的需要，难以向成本核算提供较为有效的价值，因此编制工作难以得到单位的重视。

（3）后续工作建议。

一是加快预算一体化系统建设，通过预算一体化系统编制政府财务报告，将能有效解决部门决算与账务数据的一致性，资产年报与资产数据的一致性，预算一体化系统数据与账务数据的一致性等，做好同类数据一致性，才能有效提高政府财务报告的质量。

二是相较于部门决算报告，开展政府财报编制工作的时间比较短，人员编制水平和重视程度均有待提升，许多报表只能按照模板简单填列，更深层次的支撑管理决策也很难有效开展。财政部门应进一步加强指导培训，加大宣传政府财报的重要性，特别是对基层单位，指导其对账抵销工作，加强编报过程中的服务指导，提高编报质量。

三是基层单位应该加强会计核算管理，夯实编报基础，例如，在账务上，通过辅助账核算，区分"部门内部单位""部门以外的同级政府单位""部门以外的非同级政府单位""其他单位"辅助核算对象，提高编制基础数据质量。

四是提高政府财务报告的质量，其关键在财政部门，只有财政部门才能协调纳入编报范围的单位相互之间"抵销"业务事项，降低部门和基层单位编报难度，只有提高"抵销"的真正水平，才是提高政府财务报告质量的根本。

五是2014年《改革方案》提出"制定发布政府财务报告审计制度、公开制度",2023年新的制度中要求"政府各部门应当按规定内容和时限将部门财务报告报送同级政府财政部门,并按照审计相关规定接受审计机关审计"。政府财务报告质量的提升和有效利用,关键在于审计和公开,通过外部监督提高编制质量。在政府财务报告审计时,要加强与部门决算、资产报告、地方政府债务、预算绩效等数据的关联性核查,不能孤立地出具审计财务报告。

当然还有其他方面的问题、建议,需要广大会计人员去思考、去研究。

本章小结

建立权责发生制政府综合财务报告制度是党的十八届三中全会提出的一项重大改革任务,也是《预算法》的规定。通过编制权责发生制政府综合财务报告,全面、准确地反映各级政府资产负债和成本费用等财务状况和运行情况,为强化政府资产管理、降低行政成本、提升运行效率、防范财政风险,促进财政可持续发展等提供信息支持,是加快完善系统完备、法制健全、权责清晰、公平普惠、科学规范、运行有效的现代财政制度,服务推进国家治理体系和治理能力现代化的一项基础工作。

后续工作中,相关部门将会推动制定政府财务报告审计制度;研究制定适合中国国情的政府财务报告公开制度;建立健全政府财务报告分析应用体系,上述工作也将是《权责发生制政府综合财务报告制度改革方案》的最后一步。

第十章　综合管理

本章导读

2012年财政部印发了《行政事业单位内部控制规范（试行）》，2014年印发了关于全面推进管理会计体系建设的指导意见。无论是内部控制体系建设还是管理会计体系建设，都是建立现代财政制度、推进国家治理体系和治理能力现代化的重要举措，在提高行政事业单位内部管理水平、提升管理效能方面发挥了重要作用。2024年2月，中共中央办公厅、国务院办公厅印发了《关于进一步加强财会监督工作的意见》，对财会监督的未来改革发展做了重要部署，促进了会计工作在国家治理体系和治理能力现代化过程中更好地发挥作用，会计人员更要加强自我约束，遵守职业道德，拒绝办理或按照职权纠正违反法律法规规定的财会事项。

第一节　内部控制

行政事业单位内部控制，是指单位为实现控制目标，通过制定制度、实施措施和执行程序，对经济活动的风险进行防范和管控。

一、制度速览

2012年,财政部为推进行政事业单位内部控制建设和系统实施,印发了《行政事业单位内部控制规范(试行)》(以下简称《内部控制规范》),《内部控制规范》的出台助力了各单位实施内部控制和强化廉政风险防控,内部控制建设在政府层面获得了前所未有的重视和关注。财政部于2015年12月、2016年6月,相继印发了覆盖面更广阔的《关于全面推进行政事业单位内部控制建设的指导意见》(以下简称《指导意见》)和推进评价的《关于开展行政事业单位内部控制基础性评价工作的通知》(以下简称《基础性评价通知》),进一步推动了内部控制在行政事业单位的建设和不断规范。2017年2月,财政部正式颁布并要求自2017年3月1日起施行的《行政事业单位内部控制报告管理制度(试行)》(以下简称《管理制度》),编报内部控制报告成为行政事业单位内部控制的常规工作,这也使内部控制信息披露成为现实可能。2025年,财政部开始在部分地区开展了行政事业单位内部控制评价试点工作。

行政事业单位内部控制工作从无到有,从有到优,在探索中不断改进提高。本节总结了目前行政事业单位正在使用的与内部控制建设相关的文件,如表10-1所示。

表10-1　　　　近年来出台有关内部控制制度与法规文件

序号	制度名称	文号
1	关于印发《行政事业单位内部控制规范(试行)》的通知	财会〔2012〕21号
2	关于全面推进行政事业单位内部控制建设的指导意见	财会〔2015〕24号
3	关于开展行政事业单位内部控制基础性评价工作的通知	财会〔2016〕11号
4	关于印发《行政事业单位内部控制报告管理制度(试行)》的通知	财会〔2017〕1号
5	关于开展行政事业单位内部控制评价试点工作的通知	财办会〔2025〕11号

二、重点解读

(一)行政事业单位内部控制的目标

行政事业单位内部控制的目标有以下五个方面:合理保证单位经济活动合法合规、资产安全和使用有效、财务信息真实完整、有效防范舞弊和预防腐败、提高公共服务的效率和效果。企业内部控制的目标也有五个方面,分别是合理保证企业经营管理合法合规、资产安全、财务报告及相关信息真实完整、提高经营效率和效果、促进企业实现发展战略。总体上基本一致。

(二)行政事业单位内部控制的原则

建立与实施内部控制,应当遵循下列原则:

(1)全面性原则。内部控制应当贯穿单位经济活动的决策、执行和监督全过程,实现对经济活动的全面控制。

(2)重要性原则。在全面控制的基础上,内部控制应当关注单位重要经济活动和经济活动的重大风险。

(3)制衡性原则。内部控制应当在单位内部的部门管理、职责分工、业务流程等方面形成相互制约和相互监督。

(4)适应性原则。内部控制应当符合国家有关规定和单位的实际情况,并随着外部环境的变化、单位经济活动的调整和管理要求的提高,不断修订和完善。

(三)行政事业单位内部控制的控制方法

单位内部控制的控制方法一般包括:

（1）不相容岗位相互分离。合理设计内部控制关键岗位，明确划分职责权限，实施相应的分离措施，形成相互制约、相互监督的工作机制。

（2）内部授权审批控制。明确各岗位办理业务和事项的权限范围、审批程序和相关责任，建立重大事项集体决策和会签制度。相关工作人员应当在授权范围内行使职权、办理业务。

（3）归口管理。根据本单位实际情况，按照权责对等的原则，采取成立联合工作小组并确定牵头部门或牵头人员等方式，对有关经济活动实行统一管理。

（4）预算控制。强化对经济活动的预算约束，使预算管理贯穿单位经济活动的全过程。

（5）财产保护控制。建立资产日常管理制度和定期清查机制，采取资产记录、实物保管、定期盘点、账实核对等措施，确保资产安全完整。

（6）会计控制。建立健全本单位财会管理制度，加强会计机构建设，提高会计人员业务水平，强化会计人员岗位责任制，规范会计基础工作，加强会计档案管理，明确会计凭证、会计账簿和财务会计报告处理程序。

（7）单据控制。要求单位根据国家有关规定和单位的经济活动业务流程，在内部管理制度中明确界定各项经济活动所涉及的表单和票据，要求相关工作人员按照规定填制、审核、归档、保管单据。

（8）信息内部公开。建立健全经济活动相关信息内部公开制度，根据国家有关规定和单位的实际情况，确定信息内部公开的内容、范围、方式和程序。

(四)风险评估工作

行政事业单位应当建立适合本单位实际情况的内部控制体系,并组织实施。具体工作包括梳理单位各类经济活动的业务流程,明确业务环节,系统分析经济活动风险,确定风险点,选择风险应对策略,在此基础上根据国家有关规定建立健全单位各项内部管理制度并督促相关工作人员认真执行。

风险评估工作是内部控制体系建设中很重要的一个环节。单位应当建立经济活动风险定期评估机制,对经济活动存在的风险进行全面、系统和客观评估。经济活动风险评估至少每年进行一次;外部环境、经济活动或管理要求等发生重大变化的,应及时对经济活动风险进行重估。

单位开展经济活动风险评估应当成立风险评估工作小组,单位领导担任组长。经济活动风险评估结果应当形成书面报告并及时提交单位领导班子,作为完善内部控制的依据。

行政事业单位经济活动分为单位层面和业务层面。业务层面分为预算管理控制、收支控制、政府采购控制、资产控制、建设项目控制和合同控制。

评估单位层面的风险时,应当重点关注以下方面:

(1)内部控制工作的组织情况。包括是否确定内部控制职能部门或牵头部门;是否建立单位各部门在内部控制中的沟通协调和联动机制。

(2)内部控制机制的建设情况。包括经济活动的决策、执行、监督是否实现有效分离;权责是否对等;是否建立健全议事决策机制、岗位责任制、内部监督等机制。

（3）内部管理制度的完善情况。包括内部管理制度是否健全；执行是否有效。

（4）内部控制关键岗位工作人员的管理情况。包括是否建立工作人员的培训、评价、轮岗等机制；工作人员是否具备相应的资格和能力。

（5）财务信息的编报情况。包括是否按照国家统一的会计制度对经济业务事项进行账务处理；是否按照国家统一的会计制度编制财务会计报告。

（6）其他情况。

单位进行经济活动业务层面的风险评估时，应当重点关注以下方面：

（1）预算管理情况。包括在预算编制过程中单位内部各部门间沟通协调是否充分，预算编制与资产配置是否相结合、与具体工作是否相对应；是否按照批复的额度和开支范围执行预算，进度是否合理，是否存在无预算、超预算支出等问题；决算编报是否真实、完整、准确、及时。

（2）收支管理情况。包括收入是否实现归口管理，是否按照规定及时向财会部门提供收入的有关凭据，是否按照规定保管和使用印章和票据等；发生支出事项时是否按照规定审核各类凭据的真实性、合法性，是否存在使用虚假票据套取资金的情形。

（3）政府采购管理情况。包括是否按照预算和计划组织政府采购业务；是否按照规定组织政府采购活动和执行验收程序；是否按照规定保存政府采购业务相关档案。

（4）资产管理情况。包括是否实现资产归口管理并明确使用责任；是否定期对资产进行清查盘点，对账实不符的情况及时进行处理；是否按照规定处理资产。

(5)建设项目管理情况。包括是否按照概算投资;是否严格履行审核审批程序;是否建立有效的招投标控制机制;是否存在截留、挤占、挪用、套取建设项目资金的情形;是否按照规定保存建设项目相关档案并及时办理移交手续。

(6)合同管理情况。包括是否实现合同归口管理;是否明确应签订合同的经济活动范围和条件;是否有效监控合同履行情况,是否建立合同纠纷协调机制。

(7)其他情况。

(五)单位层面的内部控制

单位层面内部控制建设主要包括如下方面。

1.组织架构

行政事业单位一般应设置单位内部控制领导小组,作为本单位内部控制工作的决策机构,由本单位一把手任组长,领导小组由领导班子成员等组成。

在内部控制领导小组指导下,各单位应当单独设置内部控制职能部门或者确定内部控制牵头部门,成立内部控制工作小组,负责组织协调内部控制工作。同时,应当充分发挥财会、内部审计、纪检监察、政府采购、基建、资产管理等部门或岗位在内部控制中的作用。

2.工作机制

(1)单位经济活动的决策、执行和监督应当相互分离。单位应当建立健全集体研究、专家论证和技术咨询相结合的议事决策机制。

（2）重大经济事项的内部决策，应当由单位领导班子集体研究决定。各单位应当明确实行单位领导班子集体决策的重大经济事项的范围。行政事业单位的重大经济事项一般包括大额资金使用、大额资产采购、基本建设项目、对外投资和融资业务、重要资产处置以及预算编制、调整、批复等。由于各单位实际情况不同，重大经济事项的认定标准应当根据有关规定和本单位实际情况确定，一经确定，不得随意变更。

（3）单位领导班子集体决策应当坚持民主集中制原则；对于业务复杂、专业性强的经济活动，如基本建设项目和政府采购业务，应当听取专家的意见，必要时可以组织技术咨询。

3.关键岗位责任制

单位应当建立健全内部控制关键岗位责任制，明确岗位职责及分工。内部控制关键岗位主要包括预算业务管理、收支业务管理、政府采购业务管理、资产管理、建设项目管理、合同管理以及内部监督等经济活动的关键岗位。

单位应当科学设置内部控制关键岗位，确保不相容岗位相互分离、相互制约和相互监督。通常要求单位经济活动的决策、执行、监督相互分离相互制约，即申请与审核审批、审核审批与具体业务执行、业务执行与信息记录、业务审批、执行与内部监督的岗位分离。

4.编报财务信息的要求

单位在财会管理上通常应符合以下几方面要求：

（1）严格按照法律规定进行会计机构设置和人员配备。单位应当根据

《会计法》的规定建立会计机构，配备具有相应资格和能力的会计人员。

（2）落实岗位责任制，确保不相容岗位相互分离。单位应当保障相关岗位人员数量，能够实施必要的不相容岗位相互分离。同时，实行关键岗位定期轮岗制度或实施专项审计程序，防止财务舞弊的发生。

（3）健全相关财务管理制度。单位应当根据国家有关规定并结合单位实际制定和完善各项财务管理制度，如制定会计核算管理办法、财务管理办法、经费支出管理办法、差旅费报销管理办法、会议费报销管理办法、资产管理办法和采购管理办法等内部管理制度。

（4）按要求编制和提供财务信息。单位应当根据实际发生的经济业务事项，按照国家统一的会计制度及时、准时地进行账务处理、登记账簿，并编制财务报告，确保财务信息真实、完整。同时单位财会部门应当与其他业务部门之间加强信息沟通，定期开展必要的信息核对，实现重要经济活动信息共享。

5.运用信息化手段加强内部控制

单位应当积极推进信息化建设，对信息系统建设实施归口管理，单位应当在实施办公自动化、业务管理信息化系统的基础上，将经济活动及其内部控制的审批流程和控制措施嵌入单位信息系统中，实现业财融合，减少或消除人为操纵的因素，由"人控"变为"机控"，保护信息安全。

（六）行政事业单位内部控制业务层面

行政事业单位业务层面内部控制主要包括预算业务控制、收支业务控制、政府采购业务控制、资产控制、建设项目控制和合同控制，这些业务涵盖了行政事业单位主要的经济活动内容。

1. 预算控制（见表10-2）

表10-2 预算业务控制

序号	控制环节	风险描述	控制措施
1	预算编制与审批	预算编制时间紧，准备不充分，随意性大或未经合理授权审批，预算编制的准确性、合理性缺乏合理约束，导致资金支出、财政资金使用效率低下	（1）在内部管理制度中明确规定各业务部门在预算编制中的职责并加以落实 （2）单位当年财务部门应当正确掌握预算编制有关政策，做好本单位当年预算编制的基础数据的准备和相关人员的培训。财务部门统一部署预算编制工作，各部门负责人组织本部门预算编制工作，各部门经办人员编制本部门下年度预算业务归口部门审核，汇总初步预算数 （3）单位各部门编制预算应在对当年预算执行情况的基础上，根据各部门制订下一预算年度工作计划，对各项收支进行预计和测算，必要时可以编制零基预算 （4）财务部门预算管理岗审核各部门编报的预算数，应核对该部门当年预算执行情况以及项目细化程度是否符合有关预算管理规定。归口管理部门主要对口管理范围内的业务事项进行合理性审核；财务部门汇总形成本单位年度预算草案，经财务部门负责人、分管领导审核后，报单位领导班子会议审议决策。对于建设工程、大型修缮等重大事项，可以在预算编制环节采取立项评审的方式，对预算评审的目的、效果和金额等方面进行综合立项评审。除指定专业机构评审以外，单位还可以成立评审小组自行组织评审，也可以委托外聘专家或中介机构等进行外部评审 （5）对于建设工程、大型修缮等重大事项，报单位重大事项等方面进行综合立项评审

续表

序号	控制环节	风险描述	控制措施
2	预算下达与执行通报	未对预算进行内部分解或者分解不合理,造成内部各部门财权与事权不匹配;未定期对预算执行情况进行分析,预算内部控制失效,不能及时发现问题,可能导致预算进度偏快或偏慢,预算经费使用缺乏约束	(1)明确财会部门负责对单位内部的预算批复工作进行统一管理,设置预算管理岗负责单位内部预算批复工作,对按法定程序批复的预算指标分解细化。 (2)财务部门预算管理岗根据批复的预算进行内部分解细化,根据各部门业务工作计划对预算资金进行分配,对各项业务工作计划的预算金额、标准和具体支出方向进行批复,经财务处负责人审核,分管领导审阅、审批,将预算内部分解下达至各部门。内部预算指标的批复,可以采取的方式有总额控制、逐项批复、分期批复、上级单位统筹管理、归口部门统一管理等。进行预算批复时,应结合实际预留机动财力 (3)预算执行一般包括三种方式:直接执行、政府采购执行、依请示执行,其中除了政府采购外,支出金额较大、非经常性业务发生时业务部门应当根据预算执行申请。业务部门应当根据已批复的预算指标提出申请,不得超出可用指标额度 (4)预算执行申请提出后,应当由归口管理部门和财务部门进行审核,并按规定审批权限进行审批。审批通过以后,业务部门才能办理业务事项以及后续的报销审核事宜 (5)财务部门预算管理岗定期汇总预算执行情况,经部门负责人审核,分管领导审阅及时向各部门通报,各部门经办人根据预算执行通报情况及时改进工作措施,提高预算执行的有效性

续表

序号	控制环节	风险描述	控制措施
3	预算追加调整	预算调整申请未经合理授权审批，调整随意，预算追加调整事由不充分、不合理，存在无预算、超预算支出等问题，可能会影响预算目标实现，影响单位经济活动的严肃性	（1）单位应当明确预算追加调整的相关制度和审批程序。无合理理由的追加调整，应予拒绝（2）因特殊情况确需调整的，由各部门经办人提出申请，经本部门负责人审核后，如涉及需归口审核的预算，应报送业务归口部门负责人审核，并根据预算调整审批程序进行分级审批
4	决算编报	决算报表未根据单位实际情况编制，决算报告不真实、不准确；决算报告未严格履行审批程序，可能导致报告质量不高，决算与预算脱节，难以全面反映预算执行情况	财务部门决算岗接到决算编报通知后按要求编制决算报表及相关说明，确保决算真实、完整、准确，及时、加强决算分析，经财务部门负责人、分管领导审核人审核，向上级财政主管部门报送
5	预算项目绩效管理	预算绩效目标指标设置不合理，未能有效反映项目的实绩产出和效益效果，导致无法有效进行绩效监控及绩效评价工作，使预算绩效管理流于形式	（1）项目主管部门经办人及时编制项目绩效目标申报表，经本部门负责人审核后，报分管领导审核
6	预算项目绩效管理	预算绩效管理机制不完善或未按规定的程序开展绩效监控/自评工作，可能导致应用随意，预算项目绩效监控/自评结果缺乏参考及应用意义，绩效监控/自评工作流于形式	（1）项目主管部门经办人根据通知开展预算项目绩效监控/自评工作，形成预算绩效监控表/自评表等相关材料，提交业务部门负责人、分管领导审核（2）财务部门预算管理岗复核各部门预算绩效监控表/自评表等相关材料，提交财务部门负责人、财务分管领导审核后上报上级主管部门

第十章 综合管理

续表

序号	控制环节	风险描述	控制措施
7	预算项目绩效管理	预算绩效管理机制不完善或未按规定的程序开展绩效评价工作，可能导致绩效评价结果不客观、报告质量不高，缺乏参考及应用意义，预算项目绩效评价工作流于形式	（1）财务部门负责人按要求部署预算项目绩效评价工作，并向项目主管部门发送开展预算项目绩效评价通知 （2）各项目主管部门经办人按要求提供预算绩效目标评价相关材料，报部门负责人审核 （3）财务部门预算管理岗收集各部门提交的项目绩效评价相关材料，组织开展重点项目绩效评价工作，出具重点项目绩效评价报告，提交部门负责人、财务分管领导审核，单位领导阅后将重点项目绩效评价报告等材料上报上级主管部门审核
8	预决算公开流程	未按规定履行公开审批流程，可能导致预算/决算公开不符合规定	财务部门预算管理岗/决算编制岗接到预算/决算公开通知后，按要求整理需要公开的预算/决算相关文件，经财务部门负责人、分管领导审核，单位领导班子会审议通过后，按指定日期在门户网站或者其他相关媒体进行公开

2. 收支控制（见表10-3）

表10-3　收支业务控制

序号	控制环节	风险描述	控制措施
1	收入管理	各项收入未按照法定标准征收，没有做到应收尽收；未由财务部门统一办理收入业务，缺乏收入统一管理和监控，可能导致贪污舞弊或者私设"小金库"的风险；没有加强对各类票据、印章的管控和落实保管责任，发票的开票申请未经过有效审核或未及时登记，可能导致开票内容不正确不正常出现错误，导致票据出现错误、损毁或管理混乱，无法及时核销	（1）明确由财务部门归口管理各项收入并进行会计核算，严禁设立账外账。财务部门作为涉及收入的合同协议签订后及时将有关材料提交财务部门，确保各项收入应收尽收，业务部门应当在涉及收入的合同协议签订后及时将有关材料提交财务部门作为账务处理依据，确保各项收入应收尽收；对应收未收项目应当查明情况，明确责任主体，落实催收责任。（2）财务部门应当根据收入预算、所掌握的合同情况，对收入征收情况的合理性进行分析，判断有无异常情况；应定期与负有征收义务的部门进行对账。（3）建立健全票据和印章管理制度。单位应当明确规定票据保管、使用和检查的责任。财政票据、发票等各类票据的申领、启用、核销、销毁均应履行规定手续。财政票据、发票等各类票据建立台账，做好票据的保管和序时登记工作。单位不得违反规定转让、出借、代开、买卖财政票据、发票等票据，不得擅自扩大票据适用范围

续表

序号	控制环节	风险描述	控制措施
2	支出管理	支出申请不符合预算管理要求，支出范围及开支标准不符合相关规定；经费支出缺乏有效的授权审批，重大支出未经单位领导研究决定，可能导致不合理的费用开支；采或虚假或不符合要求的票据报销，支出不符合国库集中支付、政府采购、公务卡结算等国家有关政策规定	（1）明确各支出事项的开支范围和开支标准。明确支出事项的开支范围，就是对该支出事项明细进行界定。支出事项的开支标准包括外部标准和内部标准，内部标准包括食堂就餐标准、培训费标准、加班费标准等 （2）加强事前申请审批。各部门经办人提出经费支出事前申请，经部门负责人、业务归口部门负责人、财务部门负责人审核后，按照分级审批的权限进行审批。审批人应当在授权范围内审批，不得越权审批 （3）财务部门应当全面审核各类单据，重点审核单据来源是否合法、内容是否真实、完整，使用是否准确、是否符合预算、审批手续是否齐全。支出凭证应当反映支出明细内容的原始单据，并由经办人员签字或盖章。通常对原始单据也应作出明确说明，确保规定标准的支出事项应由经办人员说明原因并附审批依据，确保与经济业务事项相符 （4）加强资金支付和会计核算控制。财务部门应当按照规定办理资金支付业务及时准确登记账簿
3	重点经费——出差申请	出差事前审批程序把控不严，可能导致不合理、不必要的出差申请被批准，造成不必要的费用开支	各部门经办人根据实际工作提出出差申请，列明出差人姓名及职务、出差人数、领队姓名及职务、出差时间、出差事由、出差地点及路线、出差交通工具、接待单位、经费来源等内容，经办人、分管领导审核后，报单位领导审批

续表

序号	控制环节	风险描述	控制措施
4	重点经费——公务接待申请	公务接待安排未经严格事前审批或事前审批不规范，可能出现公务接待支出不必要或不合理，费用未在规定的范围和标准内列支的情况，造成超范围、超标准的开支，不利于源头把控	制定本单位公务接待管理制度，明确接待标准、接待流程、接待要求。接待部门经办人根据公函提出公务接待申请，提交接待部门负责人、办公室负责人、分管领导、单位领导审批
5	重点经费——因公出国（境）申请与审批	因公出国（境）审批程序把控不严，未按照规定进行公示，可能造成不合理、不必要的因公出国（境）申请被批准，导致合规风险、廉政风险、失泄密风险	出访团组人员事前办理出访团组信息公示手续，填写出国（境）人员备案信息，因公出国任务和所需经费，经人事部门人事管理岗处室负责人、财务部门负责人、分管领导审批，报单位领导审批
6	公务用车运行维护费管理	公务用车运行维护费支出缺乏申请与审批程序或者相关程序审批不严，可能导致支出行为不合规与实际不符	（1）燃油费，实施定点加油制度，定期到定点加油站充值主卡，根据车辆耗油情况分配剩卡金额 （2）过路过桥费、停车费，定期汇总过路过桥费、停车费、ETC充值费用等单据；及时登记车辆运行费用支出台账 （3）保险费，实施定点采购制度，到定点单位办理保险业务，并及时办理报销手续 （4）维修（保养）费，司机岗提出维修（保养）申请，经定点维修单位业务员、车辆管理部门审核审批后执行；及时登记车辆运行费用支出台账
7	借款管理	借款审批权限不合理，审批程序把控不严，可能造成不符合支出标准的费用或不必要的费用开支	（1）各部门经办人提出借款申请，经部门负责人、财务部门负责人审核后，按照单位审批权限分级审批 （2）财务部门会计岗定期调整借款往来账户，进行催还

续表

序号	控制环节	风险描述	控制措施
8	公务卡管理	公务卡申请未经过严格审核或未按规定程序办理,可能导致公务卡开卡办理与单位实际不符,公务卡管理混乱;公务卡报销不及时、存在公务卡还款逾期风险;未及时对离职、退休人员公务卡办理解绑手续,可能导致公务卡管理混乱	(1)本单位制定公务卡管理制度 (2)各部门持卡人提出公务卡开卡申请,经财务部门联系发卡银行办理公务卡申请手续 (3)各部门经办人在使用公务卡办理业务时做到应用尽用,并及时办理报销手续。如果公务卡到得或者其他原因未能及时办理报销手续的,需先办理还款。报销时提供POS机银联小票等作为刷卡凭证。财务部门出纳岗根据报销审批结果及时还款并进行公务卡报销登记 (4)持卡人因退休、离职等原因提出公务卡核销申请,财务部门出纳岗办理公务卡核销手续

3. 政府采购控制（见表10-4）

表10-4 政府采购业务控制

序号	控制环节	风险描述	控制措施
1	政府采购预算编制	未编制政府采购预算或预算未经合理审批，可能导致无预算、超预算采购	（1）财务部门负责人部署预算编制工作，各部门经办人编制本部门预算，经部门负责人审核后，报业务分管领导审核 （2）采购管理岗审核，采购分管领导审核 （3）财务部门预算管理岗将政府采购预算纳入总预算，履行相关审批程序后上报上级主管部门
2	政府采购计划编制	未编制政府采购计划或计划未经合理审批，可能导致采购安排混乱	（1）各业务部门经办人每季度编制本部门政府采购计划，报部门负责人审核 （2）采购管理岗审核，汇总各部门政府采购计划，经部门负责人审核后报财务部门，由预算管理岗将审批通过的政府采购计划上报上级主管部门
3	政府采购意向公开	未按要求进行政府采购意向公开，可能导致采购行为不符合相关规定	（1）各部门经办人提出政府采购意向公开申请，提交部门负责人审核 （2）采购管理岗审核并汇总各部门提交的政府采购意向，经部门负责人、分管领导审核，采购管理岗将审批通过的政府采购意向进行信息公开
4	政府采购方式变更管理	如果采购方式变更不符合法规、未按照规定程序报批，可能导致违规操作	（1）各部门经办人提出政府采购方式变更申请，经部门负责人、分管领导审核，按权限分级审批，报上级主管部门批准

续表

序号	控制环节	风险描述	控制措施
5	采购活动	政府采购活动不规范，未按规定选择采购方式，发布采购信息，以化整为零或其他方式规避公开招标，在招投标中存在舞弊行为，可能导致采购的产品价高质次、单位资金损失的风险	(1) 合理设置政府采购业务管理机构和岗位。单位一般情况下应当设置政府采购业务决策结构（如成立政府采购领导小组）、政府采购业务实施机构（包括政府采购归口部门、财务部门以及相关业务部门等） (2) 单位应当加强对政府采购活动实施归口管理，在政府采购活动中建立政府采购归口部门，对政府采购申请的内部审核，单位应当加强对政府采购申请的内部审核。单位应当加强对政府采购申请的内部审核。 (3) 政府采购归口部门应当指导业务部门组织实施政府采购活动，按照规定编制政府采购预算与计划，严格按照程序组织实施，做好过程记录，妥善保管政府采购的各类批复文件、招标文件、投标文件、评标文件、合同文本、验收证明等政府采购业务相关资料 (4) 单位应当加强对涉密政府采购项目安全保密的管理，规范涉密项目的认定标准和程序
6	采购验收管理	采购验收方式和验收人员不明确，验收责任落实不到位，质量检验把关不严，验收资料不合格、不齐全，可能导致验收流于形式，不能满足实际工作需求	根据采购类别不同，采购验收可分为货物验收、服务验收以及工程项目验收： (1) 货物验收由采购部门采购经办人与部门固定资产管理员共同验收，验收合格后填写固定资产验收单并签字确认 ①固定资产验收由固定资产管理员共同验收，验收合格后在送货清单上签字确认 ②存货验收由采购部门经办人和存货管理员共同验收，验收人员在验收证明材料上签字确认 (2) 服务验收由采购部门经办人根据合同约定自行组织验收 (3) 工程项目验收按照工程项目管理流程相关规定执行

4. 资产管理控制（见表10-5）

表10-5 资产管理业务控制

序号	控制环节	风险描述	控制措施
1	库存现金管理	财会部门未实现不相容岗位相互分离，出纳人员既办理资金支付又经管账务处理，由一个人保管收付款项所需的全部印章，可能导致货币资金被贪污挪用的风险；未定期盘点现金或盘点现金未留痕，可能无法及时发现现金异常情况，难以保证货币资金的安全	（1）单位应当建立健全货币资金管理岗位责任制，合理设置岗位，办理货币资金业务的全过程，确保不相容岗位相互分离。出纳不得兼管稽核、会计档案保管和收入、支出、债权、债务账目的登记工作 （2）任用出纳人员之前应当对其职业道德、业务能力和背景等进行必要的调查，确保具备从事出纳工作的职业道德水平和业务能力 （3）财务部门出纳岗月末编制《现金盘点表》，对现金进行盘点，会计岗进行审核；出纳岗查找原因，《现金盘点表》提交财务部门负责人审批后，由会计岗将盘点资料归档
2	银行存款管理	银行存款未定期盘点或盘点程序不合理，可能导致银行存款管理混乱，可能导致银行存款经济损失	（1）财务部门出纳岗打印银行存款日记账与银行对账单，编制《银行存款余额调节表》，会计岗取得银行对账单后核对日记账，出纳岗复核并签字 （2）若存在未达账项，出纳岗及会计岗需对未达账项进行核实，《银行存款余额调节表》提交财务部门负责人审阅注未达账项后期入账情况，由会计岗将资料归档
3	财务印鉴管理	如果印章使用管控不严，未经批准擅自使用印章，由一个人保管收付款项所需的全部印章，利用印章谋求私利，致使单位利益受损	财务部门负责人设置专人保管财务印章，若在财务职责范围内使用，财务印章管理岗加盖财务印章；若在财务职责范围外使用，各部门经办人提出财务印鉴使用申请，经业务部门负责人、分管领导审核后，财务印章管理岗方可加盖财务印章

续表

序号	控制环节	风险描述	控制措施
4	银行账户管理	未按规定程序办理银行账户的开立、变更和撤销或经过合理的审批，销的申请未经过合理的审批，导致银行账户管理不规范，可能造成单位经济损失	（1）财务部门出纳岗提出银行账户开立申请，经财务部门负责人、分管领导、单位领导审核后，上报上级部门审批 （2）财务部门出纳岗持财政部门签发的《开立银行账户批复书》，按照中国人民银行账户管理的有关规定，到相关银行办理开户手续，并填写财政部门统一规定的《银行账户备案表》，报相关银行账户开户的财政部门和各级主管单位备案 （3）财务部门出纳岗提出银行账户变更或撤销申请，准备变更或撤销银行账户申请报告及相关证明材料，经财务部门负责人、分管领导、单位领导审核后，上报上级部门审批 （4）财务部门出纳岗到相关银行办理银行账户变更或撤销手续，并填写《银行账户备案表》及相关银行账户变更或撤销材料上报上级主管单位和财政部门备案
5	存货入库、出库	未及时进行存货出库、入库登记，或月度领用情况未及时进行更新审核，可能导致物品登记数量与实际不符，财务部门无法及时、准确地进行账务处理	（1）存货管理部门采购人员组织存货验收工作，存货管理岗办理相关入库手续，并填写入库单，存货管理部门负责人审核 （2）各部门经办人提出物品领用申请，存货管理部门审核、办理领用手续后经办人在出库单上签字 （3）存货管理部门存货管理岗按月汇总各部门领用情况，经各部门负责人确认后，核减实物并形成物品出库单，经部门负责人审核后，提交财务部门会计岗进行账务处理
6	存货盘点	未定期进行存货盘点，可能导致存货随意领用，造成单位资产损失	（1）存货管理部门存货管理岗定期开展盘点工作，部门负责人监督存货盘点工作，并审核盘点结果 （2）财务部门会计岗根据盘点结果核对账目并进行账务处理，存货管理部门存货管理岗整理盘点记录等相关材料进行归档

续表

序号	控制环节	风险描述	控制措施
7	固定资产配置预算编制	未编制固定资产配置预算或未按规定程序进行审批，可能导致资产超预算配置	（1）各部门经办人结合需要编制本部门下一年度固定资产配置预算，报部门负责人、业务分管领导审核 （2）资产管理岗进行审核，汇总各部门固定资产配置预算，经处室负责人、分管领导审核后，提交财务部门预算管理岗纳入单位年度预算
8	固定资产配置计划编制	未编制固定资产配置计划或未按规定程序进行审批，或不符合资产超标准配置，实际情况，造成违规及资源浪费	（1）资产管理岗结合各部门固定资产配置预算，编制部门下一年度固定资产配置计划，提交部门负责人、分管领导审核，经单位领导审批后上报上级主管部门审批 （2）行政事业单位应当执行国家和地方关于办公用房、办公家具、公务用车等资产的配备标准，严禁超标配置资产
9	固定资产入账登记与领用	未及时办理固定资产入账登记，领用手续，可能导致资产丢失或账实不符	（1）明确资产的归口管理部门。明确资产使用和保管责任人，落实资产使用人在资产管理中的责任 （2）各部门经办人整理固定资产验收相关单据，资产管理岗办理资产入库手续，填写入库审单并在入库单上签字 （3）各部门经办人申请领用资产，资产管理岗录入固定资产明细账，登记资产卡片
10	固定资产维修	固定资产维修未经过有效审核，可能导致固定资产失修或维护过剩，造成固定资产使用效率低下	（1）各部门经办人提出资产维修申请，并确定资产是否需要进行维修 （2）若资产在维保期内，各部门经办人联系售后服务商进行维修，若在维保期外，则履行维修流程 （3）各部门经办人组织对资产维修情况进行验收

续表

序号	控制环节	风险描述	控制措施
11	固定资产内部调拨	固定资产内部调拨程序不规范，可能存在固定资产私自调拨的情况，造成固定资产管理混乱	（1）资产调入部门经办人提出固定资产调拨申请，经部门负责人、资产办人，资产调出部门经办人、资产调出部门负责人进行实物移交 （2）资产管理岗在资产系统中修改相应内容，重新登记，修改资产卡片
12	固定资产清查盘点	资产未经清查或清查程序不规范，可能导致资产账实不符、账实不符	（1）建立资产台账，加强资产的实物管理 （2）资产管理岗组织开展固定资产清查盘点，根据资产台账编制资产盘点表，各部门资产管理员盘点本部门资产，经部门负责人审核后报资产管理部门 （3）资产管理岗组织汇总各部门资产盘点结果，组织与财务部门会计岗对账，并编制盘点报告，经部门负责人审核，分管领导审批后，进行资料归档
13	固定资产处置	固定资产处置未经合理的授权审批，甚至造成国有资产流失，影响资产使用效率	（1）各部门经办人根据各部门实际情况提出资产处置申请，经部门负责人审核，报资产管理岗审核、汇总，按照审批权限分级审批 （2）资产管理岗根据审批结果进行报废处理，回收处置费用并上缴国库或收专户 （3）资产管理岗与财务部门会计岗至少每年一次进行增减账目核对
14	固定资产出租出借	固定资产出租出借方案及过程不合规，可能导致资产闲置、资产出租价格不合理	（1）资产经办根据部门制订出租计划申请，提交部门负责人、分管领导审核，按照审批权限进行分批审批 （2）必要时，资产管理岗委托第三方机构评估资产租赁价格，办理公开招租事宜并拟定意向租赁对象，按照审批权限进行分批确定租赁对象
15	无形资产管理	未及时办理无形资产入账登记、领用手续，可能导致资产丢失或账实不符	（1）各部门经办人整理无形资产验收相关单据办理完成报销手续后，将无形资产相关资料提交资产管理部门办理无形资产入库手续 （2）各部门经办人申请领用无形资产，资产管理岗录入无形资产明细账，登记资产卡片

续表

序号	控制环节	风险描述	控制措施
16	对外投资管理	对外投资决策、管理程序不不合理或未按规定程序开展对外投资工作，可能导致对外投资管理混乱，给部门造成经济损失	（1）单位应当明确投资的管理部门，投资管理部门及其人员应当具备相关的经验和能力；审慎选择对外投资项目，保证选择对外投资项目符合国家产业政策、单位目标实现和社会需要；对项目可行性要进行严格周密论证，组织专家或者相关中介机构对拟立项的对外投资项目进行分析论证；财会部门要对投资项目所需资金、预期收益以及投资的安全性等进行测算和分析，确保投资有资金保障 （2）资产管理部门提出对外投资计划，经部门负责人审核，重大项目小组调查研究并提出投资意见，按照审批权限进行分级审批。对决策过程中的各种意见应当详细记录并妥善保存，以便明确决策责任 （3）应当编制投资计划，严格按照投资计划确定的项目、进度、时间、金额和方式投出资产 （4）财务部门会计岗收到批复后，配合办理相关手续 （5）财务部门会计岗定期计算投资收益及价值变动情况，并进行账务处理

5. 建设项目管理控制（见表10-6）

表10-6 建设项目管理控制

序号	控制环节	风险描述	控制措施
1	基建项目申报、立项管理	项目建议书、可行性研究报告编制不合理，未经严格审批，可能导致项目决策失误	（1）单位应当建立与建设项目相关的议事决策机制，对项目建议和可行性研究报告等程序作出明确规定，确保项目决策科学、合理。 （2）基本建设管理岗按要求编制项目建议书、可行性报告，按照审批权限，分级审批，重大项目报单位领导班子会议研究审议后报上级主管部门批准
2	基建项目申报、立项管理	调研不充分、初步设计、概预算编制不合理、不全面、不清晰，可能导致影响工程实施质量和效果	（1）基本建设管理岗委托第三方机构编制初步设计及概预算，按照审批权限，分级审批，重大项目报单位领导班子会议研究审议后报上级主管部门批准。 （2）财务部门预算管理岗将基建工程项目汇总纳入部门年度总预算
3	基建项目申报、立项管理	未开展设计方案优化工作、优化后的施工图图纸未经过合理审核，可能导致设计成果无法达到预期效果	组织成立工程领导小组，并组织设计单位开展施工图纸优化工作，按照审批权限，分级审批，重大项目报单位领导班子会议领导审批上级主管部门批准
4	招投标管理	招投标过程中存在串通、"暗箱操作"或商业贿赂等舞弊行为，可能导致采购程序违规，采购结果与基本建设项目需求不符	单位应当依据国家有关规定组织建设项目招标，并接受有关部门的监督。采取签订保密协议、限制接触等必要措施，确保标的编制、评标等工作在严格保密的情况下进行，保证招标活动的公平、公正和合法、合规

续表

序号	控制环节	风险描述	控制措施
5	基建项目工程变更	工程项目变更依据不充分，变更内容不合理，未经严格审批，可能导致成本增加，单位利益受损	（1）经批准的投资概算是工程投资的最高限额，不得调整和突破。如需调整变更应当按国家有关规定履行相应的审批程序，项目工程变更应当按照商和设计变更应当按照有关规定履行相应的审批程序。（2）施工单位根据施工实际情况提出工程项目变更申请，提交监理单位、设计单位（若涉及设计变更）、造价单位、基本建设管理岗审核，报项目管理人审批；工程变更金额大涉及重大变更，还需上报工程领导小组审批领导人会议研究决定
6	基建项目工程进度款支付	如果工程款支付未经合理授权审批，或未达到付款条件提前付款，可能导致工程款支付不准确，单位资金流失	（1）单位应当按照审批单位下达的投资计划和预算对建设项目资金实行专款专用，严禁截留、挪用和超批复内容使用资金，财务部门应当加强与建设单位承建单位的沟通，准确掌握建设进度，加强价款支付审核，按照规定办理价款结算。（2）施工单位根据合同约定及实际工程进度提出工程进度款支付申请，由监理单位、造价单位、基本建设管理岗根据审核意见提出进度款支付申请，财务处办理报销手续
7	竣工验收	工程项目竣工验收程序不规范或者验收标准不明确，可能导致竣工验收无据可依或依盲目提交竣工验收申请，给单位造成损失	（1）工程结束后，施工单位提出竣工验收申请，经监理单位审查材料及现场后，监理单位组织预验收工作。（2）若预验收未通过，施工单位需按预验收意见限期整改并提交监理单位再次验收；若预验收合格，施工单位向项目管理单位提出正式验收申请。（3）基本建设项目管理人组织监理单位、设计单位及施工单位共同对基建项目进行竣工验收，提交基建项目竣工验收结果

续表

序号	控制环节	风险描述	控制措施
8	竣工结算	未开展竣工结算审计,可能导致结算错误,造成单位经济损失	施工单位递交竣工结算报告及完整的结算资料,基本建设管理部门组织第三方机构开展竣工结算审计,并根据审计金额办理款项支付
9	竣工决算	未开展竣工决算,决算结果及相关资料未上报审批,可能导致相关账务处理无据可依,错误,存在违规风险	财务部门会计岗组织会计师事务所开展竣工决算审计并进行账务处理,基建项目竣工决算报告按照规定报上级主管部门审批,收到批复后,财务部门会计岗方可办理资产移交手续及进行账务处理
10	基建项目档案管理	工程档案未及时归档,移交目录不齐全,交接程序不合规,可能导致资料保管混乱,资料丢失	(1)基本建设管理部门整理基建项目档案资料并分类立卷,于基建项目竣工后三个月内向有关单位办理移交手续,并保存一份完整的基建项目工程档案 (2)财务部门会计岗保存基建项目相关财务资料原件 (3)单位综合档案管理岗保存基建项目相关合同,合同审批单,授权委托书等资料原件 (4)单位物业部门保存施工图纸,便于后期管理

6. 合同管理控制（见表10-7）

表10-7 合同管理业务控制

序号	控制环节	风险描述	控制措施
1	合同订立管理	未明确合同订立的范围和条件，对签订合同经济活动未订立合同；对技术性强或法律关系复杂的经济事项，未组织熟悉技术、法律和财务知识的人员参与谈判等相关工作，对合同条款、格式审核不严格，可能使单位面临诉讼或经济利益受损的风险；合同主体资格和资信调查不实，合同约定内容未经谈判或协商，可能导致合同内容不利于单位，给单位造成经济损失	（1）单位应当加强对合同订立的管理，明确合同订立的范围和条件。对于影响重大、涉及较高专业技术或法律关系复杂的合同，应当组织法律、技术、财会等工作人员参与谈判，必要时可聘请外部专家参与相关工作。谈判过程中的重要事项和主要意见，应予以记录并妥善保管 （2）合同承办人经办人在签订合同之前调研合同对方单位情况，审查合同相对人的主体资格等材料，与合同对方进行谈判、协商
2	合同签订管理	对合同条款、格式审核不严格，或合同起草人未按照合同审核意见修改合同，可能导致合同文本不合理、不合法，造成单位利益受损	（1）合同承办部门经办人按照协商结果及规范的合同格式要求，起草合同文件 （2）合同承办部门经办人发起合同签订审批程序，经合同承办部门负责人、合同管理部门负责人、法律顾问、财务部门负责人、分管领导审核后，报单位领导审批
3	合同签订管理	合同对方签订人未经授权签署合同，或授权签约人不符合授权条件，可能导致签订合同无效，给单位造成资金安全风险	单位一把手作为法定代表人签署合同，或授权其他人员签署合同。单位代表人的委托，必须经出示单位法定代表人的委托，必须采用书面形式，授权委托书必须载明受委托人的姓名、职务、代理事项、授权范围、授权期限，并由委托人签名并加盖单位公章

续表

序号	控制环节	风险描述	控制措施
4	合同签订管理	未指定归口部门妥善保管合同文本，合同管理岗未建立合同台账，未对合同进行统一编号并及时归档管理，可能导致合同丢失或者被盗	合同管理部门登记合同管理台账，及时将合同文本、合同签订审批单、授权委托书等材料，并于年底前交付单位档案室归档
5	合同履行与监督	未及时对合同履行情况进行跟踪，未在合同台账中及时更新合同付款信息，可能因到期合同未续签或未结算而出现合同纠纷，损害单位利益	（1）合同承办部门经办人按合同约定组织项目实施，在合同履行期间，应与合同对方保持经常联系，随时掌握合同履行进度，定期检查合同履行情况 （2）如果合同正常履行，合同承办部门经办人按照合同约定及实际履约情况组织合同验收工作，并按规定办理合同结算付款手续；合同管理岗登记合同管理台账，配合做好合同履行相关手续
6	合同履行与监督	对合同履行过程中发生的变更、解除事宜处理不当，可能导致合同纠纷或单位经济利益受损	（1）如果合同变更，采取补救措施，或与合同对方协商变更合同；合同变更协议变更情况，合同管理岗在合同管理台账登记变更情况，归档保存相关材料 （2）如果合同解除，采取补救措施，或与合同对方协商解除合同；合同解除协议解除情况，合同管理部门负责人、法律顾问、分管领导、单位领导审核审批后，合同管理岗在合同管理台账登记解除情况，归档保存相关材料

续表

序号	控制环节	风险描述	控制措施
7	合同纠纷管理	合同纠纷处理不当，导致单位遭受外部处罚、诉讼失败，损害单位利益、信誉和形象	（1）合同发生纠纷，首先通过协商或调解解决 （2）如果达成调解协议，合同承办部门经办人与合同对方签订合同协商调解书面协议，在合同签订流程结束后，合同承办部门经办人向领导汇报合同纠纷处理结果，合同管理岗登记合同纠纷处理记录并归档 （3）如果未达成一致，合同承办部门经办人提出合同纠纷处理方案，合同管理岗咨询法律顾问，提出纠纷处理意见，经合同承办部门负责人、合同管理部门负责人、分管领导、单位主任审核审批。根据审批意见，合同承办部门经办人办理仲裁或诉讼案件，合同管理岗协助合同承办部门经办人及时汇报合同纠纷处理结果，合同管理岗登记合同纠纷处理记录并将相关过程材料交单位档案室归档

（七）行政事业单位内部控制的评价与监督

内部控制的评价与监督是确保内部控制建设不断完善并有效实施的重要环节。行政事业单位内部控制评价与监督包括自我评价、内部监督和外部监督三个方面。

1.内部控制自我评价

行政事业单位内部控制自我评价是指由行政事业单位自行组织的，对单位内部控制的有效性进行评价，形成评价结论，出具评价报告的过程。

（1）内部控制自我评价的实施主体。

开展内部控制自我评价，首先要明确评价工作的具体实施主体。单位负责人应当指定专门部门或专人负责对单位内部控制的有效性进行评价，并出具单位内部控制自我评价报告。一般由单位内部审计部门实施，必要时可以聘请第三方中介机构配合开展评价工作。

（2）内部控制自我评价的内容。

内部控制自我评价是对单位内部控制有效性发表意见，内部控制有效性包括内部控制设计的有效性和内部控制执行的有效性。

内部控制设计的有效性是指为实现控制目标所必需的内部控制程序都存在并且设计恰当，能够为控制目标的实现提供合理保证。评价行政事业单位内部控制设计的有效性，应当着重考虑以下四个方面：

一是内部控制设计的合理性、合法性，即是否符合内部控制的基本原理，以《行政事业单位内部控制规范（试行）》等相关法律法规和相关规定为依据；

二是内部控制设计的全面性，即是否覆盖了单位所有经济活动、经济活动的全过程、所有内部控制关键岗位；

三是内部控制设计的重要性，即是否重点关注了单位的重要经济活动和经济活动的重大风险；

四是内部控制设计的适应性，即是否与单位所处环境、业务特点、复杂程度以及风险管理要求相匹配。

内部控制执行的有效性是指在内部控制设计有效的前提下，内部控制能否按照设计的内部控制程序正确地执行，从而为控制目标的实现提供合理保证。评价内部控制执行的有效性，应当着重考虑以下四个方面：

一是六大业务在本单位是如何运行的，流程是否合理；

二是各个业务流程的控制措施是否执行到位；

三是本单位的内部管理制度、岗位责任制是否得到有效执行；

四是执行业务控制的相关工作人员是否具备必要的权限、资格和能力。

（3）内部控制自我评价报告。评价报告对单位内部控制的有效性发表意见，指出内部控制存在的缺陷，并提出整改建议。

2.内部控制的内部监督

行政事业单位内部控制的内部监督是单位对其自身内部控制的建立

与实施情况进行监督检查。单位应当建立健全内部监督制度,明确各相关部门或岗位在内部监督中的职责权限,对内部控制建立与实施情况进行内部监督检查。

(1)内部监督的实施主体。

内部控制内部监督应当与内部控制的建立和实施保持相对独立。为此,内部控制监督不能由具体组织实施日常管理的工作部门承担。实务中一般由内审部门作为内部监督的实施主体,同时还应当发挥内部纪检监察部门在内部监督中的作用。

(2)内部监督的内容和要求。

负责内部监督的部门或岗位应当定期或不定期检查单位内部管理制度和机制的建立与执行情况,以及内部控制关键岗位及人员的设置情况等,及时发现内部控制存在的问题并提出改进建议。

3.内部控制的外部监督

内部控制的外部监督主要由财政部门和审计部门承担,同时,应当充分发挥纪检、监察等部门的作用,构建严密的外部监督网络。国务院财政部门及其派出机构和县级以上地方各级人民政府财政部门应当对单位内部控制的建立和实施情况进行监督检查,有针对性地提出检查意见和建议,并督促单位进行整改。

国务院审计机关及其派出机构和县级以上地方各级人民政府审计机关对单位进行审计时,应当调查了解单位内部控制建立和实施的有效性,揭示相关内部控制的缺陷,有针对性地提出审计处理意见和建议,并督促单位进行整改。

（八）内部控制报告

内部控制报告是指行政事业单位在年度终了，结合本单位实际情况，依据《指导意见》和《单位内部控制规范》，按照本制度规定编制的能够综合反映本单位内部控制建立与实施情况的总结性文件。

行政事业单位是内部控制报告的责任主体。单位主要负责人对本单位内部控制报告的真实性和完整性负责。

1.编制原则

行政事业单位编制内部控制报告应当遵循下列原则：

（1）全面性原则。内部控制报告应当包括行政事业单位内部控制的建立与实施、覆盖单位层面和业务层面各类经济业务活动，能够综合反映行政事业单位的内部控制建设情况。

（2）重要性原则。内部控制报告应当重点关注行政事业单位重点领域和关键岗位，突出重点、兼顾一般，推动行政事业单位围绕重点开展内部控制建设，着力防范可能产生的重大风险。

（3）客观性原则。内部控制报告应当立足于行政事业单位的实际情况，坚持实事求是，真实、完整地反映行政事业单位内部控制建立与实施情况。

（4）规范性原则。行政事业单位应当按照财政部规定的统一报告格式及信息要求编制内部控制报告，不得自行修改或删减报告及附表格式。

2.报告的内容

行政事业单位内部控制报告以标准化表格的填报形式代替文字性描述、以定性及定量相结合的客观性指标代替主观性描述。目前编制的报表包括：单位层面内部控制建设情况、业务层面内部控制建设情况、信息系统层面内部控制建设情况、单位内部控制报告文本等。其中，单位层面内部控制建设情况主要包括内部控制机构组成情况、运行情况、规范权力运行情况等内容，业务层面内部控制建设情况主要包括六大经济业务领域适用情况、建设情况、职责分离情况、执行情况等内容，信息系统层面内部控制建设情况主要包括信息化覆盖情况、与政府会计核算模块联通情况等内容，单位内部控制报告文本主要包括内部控制机构设置、工作组织实施、评价与监督情况等内容。

3.编制流程

行政事业单位应当在认真做好内部控制建设工作的基础上，全面梳理本单位经济活动所涉及的预算、收支、政府采购、资产、建设项目、合同等业务的内部控制执行情况，整理相关执行数据资料以备系统上传需要。在执行统计的基础上，各单位还应认真分析总结内部控制工作的经验做法、取得的成效、存在的问题及整改情况。内部控制报告填报过程中，应保证报告材料的规范性、上下年数据变化合理性、业务数据的准确性和数值型指标的合理性。

内部控制报告编制完毕后，须经填报人、牵头部门负责人、分管内控负责人和单位负责人审查、签字并加盖单位公章后，于规定时间内上报。单位负责人对本单位编制的内部控制报告的真实性、准确性和完整性负责。

三、知识拓展

(一)风险标准的设定

开展风险评估,一方面,旨在检查、了解单位内部控制的设计和运行情况,促进控制措施落地实施,保障内部控制体系持续有效运行;另一方面,旨在发现本单位现有内部控制基础的不足之处和薄弱环节,有针对性地完善内部控制体系,通过"以评促建"的方式,确保内部控制体系不断完善和优化,从而提高风险防范能力。

可以从风险发生的可能性和影响程度两个维度设计风险分析标准。

1.风险发生的可能性

风险发生的可能性是指其在目前的管理水平下,风险发生概率的大小或者发生的频繁程度。风险事件发生的可能性分为极低、较低、中等、较高、很高5个等级,分别赋予1分至5分,表示可能性逐渐增加。1分表示该风险事件发生的可能性极低,5分表示该风险事件几乎确定会发生(见表10-8)。

表10-8　　　　　风险发生可能性详细分布表

评估方式	评估标准	1—极低	2—较低	3—中等	4—较高	5—很高
定性方法	适用于判断在日常运营中风险发生的频率	在现有的管理状况下,风险事件基本不会发生,仅在例外情况下可能发生	在现有的管理状况下,风险事件发生的可能性较低	在现有的管理状况下,风险事件发生可能性一般	在现有的管理状况下,风险事件发生的可能性很高	在现有的管理状况下,风险事件发生可能性非常高

续表

评估方式	评估标准	1—极低	2—较低	3—中等	4—较高	5—很高
定量方法	适用于重大灾难事故	今后10年内发生的可能少于1次	今后5-10年内可能发生1次	今后2-5年内可能发生1次	今后1年内可能发生1次	今后1年内至少发生1次
	适用于通过历史数据统计出一定时期内风险发生概率的风险	发生概率10%以下	发生概率为10%—30%	发生概率为30%—70%	发生概率为70%—90%	发生概率为90%以上

2.风险发生的影响程度

风险事件的影响程度是指该风险会对经营目标产生影响的大小。根据实际情况，设置3个维度：经济价值、绩效目标、公共关系。影响程度分为轻微、较小、中等、严重、非常严重5个等级，分别赋予1分至5分，表示影响程度依次加强。1分代表影响程度很低，基本可以忽略，5分代表影响程度非常高（见表10-9）。

表10-9　　　　　　风险影响程度详细分布表

评估方法	评估标准	1—轻微	2—较小	3—中等	4—严重	5—非常严重
定量方法	财务方面的损失金额	轻微的财务损失，小于1万元	较低的财务损失，1万元至5万元	中等的财务损失，损失在5万元至10万元	重大的财务损失，损失在10万元至100万元	极大的财务损失，大于100万元
定性方法	日常管理方面	对单位日常管理或单位的控制目标有轻微影响，情况立刻受到控制	对单位日常管理或单位的控制目标有轻度影响，情况经过内部协调后受到控制	对单位日常管理或单位的控制目标有中度影响，情况需要外部支持才能得到控制	对单位日常管理或单位的控制目标有严重影响，情况失控，但对单位无致命影响	对单位日常管理或单位的控制目标有重大影响，情况失控，给单位带来致命影响

续表

评估方法	评估标准	1—轻微	2—较小	3—中等	4—严重	5—非常严重
定性方法	法律法规遵循方面	可能存在轻微的违反法规的问题	违反法规，伴随着少量的罚款或诉讼的损失	违反法规，导致监管部门、司法机构的调查或诉讼，伴随着一定的罚款或诉讼的损失	严重违反法规，导致监管部门、司法机构的调查和重大的诉讼，伴随着较大的罚款或诉讼的损失	严重违反法规，导致监管部门、司法机构的调查和重大诉讼、行政、经济处罚，或非常严重的集体诉讼

在风险分析的基础上，依据风险的重要性特征，判断风险的重要性级别，为管理层的风险管理决策提供依据信息。可将风险分为三个级别：

重大风险：管理资源分配优先级为高的风险，即当前情况下需要重点关注，优先分配管理资源、积极提高风险管理水平、改善风险管理效果的风险。

中等风险：管理资源分配优先级为中的风险，即需根据风险变化趋势持续关注，并相应调整管理资源、保障风险管理效果的风险。

一般风险：管理资源分配优先级为低的风险，适当调整管理资源、关注风险管理效果的风险。

（二）行政事业单位对内部控制的关键岗位应如何管理？

内部控制关键岗位主要包括预算业务管理、收支业务管理、政府采购业务管理、资产管理、建设项目管理、合同管理以及内部监督等经济活动的关键岗位。应从以下几个方面加强管理：

（1）单位应当建立健全内部控制关键岗位责任制，明确岗位职责及分工，确保不相容岗位相互分离、相互制约和相互监督。

（2）单位应当实行内部控制关键岗位工作人员的轮岗制度，明确轮岗周期。不具备轮岗条件的单位应当采取专项审计等控制措施。

（3）单位应当加强内部控制关键岗位工作人员业务培训和职业道德教育，不断提升其业务水平和综合素质，使其具备与其工作岗位相适应的资格和能力。

（三）如何在内部控制中加强内部权力制衡，规范内部权力运行？

党的十八届四中全会通过的《中共中央关于全面推进依法治国若干重大问题的决定》明确提出："对财政资金分配使用、国有资产监管、政府投资、政府采购、公共资源转让、公共工程建设等权力集中的部门和岗位实行分事行权、分岗设权、分级授权，定期轮岗，强化内部流程控制，防止权力滥用。"为行政事业单位加强内部控制建设指明了方向。分事行权、分岗设权、分级授权和定期轮岗，是制约权力运行、加强内部控制的基本要求和有效措施。单位应当根据自身的业务性质、业务范围、管理架构，按照决策、执行、监督相互分离、相互制衡的要求，科学设置内设机构、管理层级、岗位职责权限、权力运行规程，切实做到分事行权、分岗设权、分级授权，并定期轮岗。

（1）分事行权，就是对经济和业务活动的决策、执行、监督，必须明确分工、相互分离、分别行权，防止职责混淆、权限交叉。

（2）分岗设权，就是对涉及经济和业务活动的相关岗位，必须依职定岗、分岗定权、权责明确，防止岗位职责不清、设权界限混乱。

（3）分级授权，就是对各管理层级和各工作岗位，必须依法依规分别授权，明确授权范围、授权对象、授权期限、授权与行权责任、一般授权与特殊授权界限，防止授权不当、越权办事。

（4）定期轮岗，对重点领域的关键岗位，在健全岗位设置、规范岗位管理、加强岗位胜任能力评估的基础上，通过明确轮岗范围、轮岗条件、轮岗周期、交接流程、责任追溯等要求，建立干部交流和定期轮岗制度，不具备轮岗条件的单位应当采用专项审计等控制措施。对轮岗后发现原工作岗位存在失职或违法违纪行为的，应当按国家有关规定追责。

（四）不相容岗位列表

1.预算管理不相容岗位列表（见表10-10）

表10-10　　　　　　　预算管理不相容岗位列表

岗位名称	预算编制	预算审批	预算执行	预算分析评价	决算编制	决算审核
预算编制		×				
预算审批	×		×			
预算执行		×		×		
预算分析评价			×			
决算编制						×
决算审核					×	

2.收支管理不相容岗位列表（见表10-11）

表10-11　　　　　　　收支管理不相容岗位列表

岗位名称	支出申请	支出审批	业务经办	付款申请	付款审批	付款执行	会计核算
支出申请		×					
支出审批	×		×				
业务经办		×					×

续表

岗位名称	支出申请	支出审批	业务经办	付款申请	付款审批	付款执行	会计核算
付款申请					×	×	
付款审批				×		×	
付款执行				×	×		
会计核算			×				

3. 政府采购管理不相容岗位列表（见表10-12）

表10-12　　　　政府采购管理不相容岗位列表

岗位名称	采购需求制定	采购需求审核	采购文件编制	采购文件复核	合同签订	采购验收	物资保管
采购需求制定		×					
采购需求审核	×						
采购文件编制				×			
采购文件复核			×				
合同签订						×	
采购验收					×		×
物资保管						×	

4. 资产管理不相容岗位列表（见表10-13）

表10-13　　　　资产管理不相容岗位列表

岗位名称		资产配置			资产使用			资产处置			
		决策	执行	监督	审批	执行	监督	申请	审批	执行	监督
资产配置	决策		×	×							
	执行	×		×							
	监督	×	×								

续表

岗位名称		资产配置			资产使用			资产处置			
		决策	执行	监督	审批	执行	监督	申请	审批	执行	监督
资产使用	审批				■	×	×				
	执行				×	■	×				
	监督				×	×	■				
资产处置	申请							■	×		
	审批							×	■	×	
	执行								×	■	×
	监督									×	■

5. 建设项目管理不相容岗位列表（见表10-14）

表10-14　　建设项目管理不相容岗位列表

岗位名称	项目建议	可行性研究	项目决策	概预算编制	概预算审核	项目实施	项目验收	价款支付	竣工决算	竣工审计
项目建议	■		×							
可行性研究		■			×					
项目决策	×	×	■							
概预算编制				■	×					
概预算审核				×	■					
项目实施						■	×	×		
项目验收						×	■			
价款支付						×		■		
竣工决算									■	×
竣工审计									×	■

6.合同管理不相容岗位列表（见表10-15）

表10-15　　　　　合同管理不相容岗位列表

岗位名称	合同拟定	合同审核	合同审批	合同订立	合同执行	合同监督
合同拟定		×				
合同审核	×		×			
合同审批		×		×		
合同订立			×			
合同执行						×
合同监督					×	

四、案例示范

【例10-1】某单位为省科技厅的下属事业单位，2024年年初召开由各部门领导参加的内部控制制度建设讨论会，大家对如何进一步做好本单位内部控制工作进行了发言。以下是几位领导发言，请逐一分析是否正确，并说明理由：

（1）领导A发言：单位主要负责人对内部控制的建立健全和有效实施负责，因此本单位大额资金的使用、大批量资产采购等重大经济事项的内部决策应当由单位主要负责人决定。

（2）领导B发言：单位应当实行内部控制关键岗位工作人员的轮岗制度，明确轮岗周期。对于有些不具备轮岗条件的岗位可以采取专项审计等控制措施。

（3）领导C发言：单位应当建立经济活动风险定期评估机制，对经济活动存在的风险进行全面、系统和客观评估。经济活动风险评估3—5年进行一次就可以。

（4）领导D发言：单位应当组织有关人员定期对内部控制进行评价，并编写内部控制自我评价报告。评价报告应当对内部控制的合理性发表意见。

答案：

（1）领导A的发言不正确。

不正确之处：重大经济事项的内部决策应当由单位主要负责人决定。

理由：重大经济事项的内部决策应当由单位领导班子集体研究决定。

（2）领导B的发言正确。

（3）领导C的发言不正确。

不正确之处：经济活动风险评估3—5年进行一次就可以。

理由：经济活动风险评估至少每年进行一次。

（4）领导D的发言不正确。

不正确之处：评价报告应当对内部控制的合理性发表意见。

理由：评价报告应当对内部控制的有效性发表意见。

【例10-2】市审计局对本市某中学开展审计时，对该学校的内部控制建设情况进行了专门审计。在查阅资料和相关工作人员谈话中了解到如下情况：

（1）本单位加强内部控制建设的专题会议的会议纪要中提到："为加强内部控制建设工作的组织领导，会议进一步明确：单位成立内部控制体系建设领导小组，组长由分管财务工作的行政副职担任，并由其全面负责单位内部控制体系的建设与有效实施工作；财务部门是内部控制体系建设组织实施工作的牵头部门，负责组织实施单位内部控制体系建设日常工作；办公室、人事处、审计处、纪委监察处、资产管理处、基本建设处等部门为领导小组成员单位，按其职能分工负责相应的内部控制体系建设工作。"

（2）查阅本单位资金审批相关制度时了解到：采购合同金额在5万元（含5万元）以下的，由该学校资产管理处处长审批；采购合同金额5万元以上、50万元（含50万元）以下的，由分管采购业务的行政副职审批；采购合同金额超过50万元的，由行政一把手直接审批。

（3）查阅本单位的《内部控制规范工作手册（试行）》规定：单位应当加强对外投资的管理，确保对外投资的可行性研究与评估、对外投资决策与执行、对外投资处置的审批与执行等不相容职务相互分离。

（4）在审计中盘点现金时发现，该学校行政负责人个人名章、财务专用章、支票由出纳统一保管；为提高工作效率，会计外出期间出纳可以凭单位负责人审批的报销凭单直接办理资金支付。

请逐一分析上述情形是否正确？不正确的，请说明理由。

答案：

（1）不正确。"组长由分管财务工作的行政副职担任，并由其全面负责内部控制体系建设与有效实施工作"的表述不当。

理由：单位负责人应对本单位内部控制的建立健全和有效实施负责。

（2）不正确。"采购合同金额超过50万元的，由行政一把手直接审批"表述不当。

理由：大额资金支付应当实行集体决策制度。

（3）正确。

（4）不正确。本段有两处不当之处。

不当之处一：单位领导个人名章、财务专用章、支票由出纳统一保管。

理由：严禁一人保管收付款项所需的全部印章，应该分开保管。

不当之处二：出纳可以凭单位负责人审批的报销凭单直接办理资金支付。

理由：应由会计岗位审核后，出纳再办理支付手续。

第二节　管理会计

管理会计是会计的重要分支，主要服务于单位（包括企业和行政事业单位，下同）内部管理需要，是通过利用相关信息，有机融合财务与业务活动，在单位规划、决策、控制和评价等方面发挥重要作用的管理活动。与财务会计相比，管理会计有以下三个特点：一是在服务对象方面，管理会计主要是为强化单位内部经营管理、提高经济效益服务，属于"对内报告会计"；而财务会计主要侧重于对外部相关单位和人员提供财务信息，属于"对外报告会计"。二是在职能定位方面，管理会计侧重在"创造价值"，其职能是解析过去、控制现在与筹划未来的有机结合；而财务会计侧重在"记录价值"，通过确认、计量、记录和报告等程序提供并解释历史信息。三是在程序与方法方面，管理会计采用的程序与方法灵活多样，具有较大的可选择性；而财务会计有填制凭证、登记账簿、编制报表等较固定的程序与方法。

党的十八届三中全会对全面深化改革做了总体部署，建立现代财政制度、推进国家治理体系和治理能力现代化已经成为财政改革的重要方向；推进预算绩效管理、建立事业单位法人治理结构，已经成为行政事业单位的内在要求。行政事业单位也要顺时应势，大力发展管理会计。

一、制度速览

促进单位（包括企业和行政事业单位）加强管理会计工作，提升内部管理水平，促进经济转型升级，2014年财政部颁布了《关于全面推进管理会计体系建设的指导意见》（以下简称《指导意见》），2016年印发了《管理会计基本指引》，总结提炼了管理会计的目标、原则、要素等内容，用以指导单位管理会计实践。近年来，包括战略管理、成本管理、零基预算管理在内的33项应用指引和多个具有示范性的应用案例陆续颁布，不断完善管理会计体系建设（见表10-16）。

表10-16　　　近年来出台有关管理会计制度与法规文件

序号	制度名称	文号
1	《关于全面推进管理会计体系建设的指导意见》	财会〔2014〕27号
2	《管理会计基本指引》	财会〔2016〕10号
3	《管理会计应用指引第803号——行政事业单位》	财会〔2018〕38号
4	《关于全面深化管理会计应用的指导意见》	财会〔2024〕22号

二、重点解读

（一）"4+1"管理会计体系

《关于全面推进管理会计体系建设的指导意见》提出了我国管理会计体系的构成模式是：理论、指引、人才、信息化加服务市场"4+1"的管理会计有机系统。理论建设是基础，指引体系是保障，人才培养是关键，信息化建设是支撑，咨询服务是外部支持。

理论建设为基础，不仅要引进国际先进理论和经验，更要结合中国管理会计实践发展，融合多重主题、多重背景、多重理论，开展跨学科的管理会计研究，构建与时俱进的现代管理会计理论体系。

标准建设为保障，与时俱进地拓展和开发管理会计工具方法，为管理会计的实务应用提供指导示范。管理会计指引体系是以管理会计基本指引为统领、以管理会计应用指引为具体指导、以管理会计案例示范为补充。

人才培养为关键，是该体系中发挥主观能动性的核心，推动研究发布管理会计人才能力框架；积极探索和优化管理会计人才的多种培养模式；打造高端管理会计人才，为管理会计在我国的深入应用打下坚实的人才基础，为我国管理会计发展建立人才储备。

信息化建设为支撑，通过现代化的信息化手段实现业财融合，支撑管理会计的应用和发展。鼓励单位重视管理会计信息化建设，加快会计职能从核算到管理决策的转变。同时，"咨询服务"是确保四大任务顺利实施推进的外部支持，为单位提供更为科学、规范的管理会计实务解决方案，将支持会计软件开发、中介机构向管理会计服务领域拓展，共同推进管理会计信息化的跨越发展。

（二）单位应用管理会计应遵循的基本原则

1. 战略导向原则

管理会计的应用应以战略规划为导向，以持续创造价值为核心，促进单位可持续发展。

2. 融合性原则

管理会计应嵌入单位相关领域、层次、环节，以业务流程为基础，利用管理会计工具方法，将财务和业务等有机融合。

3. 适应性原则

管理会计的应用应与单位应用环境和自身特征相适应。单位自身特征包括单位性质、规模、发展阶段、管理模式、治理水平等。

4. 成本效益原则

管理会计的应用应权衡实施成本和预期效益，合理、有效地推进管理会计应用。

（三）管理会计的四要素

管理会计的四要素是指应用环境、管理会计活动、工具方法、信息与报告。这四项要素构成了管理会计应用的有机体系，单位应在分析管理会计应用环境的基础上，合理运用管理会计工具方法，全面开展管理会计活动，并提供有用信息，生成管理会计报告，支持单位决策，推动单位实现战略规划。

1.管理会计应用环境是单位应用管理会计的基础

单位应用管理会计，首先应充分了解和分析其应用环境，包括内外部环境。内部环境主要包括与管理会计建设和实施相关的价值创造模式、组织架构、管理模式、资源、信息系统等；外部环境主要包括国内外经济、法律等环境。

2.管理会计活动是单位管理会计工作的具体开展

在了解和分析其应用环境的基础上，单位应将管理会计活动嵌入规划、决策、控制、评价等环节，形成完整的管理会计闭环。

3.管理会计工具方法是实现管理会计目标的具体手段

管理会计工具方法具体包括战略地图、价值链管理、全面预算管理、滚动预算管理、零基预算管理、弹性预算管理、作业成本管理、目标成本管理、标准成本管理、变动成本管理、生命周期成本管理等，本量利分析、关键指标法、经济增加值、平衡计分卡、风险管理框架、风险矩阵模型等。

4.管理会计信息是开展管理会计活动过程中所使用和生成的财务信息和非财务信息，是管理会计报告的基本元素

管理会计报告是管理会计活动成果的重要表现形式，旨在为报告使用者提供满足管理需要的信息，是管理会计活动开展情况和效果的具体呈现。

(四)管理会计在行政事业单位的使用

管理会计对于行政事业单位而言，可以用于战略管理、预算管理、成本管理、绩效管理等方面。具体使用的管理会计工具如表10-17所示。

表10-17　　　　　管理会计在行政事业单位的使用

序号	管理会计应用领域	管理会计工具
1	战略管理	战略地图
2	预算管理	滚动预算、零基预算、弹性预算、作业预算
3	成本管理	标准成本法、作业成本法、完全成本法
4	绩效管理	关键业绩指标法、平衡计分卡

三、知识拓展

行政事业单位在使用平衡计分卡时应如何设置指标？

行政事业单位可以从业务效果维度、服务对象维度、内部业务流程维度、学习与成长维度构建平衡计分卡指标体系，也可根据战略目标和实际情况调整和修改四个维度的名称和内容。

业务效果维度的指标应反映行政事业单位的综合产出情况，兼顾经济性、效率性、效果性、公平性和环保性，可以选择收入支出比率、收入支出结构、预算执行情况、成本控制效果、资产管理、社会效益和社会责任、环境效益等方面的指标。

服务对象维度可以选择服务对象的满意度、服务质量、响应时间、公众满意度、业务量、被投诉次数、意见采纳数量、信息公开数等方面的指标。

内部业务流程维度可以选择运营能力、资产管理、服务提供时间效率、服务标准、技术创新、管理变革、法律遵循等方面的指标。

学习与成长维度可以选择职工满意度、职工培训与发展、职工的能力与素质、信息建设、组织文化建设、领导力、组织发展等方面指标。

第三节　财会监督

习近平总书记在党的十九届中央纪委四次全会上发表重要讲话,指出:"要以党内监督为主导,推动人大监督、民主监督、行政监督、司法监督、审计监督、财会监督、统计监督、群众监督、舆论监督有机贯通、相互协调。"

在党的十九届中央纪委六次全会上,习近平总书记指出,审计监督、财会监督、统计监督都是党和国家监督体系的重要组成部分,要推动规范用权,及时校准纠偏,严肃财经纪律。

2022年4月19日,习近平总书记在中央全面深化改革委员会第二十五次会议上再次强调,要严肃财经纪律,维护财经秩序,健全财会监督机制。

党的二十大报告指出:健全党统一领导、全覆盖、权威高效的监督体系,完善权力监督制约机制,以党内监督为主导,促进各类监督贯通协调,让权力在阳光下运行,将财会监督作为党和国家监督体系的重要组成部分,对财会监督赋予了新的定位,为新时代推进财会监督工作提供了根本遵循。

2024年2月，中共中央办公厅、国务院办公厅印发了《关于进一步加强财会监督工作的意见》，对财会监督的未来改革发展做了重要部署，促进了会计工作在国家治理体系和治理能力现代化过程中更好地发挥作用，会计人员更要加强自我约束，遵守职业道德，拒绝办理或按照职权纠正违反法律法规规定的财会事项。

一、财会监督的含义

1.财会监督的内涵

财会监督是依法依规对国家机关，企事业单位，其他组织和个人的财政、财务、会计活动实施的监督，是党和国家监督体系的重要组成部分。由此我们可以看到财会监督的对象是国家机关，企事业单位，其他组织和个人的财政、财务、会计活动。

新时代财会监督的内容也不是传统意义的财政监督、财务监督和会计监督的简单加总，而是三者的有机融合和凝练升华，是涵盖了财政、财务、会计监督在内的全覆盖的一种监督行为。

2.财会监督的定位

财会监督是党和国家监督体系的重要组成部分，发挥了基础性和支撑性作用。

二、如何做好财会监督工作

（一）健全财会监督体系

《关于进一步加强财会监督工作的意见》提到，财会监督的体系有五个方面,分别是财政部门主责监督、有关部门依责监督、各单位内部监督、相关中介机构执业监督、行业协会自律监督的财会监督体系。

1. 依法履行财会监督主责

各级财政部门是本级财会监督的主责部门,牵头组织对财政、财务、会计管理法律法规及规章制度执行情况的监督。

(1)牵头责任。各级财政部门是本级财会监督的主责部门,牵头组织对财政、财务、会计管理法律法规及规章制度执行情况的监督。

(2)预算监督责任。各级财政部门要加强预算管理监督,推动构建完善综合统筹、规范透明、约束有力、讲求绩效、持续安全的现代预算制度,推进全面实施预算绩效管理。

(3)财务、资产监督责任。加强对行政事业性国有资产管理、政府采购等政策制度实施情况的监督。加强对财务管理、内部控制的监督,督促指导相关单位规范财务管理,提升内部管理水平。

(4)会计监督责任。加强对执行会计政策、制度情况的监督,提高会计信息质量。

(5)对中介机构的监督责任。加强对注册会计师、资产评估和代理记账行业执业质量的监督,规范行业秩序,促进行业健康发展。

2. 依照法定职责实施部门监督

有关部门要依法依规强化对主管、监管行业系统和单位财会监督工作的督促指导。

（1）督促指导责任。强化对主管、监管行业系统和单位财会监督工作的督促指导。包括对归口单位财务管理单位财务活动的指导和监督，严格财务管理，依法依规对有关单位的会计资料实施监督，规范会计行为。

（2）预算监督责任。加强对所属单位预算执行的监督，强化预算约束。

（3）政府采购和资产评估监督责任。按照职责分工加强对政府采购活动、资产评估行业的监督，提高政府采购资金使用效益，推动资产评估行业高质量发展。

3.进一步加强单位内部监督

（1）主体责任。各单位要结合自身实际建立权责清晰、约束有力的内部财会监督机制和内部控制体系，明确内部监督的主体、范围、程序权责等，落实单位内部财会监督主体责任。

（2）第一责任人。各单位主要负责人是本单位财会监督工作第一责任人，对本单位财会工作和财会资料的真实性、完整性负责。这里的主要负责人一般是指单位的法定代表人。

（3）财会负责人的责任。单位内部应明确承担财会监督职责的机构或人员，负责本单位经济业务、财会行为和会计资料的日常监督检查。

（4）财会人员的责任。财会人员要加强自我约束，遵守职业道德，拒绝办理或按照职权纠正违反法律法规规定的财会事项，有权检举单位或个人的违法违规行为。

各单位内部监督是财会监督的重要基础和保障。和我们日常工作密切相关的是第三个方面——加强单位内部监督。在最新修订的《会计法》中将内部控制纳入法律范畴，进一步完善"三位一体"的会计监督体系。贯彻实施新《会计法》，有效发挥会计监督作用，各单位要加强对本单位会计行为的日常监督，结合自身实际建立权责清晰、约束有力的内部会计监督机制和内部控制体系，落实单位内部会计监督主体责任。在实务中要注意和会计工作的稽核、审核等职责相区分。

4.发挥中介机构执业监督作用

（1）职责内容。中介机构要严格依法履行审计鉴证、资产评估、税收服务、会计服务等职责，确保独立、客观、公正、规范执业。

（2）质量管理责任。各中介机构在履职时，要切实加强对执业质量的把控，完善内部控制制度，建立内部风险防控机制，加强风险分类防控，提升内部管理水平，规范承揽和开展业务，建立健全事前评估、事中跟踪、事后评价管理体系，强化质量管理责任。

（3）管理责任。各中介机构应持续提升一体化管理水平，实现人员调配财务安排、业务承接、技术标准、信息化建设的实质性一体化管理。

5.强化行业协会自律监督作用

（1）督促引导责任。各行业协会要充分发挥督促引导作用，促进持续提升财会信息质量和内部控制有效性。

（2）诚信建设责任。各行业协会应加强行业诚信建设，健全行业诚信档案，把诚信建设要求贯穿行业管理和服务工作各环节。

（3）行业自律监管责任。各行业协会应运用信用记录警示告诫公开、推动提升曝光等措施加大惩戒力度，完善对投诉举报、媒体质疑等的处理机制，提升财会业务规范化水平。

（二）健全财会监督机制

《关于进一步加强财会监督工作的意见》提到：要基本建立起各类监督主体横向协同，中央与地方纵向联动，财会监督与其他各类监督贯通协调的工作机制。

1.加强财会监督主体横向协同

构建财政部门、有关部门、各单位、中介机构、行业协会等监督主体横向协同工作机制。

（1）财政部门牵头协同。各级财政部门牵头负责本级政府财会监督协调工作机制日常工作，加强沟通协调，抓好统筹谋划和督促指导。

（2）建立各部门紧密配合机制。税务、证监、国资监管等部门应积极配合密切协同。建立健全部门间财会监督政策衔接、重大问题处理、综合执法监督结果运用、线索移送、信息交流共享工作机制，形成监督合力，提升监督效能。

（3）建立部门与行业协会联合监管机制，推动行政监管与行业自律相结合。

（4）建立部门与行业协会联合监管机制，推动行政监管与自律监管有机结合。

（5）中介机构的协同责任。相关中介机构要严格按照法律法规、准则制度进行执业，并在配合财会监督执法中提供专业意见。中介机构及其从业人员对发现的违法违规行为，应及时向主管部门、监管部门和行业协会报告。

（6）各单位的协同责任。各单位应配合依法依规实施财会监督，不得拒绝、阻挠、拖延，不得提供虚假或者有重大遗漏的财会资料及信息。

2. 强化中央与地方纵向联动

压实各有关方面财会监督责任，加强上下联动。国务院财政部门加强财会监督工作的制度建设和统筹协调，牵头组织制定财会监督工作规划，明确年度监督工作重点，指导推动各地区各部门各单位组织实施。

（1）压实责任。压实各有关方面财会监督责任，加强上下联动。

（2）国务院财政部门的责任。财政部要加强财会监督工作的制度建设和统筹协调，牵头组织制定财会监督工作规划，明确年度监督工作重点，指导推动各地区各部门各单位组织实施。

（3）地方的财会监督责任。县级以上地方政府和有关部门依法依规组织开展本行政区域内财会监督工作。

（4）国务院有关部门派出机构依照法律法规规定和上级部门授权实施监督工作。

（5）地方各级政府和有关部门要畅通财会监督信息渠道，建立财会监督重大事项报告机制，及时向上一级政府和有关部门反映财会监督中发现的重大问题。

3.推动财会监督与其他各类监督贯通协调

例如，完善财会监督与纪检监察监督在贯彻落实中央八项规定精神、纠治"四风"、整治群众身边腐败和不正之风等方面的贯通协调机制，强化与人大监督、民主监督的配合协同，完善与人大监督在提高预算管理规范性、有效性等方面的贯通协调机制。增强与行政监督、司法监督、审计监督、统计监督的协同性和联动性，加强信息共享，推动建立健全长效机制，形成监督合力。畅通群众监督、舆论监督渠道，健全财会监督投诉举报受理机制，完善受理、查处、跟踪、整改等制度。

三、新时代财会监督的三个重点领域

1.第一个重点领域是保障党中央、国务院重大决策部署贯彻落实

我国会计工作坚持正确的道路和方向，坚持服务经济社会发展，服务社会公共利益，服务中国特色社会主义事业，把推动党中央、国务院重大决策部署贯彻落实作为财会监督工作的首要任务。聚焦深化供给侧结构性改革，做好稳增长、稳就业、稳物价工作，保障和改善民生，防止资本无序扩张，落实财政改革举措等重大部署，综合运用检查核查、评估评价、监测监控、调查研究等方式开展财会监督，严肃查处财经领域违反中央宏观决策和治理调控要求以及影响经济社会健康稳定发展的违纪违规行为，确保党中央政令畅通。

2.第二个重点领域是强化财经纪律刚性约束

加强对财经领域公权力行使的制约和监督，严肃财经纪律。近年来，习近平总书记多次就严肃财经纪律、有效遏制财务造假作出重要指示批示。2023年12月修订的《中国共产党纪律处分条例》突出对违反财经纪律行为的惩戒，明确对"违反国家财经纪律，在公共资金收支、税务管理、国有资产管理、政府采购管理、金融管理、财务会计管理等财经活动中有违法行为的",视情节给予党纪处分。

作为行政事业单位,在日常工作中更要聚焦贯彻落实减税降费、党政机关"过紧日子"、加强基层保基本民生保工资保运转工作、规范国库管理、加强资产管理、防范债务风险等重点任务,严肃查处财政收入不真实不合规、违规兴建楼堂馆所、乱设财政专户、违规处置资产、违规新增地方政府隐性债务等突出问题,强化通报问责和处理处罚,使纪律真正成为带电的"高压线"。

3. 第三个重点领域是严厉打击财务会计违法违规行为

坚持"强穿透、堵漏洞、用重典、正风气",从严从重查处影响恶劣的财务舞弊、会计造假案件,强化对相关责任人的追责问责。新修订的《会计法》重点之一就是落实党中央、国务院关于严肃财经纪律的决策部署,通过加大处罚力度有效震慑单位和个人财务造假行为,将过去对单位的罚款上限10万元修改为"违法所得一倍以上十倍以下的罚款",对个人的罚款上限5万元提高至500万元。《会计法》和财会监督相互联动,发挥法律的震慑作用。

四、加强财会监督保障措施建设

1. 加强组织领导

党的二十大报告对党的建设和组织工作提出了明确要求,因此各地区各有关部门深刻学习领会、认真贯彻落实,着力抓好财会监督工作。首要是强化组织领导,加强协同配合,结合实际制订具体实施方案,确保各项工作任务落地见效。将财会监督工作推进情况作为领导班子和有关领导干部考核的重要内容;对于贯彻落实财会监督决策部署不力、职责履行不到位的,要严肃追责问责。

2. 推进财会监督法治建设

党的二十大报告提出了新时代新征程全面依法治国的总体要求,依法行政是关键,是推进国家治理体系和治理能力现代化的重要支撑。健全财会监督法律法规制度,及时推动修订《预算法》《会计法》《注册会计师法》《资产评估法》《财政违法行为处罚处分条例》等法律法规。健全财政财务管理、资产管理等制度,完善内部控制制度体系。深化政府会计改革,完善企业会计准则体系和非营利组织会计制度,增强会计准则制度执行效果。

3. 加强财会监督队伍建设

人才是事业发展的关键。县级以上财政部门应强化财会监督队伍和能力建设。各单位应配备与财会监督职能任务相匹配的人员力量,完善财会监督人才政策体系,加强财会监督人才培训教育,分类型、分领域建立高层次财会监督人才库,提升专业能力和综合素质。按照国家有关规定完善财会监督人才激励约束机制。

4. 统筹推进财会监督信息化建设

深化"互联网+监督",充分运用大数据和信息化手段,切实提升监管效能。依托全国一体化在线政务服务平台,统筹整合各地区各部门各单位有关公共数据资源,分级分类完善财会监督数据库,推进财会监督数据汇聚融合和共享共用,构建财会领域重大风险识别预警机制。

5. 提升财会监督工作成效

优化监督模式与方式方法,推动日常监督与专项监督、现场监督与非现场监督、线上监督与线下监督、事前事中事后监督相结合，实现监督和管理有机统一。加大对违法违规行为的处理处罚力度，大幅提高违法违规成本，推动实施联合惩戒，依法依规开展追责问责。

加强财会监督结果运用，完善监督结果公告公示制度，对违反财经纪律的单位和人员，公开曝光力度，属于党员和公职人员的，及时向所在党组织、所在单位通报，发挥警示教育作用。

6. 加强宣传引导

加强财会监督法律法规政策的宣传贯彻，强化财会从业人员执业操守教育。在依法合规、安全保密等前提下，大力推进财会信息公开工作，提高财会信息透明度。鼓励先行先试，强化引领示范，统筹抓好财会监督试点工作。加强宣传解读和舆论引导，积极回应社会关切，充分调动各方面积极性，营造财会监督工作良好环境。

本章小结

内部控制和管理会计在行政事业单位的运用，对规范行政事业单位内部经济和业务活动，强化内部权力运行，提高内部管理水平和效率有很大作用，为实现国家治理体系和治理能力现代化奠定了坚实基础、提供了有力支撑。新时代的财会监督是党和国家监督体系的重要组成部分，为实现国家治理体系和治理能力现代化发挥了基础性和支撑性作用。

因此，本章介绍的行政事业单位内部控制和管理会计的基本知识，以及对财会监督的了解也是行政事业单位财会人员入门必备知识不可缺少的部分。

第十一章　会计人员职业规划

随着我国全面深化改革和全面依法治国进入"深水区",特别是党的二十届三中全会的召开,明确了深化财税体制改革的要求,再加上近几年新准则、新制度、新规范的陆续出台,行政事业单位会计人员不断面临新问题、新情况、新矛盾,不仅要迎头赶上政府会计改革步伐,还要在国库集中收付制度、政府收支分类、部门预算、政府采购、资产管理、内部控制等方面做政策的明白人、解读人和执行人。如果不能科学规划职业定位、主动学习、苦练本领、加强能力建设,更新知识结构,就会出现能力不足、本领恐慌的危机感,将难以适应全面深化改革的要求,正所谓"凡事预则立,不预则废"。会计人员如何能够突出"重围",快速适应形势变化,实现从被动应付到主动作为的跨越,首先要认清形势,其次要做好自身职业规划,准确定位职业方向。如此,才能在职业竞争中创造自身价值、发挥自身优势、实现自我发展。

第一节　职业规划

什么是职业规划

职业是一个人在社会上赖以生存的土壤。职业规划（career planning）

起源于20世纪初,美国"职业指导之父"弗兰克·帕森斯首次提出。著名管理专家诺斯威尔把职业规划界定为:个人结合自身情况以及环境因素,为自己实现职业目标而确定行动的方向、时间和方案。中国学者尤敬党认为,职业规划就是指个人和组织相结合,在对一个人职业生涯的主客观条件进行测定、分析和总结研究的基础上,确定其最佳的职业奋斗目标,并为实现这一目标做出行之有效的安排。概括来讲,职业规划是指在收集评估个人和环境信息的基础上,设定目标并努力实施的过程。它包括职业定位、目标设定和通道设计三个要素。职业定位就是清晰明确一个人在职业上的发展方向,它是一个人在整个职业发展历程中的战略性、根本性问题,是职业发展的航标和灯塔。目标设定和通道设计是实施职业规划的路径选择。

如图11-1所示,职业规划遵循四个原则,即喜好原则、擅长原则、价值原则和发展原则。职业规划的好坏必将影响整个生命历程。想要成就一番事业,就应当确立可行的职业目标,并为实现这一目标做出行之有效的安排,才能跑赢人生。

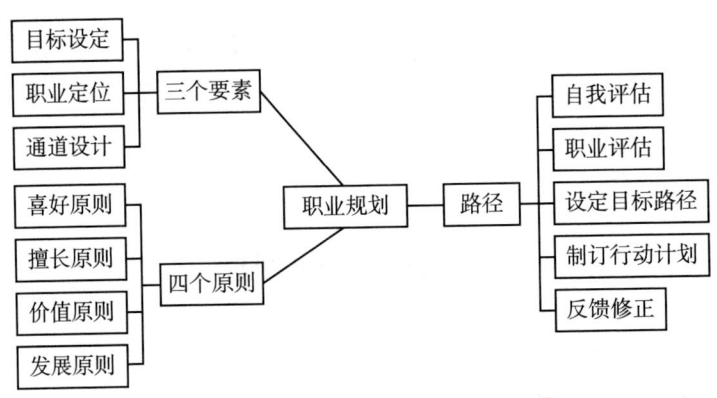

图11-1 职业规划的原则、要素及路径

会计，是一个较为特殊的行业，也是每一个组织中最重要的岗位之一，承担着组织命脉的重任，做会计容易，做一名优秀的会计难，要过怎样的会计人生，只有自己才能赋予生命最佳的诠释。会计的发展是反应性的，随着经济的发展和社会的进步，信息时代的到来，对会计不断提出新的挑战，同时也带来新的机遇，对会计的要求也会越来越高。如何打通会计的"任督"二脉，做一个成功的会计人，这是摆在每一名会计人面前的课题，人生这盘棋，需要精心布局。做好职业规划，走好每一步，不迷茫，不懈怠，驰而不息，以个人的核心领域为圆心，以任意长为半径，覆盖的知识领域越来越广，总有一天会成就自己的梦想。

第二节　会计人员面临的形势

近年来，随着我国政府职能的转变、财政体制改革的推进、审计全覆盖的要求、监督执纪问责力度加大以及人工智能时代的到来，行政事业单位会计人员面临的形势和挑战越来越严峻，会计人员如果没有循序渐进的职业规划，没有超强的学习力和知识储备，又不能迅速提升业务素质迎头赶上，将难以适应新形势新要求。

一、政府会计改革带来新挑战

党的十八届三中全会提出了"建立权责发生制政府综合财务报告制度"的重大改革举措，推进政府会计改革，已成为提升国家治理体系和治理能力现代化的重要基础。党的二十届三中全会提出了进一步全面深化改革，坚持以制度建设为主线。正是遵循了这一主旨，系列政府会计准则、制度陆续出台，新制度归并统一了各项行政事业单位会计制度，打破了行政事业单位不同行业之间的制度壁垒，统一了会计信息质量标准，彻底改变了行政事业单位会计核算基本逻辑。

财政部在全国推行了预算管理一体化系统平台，涵盖了预算管理的主要环节，实现了各级预算数据的集中统一管理和上下贯通，实施项目全生命周期管理，这是财政部以信息化推动预算管理现代化的重要举措。标准化管理和财政大数据已然形成。行政事业单位会计人员需要不断适应，不断学习，不断跟进新制度、新规范、新要求，做一个熟知制度、运用制度、执行制度的会计人。除此之外，还要积极拥抱人工智能。人工智能的发展，已经催生出了许多高效而便捷的网上工具，会计人员也应主动探索，将其视为我们工作的得力助手。这是行政事业单位会计人员面临的新要求、新挑战。

二、预算管理改革持续推进

党的十八届三中全会明确提出要深化财税体制改革，吹响了新一轮财税体制改革的号角。2014年9月26日，国务院印发《关于深化预算管理制度改革的决定》（国发〔2014〕45号），拉开了预算管理制度改革的序幕。为贯彻落实决定精神，财政部逐步探索预算管理一体化建设，实行"一套标准，两级部署"，即财政部制定全国统一的业务规范和技术标准，建设中央预算管理一体化系统。各省级财政部门对标建设"全省大集中"的地方预算管理一体化系统。2022年《国务院关于进一步深化预算管理制度改革的意见》（国发〔2021〕5号）要求全面推广实施预算管理一体化系统。2023年，财政部在原来版本的基础上，印发了《预算管理一体化规范2.0版》和《预算管理一体化系统技术标准V2.0》，2024年又先后出台了《会计信息化工作规范》（财会〔2024〕11号）和《会计软件基本功能和服务规范》（财会〔2024〕13号）两个"规范"予以指导。

预算管理一体化系统平台，涵盖了预算管理的主要环节，实现了各级预算数据的集中统一管理和上下贯通，实施项目全生命周期管理。十年来，预算管理制度改革取得了决定性进展，为新一轮财税体制改革奠定了基础。党的二十届三中全会通过的《中共中央关于进一步全面深化改革、推进中国式现代化的决定》（以下简称《决定》）提出，要深化财税体制改革，并就健全预算制度等做出重要部署，提出明确要求。改进预算管理制度，强化预算约束，规范政府行为，实现有效监督，进一步建立全面规范、公开透明的预算制度，对各预算单位的影响是深远的，要求单位对预算的重视程度也是前所未有的，各单位由争取资金向争取预算转变，监管由事后向事中、事前转变，这对行政事业单位会计人员编制预算的严谨性、科学性、准确性提出了更高的要求，这是第一大挑战。

为加快建成全方位、全过程、全覆盖的预算绩效管理体系，2018年9月1日，中共中央、国务院印发了《关于全面实施预算绩效管理的意见》，提出建立全面规范透明、标准科学、约束有力的预算制度，以全面实施预算绩效管理为关键点和突破口，推动财政资金聚力增效，提高公共服务供给质量，增强政府公信力和执行力。加强预算绩效管理事前、事中、事后管理。要求对于纳入增量预算的，开展事前绩效评估，论证立项必要性、投入经济性、绩效目标合理性、实施方案可行性、筹资合规性等，评估结果作为申请预算的必备要件。各单位编制预算时，分解细化各项工作要求，结合单位实际，全面设置部门和单位整体绩效目标、政策及项目绩效目标。在执行中对绩效目标实现程度和预算执行进度实施"双监控"。各单位对预算执行情况及政策、项目实施效果开展绩效自评，评价结果还要应用到对部门的预算考核。政府会计在预算编制、执行、评价全过程中都需要与业务深度融合,这是行政事业单位会计人员面临的第二大挑战。

三、内部控制建设全面推行

2014年1月1日,财政部制定的《行政事业单位内部控制规范(试行)》开始施行,对行政事业单位开展内部控制体系建设进行指导和规范,并对单位内部控制评价提出总体要求。2015年,财政部印发了《关于全面推进行政事业单位内部控制建设的指导意见》,要求单位应当按照内部控制规范的要求开展内部控制自我评价工作。2017年出台《行政事业单位内部控制报告管理制度(试行)》,要求各单位编制并报送内部控制报告,通过"以报促建"的方式,督促各级行政事业单位加强内部控制建设,我国行政事业单位内部控制体系已经基本建成。

据调查,多数行政事业单位内部控制体系建设牵头部门都是财务部门,这项工作任务艰巨、意义重大。内控建设具有风险防控、预防腐败的作用,如果能够贯彻落实到位,对于提高一个单位的依法执政能力和内部管理水平具有深远影响。但是这项工作不是一日之功,需要久久为功、善作善成,需要我们提高政治站位,强化责任担当。这无疑是摆在行政事业单位会计人员面前的又一重大挑战。

四、财会监督体系逐步完善

2024年6月28日,第十四届全国人民代表大会常务委员会第十次会议通过了《关于修改〈中华人民共和国会计法〉的决定》,新《会计法》鼓励依法采用现代信息技术开展会计工作,要求将内部会计监督制度纳入本单位内部控制制度,另外新《会计法》加大了对违法行为的处罚力度。

同时，财政部关于《会计信用记录管理办法》正在征求意见，《会计基础工作规范》也正在修订，目前征求意见稿均已发出。《会计奖惩信息归集管理办法（试行）》（财会〔2025〕3号）已正式出台，这些已经出台或者即将出台的系列法律法规制度，对于会计人员来说，既指明了会计人员的行为标准和职责边界，又指明了工作目标和努力方向，可以说，这是一个会计从业者的最好时代。

五、审计监督力度加大

一是国务院出台一系列加强审计工作的意见，提出了审计全覆盖的要求。2014年10月9日，国务院出台《关于加强审计工作的意见》；2015年12月8日，国务院办公厅印发《关于完善审计制度若干重大问题的框架意见》和《关于实行审计全覆盖的实施意见》；2018年3月1日，审计署修订出台了《关于内部审计工作的规定》；2019年7月，中共中央办公厅、国务院办公厅修订印发了《党政主要领导干部和国有企事业单位主要领导人员经济责任审计规定》；2020年9月24日，审计署办公厅印发了《政府财务报告审计办法（试行）》，该办法明确政府财务报告审计范围包括政府综合财务报告审计和政府部门财务报告审计，纳入年度审计项目计划管理；2021年10月23日《审计法》修正。随着这些文件的先后出台，各级审计机关的审计监督力度逐渐加大，在重大政策落实、公共资金、国有资产、领导干部经济责任审计等方面实现了审计监督全覆盖。二是改革审计管理体制，加强党对审计工作的领导。在本轮机构改革中，各级先后成立了审计委员会，加强党对审计工作的领导，构建集中统一、全面覆盖、权威高效的审计监督体系。审计监督力度加大，这是行政事业单位会计人员面临的第五大挑战。

六、纪检监察执纪问责力度空前

党的十八大以来，开启了全面依法治国、全面从严治党新时代，中共中央以零容忍态度惩治腐败，各级巡视巡察、审计、纪检检查压茬进行，监督执纪问责力度空前，始终保持反腐倡廉高压态势。新修订的《中国共产党纪律处分条例》自2024年1月1日起施行，该《条例》增加了对违反国家财经纪律行为的党纪处分规定。党的二十届三中全会通过的《决定》强调要深入推进党风廉政建设和反腐败斗争。在二十届中央纪委三次全会上，习近平总书记进一步指出："新征程反腐败斗争，必须在铲除腐败问题产生的土壤和条件上持续发力、纵深推进。"这是服务保障中国式现代化的必然要求。在这种高压态势下，倒逼各单位的财务开支必须循规守矩，严格按照财经法规规定执行，行政事业单位会计人员必须始终坚持底线思维、依法依纪理财，当好单位领导的参谋、助手，降低财务风险，净化财务管理环境。这是行政事业单位会计人员面临的政治形势。

七、大数据时代和人工智能发展带来新机遇

身处大数据时代，信息互联共享给财务人员带来发展新机遇。大数据对行政事业单位会计人员工作的挑战主要表现在思想意识、学习能力和信息安全等方面，机遇主要体现在提升预测功能、决策支持和提供控制依据。大量专项资金如扶贫解困资金、就业补助资金等，如何能够用得精准、不发生重复领取、虚报冒领，防范财务风险，这是摆在行政事业单位会计人员面前的重大课题。运用大数据比对和多部门数据共享等管理手段，既能够解决"放管服"问题，让群众少跑腿甚至不跑腿，又能够解决信息不对称问题，有利于风险防控。大数据对于审计来说是

数据资产,可以提供审计线索,对于行政事业单位会计人员来说是重要的管理手段,通过信息比对能够实现资金的精准投放。如图11-2所示,信息技术的发展,人工智能时代的到来,将逐渐替代行政事业单位会计人员大量繁重的操作业务。随着统一的政府会计制度的实施,一些简单重复繁杂的财务作业,将会被财务机器人所取代,到那时,行政事业单位会计人员将把时间和精力更多地投入到决策参谋助手、内控管理、绩效评估等管理工作中来,真正发挥使用财务数据提供决策支持的作用。

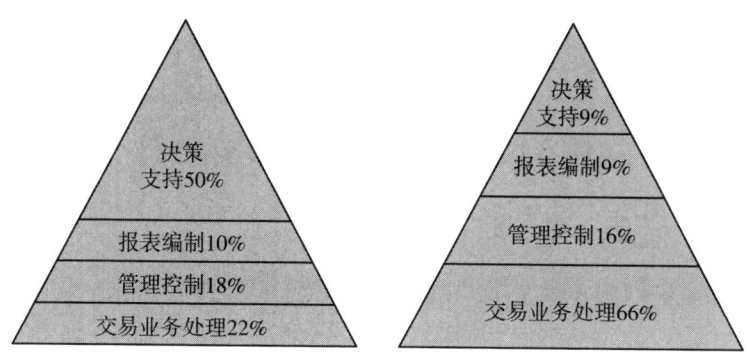

图11-2 数字时代的财务职能分布

八、行政事业单位会计人员整体素质与要求不相适应

《会计行业人才发展规划(2021—2025年)》(财会〔2021〕34号)中提出"我国会计人才队伍区域发展差异较大,结构性失衡问题仍然存在,中西部地区会计人才队伍整体素质有待提高,基层行政事业单位会计力量亟需增强"。

行政事业单位会计人员尤其是基层单位会计人员多数是初级会计人员,人员老化,知识更新不足,资历较深的老会计多年来按照收付实现制记账，对权责发生制没有深刻理解，新入职的年轻会计对预算会计又缺乏实践经验，特别是近年来的国库集中收付、政府收支分类、政府采购等知识，在高校专业课程设置中欠缺，造成与实际脱节，年轻会计短时期难以适应。行政事业单位会计人员的专业素质难以适应政府会计改革要求。新的《政府会计制度》无论是核算方法还是财务报表均有两套，体系较为复杂，对行政事业单位会计人员业务处理能力、职业判断以及综合分析能力方面的要求也相应提高。目前，很多人只是停留在简单操作层面，仅仅满足支出需要，知识结构普遍单一，加之体制内缺乏激励机制和危机意识，老会计长期固守一个岗位，思想僵化，惰性较强，不能很好地理解改革的初衷，存在畏难情绪。对各种信息系统、一体化平台的操作能力和适应能力还不够，更难以做到以管理会计的视角和思维进行分析预测，为领导决策提供支撑。与业务部门配合，与上下级之间的沟通协调使很多习惯于传统会计角色的财务人员不太适应。

第三节　如何突破"重围"

古人云，"政善治，事善能"。面对新政策、新制度、新规定叠加出台，新形势、新困难、新挑战多重考验，行政事业单位会计人员如何能够突破"重围"，顺应局势，展现新时代会计人的担当精神和使命意识，推动本轮政府会计改革，助力本轮财税体制改革，在推进国家治理体系和治理能力现代化的进程中，发挥会计工匠精神，体现会计人的价值感，唯一的途径就是科学规划职业生涯，在前行的道路上，始终不忘初心，牢记使命，坚持专业自信、增强业务本领，善作善为，善始善终。

一、当前政府会计领域需要什么样的会计人才

规划个人职业发展路径最关键的就是六个字——"盯需求，做稀缺"。伴随政府会计制度的全面实施和深化预算管理体制改革的持续推进，行政事业单位财务工作在管理模式、核算方法等方面产生的重大变化以及对单位信息化建设的要求，会计人员应积极思考应对会计工作转型，主动进行自我选择和职业规划，重塑财务理念和知识结构，为做好财务工作持续发力。

（一）专业学习型人才

1.抓好继续教育。会计专业技术人员继续教育是为会计专业技术人员更新知识、拓展技能、完善知识结构、提高能力素质的一项制度安排。2018年5月19日，财政部印发了《会计专业技术人员继续教育规定》（财会〔2018〕10号），对于取消会计从业资格行政许可之后会计人员的教育培养做了新规定，实行学分制管理。2024年9月25日，财政部印发了《关于全国会计人员统一服务管理平台上线运行的通知》（财办〔2024〕35号），全国统一平台已经上线试运行，2025年1月1日起正式运行。该平台立足于会计人员全生命周期管理服务、会计法规制度建设宣传培训、会计管理工作学习交流三项目标，提升会计人员的管理效能和服务水平。加强会计专业技术人员继续教育是做好新时期会计人员管理工作的一项重要内容。这是从制度上引导、督促会计专业技术人员履行继续教育义务、提高业务素质和专业胜任能力、最终提高会计信息质量的途径。行政事业单位会计人员应及时转变思想，迅速把握新制度、新准则的重点、要点，坚持继续教育。这是最基本的学习途径。

2.坚持走考证之路，以考促学，逐渐成长为一个既有专业资格又有专

业水准的会计专业人。这既是会计人的机遇也是会计人的挑战,想要更好的前途,顺应时代发展的需要,首先具备"硬核"条件。

3.始终坚持自学,不仅要学习会计专业知识,还要学习各项法规、政策、制度,以及软件、系统实操能力,做到专业精进,这是专业自信的前提;会计人员还要提高文字表达能力,学习公文写作,这是可以通过文字彰显工作能力和专业水准的赛道;另外会计人员也要注重语言表达能力的培养,汇报工作能够用通俗简洁的语言,把专业的事情讲明白,这是通往职业成功道路上的必备技能,如果能做到以上三点,就会成为一个能写、会讲、善算的综合型会计人才。

(二)复合型"多面手"

BBC基于剑桥大学研究者Michaelsborne和CarlFrey的数据体系,分析了365个职业在未来人工智能时代"被淘汰概率",会计被取代概率高达97.6%。越来越多的重复性核算业务被信息系统取代,会计人员终将从核算业务解放出来,重塑会计新形象。学习是创新的重要条件,面对人工智能、大数据、互联网+等新形势,推动财务向数字化、自动化和智能化发展,从事基础工作的财务人员处境堪忧,而一专多能的复合型财务人才将能发挥重要的作用,因此,财务人员首先必须完成自身的转型与再造。

在推动国家治理体系和治理能力现代化的进程中,我国的政府职能发生了很大变化,从管理型逐步向服务型转变,财会人员也早已不是传统的"账房先生"角色。财会人员不再局限于财务或会计本身,无论是全面实施绩效预算还是行政事业单位内部控制制度的建立,都需要行政事业单位会计人员跳出财务做财务,会计人员被赋予更多的管理职能,业务与财务一体化进程在加速推进，促进业财深度融合是时代的要求，是大势所趋。财务如果不懂业务，只能提供低价值的会计服务。这就要求会计人员要有大局观念、沟通能力和协调能力，既要精通业务，又要善于管理，还要有战略思维、勇于创新，做一个新时代的复合型"多面手"。

二、"三坚三守"行政事业单位会计人员的职业指南针

为贯彻落实党中央、国务院关于加强社会信用体系建设的决策部署，推进会计诚信体系建设，提高会计人员职业道德水平，2023年1月12日财政部印发了《会计人员职业道德规范》（财会〔2023〕1号，以下简称《规范》），这是我国首次制定会计人员职业道德规范。经历了他律、自律两个阶段，会计人员应该立法于心，将规范化的职业精神成为自觉追求。《规范》内容包括以下三个方面。

（一）坚持诚信，守法奉公。牢固树立诚信理念，以诚立身、以信立业，严于律己、心存敬畏。学法知法守法，公私分明、克己奉公，树立良好职业形象，维护会计行业声誉。

（二）坚持准则，守责敬业。严格执行准则制度，保证会计信息真实完整。勤勉尽责、爱岗敬业，忠于职守、敢于斗争，自觉抵制会计造假行为，维护国家财经纪律和经济秩序。

（三）坚持学习，守正创新。始终秉持专业精神，勤于学习、锐意进取，持续提升会计专业能力。不断适应新形势新要求，与时俱进、开拓创新，努力推动会计事业高质量发展。

孟子说："诚者，天之道也，诚之者，人之道也。"说的是遵守承诺，

言行一致，因为言能成诺方为"诚"。《说文》云"信，诚也，从人言"。也就是人言为信，信用也。信和诚是紧密相连的。中国现代会计之父潘序伦先生说"立信，乃会计之本，没有信用，也就没有会计"，他在上海创办立信会计高等专科学校时所题校训为：信以立志、信以守身、信以处事、信以待人、毋忘立信、当必有成。可见诚信对于会计的重要性。行政事业单位会计人员肩负着管理国家财政资金、维护国家财经秩序的使命。人若有为先立身，道德素质是一个会计人的根基。如果一个会计从业人员没有良好的道德素质，那他的业务水平越高，就越可能给企业、国家造成更大的损失。因此会计人员要想干好本职工作，首先要从思想上过关，筑牢思想的堤坝，坚守诚信清廉，保持清醒头脑，坚持底线思维，做一个诚实守信、奉公守法的会计人。

2019年，随着人福医药、银河电子等企业因商誉减值引发业绩"爆雷"潮之后，以康得新和康美药业为代表的恶性财务造假再次引起舆论一片哗然。2024年3月，证监会发布调查结果，恒大在2019年和2020年年报中的虚增收入高达5 640亿元，涉嫌欺诈发债以及未及时披露财务信息，社会影响极为恶劣。且不论公司治理机制失效、成本收益失衡、审计范围受限、查弊防弊不力、第三方审计监督不力等原因，就会计从业者来讲缺失的是会计立身之本——坚持准则、守责敬业。底线思维和红线意识是会计人的生命线。职业道德素养之所以重要，还在于它并不是突出地表现在日常工作中和会计业务处理中，而往往体现在"一闪念"之间，一些年轻的会计工作者在"一闪念"之间断送了自己的大好前程，也有很多兢兢业业干了几十年的老会计工作者，在"一闪念"之间晚节不保。无论你拖领导下水还是被领导拖下水，究其原因都是缺失了对专业精神的敬畏、对职业道德始终如一的坚守。朱镕基总理曾经对会计从业人员提出了"十六字"要求："诚信为本，操守为重；坚持准则，不做假账。"这要求看似简单，但在钱、权、利的诱惑面前能够不为所动，能够控制私心"一闪念"，却并非易事，是要会计人融入血液的，尤其是在当前反腐倡廉高压态势下，坚守底线，是一个行政事业单位会计人员必备的素质。

三、规划职业成长路径，突破"重围"

了解行政事业单位会计人员面临的形势和行政事业单位对会计人员的需求导向，对致力于在政府会计行业实现自身价值的会计人员是非常必要的。对于即将踏入政府部门或正在政府会计行业中迷茫的会计人员，从长远分析，从眼下着手，以广阔的视野审视自己的个人职业发展，正确进行人生定位和规划，制定自己的职业规划，并不断地修正，将对个人的发展起到重要的作用。随遇而安、做一天和尚撞一天钟，没有计划没有目标的航行不仅会迷失方向，还会触礁搁浅。有的人兜兜转转，半生虚度，仍在原地；有的人这山望着那山高，不满现状又不知道自己想要什么，郁郁终生，难成大事。这些都是没有清晰的职业定位造成的后果。

前面我们在本章第一节了解了什么是职业规划，那么究竟如何进行职业规划呢？

（一）进行自我评估，做到知己

对于未踏入政府门槛的高校毕业生，是否选择考录政府部门会计岗位的公务员或者参加事业单位会计岗位招聘，进入政府会计序列，要根据自己的性格特点、职业兴趣、职业能力、职业价值观进行考虑。具体可采用自我反思法、职业测评法、360度评估法等，了解自己喜欢干什么，能够干什么，最看重什么，适合干什么，等等。如果看重个人收入、不喜欢被体制内的条条框框约束，那么可能不适合从事这个行业。如果希望在体制内找到一个平台，在提升国家治理能力和为人民谋取幸福中展现自身价值，个人收入不求高但求稳，认为在政府会计领域还有很多改革创新点喜欢去尝试去参与，那么政府会计行业就是个人的最佳选择。

对于已经走在政府会计的康庄大道上的会计人，是不是不需要进行自我评估了？笔者认为，对自我的探索是一门终生的课程，吾日三省吾身，多分析自己的优势劣势，了解自己，开拓自己，认同自己，才能更好地认同自己的职业价值观，从而做到不迷茫、不犹豫、不退缩。

（二）进行职业评估定位，做到知彼

对即将从事的职业进行评估，是对自己职业定位的前提，特别是对于正在选择期的高校毕业生，通过多种途径，尽可能获取目标行政事业单位的相关资讯，结合自己的专业学习方向、就业机会、职业选择、家庭环境、社会支持系统等因素，理性评估，通过实习、会计职场人士访谈、关注财政部网站等，对政府会计行业有一个相对的了解和认识，在职业定位时就要做到审慎选择，选择了之后就要一往无前、坚持不懈地走下去。

对于已经选择了政府会计行业的会计人，横向的职业定位已经完成，那么纵向的职业发展，就是关注的重点了。

（三）设定职业目标、路径

在知己知彼的基础上，选择适合自己的职业目标，并确定相应的职业发展路径。机会永远都是留给有准备的人。要想有所成就，最重要的

在于确定目标。在职业发展的道路上，重要的不是现在所处的位置，而是迈出下一步的方向，所以要做一个有心人，经常思考自己的职业目标，策划每个阶段的发展模式，就会做到有的放矢，不浪费光阴，不虚度年华。

从会计职业纵向发展路径来看，有以下几个层级。

从职业生涯的发展来看，会计人员有四个层级：第一是基础会计：主要从事出纳、费用报销、开票等工作；第二是中级会计：从事成本会计、总账会计、税务会计、结账等工作；第三是管理会计：独立应对预算、财务分析、内部控制、绩效评估、项目管理等工作；第四是高级会计：能提出系统性思维解决财务规范化、内控建设等问题，为领导的财务决策、经济活动提供可行性分析建议，能够担当领导层的参谋助手。

从会计职务晋升来说，行政事业单位从低到高一般有出纳、会计、主管会计、会计机构负责人、总会计师（或分管领导）。

从专业技术资格来看，会计职称从低到高分为：会计员、助理会计师、会计师、高级会计师、正高级会计师。会计员、助理会计师为初级职务，会计师为中级职务，高级会计师通常称为副高级职务，正高级会计师为教授级职务。事业单位岗位有两种：一类是管理类，工资套改标准与职称不结合，考取职称后不予聘用，按照管理级别套改工资；另一类是专业技术类，取得职称资格后，根据单位的专业技术岗位定员情况、专业职务限额等实际情况聘用，按照职称确定工资，并按程序报经批准。

行政单位公务员只允许参加专业技术资格考试，不评不聘，不与工资挂钩，工资与行政级别挂钩，改革后实行职级并行。

探寻会计考证之路是确定会计职业目标的重要内容之一。全国会计资格考试共分为初、中、高三个级别，资格考试是评价选拔会计人才、促进会计人员成长成才的重要渠道，也是落实会计人才强国的重要举措。分阶段分步骤参加会计专业技术资格考试，是会计人员成长的必由之路。

按照现行规定，凡是进入行政事业单位序列的，基本上都已经具备助理会计师考试报名条件，助理会计师考试科目为《初级会计实务》和《经济法基础》，要求在一个考试年度内通过全部科目的考试，方可取得初级资格证书。

中级会计师考试科目为《中级会计实务》《财务管理》《经济法》，应在连续2个考试年度内通过全部科目的考试，方可取得中级资格证书。参加中级会计师考试除具备基本条件外，还应当满足以下条件：

①具备大学专科学历，从事会计工作满5年；

②具备大学本科学历或学士学位，从事会计工作满4年；

③具备第二学士学位或研究生班毕业，从事会计工作满2年；

④具备硕士学位，从事会计工作满1年；

⑤具备博士学位；

⑥通过全国统一考试，取得经济、统计、审计专业技术中级资格。

值得关注的是，2024年5月14日由财政部、人力资源社会保障部和教育部联合下发的《关于做好会计专业学位与会计专业技术资格衔接有关工作的通知》(财会〔2024〕7号)中明确提出,获得国务院教育行政部门认可的境内会计硕士专业学位、会计博士专业学位的人员,报考中级会计专业技术资格考试可免试《财务管理》科目。具有中级及以上会计专业技术资格的会计硕士专业学位研究生,可以按照学校相关规定向学校申请免修《财务管理理论与实务》《管理会计理论与实务》等专业必修课程。

高级会计师实行考评结合,除具备基本条件外,还应当满足以下条件:

①具备大学专科学历,取得会计师职称后,从事与会计师职责相关工作满10年;

②具备硕士学位或第二学士学位或研究生班毕业或大学本科学历或学士学位,取得会计师职称后,从事与会计师职责相关工作满5年;

③具备博士学位,取得会计师职称后,从事与会计师职责相关工作满2年。

符合《会计专业职务试行条例》规定的高级会计师职务任职基本条件,或者符合省级财政、人力资源和社会保障部门或中央单位批准的本地区、本部门申报高级会计师职务任职资格评审条件的,可参加考试,考试科目仅一门《高级会计实务》,考核合格,3年内参加高级会计师评审有效。

正高级会计师实行评审制,取得高级会计师资格5年(含)以上,具有本科及以上学历,取得高级会计师职称后,从事与高级会计师职责相关工作满5年，符合各省财政、人力资源和社会保障部门或中央单位批准的本地区、本部门申报正高级会计师职务任职资格评审条件的，可参加正高级会计师评审。

从更高层次职业规划来看，财政部继全国高端会计人才培养工程（六年制）之后，又陆续推出国际高端会计人才选拔培养项目（三年制）、财政部高层次财会人才素质提升系列工程（三年制），这些培养班的选拔程序严格，由财政部会计司组织，坚持公开、公平、公正，经过笔试、面试、政审等程序，选拔之后，由财政部出资，委托北京国家会计学院、上海国家会计学院和厦门国家会计学院具体组织实施集中培训，三大国家会计学院在培养过程中，考核严格，组织有力。这些班级汇聚了全国会计各行各业的精英人才，成为全国会计行业的领头雁，如果能够入选，是非常值得珍惜的。除此之外，还可以选择参加注册会计师等执业资格考试，以考促学，参加资格考试也是健全和更新会计知识体系的一条有效路径。

（四）制订行动计划

职业目标定位完成之后，需要围绕职业目标的实现，制订具有针对性、明确性和可行性的行动计划。既要有中长期行动规划，也要有近5年的行动计划，越是近期计划，越要详细可执行，随着小目标的不断实现，大目标也不会遥远。

在实施行动计划过程中，要始终坚持长期目标与当下工作实际相结合。尤其是初入职场，不要把精力都放在考证上，也不要瞻前顾后。首先要踏踏实实，从零开始，主动适应政府会计工作，从预算管理、国库集中收付、政府采购、资产管理到内部控制规范等，对需要掌握的政策、法规、操作规程分板块深学细研，逐步掌握，干一行专一行。除此之外，还应该拓展自己的知识面，学习公务员法、行政法、经济法、税法等相关法律法规；还要熟知财务管理、审计等相关专业知识，建立自己多维度、立体式的知识结构。

制订行动计划还要把培养良好的沟通能力和团队协作能力、终身学习能力作为一项长远的目标。会计人员要提升跨界沟通能力，对外要求会计人员要站在单位管理层面，用良好的心态、过硬的沟通协调能力加强同外部单位的联系协作，应对日益复杂的外部环境，及时化解单位潜在的财务风险，适应政府改革和经济发展的需要。对内要求会计人员必须走进业务，融入业务，通过沟通了解业务特点，从业务的角度审视财务问题，解决业务中存在的财务问题。同时还需要会计人员在工作中不断创新财务管理思路，积极通过数据分析支持单位的各种业务决策，使财务充分参与决策事项的事前规划和事中、事后监督控制，真正将财务成果转化到单位管理当中去。会计人员对财务管理中遇到的问题要及时与管理层进行有效沟通，以充分表达财务管理存在问题并提出建议，为管理层进行短期，甚至中长期决策服务，以降低运行成本，提高公共服务的效率和效果。

能够跑到终点的未必是跑得最快的，而是能坚持奔跑的人。要苦练基本功，为自己的职业规划顺利实施打下基础。

（五）反馈修正

任何规划不是一成不变的，随着职场机遇、自我发展、社会变迁以及其他不可预测的因素，职业规划可能需要不断修正，才能实现最优化。修正是建立在对自身实际情况和面临变化的评估基础上做出的审慎选择，而不是朝三暮四、朝令夕改。不断地反馈修正，时刻牢记自己的目标，才能更好地实现自身价值。

四、职业规划的七条建议

国内知名职业发展专家、中国生涯发展协会（CCDA）会长、新精英生涯创始人古典在《拆掉思维里的墙》里提出几条关于职业规划的建议。

第一，应该有一个20年的梦想，尽可能大一些，尽可能抽象一些。

20年的时间很长，一切皆有可能，人生无须设限，自己的未来由自己定义，无限可能等自己开启。

第二，可以给自己设一个不超过10年的，且可实现的理想，这个计划主要以培养和发展核心竞争力为主。同时，最好给自己定一个planB。万一原来的计划遇到什么问题，或者搁浅，要有一个备选方案。

因为变化无所不在，只有变化是永远不变的，人生中唯一能确定的就是不确定的人生。"执着"是双面的，它既是一种成功的精神，也是一种"阻滞"前途的行为。

第三，应该瞄准一个5年内能达到的目标，细分成2—3年内的职业计划。这个计划以可以达成的执行为主。

需要详细了解这个目标的要求，包括达成的条件和这个目标的差距，以及缩短差距的提升方法。

此时，可以问自己一些问题：为了实现职业目标，现在具备什么资源？还差什么条件？差的这部分，有什么办法补足？补足的话，要分几步？具体怎么做？

第四，把规划保留下来，每隔一个月看一看，让自己保持进度。

有些人制订了计划，却总是得不到落实，有些人却可以一步步朝着计划前进，很大程度上，这可能是由计划本身的"有效性"导致的。

关于计划的有效性，业界有一个通用的SMART原则，即"具体、可衡量、有可行性、有相关性、有时间期限"。

第五，每隔半年停下来回顾计划。

前期设定的计划往往不是完美无缺的，试行一段时间之后，需要根据最近的实际情况，对下一阶段的计划进行调整。仍以看专业书籍为例，如果3个月后，发现没有一个月能达到目标，最多也不过是两个月看完一本书，那么接下来就有两种选择，要么将目标设置减半，要么加快进度，督促自己多花一倍的时间，这样对于目标的实现才会比较合理。

第六，确保自身的能力成长跟得上时代。

举个例子，以前单位招聘会计主管这一岗位要求有资格证，会做凭证、会报税、能出报表，管好单位的钱，执行好准则和制度。如今，一个优秀的财务负责人的要求是：良好的教育背景，很好的沟通能力，娴熟的财务业务能力和管理能力，熟悉有关法律制度。因循守旧，埋头于各种财务报表之中的"表哥""表姐"者，终究会被奔驰不息的时代潮流所淘汰。

第七，对新的机会和趋势永远保持警醒。

今天会计人员所从事的工作，很多都是10年前甚至是5年前闻所未闻的。时代一直在创造奇迹，比尔·盖茨创建微软的时候，不可能知道今天会有互联网；多年前挑灯夜战的手工记账、制表如今被一键取代。

职业就是天赋和时代形势的结合。每个人能规划的，只是目前视线内看得到的部分。对于视线范围之外的新机会，要保持敏感。时代总会涌出一些新的机会，带来一些新的增长，每个人要时刻准备着，把自己的感知能力磨得锋利无比，长出一个小翅膀，在下一个风口飞起来！

最后一句话：看完本书，努力去做一名优秀的行政事业单位会计人员。

本章小结

职业规划是绘就个人一生职业发展蓝图的过程。"凿井者，起于三寸之坎，以就万仞之深"，职业规划对一生的发展至关重要。当前形势下，行政事业单位会计人员面临的各项改革进入深水区，机遇与挑战并存，如何突出重围，变压力为动力，成就专业人才，需要审时度势，迎难而上。本章较为详细地阐述了行政事业单位会计人员面临的新形势，重点就如何规划职业成长路径进行分析，首先要进行自我评估，其次进行职业评估定位，知己知彼，才能百战不殆，在此基础上，设定职业目标、路径，继而制订行动计划，并不断反馈修正完善，如此才能形成一个科学合理的职业规划，并成为人生的灯塔，指引我们最终实现自己的梦想。规划目标的实现，还要建立短期目标与长远规划的协同发展，定期回顾，不断自省，把蓝图变成行动，让行动成就梦想，助力行政事业单位会计人员成为优秀的会计人才。

参考文献

[1]荆新.中国政府会计改革发展四十年：回顾与展望.[J].财会月刊，2018，(19).

[2]董健玮.中国政府会计改革的策略选择——基于制度变迁视角.[D].苏州：苏州大学，2016.

[3]韩俊仕，郭靖，许娟.政府会计制度要点解读与案例精讲[M].北京：企业管理出版社，2019.

[4]张涛，韩传模.新中国七十年会计大事记[J].财务与会计.2019(15).

[5]财政部预算司.政府收支分类改革问题解答[M].北京：中国财政经济出版社.2006

反侵权盗版声明

中国财政经济出版社依法对本作品享有专有出版权。任何未经权利人书面许可，复制、销售或通过信息网络传播本作品的行为，歪曲、篡改、剽窃本作品的行为，均违反《中华人民共和国著作权法》，其行为人应承担相应的民事责任和行政责任，构成犯罪的，将被依法追究刑事责任。

为了维护市场秩序，保护权利人的合法权益，我社将依法查处和打击侵权盗版的单位和个人。欢迎社会各界人士积极举报侵权盗版行为，本社将奖励举报有功人员，并保证举报人的信息不被泄露。

举报电话：（010）88190744

（010）88191661

QQ：2242791300

通信地址：北京市海淀区阜成路甲28号新知大厦

中国财政经济出版社总编室

邮　　编：100142